Stephan Beissel

Fra Giovanni Angelico da Fiesole

Sein Leben und seine Werke

Verlag
der
Wissenschaften

Stephan Beissel

Fra Giovanni Angelico da Fiesole

Sein Leben und seine Werke

ISBN/EAN: 9783957005908

Auflage: 1

Erscheinungsjahr: 2014

Erscheinungsort: Norderstedt, Deutschland

Hergestellt in Europa, USA, Kanada, Australien, Japan
Verlag der Wissenschaften in Hansebooks GmbH, Norderstedt

FRA GIOVANNI ANGELICO
DA FIESOLE

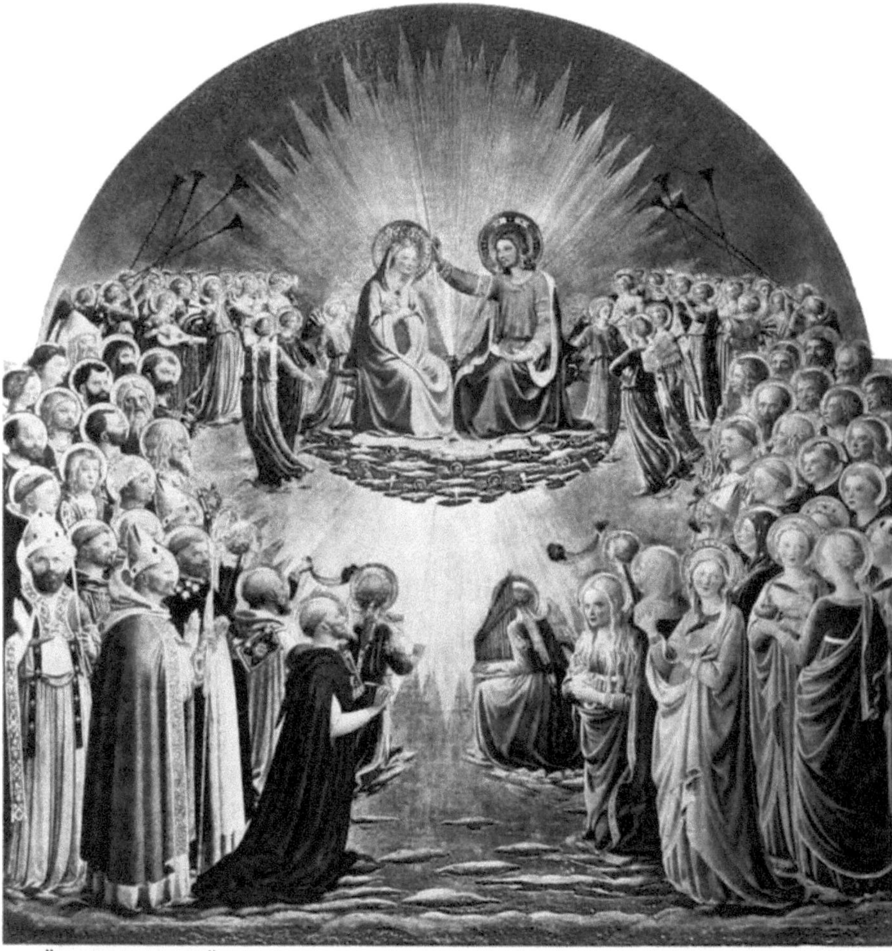

KRÖNUNG MARIÄ FLORENZ, UFFIZIEN

Exaltata est sancta Dei Genitrix
Super choros Angelorum ad coelestia regna
(Brev. Rom. 15. Aug.)

FRA GIOVANNI ANGELICO DA FIESOLE

SEIN LEBEN UND SEINE WERKE

VON

STEPHAN BEISSEL S. J.

ZWEITE, VERMEHRTE UND UMGEARBEITETE AUFLAGE

MIT 5 TAFELN UND 89 TEXTBILDERN

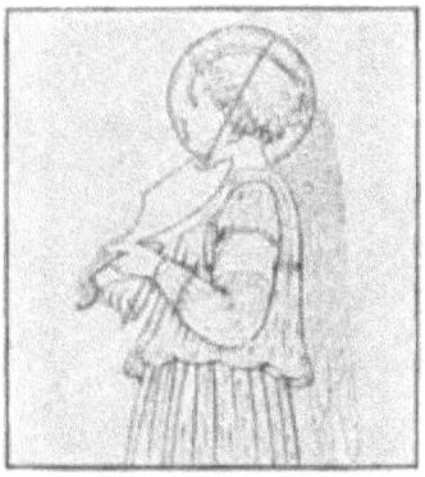

FREIBURG IM BREISGAU
HERDERSCHE VERLAGSHANDLUNG
1905
ZWEIGNIEDERLASSUNGEN IN WIEN, STRASSBURG, MÜNCHEN UND ST LOUIS, Mo.

SEINER BISCHÖFLICHEN GNADEN

DEM HOCHWÜRDIGSTEN HERRN

DR PAUL WILHELM VON KEPPLER

BISCHOF VON ROTTENBURG

DEM KUNSTSINNIGEN VEREHRER ANGELICOS

IN GRÖSSTER HOCHACHTUNG

GEWIDMET

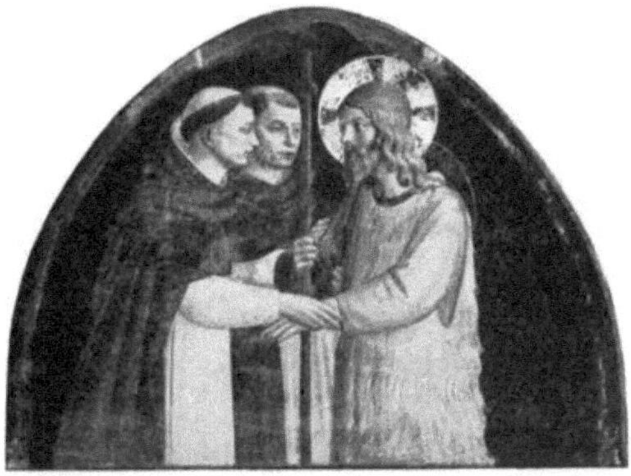

CHRISTUS ALS PILGER FLORENZ, SAN MARCO

VORWORT

Aus seiner Zeit heraus soll jedes Ereignis und Werk erklärt und gewürdigt, nach seinem inneren Gehalt jeder Mensch beurteilt werden. Eines Künstlers Werke wird also nur jener wirklich verstehen und nach Gebühr schätzen, der dessen Zeit und dessen Gemüt kennt. Dies allgemeine Gesetz muß besonders auf Fra Angelico Anwendung finden, der wie kaum ein anderer bei seinen Arbeiten aus dem reichen Born seiner schönen Seele schöpfte. Bei Behandlung seines Lebens und seiner Werke mußte darum eingegangen werden auf die religiösen Anschauungen, die ihn beseelten und begeisterten, auf den aszetischen Bildungsgang, der ihn zur Höhe führte.

Die äußeren Einflüsse und die technischen Seiten seiner Kunst sind in dieser neuen Auflage weit eingehender behandelt als in der ersten. Auch ist auf die zeitliche Folge der Gemälde und auf die künstlerische Ent-

wicklung des Meisters mehr Gewicht gelegt, weil die neuere Forschung mit Recht betont, Fra Angelico sei ebensosehr ein fleißiger und strebsamer Künstler als ein heiliger Ordensmann gewesen, nicht aber ein in abgeschlossener Einsamkeit, in ruhiger Beschauung dahinlebender Mönch, der von Anfang an sich gleich geblieben sei.

Da in unserer Zeit bei Beurteilung der Künstler die subjektive Anschauung der Kunstgelehrten sehr stark in den Vordergrund tritt, schien es ratsam, nicht nur alte Quellen, sondern auch neuere Bearbeiter seines Lebens zu Rate zu ziehen und zu Wort kommen zu lassen. Die Zeugen gehören den verschiedensten Richtungen an; jeder redet, wie das nicht anders sein kann, von seinem Standpunkte aus. Trotzdem stimmen sie im ganzen und großen so sehr überein, daß sie den Beweis liefern, durch die Ideale der christlichen Weltanschauung sei Fra Giovanni zur Stufe eines trefflichen Künstlers emporgehoben worden.

Möge sein Lebenslauf christlichen Künstlern und Kunstfreunden den Weg zeigen, auf dem allein aus dem Wirrwarr herauszukommen ist, der das Kunstgebiet in unsern Tagen erfüllt hat, auf dem allein neue, echt christliche Meisterwerke entstehen und nach Gebühr gewürdigt werden können.

LUXEMBURG, im November 1904.

INHALTSVERZEICHNIS

VERZEICHNIS DER ABBILDUNGEN

Die **Tafeln** sind durch Sperrdruck hervorgehoben.

Von Fra Angelico stammen jene Gemälde, bei denen nicht in Schrägschrift ein anderer Maler genannt ist.

LITERATUR

Acta Sanctorum. 2. Mai, I (editio nova, Paris, Palmé) 314 ff: De s. Antonino archiepiscopo Florentino. 10. Juni, II (editio nova, Paris, Palmé) 388 ff: De b. Ioanne Dominici dicto, archiepiscopo Ragusino.

Alberti, Leandri, De viris illustribus ordinis praedicatorum libri sex in unum congesti. Bononiae 1517.

Alex, Fra Angelico. Essai sur la vie et les œuvres d'un artiste du 15e siècle: Revue de la Suisse catholique XV (Fribourg 1884, Imprimerie Catholique) 347 ff.

Arundel Society, London. Sie gab in Farbendrucken oder Stichen heraus: die Verkündigung, die Verklärung und die Erscheinung des Erstandenen aus San Marco, eine angebliche Miniatur des Fra Angelico und die meisten Bilder der Kapelle Nikolaus' V. im Vatikan.

Baldinucci, Notizie de' professori del disegno da Cimabue in quà. Edizione accresciuta di annotazioni da D. M. Manni. Firenze 1767 f. In der Gesamtausgabe seiner Werke, Milano 1808 f, V, 157 f.

Bartoli G., Istoria dell' arcivescovo S. Antonino, e dei suoi più illustri discepoli (Firenze 1782, Pagani) 114 ff.

Beissel, Die Bilder des Fra Angelico im Kloster des hl. Markus zu Florenz: Stimmen aus Maria-Laach XLIV (Freiburg 1883, Herder) 220 ff 333 ff. Fra Angelico in neuer Beleuchtung: Stimmen LXVI (1904) 46 ff. Vgl. Helbig.

Benois, Resanoff et Krakau, Monographie de la cathédrale d'Orvieto. Paris 1877, Morel.

Bezzi, The Life of Giovanni Angelico da Fiesole, translated from the Italian of Vasari, with notes and illustrations. Oxford 1850, Arundel Society.

Billi Antonio — Il libro di Antonio Billi, hrsg. von C. v. Fabriczy: Archivio Storico Italiano, 5. Serie VII (1891).

Bradley, A Dictionary of Miniaturists. London 1887, Quaritch.

Broussolle J. C., La critique mystique et Fra Angelico. Paris 1902, Oudin. Erweiterter Abdruck zweier Artikel der Zeitschrift L'Université Catholique de Lyon, Nouvelle Série XXIX (1898) 384 ff u. XXX (1899) 205 ff.

Brunner Seb., Die Kunstgenossen in der Klosterzelle. 2. Aufl. Wien 1886, Braumüller.

— Fra Angelico. Sein Leben und Wirken: Frankfurter zeitgem. Broschüren, N. F. VIII. Frankfurt 1887, Foesser.

Burckhardt Jak., Der Cicerone. 6. Aufl. Leipzig 1893, Seemann.

Cartier, Vie de Fra Angélico de Fiésole. Paris 1857, Poussielgue.

Clérissac, Fra Angélico et le surnaturel: Revue Thomiste, Paris, 1901.

Crawford Virginia, Fra Angelico. London 1900, Cath. Truth Society.

Crowe und Cavalcaselle, Geschichte der italienischen Malerei. Deutsche Original-Ausgabe, besorgt von Dr Max Jordan. Leipzig 1869, Hirzel.

Delaborde H., Fra Angelico da Fiesole. Ses nouveaux biographes et ses disciples en Toscane: Revue des Deux Mondes, 2. Serie IV (1853) 1229 ff. Abgedruckt in dessen Etudes sur les beaux-arts I (Paris 1864, Laurens) 92 f.

Detzel, Ikonographie I. Bd. Freiburg 1894, Herder.

Dobbert E., Fra Angelico: Kunst und Künstler des Mittelalters und der Neuzeit III, Nr 5 (Leipzig 1877, Seemann) 80 ff.

Dobbert E., Beiträge zur Angelico-Forschung: Repertorium f. Kunstwissensch. XXI (Berlin 1898, Reimer) 335 f.

Douglas, Fra Angelico. London 1901, Bell.

Études s. Sortais.

Förster, Denkmale italienischer Malerei. Leipzig 1870, Weigel.

— Geschichte der italienischen Kunst. Leipzig 1872, Weigel.

— Leben und Werke des Fra Giovanni Angelico da Fiesole. Regensburg 1859, Manz.

Frantz, Geschichte der christlichen Malerei II (Freiburg 1894, Herder) 259 ff.

— Fra Bartolommeo della Porta. Regensburg 1879, Manz.

Fumi, Il duomo di Orvieto ed i suoi ristauri. Roma 1891, Bocca.

— Statuti e regesti dell' opera di Santa Maria di Orvieto. Roma 1891.

Galleria dell' I. e R. Accademia delle Belle Arti di Firenze. Firenze 1845, Società artistica.

Gemälde, Die, der Akademie der schönen Künste zu Florenz in 76 Kohlendrucken. Dornach 1893, Braun.

Giangiacomo Fr., Le pitture della Cappella di Nicolò V, opere del Beato Giovanni Angelico da Fiesole esistenti nel Vaticano. Disegnate ed incise a contorni in 16 rami. Roma 1810.

Godkin, The Monastery of San Marco at Florence. Firenze 1887, Barbèra.

Goodwin F., Life of Angelico da Fiesole. London 1861.

Görres, Die christliche Mystik II (Regensburg 1837, Manz) 155 ff.

Guida del Museo Fiorentino di San Marco (compilata dall' ispettore Prof. Ferd. Rondoni). Firenze 1872, Tipografia Cennina.

Guthmann Joh., Die Landschaftsmalerei der toskanischen und umbrischen Kunst von Giotto bis Rafael. Leipzig 1902, Hiersemann.

Helbig, Fra Angélico de Fiésole, sa vie et ses travaux, par Et. Beissel S. J. Ouvrage traduit de l'allemand et précédé d'une introduction. Lille 1898, Desclée. Abdruck aus der Revue de l'art chrétien.

— La mort et l'assomption de la Sainte-Vierge: Revue de l'art chrétien 5. Serie V (Bruges 1894, Desclée) 367 ff.

— Un nouveau livre sur Frère Jean-Angélico: ebd. VII (1896) 8 ff.

— Fra Giovanni Angélico: ebd. VIII (1897) 12 ff.

Historisch-politische Blätter für das katholische Deutschland. XCIII (München 1884) 897 ff, XCIV (1884) 26 ff: Renaissance und Dominikanerkunst.

Jameson, The History of Our Lord. London 1864, Longmans.

Jessen, Die Darstellung des Weltgerichts. Berlin 1853, Weidmann.

Keegan O. Q., Salvator Rosa and Fra Angelico: Colburn's New Monthly Magazine CLXVIII (1881) 477 ff.

Kellerhoven vgl. Mantz-K.

Keppler, Fra Giovanni da Fiesole: Archiv für christliche Kunst 1887, Organ des Rottenburger Diözesan-Kunstvereins, Ravensburg, Alber.

Kinkel, Kunst und Künstler am päpstlichen Hofe in der Zeit der Frührenaissance: Augsburger Allgem. Zeitung 1879, Beilage Nr 262 f.

Kirchenschmuck, Blätter des christl. Kunstvereins der Diözese Seckau. XXVI (Graz 1895, Kunstverein) 160 ff.

Klassischer Bilderschatz. München 1889 ff, Bruckmann.

Kraus, Geschichte der christl. Kunst II, 1. Abt. (Freiburg 1900, Herder) 236 ff.

Lafenestre, La peinture italienne. Paris, May.

Lafond Edm., Fra Angelico: Le Contemporain, I. Serie X (1866) 1027 f.

Lanzi, Storia pittorica dell' Italia dal risorgimento delle belle arti fin presso al fine del XVIII° secolo. Pisa 1815, Firenze 1845.

— Geschichte der Malerei in Italien. Übersetzt von Quandt. Leipzig 1830, Barth.

Lermolieff, Die Werke italienischer Meister in den Galerien von München, Dresden und Berlin. Leipzig 1880, Seemann.

Lucas H., Fra Angelico: The Month XCVII (London 1901, Longmans) 455 ff.

Luzi, Il duomo d' Orvieto descritto ed illustrato. Firenze 1866, Le Monnier.

Mantz-Kellerhoven, Les chefs-d'œuvre de la peinture italienne. Paris 1870, Didot.

Marchese Vinc., O. Pr., Memorie dei più insigni pittori, scultori ed architetti domenicani. Firenze 1845, Parenti; 2. Aufl. Firenze 1854, Le Monnier; 4. Aufl. Bologna 1878 f.

— San Marco, convento dei padri predicatori in Firenze, illustrato e inciso principalmente nei depinti del B. Giovanni Angelico, con la vita dello stesso pittore. Con 40 tavole. Firenze 1853, Passigli.

— Scritti varii. Firenze 1845. Le Monnier. I. Sunto storico del convento di San Marco di Firenze.

— Delle benemerenze di San Tommaso d' Aquino verso le arti belle. Genova 1874.

Montalembert, Du vandalisme et du catholicisme dans l'art. Paris 1839. Abgedruckt in dessen Oeuvres VI. Paris 1856, Lecoffre. Ebenda S. 328 ff: Notice sur le bienheureux Fr. Angélique.

Müntz, Les précurseurs de la Renaissance. Paris 1882, Rouam.

— Histoire de l'art pendant la Renaissance I. Les primitifs. Paris 1888, Hachette.

— Les collections des Médicis au 15e siècle. Appendice aux Précurseurs de la Renaissance. Paris 1888, Rouam.

— Les arts à la cour des papes pendant le 15e et le 16e siècles: Bibl. des écoles franç. d'Athènes et de Rome IV u. IX. Paris 1878 u. 1879, Thorin.

Museum der italienischen Malerei. 1674 Originalphotographien. Nr 252—323 Fra Angelico. Dresden 1885, Gutbier.

Muther, Der Cicerone in der kgl. Gemäldegalerie in Berlin. Berlin 1883, Weidmann.

Nieuwbarn O. Pr., Leven en Werken van Fra Angelico. Leiden 1901, Van Leeuwen.

Nocchi, La vita di Gesù Cristo dipinta da Fra Giovanni da Fiesole, disegnata ed incisa. Firenze 1843. Mit 36 Stichen der Tafeln Fiesoles in der Akademie.

Pastor, Geschichte der Päpste I. 4. Aufl. Freiburg 1901, Herder.

Phillimore, Fra Angelico. London 1881, Low.

Repertorium f. Kunstwissenschaft vgl. Dobbert und Wingenroth.

Reumont, Lorenzo de' Medici. 2. Aufl. Leipzig 1883, Duncker u. Humblot.

Briefe heiliger und gottesfürchtiger Italiener. Freiburg 1877, Herder.

Revue de l'art chrétien vgl. Helbig.

Richa, Notizie istoriche delle chiese fiorentine. Firenze 1754 f.

Riehl Berth., Deutsche und italienische Kunstcharaktere. Frankfurt 1893, Keller.

Rio, De l' art chrétien. 2. Aufl. Paris 1861, Hachette.

Rondoni vgl. Guida.

Rosini, Storia della pittura italiana esposta coi monumenti. Pisa 1838 f; 2. Aufl. Pisa 1848 f.

Rösler, Kardinal Johannes Dominici O. Pr. Freiburg 1893, Herder.

Rothes W., Die Darstellungen des Fra Giovanni Angelico aus dem Leben Christi und Mariä: Zur Kunstgeschichte des Auslandes Heft XII, Straßburg 1902, Heitz.

Rumohr, Italienische Forschungen. Berlin 1827 f, Nicolai.

Saint-Victor, Paul de, L'Ange de Fiésole: Revue de Paris III (1851) 113 f.

Schlegel, A. W. v., Mariä Krönung und die Wunder des hl. Dominikus von Johann von Fiesole, in 15 Blättern gezeichnet von W. Ternite. Mit einer Nachricht vom Leben des Malers und Erklärung des Gemäldes von A. W. v. Schlegel. Paris 1817. Auch in französischer Ausgabe erschienen.

Schrörs, Studien zu Giovanni da Fiesole: Zeitschrift für christliche Kunst XI (Düsseldorf 1898, Schwann) 193 ff.

Schultze Viktor, Das Kloster San Marco in Florenz. Leipzig 1888, Böhme.

Seroux d'Agincourt, Histoire de l'art par les monuments. Paris 1823, Treuttel et Würtz. Deutsche Ausgabe Frankfurt 1840, mit Text von F. v. Quast.

Sortais, Un coin de l'Ombrie, Orviéto: Études LXXIII (Paris 1897, Retaux) 502 ff.

— Fra Angélico et l'école florentine: Études LXXXV (ebd. 1900) 289 ff 461 ff.

— L'élève de Fra Angélico Benozzo Gozzoli: Études XCV (ebd. 1903) 348 ff.

Stimmen aus Maria-Laach s. Beissel.

Supino, Beato Angelico. Traduit de l'italien par M. J. de Crozals. Florence 1898, Alinari.

Tumiati, Frate Angelico. Studio d' arte. Firenze 1897, Paggi.

Valle, Guglielmo della, Storia del duomo di Orvieto. Roma 1791.

Vasari, Le vite de' più eccellenti pittori, scultori ed architetti, con nuove annotazioni e commenti di Gaetano Milanesi. Firenze 1878, Sansoni.

— Le vite, ed. Le Monnier. Firenze 1848. Le Monnier.

— Leben der ausgezeichnetsten Maler, Bildhauer und Baumeister von Cimabue bis zum Jahre 1567. Aus dem Italienischen von L. Schorn. Stuttgart 1837, Cotta. II 312 ff: Leben des Fra Angelico.

Veit, Zehn Vorträge über Kunst. Herausgegeben von Kaufmann. Görres-Verein VIII (Köln 1891, Bachem) 66 ff.

Verein zur Verbreitung religiöser Bilder in Düsseldorf.

Waagen, Kunstwerke und Künstler in Paris. Berlin 1839, Nicolai.

Williamson, Fra Angelico. In Bell's Miniature Series of Painters. London 1901, Bell.

Wingenroth, Die Jugendwerke des Benozzo Gozzoli. Eine kunstgeschichtliche Studie. Heidelberg 1897, Winter.

— Studien zur Angelico-Forschung: Repertorium für Kunstwissenschaft XXI (Berlin 1898, Reimer) 335 ff 427 ff.

Wiseman, Über christliche Kunst: Vermischte Schriften III (Köln 1857, Bachem) 122 ff.

Woltmann und Woermann, Geschichte der Malerei II. Leipzig 1882, Seemann.

Zeitschrift für christliche Kunst vgl. Schrörs.

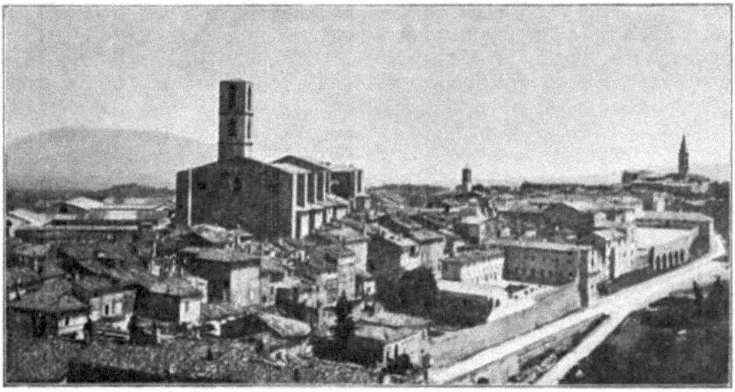

SAN DOMENICO IN PERUGIA

I. DIE VORBILDUNG DES FRA ANGELICO SEINE ERSTEN WERKE (1387—1418)

REGES geistiges Leben herrschte beim Beginn des 15. Jahrhunderts im Dominikanerkloster zu Fiesole. Der selige Giovanni Dominici Banchini hatte es gegründet, um die alte, vom hl. Dominikus im Orden eingeführte Strenge wiederherzustellen. Die Mitglieder seiner reformierten Häuser sollten, wie durch Wissenschaft und Predigt, so auch durch Kunstübung das Seelenheil ihrer Mitbrüder fördern. Aus Venedig verbannt, kam er 1399 nach Città di Castello bei Arezzo, von wo er nach Florenz berufen wurde, um während des Advents und während der Fastenzeit im Dome zu predigen. Ser Lapo Mazzei berichtete über eine der ersten Predigten an einen Freund: „Ich war in Santa Liparata (dem Dome), wo ein Bruder vom armen Leben des hl. Dominikus predigen sollte und auch wirklich predigte. Und ich sage euch, solch eine Rede habe ich noch nie gehört, noch solch einen Vortrag. Alle weinten oder standen stumm vor Staunen beim Anhören der klaren Wahrheit. Er spricht von der heiligen Menschwerdung Gottes in einer Weise, daß er die Seelen aus dem lebendigen Leibe herauszieht und alle Welt ihm nachläuft.“ [1]

Die Sitten der Stadt besserten sich, und Dominicis Einfluß stieg von Tag zu Tag. Im Jahre 1405 schenkte ihm sein Ordensgenosse Jakobus Altoviti, damals Bischof von Fiesole, einen Bauplatz für ein Kloster und eine Kirche. Alsogleich wurden die Bauten begonnen. Bereits 1406 bezog der eifrige Ordensmann mit dreizehn Genossen den neuen Konvent, der am Wege lag, welcher von Florenz hinaufführte nach Fiesole. Zahlreiche talentvolle junge Leute meldeten sich zur Aufnahme. Schon im Jahre 1405 hatte Antonin, der später Bischof von Florenz († 1459) und ein Heiliger wurde, sich bei Dominici vorgestellt. Auf die Frage, was er studiere, hatte der 16 Jahre alte Jüngling sich als Freund des Kirchenrechts bekannt. Er erhielt zur Antwort: „Wir nehmen nur solche Schüler des Kirchenrechts in unsern Orden auf, welche das ganze Decretum auswendig wissen. Geh also, mein Sohn, und erlerne es. Dann kannst du getrost zu uns kommen.“ [2] Er ging, kehrte zurück und bestand die Prüfung. Dominici gab ihm das Ordenskleid und sandte ihn nach Cortona, zum seligen Lorenzo von Ripafratta, welcher seit etwa 1403 das Noviziat des reformierten Zweiges des Ordens leitete. Daß Lorenzo dem Hause mit gutem Erfolg vorstand, erhellt aus dem hohen Lob, welches ihm später der hl. Antonin in einem Briefe spendete [3].

Im Jahre 1407 klopfte Guidolino Petri del Mugello an die Pforten des Klosters zu Fiesole an und bat um Aufnahme. Er war 1387 geboren und kam aus einer kleinen Ortschaft bei dem festen Schlosse Vicchio, zwischen Dicomano und Borgo San Lorenzo im Tale Mugello, unweit von Colle bei Vespignano, wo

[1] Rösler 47. — [2] Acta SS. 2. Mai, I, ed. nova 319 n. 3; 320 f, Note f; 339 n. 3. — [3] Brief vom 1. Oktober 1456. P. Domenico Maccarani, Vita di S. Antonino, Venezia 1706, 326.

sein Vater Grundbesitz hatte und wo Giottos Geburtshaus stand [1]. Auch an ihn erging die ernste Frage, was er gelernt habe. Er konnte hinweisen auf ein seltenes Künstlertalent, welches solche Anerkennung fand, daß er die Aufnahme erhielt.

Dominici befand sich damals nicht mehr in Fiesole, weil er 1406 im Auftrage der Republik Florenz eine Sendung nach Rom übernommen hatte. In der ewigen Stadt schloß er sich enge an Gregor XII. an, von dem er am 12. Mai 1409 zum Kardinal ernannt wurde. Er starb 1419 als Erzbischof von Ragusa. Dominicis Nachfolger gab dem Guidolino das Ordenskleid. Weil man aber bei den Dominikanern wie bei allen alten Orden das unbedingte Verlassen der Welt und den Eintritt in eine vollkommene Lebensbahn auch durch Aufgeben des alten Namens kennzeichnete, sollte Guidolino von nun an Giovanni heißen. Diesen neuen Namen verdankte er wohl seinem Charakter; denn er war eine dem Lieblingsjünger ähnliche Natur. Weil Johannes der Evangelist sein Herz voll Begeisterung an Jesus und an die Gottesmutter hingab, unter allen Jüngern am tiefsten eindrang in die Geheimnisse der göttlichen Schönheit und Liebe, dieser ewigen Gegenstände der Betrachtung wahrer Künstler [2], auch wie kein zweiter die Herrlichkeit und die Freude des himmlischen Jerusalems schilderte und die Schönheit seiner heiligen Bewohner, sollte Giovanni ihn nachahmen. Der dem Künstler später beigegebene Name Angelico vervollständigte den Sinn des ersteren; denn durch seinen jungfräulichen, auf Himmlisches gestellten Sinn wurde er wie der Evangelist Johannes den Engeln Gottes immer ähnlicher. Im Noviziat von Cortona mußte er sich ein Jahr lang vorzüglich im Gebet und in strenger Buße üben. Für dies Noviziat und die ganze Geistesrichtung des Fra Giovanni ist ein Ausspruch Dominicis maßgebend: „Den möchte ich (noch) nicht als guten Novizen bezeichnen, welcher stets mit niedergeschlagenen Augen einhergeht, eine lange Reihe von Psalmen hersagt, nie beim Gesange im Chore fehlt, das Stillschweigen beobachtet, den Frieden (mit den Mitbrüdern) liebt, gern in der Zelle bleibt, die Geißelung öfter vornimmt, häufig fastet, den Verkehr mit den Weltleuten gänzlich meidet und allen übrigen Übungen der Aszese obliegt, die von Anfängern für die Heiligkeit selbst gehalten werden. Nein, sondern dem allein gebe ich das Zeugnis eines guten Novizen, der vollkommen den rechtmäßigen Willen seiner Vorgesetzten nach Kräften erfüllt." Rösler bemerkt hierzu: „Gänzliche Losschälung von der Welt und von sich selbst bis zur tiefsten Demut, genaue Erfüllung der Regelvorschriften, tatkräftige Liebe zu Gott und zum Nächsten unter beständigem Hinblick auf das Vorbild Jesu, lebhaftes Verlangen nach der Vereinigung mit Christus, das sind die Grundpfeiler des vollkommenen Lebens nach Dominici." [3]

Diesen Grundsätzen entsprechend ward Fra Giovanni angehalten, nach den Idealen höherer Sittlichkeit zu streben in Selbstbeherrschung und aus Liebe zu Christus.

Daß alles, was er im Noviziat lernte, für sein ganzes Leben ihm Richtschnur blieb, daß er also diese erste Schule klösterlicher Erziehung mit Erfolg durchmachte, beweist sein späteres Wirken. Wie selbst den ehrwürdigen Greis noch die kindliche Einfalt eines Novizen zierte, erhellt aus einem Berichte, den Vasari, der Vater der italienischen Kunstgeschichte, von Dominikanern erhielt, die Angelico gekannt hatten. Mögen seine Nachrichten legendarisch ausgeschmückt sein, sie enthalten doch zweifelsohne einen Kern von Wahrheit, der Fra Angelicos Charakter kennen lehrt: Papst Nikolaus V. schätzte den Fra Giovanni hoch. Einst fand er ihn bei der Arbeit erschöpft und bot ihm darum zur Stärkung eine Fleischspeise an. Das geschah aber an einem Tage, an dem die Dominikaner der strengeren Richtung kein Fleisch aßen. Der Maler lehnte dankend ab, indem er antwortete: „Nach meiner Regel darf ich solche Speisen nicht ohne Erlaubnis des Priors nehmen." Er dachte nicht daran, daß dies Anerbieten des Papstes die Erlaubnis von seiten der höchsten Autorität einschloß, die ausdrückliche Gutheißung seines Priors also überflüssig machte [4].

Ein weiterer Beweis für das innere Leben des Fra Giovanni liegt in andern Äußerungen Vasaris: „Niemals ward er unter seinen Ordensbrüdern zornig gesehen. Wohlwollend sagte er jedem, der ein Werk von ihm wünschte, er solle die Sache nur mit dem Prior vereinbaren, dann werde er es sicher nicht an sich fehlen lassen." Nur mit Erlaubnis seiner Oberen arbeitete und handelte er. Alles, was man ihm gab, gelangte in die Hände seiner Vorgesetzten. Betend ging er an die Arbeit, betend setzte er sie fort, und hatte er ein Bild vollendet, so verehrte er betend die dargestellten Heiligen; denn die Form war ihm nur die Hülle des Geistes, den er in sie gelegt hatte und der aus dem vollendeten Werke zu ihm sprach. Weinend führte er die Bilder des leidenden Heilandes aus, besonders jene des Gekreuzigten, voll Liebes-

[1] Über Giottos Geburtsort vgl. Repertorium für Kunstwissenschaft XX (1897) 374 f. — [2] Lacordaire, Règlement de la confrérie de Saint Jean l'Évangéliste. — [3] Rösler 532. De Rubeis, De rebus congregationis B. Iacobi Salomonii, in provincia S. Dominici Venetiarum erectae, ordinis praedicatorum, commentarius historicus, Venetiis 1751, 56 f. — [4] Leander Alberti l. 5, fol. 252v; Vasari, ed. Milanesi II 519. Eine andere Form dieser Erzählung bei Nieuwbary 13, A. 1.

jubel diejenigen der Gottesmutter, in freudiger Begeisterung die Schilderungen ihrer Krönung. Er fühlte was er malte, und das Herz leitete seine Hand.

Solche aszetische Schulung des Fra Giovanni darf man nie aus den Augen verlieren. Erst sie setzt in den Stand, seine Werke zu verstehen und zu schätzen. Angeborene Gutmütigkeit oder mystische Richtungen der Zeit genügen nicht zur Erklärung der malerischen Auffassung unseres Meisters. „Ohne Dominici kein San Domenico bei Fiesole, und ohne dieses schwerlich ein San Marco in Florenz“ [1], schwerlich ein Fra Angelico.

Nach Ablauf eines Jahres legte er zu Cortona die feierlichen, ewig verbindlichen Ordensgelübde der Armut, der Keuschheit und des Gehorsams ab und kehrte nach Fiesole zurück (1408). Bereits im Jahre 1409 mußten die Ordensmitglieder dies schön gelegene Haus verlassen, weil sie mit dem seligen Dominici und den von ihm geleiteten Genossen sich weigerten, dem soeben vom Konzil von Pisa unkanonisch gewählten Papst Alexander V. zu huldigen. Sie wollten Gregor XII., dem rechtmäßigen Oberhaupte der Kirche, treu bleiben, zu dem sie gegen Benedikt XIII. (Petrus de Luna) gehalten hatten. Der Bischof von Fiesole, ein Mitglied und Vertreter des Pisaner Konzils, zwang sie zur Auswanderung und zog ihre Güter an sich. Die meisten Glieder des Hauses von Fiesole fanden Aufnahme im Dominikanerkloster zu Foligno und blieben bis 1414 dort. Dann nötigte die Pest sie, abermals weiter zu ziehen.

Die jüngeren Leute, also auch Fra Antonino, Fra Giovanni und dessen Bruder Fra Benedetto, gingen wohl schon im Jahre 1409 von Fiesole nach Cortona, in das Studienhaus ihres Ordens. Als jedoch im Jahre 1411 Cortona unter die Herrschaft von Florenz kam und Johann XXIII., dem Nachfolger Alexanders V., sich unterwarf, mußten auch sie sich nach Foligno begeben, von wo sie erst 1414 nach Cortona zurückkehrten. Dort verweilten sie dann, bis sie 1418 in ihr Haus von Fiesole wiederum einziehen durften [2].

Die Jahre 1407 bis 1418 benutzte Angelico, um Philosophie und Theologie zu studieren und sich auf den Empfang der Priesterweihe vorzubereiten. Damals lernte er die Summa kennen, das wichtigste Werk des großen Lehrers seines Ordens, des hl. Thomas, den er später so oft in seinen Bildern darstellte. Die Geheimnisse der Religion traten aber auch im Festkreise der Kirche Jahr um Jahr vor seine Seele, und er wußte sie in frommer, inniger Art zu erfassen. Aus den Psalmen und Lesungen des Breviers, das er täglich zu beten hatte, aus den Formularen der heiligen Messe, die er Tag um Tag hörte oder feierte, schöpfte er immer neue Kenntnisse und Anregungen. Es liegt nahe, anzunehmen, er habe die „Goldene Legende“ seines um 1299 als Erzbischof von Genua verstorbenen Ordensbruders Jacobus de Voragine öfter gelesen. Auch das nicht selten dem hl. Bonaventura zugeschriebene Leben Christi wird ihm bekannt geworden sein. Freilich stammt es nicht von diesem Franziskanerkardinal, sondern ist wahrscheinlich von dessen Ordensgenossen Johannes a Caulibus in der Gegend von Florenz verfaßt.

Stets verdankte Fra Giovanni viele Belehrung und Anregung dem Umgange mit dem hl. Antonin, welcher in Cortona und Foligno sein Mitschüler, in Florenz sein Prior war und dessen vortreffliche Kanzelreden ihn begeisterten.

Nach Vollendung seiner Studien beförderten die Oberen den Fra Giovanni zum Priestertum. Gerne gaben sie ihm ausreichende Zeit, sein großes Talent als Maler zu verwerten. Wie damals Gerson († 1429) Passionspredigten und Passionsbilder benutzte, um die Andacht zum Leiden Christi zu verbreiten und zu vertiefen, so sollte er seinen Pinsel dem Erlöser dienstbar machen. Seine Vorgesetzten kamen um so leichter zu diesem Entschlusse, weil Dominici selbst ein großer Freund der Malerei war. Erhellt doch aus seinen Briefen, daß er nicht nur selbst Bücher schön schrieb und mit Initialen verzierte, sondern auch die Dominikanerinnen des Klosters Corpus Christi zu Venedig aufforderte, Handschriften anzufertigen und auszumalen. Ihm galten alle Wissenschaften und Künste als wertvolle Mittel, die Wahrheit zu erforschen und zu verbreiten. In dieser Auffassung stand er in Übereinstimmung mit allen erleuchteten Zeitgenossen. Darum hatten bereits 1335 die Statuten der Maler zu Siena mit den Worten begonnen: „Wir sind durch Gottes Gnade berufen, den ungebildeten Leuten, welche nicht zu lesen verstehen, die wunderbaren Dinge zu zeigen, welche durch die Kraft und in der Kraft des heiligen Glaubens vollbracht wurden.“

Das erste von Fra Giovanni gemalte, uns erhaltene Bild ist eine Verkündigung (Bild S. 4). Er vollendete es wohl kurz nach der Zeit seines Noviziates vor 1411 für San Domenico, die Kirche seines Ordens zu Cortona. Jetzt befindet es sich im Baptisterium beim Dome der Stadt. In dem Bilde sitzt die auserwählte Jungfrau nicht wie in deutschen Schildereien des 15. Jahrhunderts in ihrem geschlossenen Kämmerchen, sondern in einer offenen Halle. In solchen Hallen empfing man in Italien Besuche, in ihnen hielt man

[1] Rösler 63. — [2] Douglas 23 f.

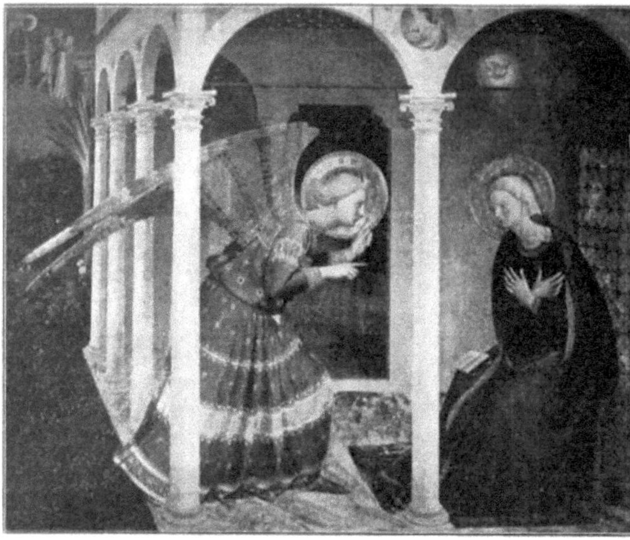

DIE VERKÜNDIGUNG CORTONA, BAPTISTERIUM

wird über dich herabkommen und die Kraft des Höchsten dich überschatten.“ Marias, in goldenen Buchstaben gegebene Antwort lautet: „Siehe ich bin eine Dienstmagd des Herrn.“ Der Ring am zweiten Finger ihrer Hand ist demjenigen nachgebildet, welcher damals bereits zu Perugia als Verlobungsring Marias gezeigt wurde. Der durchsichtige Schleier, womit ihr Haupt bedeckt ist, soll an jenen erinnern, den man zu Assisi verehrte. In späteren Bildern ließ Fra Giovanni Schleier und Ring weg. Weil er aber von Cortona aus die benachbarten Kirchen von Perugia und Assisi besucht hatte, wollte er den dortigen Reliquien in

sich am liebsten auf. Im wärmeren Klima des Südens brauchte man sich ja weit weniger als im rauhen Norden vor den Unbilden der Witterung in das Innere der Wohnungen zurückzuziehen. Auch in späteren Bildern der Verkündigung hat Fra Giovanni Gabriel und Maria stets in einer solchen Halle dargestellt. Da nun der hl. Antonin die Ansicht vertritt, der Erzengel sei früh am Morgen bei verschlossenen Türen in einem der letzten Räume des Hauses zu ihr eingetreten [1], muß man sich diese Halle nicht beim Eingange ins Haus, sondern als Anbau nach dem Garten hin denken. Darum führt auch in den Bildern kein Weg zu ihr, öffnet sie sich nicht nach der Straße hin, sondern bietet sie einen Ausblick in die freie Natur.

Maria sitzt auf einem einfachen, mit einem Teppiche bedeckten Sessel ohne Lehne und ohne Baldachin. Sie ließ ihr geöffnetes Buch auf das rechte Knie sinken, kreuzt demütiglich die Arme über die Brust und neigt sich, um ihre Bereitwilligkeit zu bekunden. Gabriel ist eilenden Schrittes in die Halle getreten und streckt beide Hände aus. Mit der Rechten deutet er auf jene hin, zu der er gesandt ist und die er anredet. Mit dem erhobenen Zeigefinger der linken Hand weist er hin auf die Taube, welche über Marias Haupt schwebt. Ein von seinen Lippen ausgehender Strahl enthält die Worte der Verheißung: „Der Heilige Geist

seinem ersten Bilde den Tribut seiner Huldigung weihen (Bild S. 12) [2].

Gold ist zur Verzierung auf das reichlichste verwendet in den Nimben und Gewändern Marias und Gabriels, in des Engels leichten aber großen Flügeln, im Sitze der Jungfrau und in den Strahlen. Die Gestalten der Mutter und des Boten Gottes sind ätherisch, ihre Hände zart. Beider Hals ist dünn und lang, ihr Gesicht fein. Alles verrät lebensvolle Jugendkraft einer zarten Künstlerseele, die sich zum ersten Fluge erhebt. Tumiati erinnert bei Beschreibung des Bildes an einen farbenprächtigen Falter, der in sonnigem Blumengarten niederschwebt zu einer blauen Blume, die süßen Wohlgeruch aushaucht [3].

An der Außenwand der Halle ist zwischen ihren beiden Rundbogen in einer kreisförmigen Vertiefung das Brustbild des Propheten Isaias angebracht, welcher die Jungfrauschaft der Gottesmutter vorherverkündete. Vor der Halle blühen im Rasen des Gartens Rosen und vielerlei andere Pflanzen, welche erst knospend aufbrechen oder bereits vollständig geöffnet sind und ihre Blumen zwischen den zarten Blättern emporheben. Ein Zaun umschließt den Garten, das Vorbild Marias, die im Anschlusse an das Hohelied (4, 12) als „verschlossener Garten“ begrüßt wird. Jenseits des niedrigen Zaunes blühen andere Blumen und wachsen Bäume auf.

[1] Beati Antonini Summae maioris P. 4, tit. 15, c. 9, § 5. — [2] Durand, L'écrin de la Sainte Vierge, Lille 1885, Desclée, I 275 f, 367 f. — [3] Vgl. Tumiati 80.

Weiterhin, tief im Hintergrund sieht man einen Berg, auf dem ein Engel Adam und Eva aus den Höhen des Paradieses herabzusteigen zwingt. Dadurch mahnt Giovanni an den Grund der Menschwerdung, des Herabsteigens des Sohnes Gottes vom hohen Throne des Himmels in den Schoß der neuen Eva.

Die Predella schildert in sieben Abteilungen sechs Szenen aus dem Leben Marias: ihre Geburt, Vermählung und Heimsuchung, die Anbetung der Könige, Christi Darstellung im Tempel und Mariä Begräbnis, endlich ihr Erscheinen vor dem seligen Reginaldus.

In dem Bilde der Heimsuchung zeigt sich im Hintergrunde die Umgegend von Cortona mit dem Trasimenischen See. Angelico ist durch diese Darstellung der erste, welcher eine wirkliche Landschaft in Gemälden zu schildern versucht, und zwar nicht nur aus der Vogelperspektive, sondern in richtiger Wiedergabe und mit anerkennenswertem Bestreben, auch die Abtönung der Luft nach der Ferne hin der Wirklichkeit entsprechend zu schildern[1]. Veranlaßt ist freilich die Darstellung dieser Landschaft durch den Wortlaut der Heiligen Schrift, welche sagt, Maria sei zum Besuche ihrer Base Elisabeth hinaufgestiegen ins Gebirge (Lk 1, 39).

In den Bildern der Vermählung und Opferung sind sehr gute perspektivische Ansichten von Gebäuden, besonders von Säulenreihen gegeben, welche durch ihre schematische Zeichnung an das Fresko erinnern, worin Masolino zu Castiglione d'Olona das Gastmahl des Herodes und die Übergabe des Hauptes des Täufers an Salome schildert (Bild)[2]. Supino zeigt (S. 45), daß die Szenen aus dem Marienleben in dieser Predella besser ausgeführt sind als ähnliche unseres Meisters, die später entstanden und in den Uffizien zu Florenz hängen. Das ist sehr zu beachten, weil es dartut, daß nicht immer eine bessere Leistung später entstanden sein muß als eine weniger gute. Unser Gewährsmann fügt bei: „Zu Cortona arbeitete der Meister mit frischer Begeisterung als Schöpfer neuer Bilder, zu Florenz wiederholte er sich.“ Man darf hinzufügen: Zu Cortona hatte er auch mehr Muße und gab er sich seiner ersten großen Leistung mit aller Kraft und Sorgfalt hin, weil er beweisen sollte, was er vermöge.

Obgleich in dem Bilde der Verkündigung jugendliche Unsicherheit und ein gewisses Tasten sich verrät, offenbart sich doch nirgendwo die Hand eines Dilettanten, sondern in allem die eines geschulten Malers. Ein Miniaturist,

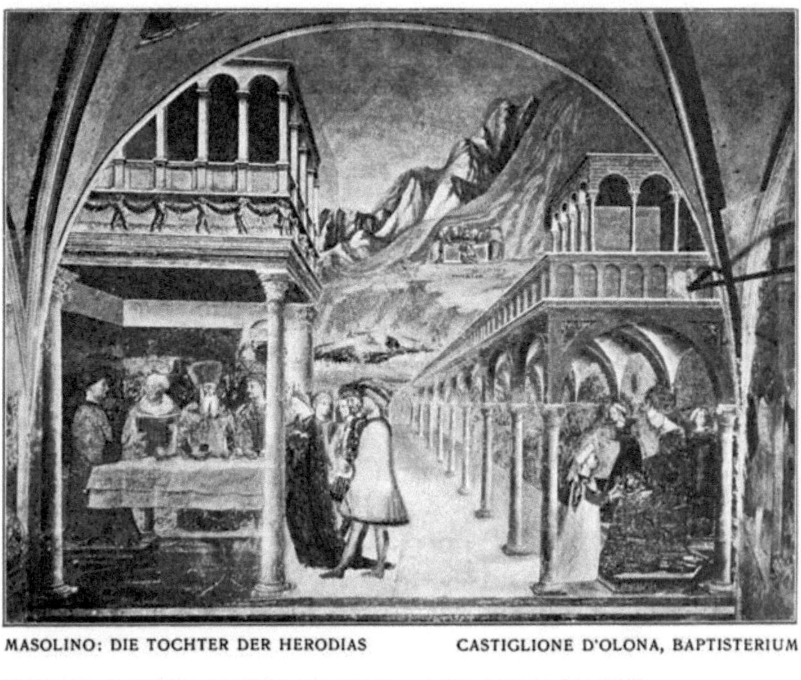

MASOLINO: DIE TOCHTER DER HERODIAS — CASTIGLIONE D'OLONA, BAPTISTERIUM

[1] Guthmann, Landschaftsmalerei 183 f. Douglas 45. — [2] Wingenroth, Benozzo 72.

welcher aus Gehorsam gegen Obere, die nach einem Altarbilde verlangen, ein größeres Werk unternimmt, konnte eine solche Verkündigung nie vollenden. Nur ein Künstler, der schon früher an Tafelgemälden bei einem Lehrer seine Kraft erprobte, vermochte es. Die Bildchen der Predella sind in mancher Hinsicht fester und besser. Vielleicht entstanden sie später, als der Maler 1414 nach Cortona zurückgekehrt war.

Angesichts dieses ersten Bildes unseres Meisters erhebt sich nun die Frage: Von wem wurde er vorgebildet und wo zum Maler erzogen, bevor er in den Orden eintrat? Tumiati meint, nur einer könne sein Lehrer gewesen sein, der Kamaldulenser Don Lorenzo il Monaco (1370—1425), welcher wie Angelico von der Miniaturmalerei zur Herstellung größerer Tafeln übergegangen sei, zu Orcagnas Schule gehöre und hinsichtlich der Technik und Farbengebung mit Angelico so nahe Verwandtschaft aufweise. Douglas antwortet darauf, alle diese Gründe sprächen freilich dafür, daß Lorenzo unsern Künstler beeinflußt habe, bewiesen aber nicht, daß er als dessen Lehrer angesehen werden müsse [1]. Beide können aus derselben Quelle geschöpft haben. Angelicos Zeichnung und Komposition unterscheiden sich jedenfalls sehr von jener des Kamaldulensers.

Ältere Kunstgelehrte behaupten, Angelico sei von Gherardo Starnina für die Kunst erzogen worden [2]. Leider sind die Berichterstatter keine Zeitgenossen des Malers. Überdies fehlt uns der wichtigste Anhaltspunkt zur Beurteilung dieser Aussage, nämlich ein sicher beglaubigtes Bild Starninas. Wenn Starnina die Bilder der Legende des hl. Nikolaus in der dem heiligsten Sakramente gewidmeten Kapelle der Castellani in Santa Croce zu Florenz malte, dann läßt sich freilich eine Ähnlichkeit zwischen dem dortigen Bilde, worauf ein Schiff im Sturm dargestellt ist, und einem ähnlichen Gemälde in der von Angelico für Perugia gemalten Altartafel nicht verkennen (Bild S. 10) [3].

Marchese bekämpft [4] die Meinung, welche Starnina als Lehrer Angelicos ansieht, weil er glaubt, Starnina sei bereits 1403 gestorben. Da dessen Tod jedoch erst um 1408, also etwa zur Zeit der Aufnahme Giovannis in den Orden, eintrat, wird der Grund eines Widerspruchs hinfällig [5].

Starnina wurde im 49. Jahre seines Lebens plötzlich aus seiner ruhmreichen Laufbahn herausgerissen. Wer weiß, ob nicht dieser plötzliche Tod den jungen Guido erschütterte, zum Verzicht auf die Ehre dieser Welt und zum Eintritt in einen strengen Orden veranlaßte? Jedenfalls war Guidolino nach dem Zeugnisse Vasaris [6] vor dem Eintritte in den Dominikanerorden schon sehr erfahren in seiner Kunst. In Übereinstimmung mit dieser Nachricht erzählt Antonio Billi, welcher zwischen 1516 und 1530 schrieb, Angelico habe als junger Mann, wohl um 1406, ein Bild an einem großen Schrein der Dominikanerkirche Santa Maria Novella zu Florenz gemalt [7].

Aus der guten, in den Formen der Frührenaissance, nicht der Gotik, gehaltenen Architektur an den Hallen, worin sich die Verkündigung vollzieht und neben der in der Predella die Vermählung Marias stattfindet, sowie an dem Innern der Kirche, worin Maria dem greisen Simeon ihr Kind hingibt, ergibt sich, daß der junge Maler vor seinem Eintritt sich zu Florenz mit den neuen Formen der Baukunst vertraut machte und wohl mit jungen, strebsamen Architekten einen Freundschaftsbund schloß, den er später wieder erneuerte und steigerte.

Obwohl Florenz ein wichtiger Mittelpunkt der Kunsttätigkeit war, muß doch die Verbannung aus dieser Stadt als eine Fügung der gütigen Vorsehung für den Frate angesehen werden. Wer weiß, ob der junge Ordensmann seine tiefernste, fromme Richtung so entschieden festgehalten und entwickelt hätte, wenn er in der Mitte des Kunstlebens der Arnostadt geblieben wäre, das neuen Zielen zustrebte? Sein Exil brachte ihn in konservativere und religiösere Kreise; wohnte er doch zu Cortona zwischen Siena und Assisi, nicht weit von beiden entfernt. Der Weg nach Assisi führte ihn über Perugia; Foligno aber lag dicht bei Assisi. Ein Besuch dieser Orte war um so leichter, weil Perugia und Siena bedeutende Klöster seines Ordens besaßen. Jedenfalls wird man bei Beantwortung der Frage, welche Meister und welche Bilder für seinen künstlerischen Entwicklungsgang von Einfluß gewesen seien, viel mehr, als bisher geschehen ist, außer Florenz auch die Orte ins Auge zu fassen haben, die er von Cortona und Foligno aus in den Jahren 1407 oder 1409 bis 1418, also vom 20. bis zum 30. Jahre seines Lebens, und zwar als bereits gut vorgebildeter Maler, besucht hat. Offenbar mußte er von den dort bewunderten Leistungen der Vorzeit und von den neuesten Schöpfungen seiner Zeitgenossen vielerlei Anregung und weitere Ausbildung erhalten.

Besuche in Assisi, das von Foligno aus in wenigen Stunden zu erreichen war, zeigten ihm Cimabues († 1302) und Giottos († 1337) Meisterwerke. Wohl kannte er die Leistungsfähigkeit dieser Bahnbrecher seiner Kunst, die damals als kaum übertroffene Vorbilder galten, aus deren Malereien in den Kirchen zu Florenz. Aber ihr Können offenbarte sich ihm doch in der Kirche

[1] Tumiati 43 f. Douglas 20. — [2] Baldinucci, Opere V 158. — [3] Man vergleiche die Photographie Brogis 6983 mit Andersons 3591. — [4] Memorie I[4] 267. — [5] Vasari II 9, A. 9. — [6] Ebd. 505. — [7] „Il libro di Antonio Billi", hrsg. von C. v. Fabriczy im Archivio Storico Ital. 1891, 326.

des hl. Franziskus zu Assisi weit glänzender. Giottos Schilderung des Lebens des großen „Armen Christi“ hat ihm geholfen zur Darstellung der Predellenbildchen, worin er die Taten des hl. Dominikus schildern sollte, besonders dessen Begegnung mit dem hl. Franziskus. Giottos Schöpfungen bewiesen ihm, daß nicht Vielerlei, sondern der klare Gedanke und sein mit verhältnismäßig wenig Mitteln verkörperter Inhalt durchschlagend wirkt. Sie haben ihn darum gefestigt in der Wertschätzung fester Linien, reiner Farben und klarer Ideen. Tumiati [1] glaubt, am meisten habe unser Maler die damals noch gut erhaltenen Werke Cimabues studiert, der sich nirgendwo größer zeige als in Assisi, besonders in der thronenden Madonna der Unterkirche, in den Engeln, welche diese Madonna begleiten, und in den im Chor sowie im Querschiff der Oberkirche stehenden Cherubim. Er behauptet, Fra Giovanni habe freilich Giotto und dessen Nachfolger, besonders Orcagna († 1368) und Lorenzo il Monaco, als Vorbilder betrachtet, sei aber zurückgegangen auf Cimabue, um durch ihn zu lieblicher Größe aufzusteigen.

Neben den Werken Giottos und seiner Schule fand Angelico in der Unterkirche von Assisi Werke der Meister von Siena, die ihm jedenfalls halfen, von Orcagnas Ernst leichter zu lieblicher Einfachheit und Gemütstiefe zu gelangen. Vor allem erfreute er sich zu Assisi an den von Simone Martini aus Siena nach 1317 gemalten Darstellungen aus der Legende des hl. Martinus und den an Pietro Lorenzetti aus Siena († 1348) erinnernden Bildern der Leidensgeschichte des Herrn.

Mit welcher Begeisterung wird er von Cortona nach Siena geeilt sein, dessen Kirchen und öffentliche Gebäude damals gefüllt waren von den Gebilden der dortigen Malerschule! Schon an den Stadttoren begrüßten sinnige Fresken den nahenden Ordensmann. Wer war mehr in der rechten Stimmung, um jene gewaltige, „großäugige“ Madonna nicht nur zu betrachten, sondern zu verehren, welche man vor etwa hundert Jahren (1310) in feierlichster Prozession zum Dom gebracht hatte und die seitdem auf dem Hochaltar prangte? In diesem bedeutenden, jetzt aus der Kathedrale in die Opera del duomo verbannten Tafelgemälde hatte Duccio die Erfolge der früheren byzantinischen und italienischen Miniatoren und Maler zusammengefaßt. Auf der vorderen Seite thront Maria mit ihrem Kinde zwischen zwanzig Engeln und zehn Heiligen. Aus den Nischen der jetzt auf die Tafel gestellten Predella aber schauen die Halbfiguren der Apostel. Die Rückwand der Tafel zeigt sechsundzwanzig Szenen aus der Geschichte des Leidens und der Auferstehung Christi, zu denen in der Predella noch achtzehn Szenen aus der Lebensgeschichte Christi und seiner Mutter hinzutreten. Bleibt auch in vielen Figuren und Szenen eine Anlehnung an griechische Vorbilder unverkennbar, so ist doch alles frei behandelt, sozusagen italienisiert. Die acht unmittelbar um den Thron stehenden Engel stützen sich gemütlich auf dessen Lehne und schauen vertraulich auf das göttliche Kind, den Mittelpunkt des Ganzen [2], nicht wie in den byzantinischen Gemälden als feierliche und ehrfurchtsvolle Thronassistenten, sondern als Freunde und Vertraute des Kindes und seiner Mutter.

Für Fra Giovanni war dies Bild wichtig, weil es so viele Szenen aus dem Leben Christi und Mariä bot und noch voll und ganz in dem alten Herkommen stand. Wie selbst in Griechenland und im alten Rom die besten Vertreter der Kunst ihren Ruhm mehr darein setzten, alte, eingebürgerte Typen zu vervollkommnen und zu veredeln, als neue Darstellungen zu erfinden, so hielten die besten Künstler Italiens noch in der ersten Hälfte des 15. Jahrhunderts fest an den Grundlinien der alten Ikonographie. Sie banden sich nicht sklavisch an die alte Darstellung, veränderten sie aber auch nicht rücksichtslos. Erst das 16. Jahrhundert brachte den vollen Ruin der Typen, eine Sturmflut des maßlosen Individualismus. Es ist darum angezeigt, in der Folge zuzusehen, wie Fra Angelico die alten Stoffe behandelt, inwieweit er sie ummodelt und wie diese Änderung aus seinem Charakter und seiner Lebensaufgabe folgt. Er hat ältere Bilder eingehend studiert und sich derselben erinnert, als er die auf ihnen gegebenen Szenen wiederholte, nie aber sklavisch kopiert. Hat er doch auch nie eine bereits von ihm selbst gemalte Szene unverändert zum zweiten Male ausgeführt.

So sehr ihn die Majestät und Würde des reifsten Werkes des großen Duccio ansprach, so gefiel ihm doch jedenfalls das große von Simone Martini 1315 im Palazzo Pubblico zu Siena ausgeführte Freskobild besser. Auch in ihm thront die Madonna zwischen Engeln und Heiligen, aber frischer und freier (Bild S. 8). Die berühmten Allegorien des Ambrogio Lorenzetti in demselben Palazzo werden ihn weniger angezogen haben. Schöpfungen, in

[1] Frate Angelico 53 f. — [2] Jordan sagt in seiner Übersetzung der „Geschichte der italienischen Malerei“ von Crowe und Cavalcaselle II 214: „Vorn knien in Anbetung der ‚Majestät‘ Marias die vier Bischöfe Savinus und Ansanus, Crescentinus und Viktor, die Schutzpatrone der Stadt.“ In Wahrheit kniet dort nur ein Bischof mit drei Märtyrern, aber nicht in „Anbetung“ Mariens, sondern Christi. Katholiken mögen so oft als sich eine passende Gelegenheit bietet, versichern, sie beteten die Gottesmutter nicht an, sie hätten es nie getan, der alte Vorwurf wird trotzdem immer wiederholt, und zwar als sichere Tatsache.

denen grübelnder Verstand einen Bund mit gefühlvoller Phantasie einzugehen versuchte, paßten weniger zu seiner Individualität. Am meisten bewunderte er in dem stolzen Palaste der noch mächtigen Republik Taddeo Bartolis eben vollendete Fresken des Todes, des Begräbnisses und der Himmelfahrt Mariens (1414).

Ein diesem Bartoli zugeschriebenes Bild der Himmelfahrt Mariens zu München (um 1390) enthält manche Elemente, welche wir späterhin in Fra Angelicos Bildern der Krönung Mariens wieder finden werden. Singende und musizierende Engel umgeben die Jungfrau, selbst die langen Posaunen, womit die Himmelsboten zum Jubel auffordern, fehlen nicht.

Taddeo Bartolis schöne, im Jahre 1409 gemalte Verkündigung, heute eine Zierde der städtischen Galerie, glänzte damals in frischer Farbenpracht. Sie hat sicher das Herz des jungen Bruders ergriffen und in ihm den Wunsch gesteigert, ähnliche Werke zu schaffen [1].

Jenes liebliche Gemälde des Rathauses von Siena, welches heute am meisten an Fra Angelico erinnert, die von Sano di Pietro 1445 gemalte Krönung Marias, existierte damals noch nicht. Der erst 1406 geborene Künstler war noch Kind († 1481).

Nicht allzuweit von Cortona, zu Gubbio, hatte Ottaviano Nelli 1404 in Santa Maria Nuova die Madonna del Belvedere in Tempera auf eine Wand gemalt und darin die Saiten angeschlagen, welche Fra Giovanni am meisten liebte. Hinter der thronenden Gottesmutter breiten zwei schwebende Engel ein Tuch aus; über ihrem Haupte hält Gott der Vater inmitten eines Kranzes kleiner Engel eine Krone. Zur Rechten und Linken schweben zwei kleinere Engel mit einer Handorgel und einer Harfe, unten steht auf jeder Seite ein großer Engel mit einer Laute oder Geige. Maria setzt ihre Füße auf ein großes, rundliches Kissen und umfaßt mit beiden Händen das auf ihrem rechten Knie stehende Kind. Andächtig neigt sie ihr Haupt zu ihm nieder mit der Bitte, die zur Rechten kniende Stifterin zu segnen. Ein Engel kniet hinter der Stifterin und empfiehlt sie der Madonna. Im Hintergrunde aber ragt über die Stifterin und ihren Schutzengel die große Gestalt eines Heiligen empor, der einen Palmzweig und ein Buch trägt. Der Stifter kniet auf der andern Seite vor der ebenfalls in großem Maßstab gemalten Figur des heiligen Einsiedlers Antonius, der schützend die Linke auf dessen Haupt legt.

„Dieses Meisterstück Ottavianos, eine schlichte, ebenmäßige Nebeneinanderstellung von Figuren verschiedenster Größe auf blauem Grunde, macht den Eindruck einer heitern Miniatur von einer prächtigen Mischung mehrfach abgetönter Farben, welche bunt, aber durchaus unplastisch wirken. Seine von ungemein saubern Umrissen umschlossenen Figuren mit mangelhaften Händen und schwächlichen Füßen sind unkörperliche Erscheinungen in Kleidern wie Spinngewebe, mit Blumen beladen, teilweise mit blattförmigen Säumen. Einige Köpfe, wie z. B. der des Antonius und seines Schützlings, haben einen gewissen stillfeierlichen Ausdruck, und auch Maria mit dem Kinde schauen lieblich drein. Das Ganze ist mit einem Fleiße durchgeführt, dem keine Mühe zu viel wird.“ [2]

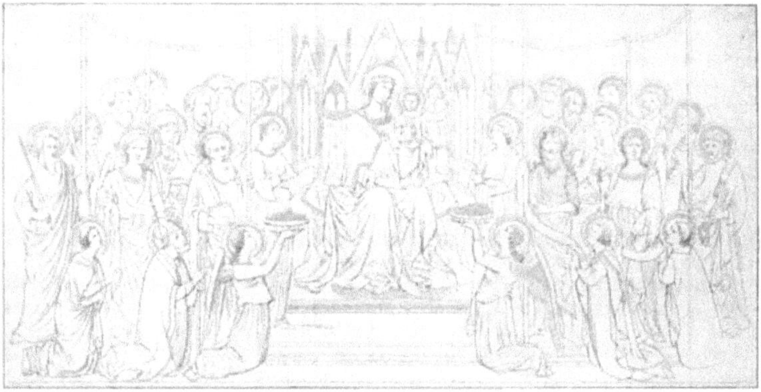

SIMONE MARTINI: MADONNA MIT HEILIGEN SIENA, PALAZZO PUBBLICO

Gubbio war damals reich an ähnlichen Werken. Bereits Ottavianos Vater Martino hatte dort um 1385 inmitten eines Kreises gleichgesinnter Künstler als Maler, sein Großvater Mattiolo als Bildhauer gewirkt. Ein näheres Verhältnis des Ottaviano zu Fra Giovanni muß um so mehr angenommen werden, als Ottavianos Bruder Tomasuccio für San Domenico in Gubbio malte.

Doch ist immer die zutreffende Bemerkung Försters [3] festzuhalten: „Fra Angelicos ganze

[1] Cartier 100. — [2] Crowe und Cavalcaselle IV 1 S. 98. — [3] Geschichte III 191.

Kunstweise ist von einer Eigentümlichkeit, die von einer einzelnen andern nicht hergeleitet werden kann; sie ist eins mit seinem Naturell, aus diesem hervorgewachsen unter dem wohltätigen Einfluß der älteren Kunst im allgemeinen, mit deren Schöpfungen das ganze Land aufs reichste ausgestattet war."

Er ist aber „nicht nur in der Tiefe des Ausdruckes, nein, auch in der Schönheit der Komposition, der Anordnung der Figuren in einen großgedachten Raum einer der großen Lehrmeister des Quattrocento gewesen, selbst ein Sohn der neuen Zeit, wie die Richtung seines Strebens beweist, und zugleich einer der wenigen, denen es vergönnt war, in einigen ihrer Werke dem Ideale klassischen Stils nahe zu kommen." [1]

Ein solches Werk ist bereits eine von ihm für die Dominikanerkirche zu Perugia gemalte Altartafel. Wenige Städte sind so reich an Gegensätzen und zeigen so sehr die Änderungen, welche der Wechsel der Zeiten bringt. Beispielsweise ist in Perugia San Domenico (Bild S. 1), ein Bau des 13. und 14. Jahrhunderts, im Laufe des 17. Jahrhunderts so stark umgeändert worden, daß man die ursprüngliche Anlage kaum mehr zu erkennen vermag. Auch sein Altarbild ist in Stücke zerschlagen; doch sind die meisten Teile jetzt in dem aus den Kirchen und Klöstern der Stadt zusammengeraubten Museum der Pinacoteca Vannucci, im Obergeschoß des machtvollen Palazzo Pubblico, aufgehängt (Bild).

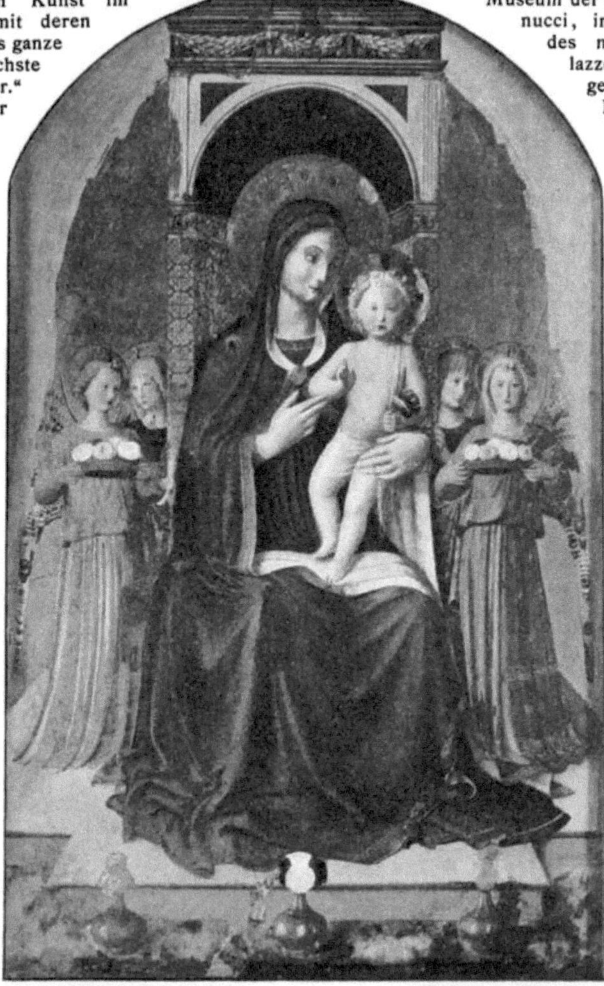

MADONNA MIT DEM KINDE PERUGIA, PINACOTECA

Neben dem Throne der Gottesmutter hält rechts und links ein Engel ein Körbchen voll weißer und roter, dunklerer und hellerer Rosen. Zwischen diesen Engeln und dem Throne schauen aus dem Hintergrunde zwei weitere Engel hervor, welche ihre Hand an die Rücklehne dieses Thrones legen. Vor dessen Stufe stehen drei feine, mit Rosen gefüllte Vasen. Das auf dem Schoße der Mutter stehende Kind hat nur einen leichten Schleier um die Hüften gelegt, stützt sich auf den rechten Arm und die Schulter der Mutter, von der es liebevoll betrachtet wird, und hält in der Linken eine Granatapfelblüte als Symbol der Liebe, während es mit der Rechten segnet. Auf den beiden Seiten standen der hl. Johannes der Täufer neben der hl. Katharina von Alexandrien (Bild S. 10),

[1] Wingenroth, Repertorium XXI 438.

und der hl. Dominikus neben dem hl. Nikolaus, ohne jedoch zueinander in nähere Beziehung zu treten. Ihre Gestalten erinnern sehr an die von Simone Martini zu Assisi gemalten Heiligenfiguren, von denen viele, wie dies bei Giottos Nachfolgern Sitte war, sich um ihre Umgebung und Nachbarschaft noch nicht zu kümmern scheinen, sondern etwas träumerisch in die Welt hinausschauen. Bei Zeichnung der Gestalt des Täufers dürfte Angelico Orcagnas Altartafel in Santa Maria Novella zu Florenz benutzt haben[1]. Über der Mitte erhob sich ein größerer Spitzbogen, über jedem der vier Heiligen, die zur Seite stehen, stieg ein kleinerer Spitzbogen auf, über den Spitzbogen waren in Kreisen zur Rechten und Linken der Engel der Verkündigung und die seligste Jungfrau dargestellt. Der Engel gleicht sehr demjenigen des Verkündigungsbildes zu Cortona. Über dem Throne der Gottesmutter, also oben im Giebel des Rahmens, erschien ein Bild der Kreuzigung.

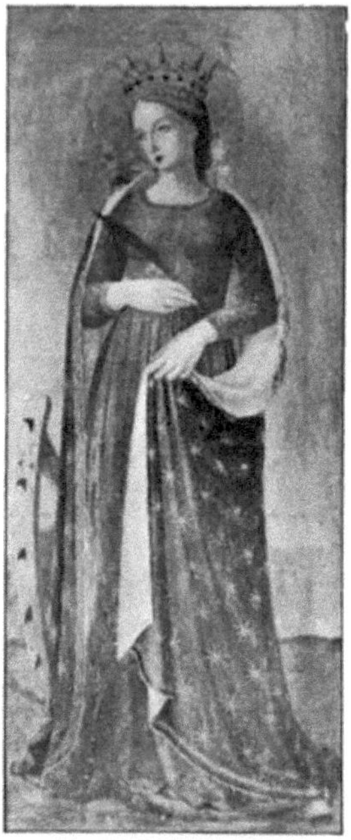

HL. KATHARINA VON ALEXANDRIEN
PERUGIA, PINACOTECA

Da die Kapelle, für deren Altar man die Tafel bestimmt hatte, dem hl. Nikolaus gewidmet war, enthielt die Predella in drei Abteilungen sieben Szenen aus der Legende dieses heiligen Bischofs. Die beiden ersten, jetzt in der Gemäldesammlung des Vatikan ausgestellten Abteilungen schildern die Geburt des Heiligen und wie er in einer Predigt Christi Aufforderung vernimmt, alles zu verlassen, wie er einen Teil seines Vermögens zur Aussteuer dreier Mädchen hingibt, einem Schiffe Getreide entnimmt, um eine Hungersnot zu beenden, und Schiffbrüchigen beisteht (Bild). Die letzte, in Perugia verbliebene Abteilung zeigt, wie der heilige Bischof drei junge Männer vom Tode rettet und wie er stirbt. Zwölf, jetzt in der Pinakothek zu Perugia ausgestellte kleine Tafeln zierten ehedem den Rahmen. Sie geben die Standbilder von zwölf Heiligen: Petrus, Paulus und Johannes der Evangelist, Stephanus und Laurentius, Hieronymus und Benediktus, Petrus Martyr, Thomas von Aquin und Ludwig von Toulouse, Katharina von Siena und Maria Magdalena.

Die nach Vollendung des für Perugia gemalten Altaraufsatzes von Fra Giovanni für Cortona ausgeführte Altartafel hängt noch daselbst in der Kirche seines Ordens in einer Kapelle südlich vom Hochaltar. Es ist die einzige, welche ihren Platz behalten hat. In ihrer Mitte thront die Gottesmutter, deren rosenrotes Kleid von einem dunkelblauen Mantel fast ganz bedeckt. Das unbekleidete Kind auf ihren Knien hält eine dunkelrote Rose. Je zwei Engel stehen zu ihrer Rechten und Linken; einer trägt in einem Korbe feine Rosen. Neben dem Throne wachsen in zwei prächtigen Vasen andere Rosen auf, deren Kultur in Cortona seit alten Zeiten mit besonderer Liebe gepflegt wird. Angelico pflückte sie am Morgen eines heitern Sommertages im Klostergarten, als sie sich eben geöffnet hatten, und gab ihnen in seinem Bilde eine ständige Dauer, damit sie die Gottesmutter ehren sollten als mystische Rose. Wie er haben auch

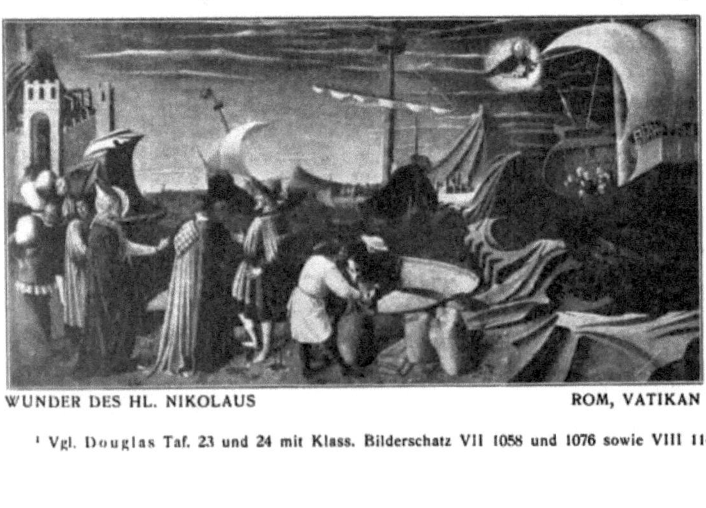

WUNDER DES HL. NIKOLAUS ROM, VATIKAN

[1] Vgl. Douglas Taf. 23 und 24 mit Klass. Bilderschatz VII 1058 und 1076 sowie VIII 1141.

Piero della Francesca und Benedetto Buonfigli der Gottesmutter durch Engel Rosen geopfert [1]. In seitlichen Abteilungen folgen unter je zwei Spitzbogen links die hll. Markus und Magdalena (Bild), rechts Johannes der Täufer und der Evangelist. Über dem mittleren Bilde befinden sich unter einem gebrochenen Bogen der Gekreuzigte, Maria und Johannes, über den vier Heiligen zur Seite in zwei Kreisen die Figuren der Verkündigung. Anfang und Ende des Erdenlebens Christi sind also hier geschildert. Die jetzt in die Taufkapelle beim Dom (Oratorio del Gesù) übertragene Predella enthält in sechs Abteilungen, zwischen denen vier Heilige stehen, sieben Szenen aus dem Leben des hl. Dominikus. Ihre Komposition erinnert an die Basreliefs, womit Fra Guglielmo zu Bologna den Sarkophag des hl. Dominikus ausgestattet hatte. Sie schildern, wie der hl. Dominikus dem schlafenden Papste Honorius erscheint, um die wankende Kirche zu stützen, wie er dem hl. Franziskus begegnet, von den Apostelfürsten einer Erscheinung gewürdigt wird, die Albigenser beschämt, einen Toten erweckt, mit seinen Genossen von Engeln bei Tische bedient wird und inmitten seiner Ordensgenossen stirbt (Bild). Sehr schön sind die beiden Engel, welche dem bei Tische sitzenden hl. Dominikus Brot bringen. Die Sterbeszene ist so angeordnet wie die entsprechende in der Legende des hl. Nikolaus, die ihrerseits das Bild des Todes des hl. Franziskus in Santa Croce zu Florenz von Giotto kopiert (Bild S. 12). Die von vier Engeln emporgetragene Seele, welche beim Tode des hl. Franziskus und dann bei dem des hl. Nikolaus dargestellt ist, fehlt jedoch.

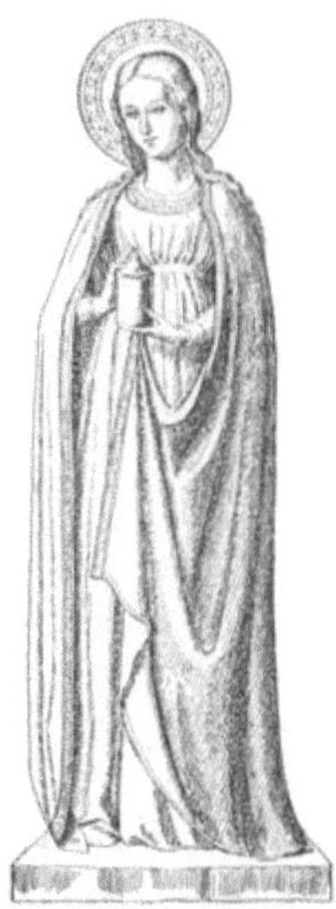

MARIA MAGDALENA
CORTONA

„Beachtenswert sind in dem Altaraufsatz zu Cortona vor allem das Christkind, das wie der Morgenstern leuchtet, und das Engelpaar, von dessen himmlisch süßem Lächeln das Auge sich nicht trennen mag. Große Schönheit ist über die mit bewundernswertem Fleiße ausgeführte Predella ausgegossen; mit zartem Gefühl sind die verschiedenen Seelenzustände der dargestellten Personen ausgedrückt; aber wo Angelico den Schmerz über den Hingang des hl. Dominikus auszusprechen hatte, da hat er sein ganzes Herz und die ganze Fülle seines Mitgefühls ausgeschüttet und offenbar in dem Bilde seinen eigenen Schmerz ausgeweint." [2]

Bei Datierung dieser Bilder der thronenden Gottesmutter zu Perugia und Cortona gehen die Ansichten der Kenner weit auseinander. Marchese, Rio, die meisten älteren Kunstgelehrten und neuerdings Supino und Tumiati setzen deren Entstehen in die Zeit vor Angelicos Übersiedelung nach Fiesole (1418), Wingenroth und Douglas nach 1433, d. h. nach Vollendung der Madonna der

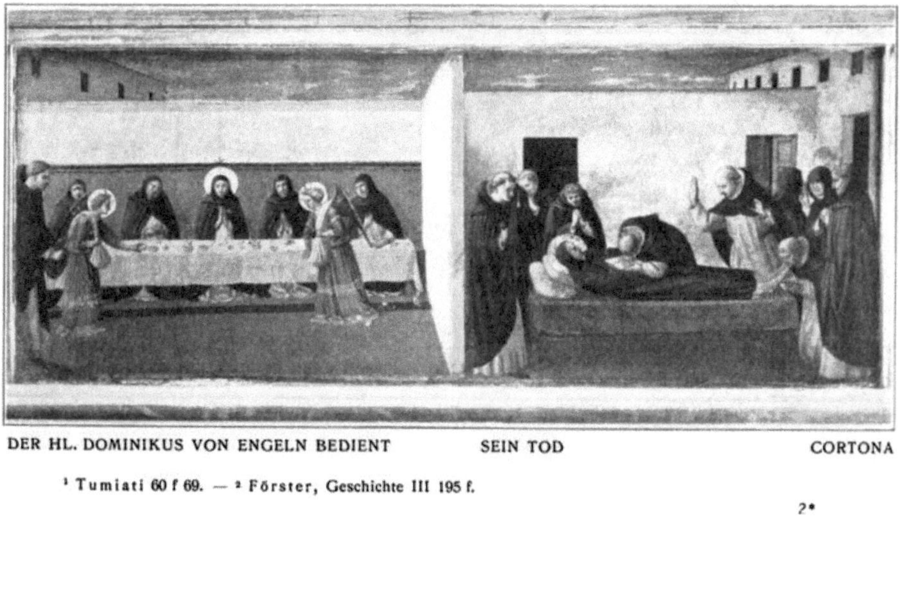

DER HL. DOMINIKUS VON ENGELN BEDIENT — SEIN TOD — CORTONA

[1] Tumiati 60 f 69. — [2] Förster, Geschichte III 195 f.

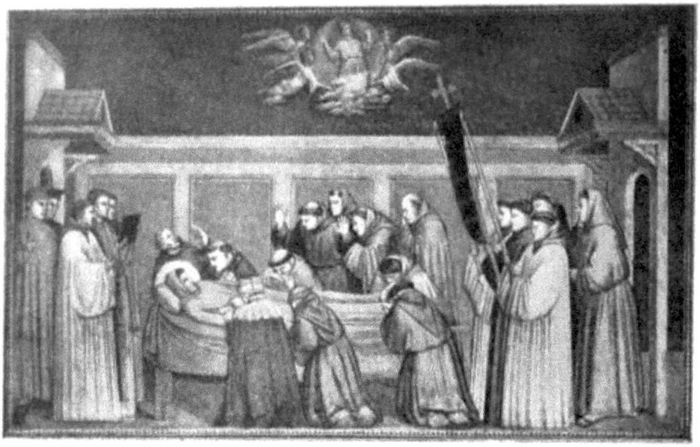

GIOTTO: TOD DES HL. FRANZISKUS FLORENZ, SANTA CROCE

Flachshändler[1]. Die Vertreter der ersten Ansicht dürfen mit Recht betonen, daß Angelico doch sicher vor dem Jahre der Übersiedelung nach Fiesole als Maler tätig war und es nahe liegt, bei der Ansicht zu bleiben, er habe während seines Aufenthaltes in Cortona und Foligno, also nahe bei Perugia, jene Werke geschaffen, die sich dort befinden und für die dortigen Kirchen entstanden. Überdies ständen in jenen Bildern die Engel und Heiligen noch in der Art neben dem Thron Marias, wie es in der Schule Giottos Sitte gewesen sei. Auch spreche die gotische Form der Altartafeln von Perugia und Cortona gegen späte Datierung. Die Neueren gehen von der Voraussetzung aus, Fra Giovanni sei ursprünglich Miniaturmaler gewesen, habe erst später und nur allmählich gelernt, größere Figuren und Szenen zu entwerfen. Douglas betont mit aller Entschiedenheit, erstens zeige der Thron der Madonna zu Perugia und zu Cortona die Formen der Frührenaissance, müßte also nach der Krönung Mariae im Louvre zu Paris gemalt sein, worin der Thronhimmel noch gotisch sei. Auch in den Predellen kämen viele gute Formen der Renaissance vor. Zweitens hebt er hervor, das Kind sei zu Cortona nur halb, zu Perugia fast gar nicht bekleidet, also seien beide Bilder später entstanden als die Madonna der Flachshändler, deren Kind noch ein langes Gewand trage.

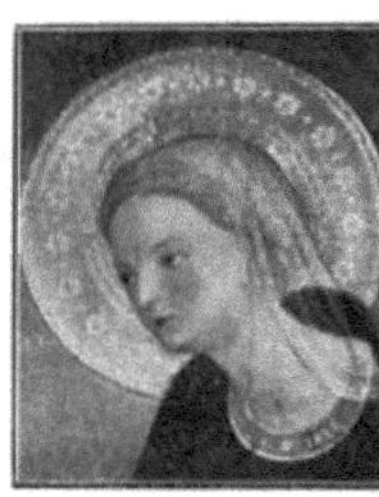

AUS DEM BILDE DER VERKÜNDIGUNG ZU CORTONA

Dagegen ist aber daran zu erinnern, daß freilich in dem zu Fiesole 1433 begonnenen Bilde der Flachshändler und in dem Reliquiar, worin die Gottesmutter mit dem Sterne steht, das Kind ganz bekleidet ist, aber auch in dem großen Bilde oben im Klostergange von San Marco. Mehr oder weniger unbekleidet tritt es uns nicht nur in den Tafeln zu Cortona und Perugia entgegen, sondern ebenso in der Anbetung der Könige sowohl in den Predellen des Verkündigungsbildes zu Cortona und der Flachshändler zu Florenz als auch in einem der Reliquiare aus Santa Maria Novella, dann in den Bildern der Hochaltäre von San Domenico zu Fiesole, von San Marco zu Florenz und von Bosco usw. Angelico wechselte also die Bekleidung des Jesuskindes je nach Belieben und Bedarf. Es läßt sich nicht beweisen, daß er anfangs das Jesuskind stets bekleidet darstellte, später jedoch dessen Umhüllung mehr und mehr fallen ließ. Aus dem Mangel oder Vorhandensein eines Kleidchens darf also ein Anhaltspunkt zur Chronologie der Gemälde nicht genommen werden.

Die Bedeutung der Renaissancearchitektur in Fra Giovannis Bildern wird später eingehend zu würdigen sein. Es muß aber schon jetzt entscheidendes Gewicht auf die Tatsache gelegt werden, daß auch noch die Umrahmung der thronenden Madonna zu Cortona[2], welche nach der Madonna von Perugia entstand, die ehedem ein ähnliches Rahmenwerk besaß, so gotisch ist wie kaum eine andere an den von Angelico gemalten Bildern, und doch sicherlich nicht aus der Zeit seiner späteren Wirksamkeit stammen kann.

[1] Marchese I c. 4, p. 243. Vasari, ed. Milanesi II 514, A. 3, 528 f 532 f. Supino 46 50 f. Tumiati 69: „Il trittico della Chiesa di S. Domenico è posteriore certamente a quello di Perugia; la fattura più delicata, annunzia il pittore del Tabernacolo dei Linaioli.“ Crowe II 144 f. Frantz, Malerei II 264. Rio II 335 f. Wingenroth, Repertorium XXI 433 f. Douglas 57 f. Guthmann 194, A. 77: „Burckhardt im alten Cicerone nennt die Predella im Vatikan, die zum Altarwerk in Perugia gehört, ‚aus der letzten Zeit und sehr ausgezeichnet‘. Wenn das Werk auch nicht aus Angelicos letzter Zeit stammt, so hatte Burckhardt doch recht, es nicht in die Cortoneser Zeit zu verlegen, wie es der neue Cicerone (6. Aufl.) und die allgemeine Meinung tut. Die 8. Auflage kehrt wieder zur späteren Datierung zurück.“ Ein im Chore von San Domenico zu Cortona aufgestelltes Bild der Krönung Mariä mit zehn Heiligen befand sich 1438–1440 in San Marco zu Florenz. Es ist ein Werk des Laurentius Nicholai. Vasari II 532. — [2] Abb. bei Douglas zu S. 59.

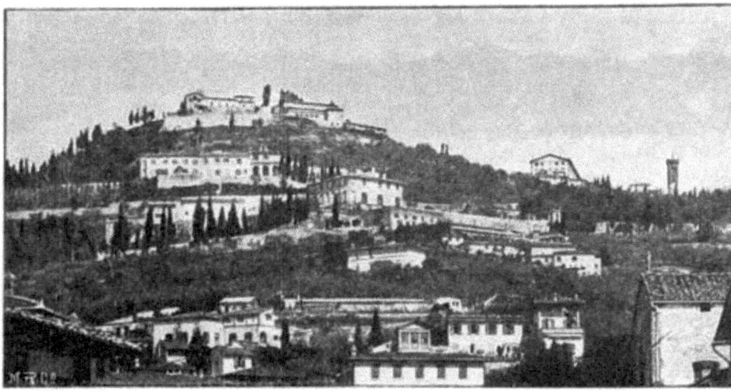

FIESOLE

II. FRA ANGELICOS WIRKSAMKEIT IN FIESOLE (1418—1436)

AM 22. Januar 1414 zog Kardinal Dominici feierlich in Konstanz ein; am 4. Juli eröffnete er das Konzil. Als Gesandter Gregors XII. verkündete er dessen Abdankung; gleich darauf beendigte die Wahl Martins V. das traurige Schisma. Dadurch war die Ursache gehoben, welche Fra Giovanni Petri del Mugello und seine Ordensbrüder so lange von Fiesole ferngehalten hatte. Tatkräftiges Eingreifen ihres einflußreichen Kardinals und des Ordensgenerals bewog den Bischof von Fiesole, den reformierten Dominikanern ihr Kloster zurückzugeben. Im Jahre 1418 zogen nach neunjähriger Verbannung vier Ordensgenossen voll Freude wiederum in ihr liebgewonnenes Haus. Fra Angelico folgte ihnen bald und wohnte von nun an achtzehn Jahre, vom 31. bis zum 49. Jahre seines Lebens, in diesem Kloster. Malerisch liegt es am Abhange eines Berges, von dessen Spitze aus die alte, von den Etruskern gegründete Stadt Fiesole die Ebene des Arno beherrscht. Die einfache Kirche der Dominikaner erhebt sich über arme Klostergebäude, predigt Ernst und erinnert an die Strenge des sel. Dominici. Die Fassade liegt an der gegen die Stadt Fiesole aufsteigenden Landstraße[1].

Schon zu Zeiten der Römer hatten sich Ansiedler unten am Flusse angebaut und die Stadt Fluentia gegründet, die gewachsen war. Im 15. Jahrhundert stand sie auf dem Gipfel der Macht, geleitet durch Cosimo von Medici, dem sie 1464 durch Ratsbeschluß den Titel „Vater des Vaterlandes" verlieh. Ihre Umgegend war, wie des Giovanni di Jacobo Morelli Chronik[2] im 15. Jahrhundert bemerkt, „ein schönes und fröhliches Land, beschattet von Bäumen mit saftigen und schmackhaften Früchten, einem schönen Garten ähnlich gemacht durch einen klaren Fluß, welcher es von einem Ende zum andern durchströmt und viele Bäche, welche Blumengewinde gleich sich durch die Ebene schlängeln, aufnimmt". Am rechten Ufer des Arno erhob sich in der Mitte der Stadt der 1436 durch Papst Eugen IV. geweihte Dom, an dessen Kuppel Brunelleschi seit 1421 baute. 1439 wurde in ihm das große Unionskonzil gefeiert. Neben ihm stieg der farbige, plastisch verzierte, von Giotto 1334 begonnene Glockenturm auf. Die zweite der wundervollen Türen seiner Taufkirche hatte Ghiberti 1403 angefangen, die dritte und schönste hatte er seit 1425 in Arbeit. Für das Innere fertigte Donatello mit Michelozzo im Auftrage Cosimos das Grab des 1419 verstorbenen Gegenpapstes Johann XXIII. an. Hinter dem Dome schaute weit aus ins Land der schlanke Turm der Signoria. In ihrem „Alten Palast" (Bild S. 14) erbaute Michelozzo 1432 den prächtigen Hof mit seinen reich gezierten Säulen.

Zwischen dem Dom und diesem Palazzo Vecchio stand die 1412 vollendete Kapelle Or San Michele (S. Michael in Horto), deren Außenseite damals durch Donatello, Ghiberti und Michelozzo mit den prachtvollen, überlebensgroßen Statuen der Schutzpatrone der Zünfte geziert wurde. Ihr Inneres hatte bereits

[1] Der Giebel der Kirche erscheint im obigen Bilde unten in der Ecke. — [2] Archivio Storico Toscano, Serie I.

um 1350 von Andrea Orcagna und seinem Genossen Bernardo Daddi den kostbaren Marmoraltar mit seinem Baldachin erhalten. Auf dem Altarbild waren der Tod und die Himmelfahrt Marias dargestellt.

Von Fiesole aus sah Fra Giovanni zur Rechten die 1278 von seinen Ordensgenossen Fra Sisto und Fra Ristoro, trefflichen italienischen Baumeistern ihrer Zeit, begonnene dreischiffige Kirche der Prediger, Santa Maria Novella. Oft betete er in ihrer Kapelle der Rucellai vor Cimabues großer Madonna (Bild S. 15). 1280 war sie im Festzug dorthin gebracht und unter dem Jubel des Volkes aufgestellt worden. In der gegenüberliegenden Kapelle der reichen und mächtigen Strozzi, im Kreuzarm der Evangelienseite, weilte er oft und lange vor den Fresken der Schüler Giottos; denn aus ihren, um 1350 von Andrea und Bernardo Orcagna gemalten Bildern des Paradieses und der Hölle entlehnte er viele Motive. Die ebenso einfache als großartige Figur der Mutter des Richters werden wir in seinen Bildern wiederfinden, ebenso die Ruhe und Seligkeit der Auserwählten, selbst die Kunst der Farbengebung, worin sich die Kraft des Halbdunkels mit der Durchsichtigkeit des Lichtes paart[1]. Im „alten Kreuzgang" waren damals die grün in Grün gemalten Fresken mit Szenen aus dem Alten Testament noch frisch und wirkungsvoll; im Kapitelsaal aber, der Spanischen Kapelle (Cappella degli Spagnuoli), boten die farbenreichen Darstellungen des Leidens und der Verherrlichung Christi, die Legenden der hll. Dominikus und Petrus Martyr sowie der „Triumph des hl. Thomas von Aquin" reiche Anregung. Vielleicht hat Simone Martini wenigstens einen Teil derselben um 1330 vollendet. Da indessen viele dieser Bilder im Sinne der von Lorenzetti zu Siena gemalten Allegorien gehalten waren, entsprachen sie der Richtung des Angelico weniger. Er liebte weder leidenschaftlich bewegte Szenen noch gesuchte Anspielungen oder scharfe Gegensätze, weder Schilderungen irdischen Treibens noch übertriebene Nachbildung zeitgenössischer Dinge und Personen, sondern blieb gerne in jenem Bereich, in den Dominicis Vertrauensmann, Lorenzo von Ripafratta, ihn während des Noviziates eingeführt hatte. Die in frommen Betrachtungen und Gebeten gewonnene Vertrautheit mit Christus, mit Maria und den damals in seinem Lande hochverehrten Heiligen führte ihn oft zum hochberühmten Gnadenbild der Verkündigung in der Kirche Santissima Annunziata. Dort stärkte er seine dem Geiste des Dominikanerordens entsprechende Liebe zur Gottesmutter, dem Gegenstand seiner schönsten Bilder.

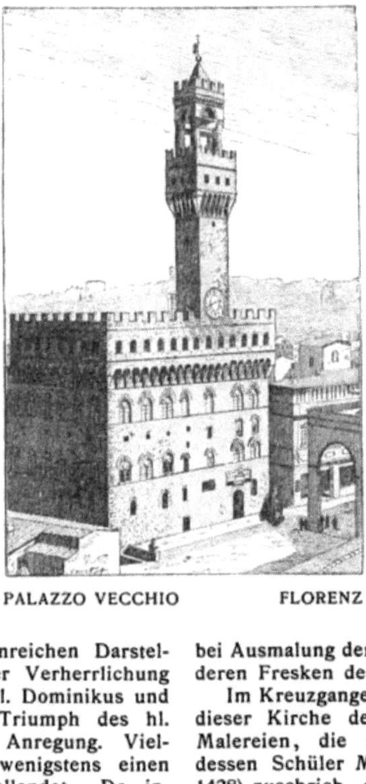

PALAZZO VECCHIO FLORENZ

Zur Linken des Domes sah er die gewaltige Kirche des andern Bettelordens, Santa Croce. 1294 hatte Arnolfo di Cambio sie für die Söhne des hl. Franziskus begonnen; erst 1442 war sie vollendet. In ihren Kapellen malte Giotto eine Krönung Marias, das Leben der beiden Johannes und des hl. Franziskus; Taddeo Gaddi, Agnolo Gaddi und Bernardo Daddi hatten andere Kapellen mit Fresken ausgestattet. Obgleich teilweise zerstört, verblichen und übermalt, fesseln sie doch noch heute durch einfache Schönheit und Farbenharmonie. Starnina hatte dort nach Vasaris Bericht in Fresken das Leben des heiligen Abtes Antonius und des hl. Nikolaus gemalt. Wenn Giovanni sein Schüler war, dann hat er ihm dort und in der 1422 geweihten Karmeliterkirche Santa Maria del Carmine, jenseits des Arno, am linken Ufer, im kleineren Teile der Stadt, zur Seite gestanden bei Ausmalung der Kapelle des hl. Hieronymus, deren Fresken der genannte Vasari sehr lobt[2].

Im Kreuzgange und in der Brancacci-Kapelle dieser Kirche der Karmeliter befanden sich Malereien, die man ehedem Masolino und dessen Schüler Masaccio (zwischen 1423 und 1428) zuschrieb, die aber wohl von letzterem allein herrühren. Stammte ein Teil derselben von Masolino, so wird Fra Angelico den Meister bei seiner Arbeit oft besucht haben, besonders dann, wenn er mit ihm als Schüler des Starnina befreundet war[3]. Aber auch dem Masaccio hat er wohl oft bei der Arbeit zugeschaut. Ging dieser auch nicht so tief in das Wesen der Dinge ein, so nahm er doch den

[1] Supino 9f. [2] Vasari II 6f. [3] Vgl. Supino 10f über das Verhältnis des Fra Giovanni zu Masolino.

Inhalt der heiligen Geschichte ernst. Giovanni aber war sich bewußt, daß er von einem so talentvollen Meister viel lernen könne hinsichtlich der äußeren Form, der Lebenswahrheit und Perspektive.

Hinter Santa Maria del Carmine steigen Hügel auf; hoch oben glänzt dort die mit Marmor eingelegte Fassade des feinsten romanischen Bauwerks in Italien: San Miniato al Monte. Seine drei Schiffe ruhen auf zwölf zum Teil antiken Säulen, sein im 12. Jahrhundert bemalter offener Dachstuhl ist mustergültig und einzig in seiner Art. In der Sakristei malte Spinello Aretino um 1388 acht lebendig gruppierte und dramatisch dargestellte Doppelbilder aus dem Leben des hl. Benedikt. Den Dominikanern hatte derselbe 1405 für die Farmacia von Santa Maria Novella die Passionsgeschichte geschildert. Selbst nach Siena ward er berufen, um dort zu arbeiten. Geistig stand er der mystischen Richtung des Fra Angelico so nahe, daß letzterer jedenfalls seine Arbeiten genau gekannt haben muß.

Am liebsten sah Fra Giovanni in der um 1250 von Nicolò Pisano am rechten Ufer des Arno erbauten gotischen Kirche Santissima Trinità das von Don Lorenzo Monaco († 1425) gemalte Altarbild der Bartolini-Kapelle, „die besterhaltene und schönste Altartafel“ dieses Sohnes des hl. Romuald, eine Verkündigung, die man jetzt in der Galerie der Akademie findet. Sie steht der von Fiesole für Cortona gemalten Verkündigung nahe, doch hängt das Bild des Camaldulensers weit mehr von Giotto und seinen Schülern ab [1]. Es ist weniger einfach und nicht so zusammengefaßt, etwas gesucht und prätentiös, auch nicht so klar in seiner architektonischen Anlage. Fra Angelico war trotz seiner mystischen Richtung lebhafter, stand mehr im Getriebe der Welt und zog von den Fortschritten seiner Zeitgenossen mehr Vorteil, besonders seitdem er wiederum in Fiesole weilte und von dort aus den engen Verkehr mit der hervorragenden Schar der Florentiner Künstler zu erneuern vermochte. Da er bereits 31 Jahre zählte und schon elf im Orden verlebt hatte, war er hinlänglich gefestigt, um in seiner Bahn zu verharren, ohne das viele Gute zu verschmähen oder gering anzuschlagen, das er bei andern fand.

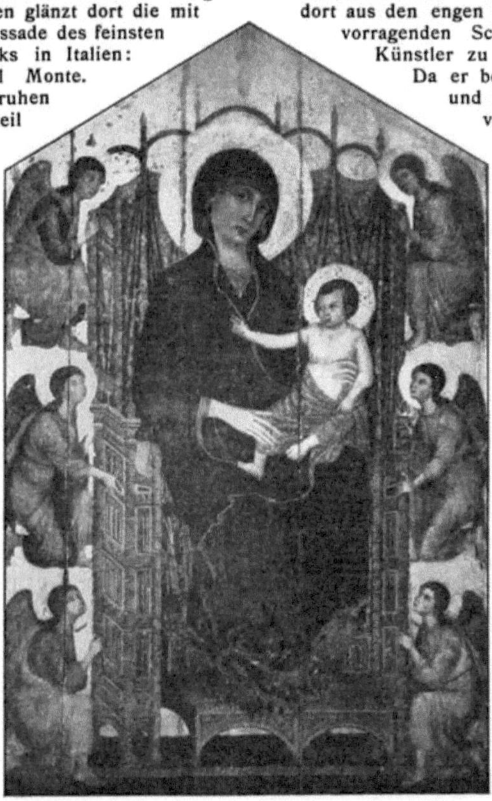

CIMABUE: MADONNA FLORENZ, MARIA NOVELLA

Wie zu Cortona und Perugia mußte er auch zu Fiesole zunächst für Kirchen seines Ordens, an erster Stelle für den Schmuck seines eigenen Klosters arbeiten. Auf eine Wand des Refektoriums malte er eine Kreuzigung mit den lebensgroßen Figuren Christi, Mariä und des Liebesjüngers. Die am Fuße des Kreuzes kniende, vom Rücken gesehene Figur des hl. Dominikus ist stark übermalt oder später beigefügt. Im Jahre 1566 „restaurierte“ Francesco Mariani das Bild. Die Zeitgenossen freuten sich der Erneuerung, sahen sie als Verbesserung an; unser Jahrhundert bedauert sie, weil Mariani den Konturen größeren Schwung gab und an Stelle der zarten Töne kräftigere Farben setzte. Als die französische Revolution die Mönche verjagt hatte und das Speisezimmer zur Orangerie wurde, litt das Bild bedeutend. In jüngster Zeit ist es für etwa 50000 Franken verkauft, von der Wand losgelöst, auf Draht gespannt und nach Paris ins Louvre gebracht worden.

Ein zweites Freskobild [2] wurde in der ersten Hälfte des 19. Jahrhunderts, bevor die Domini-

[1] Douglas 42, Taf. 7. — [2] Über beide Fresken vgl. Vasari II 511, A. 1; Crowe II 159; Rio II 372; Marchese, Memorie I 262 f, [2]300 f; San Marco 25. Zeitschrift f. b. Kunst, Beiblatt XV (1880) 690; XVI 363; XVIII 403 f usw.

kaner ihr durch die Revolution säkularisiertes Kloster zurückerlangten, aus dem Kapitelsaal ausgebrochen, an den Grafen Capponi, dann für 46 000 Lire an den Großfürsten Sergius von Rußland verkauft und in die Galerie der Eremitage zu St Petersburg gebracht. In ihm steht, wie in der Tafel zu Perugia, das Kind auf den Knien der Mutter, von ihrem weißen Schleier nur etwas bedeckt. Zur Rechten und Linken halten die hll. Dominikus und Thomas von Aquin offene Bücher. Die Einfachheit des Gegenstandes bewog den Maler, alle Einzelheiten desto sorgfältiger zu behandeln, viel Ausdruck in die Gesichter und Richtigkeit in die Zeichnung zu bringen. Die schöne und majestätische Gestalt der Madonna beweist, daß die Kräfte des Malers gewachsen sind. Leider wurden manche Teile der Gewänder und die untern Stücke des Bildes durch Feuchtigkeit und dann durch eine in den vierziger Jahren des 19. Jahrhunderts vorgenommene Restauration verdorben.

Weniger verändert ist eine auf die Wand der Sakristei gemalte Darstellung des Gekreuzigten. Sie besitzt viele jener Vorzüge, wodurch die Bilder des Gekreuzigten im Kloster des hl. Markus zu Florenz alle Besucher zur Bewunderung nötigen[1].

Das für den Hochaltar von San Domenico in Fiesole gemalte Bild wurde bereits 1501 von Lorenzo di Credi stark übermalt und mit einem neuen Hintergrund versehen[2]. Die Figürchen, welche die Pilaster zu seiten der eigentlichen Tafel füllten, und die Predella wurden verkauft. Die dreiteilige Predella bildet jetzt eine Zierde der Londoner Nationalgalerie. In ihrer Mitte schwebt der Heiland in weißer Kleidung, mit der Rechten segnend, in der Linken die Siegesfahne haltend, zwischen den Scharen der Engel, welche fünf Reihen bilden, musizieren, tanzen und anbeten. In den vier Abteilungen zur Rechten und Linken stehen und knien anbetend und bewundernd die Heiligen des Himmels in drei Reihen. Nicht weniger als 270 Figuren heben sich vom leuchtenden Goldgrunde ab. Alle sind in farbenreiche, fein verzierte Gewänder gekleidet. Trotz der Menge der Personen und dem Wechsel der verschiedensten, kräftigen Farben herrscht nirgendwo Unruhe, Unordnung oder Mangel an Harmonie. In der Anordnung der etwas schematisch behandelten Reihen ist der Einfluß des großen Fresko, worin Orcagna in Santa Maria Novella das Paradies darstellte, unverkennbar[3]. Schon in der bald nachher von Angelico für dieselbe Kirche zu Fiesole gemalten Krönung Marias wurde die Komposition freier, bewegter und besser auf einen Mittelpunkt hin gelenkt.

Im Hauptbilde des Altares thront Maria mit dem unbekleideten Kinde zwischen acht kleinen Engeln, von denen zwei, vor dem Throne knieend, mit Rosen gefüllte Vasen darbieten. Zur Rechten stehen der Apostelfürst Petrus und der hl. Thomas von Aquin, zur Linken der hl. Dominikus und der hl. Petrus Martyr. Die Anlage gleicht also derjenigen der Marienaltäre zu Perugia und Cortona, ist aber breiter gehalten und ein Zeugnis großen Fortschrittes.

Die berühmte für die Kirche des Klosters zu Fiesole gemalte Krönung Mariens wurde 1812 nach Paris entführt und ist dem Louvre geblieben. Dorthin ist auch die 1852 aus San Girolamo di Fiesole (Villa Ricasoli) an den Marchese Campana verkaufte Tafel gewandert, welche von manchen unserem Maler zugeschrieben, von den meisten ihm abgesprochen wird[4]. Auch in ihr thront die Madonna zwischen sechs Heiligen: Kosmas, Damian und Hieronymus, Johannes Baptista, Franziskus von Assisi und Laurentius. Im Hintergrund erheben sich Orangenbäume und Cypressen. Die unten auf den Rahmen gestellten Wappen der Mediceer erklären, warum Kosmas, Damian und Laurentius hier gemalt sind. Über jenen Wappen stehen im Rahmen die Apostelfürsten und vier Heilige, neben ihnen in der Predella fünf Bildchen: 1. der hl. Hieronymus wird von Engeln gegeißelt, weil er die Klassiker mit zu viel Begeisterung las; 2. Franziskus stirbt inmitten seiner Ordensbrüder; 3. Christus im Grabe zwischen Maria und Johannes, welche seine Hände halten; 4. der hl. Franziskus erscheint dem hl. Bonaventura, der sein Leben schreibt; 5. die hll. Kosmas und Damian werden getötet. Der Stoff des zuerst genannten Bildchens ist einerseits gewählt, weil der hl. Hieronymus Patron der Kirche war, anderseits, weil man Verwahrung einlegen wollte gegen Übertreibungen der Florentiner Humanisten. Man darf in ihm wohl ein Echo der Predigten und Lehren Dominicis finden.

In Fiesole konnte Fra Giovanni nicht dem Verlangen der Dominikaner von Maria Novella widerstehen, einige seiner lieblichen Schöpfungen zu besitzen. Ihrem Wunsche gab besonders der Florentiner Fra Giovanni Masi († 1430) Ausdruck. Nachdem er Angelicos Liebe durch Frömmigkeit und strenge Beobachtung des Stillschweigens gewonnen hatte, ließ er für die Reliquien seiner Kirche vier kleine Reliquiare anfertigen, welche die Form der

[1] Eine begeisterte Beschreibung desselben gibt Tumiati 157 f. — [2] Marchese, Memorie I 261; [4] 223. Über die Predella vgl. Douglas 71, Taf. 30. [3] Vgl. Kraus, Geschichte der christl. Kunst II 1, S. 115, Bild 34. — [4] Für die Echtheit treten ein Marchese I 266 347; Rio II 354, der meint, das Bild befinde sich jetzt zu Rom; Vasari II 512, A. 2. Gegen die Echtheit entscheiden sich Crowe und Cavalcaselle II 160, A. 61; Reiset, Notice des tableaux du musée Napoléon III, S. 38 f; Marchese in späteren Auflagen (vgl. I[4] 303) u. a.

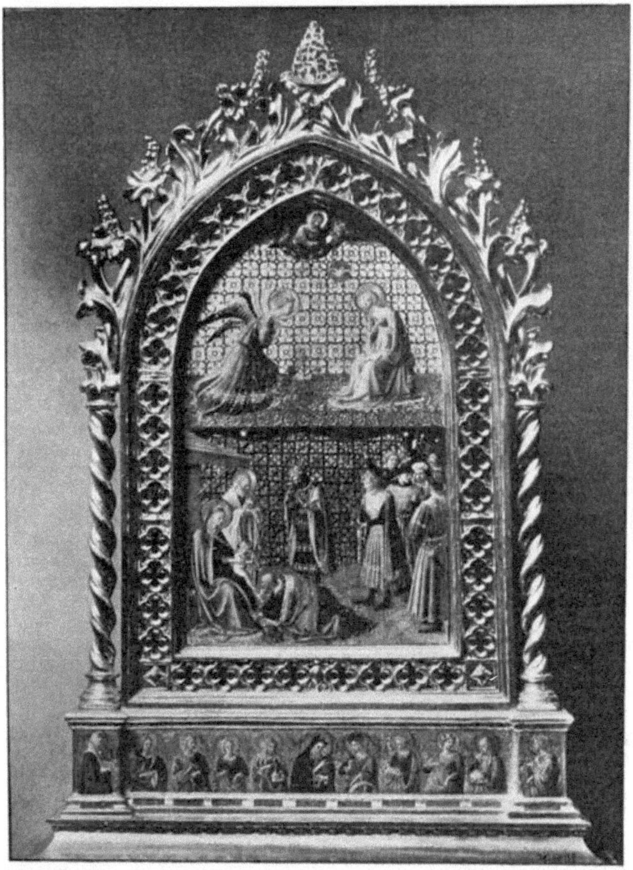

RELIQUIAR FLORENZ, SAN MARCO

damaligen einfachen Altaraufsätze erhielten, nur 42 bis 60 *cm* hoch, 25 bis 29 *cm* breit, oben in Spitzbogen oder in einem Dreieck abgeschlossen waren und von Angelico unter Beihilfe seiner Schüler bemalt wurden. Man hat sie in Maria Novella lange mit Sorgfalt gehütet. Infolge der letzten Beraubung der italienischen Klöster sind drei derselben ins Museum von San Marco gelangt, das vierte ist nach Boston verkauft.

Im ältesten[1] ist oben die Verkündigung, unten die Anbetung der Könige dargestellt (Bild). Der Engel der Verkündigung sowie Maria erinnern sehr an die Figuren des Bildes zu Cortona. Da jedoch die Halle, worin dort das Geheimnis sich vollzieht, einem gemusterten Goldgrunde Platz machte, erscheint das Bild des Reliquiars lichter und reicher, aber auch durch die Häufung der Verzierungen kleinlicher. Über Maria zeigt sich auch hier die Taube, höher aber zwischen drei Engeln in einem Wolkenkreise das Bild des Sohnes Gottes, der bereit ist, zu Maria herabzusteigen und ihr Sohn zu werden[2].

Verwandt ist den beiden genannten Bildern der Verkündigung eine in der Galerie zu Madrid hängende von Fra Giovanni gemalte Darstellung desselben Geheimnisses[3]. Auch in ihm sieht man, wie der Engel in einer zweiteiligen Halle vor die sitzende Jungfrau hintritt und wie im Hintergrunde des Gartens die Stammeltern aus dem Paradiese vertrieben werden. Die Taube des Heiligen Geistes steigt in einem Strahl von der Hand Gottes herab, d. h. von Gottes Allmacht, deren Kraft die Jungfrau überschatten soll (Lk 1, 35). An der Außenwand der Halle ist wie im Bilde von Cortona das Brustbild eines Propheten angebracht. Die Hauptszene hat nicht mehr die naive Jugendfrische, welche jene erste Leistung so liebenswürdig machte, zeigt aber dafür mehr künstlerische Vollkommenheit. Der Engel, welcher, in goldene Lichtstrahlen gehüllt, in rosigem Gewande und mit goldenen

[1] Höhe 42 *cm*, Breite 25 *cm*; Höhe der Predella 7 *cm*, Breite 45 *cm*. — [2] Diese Deutung wird dadurch nahegelegt, daß die Figur jugendlich, ohne Bart erscheint. Es darf aber nicht übersehen werden, daß im Bilde von Cortona die Hand des Vaters an jener Stelle über Maria dargestellt ist und im Reliquiar der Madonna „mit dem Sterne" Gott Vater, der oben erscheint, ebenso jugendlich gegeben ist. — [3] Milanesi (Vasari IX 256) glaubt, diese Verkündigung stamme aus San Francesco fuori della Porta di San Miniato (vgl. II 513). Doch soll die für jene Kirche gemalte Verkündigung nach Supino 152 in der Nationalgalerie zu London sich finden. Nachrichten über eine an Herzog Mario Farnese von den Dominikanern aus ihrer Kirche von Fiesole für 1500 Dukaten verkaufte Verkündigung, in deren Predella sich fünf Szenen aus dem Marienleben fanden, bei Marchese, Memorie I 261 f 445 f; vgl. I^4 298 401 549. Crowe und Cavalcaselle II 161, A. 66. Sie ist wohl das jetzt zu Madrid befindliche Bild.

Flügeln kommt, das linke Knie leicht beugt und seine Arme über die Brust kreuzt, ist so sprechend dargestellt, daß die Worte seines Grußes nicht mehr wie im Bilde von Cortona in leuchtenden Buchstaben vor ihm auf den Grund geschrieben zu werden brauchten. Die Stammeltern sind in größerer Gestalt gegeben. Eva ist durch ein langes Pelzkleid vollständig, Adam nur bis zum Knie bedeckt. Um beider Lenden schlingt sich statt eines Gürtels ein dorniger Zweig, um hinzuweisen auf den Verlust der Freiheit von ungeordneter Sinnlichkeit. Der Vogel, welcher auf der Eisenstange, wodurch die Halle zusammengehalten wird, zwischen jenem Propheten und Maria sitzt und auf sie herabschaut, wird eine symbolische Bedeutung haben, da Fra Giovanni kaum je bloße Zierstücke an wichtigen Stellen seiner Bilder anbrachte.

Die Predella enthält fünf Szenen aus dem Leben der allerseligsten Jungfrau. 1. Im Bilde, das ihre Vermählung schildert, ist im Hintergrunde die Fassade des Tempels zu Jerusalem, eine Nachahmung der Schauseite der Kirche San Miniato, die jenseits des Arno auf Florenz herabschaut. 2. Bei der Heimsuchung liegt Elisabeths Haus der Heiligen Schrift gemäß im Gebirge. Maria hat mit ihrer Begleiterin den letzten Abhang erstiegen und naht sich der hl. Elisabeth, welche aus der Vorhalle ihrer Wohnung heraustritt. Eine Dienerin folgt auch der Mutter des Vorläufers, um die Besucherinnen zu sehen. Im Hintergrunde erblickt man eine weite Ebene, die wiederum an die Umgegend von Cortona erinnert. 3. Bei der Anbetung der Könige küßt der erste der Könige den Fuß des Kindes, während der zweite und der dritte warten, bis die Reihe an sie kommt, dasselbe zu tun. 4. Die Opferung Christi im Tempel ist zur zweiten Szene in Gleichgewicht gesetzt durch die Farbe und durch leichte Säulen. Letztere wachsen bei der zweiten Szene in der Vorhalle des Hauses auf, bei der vierten im Tempel. 5. Die letzte Szene, Marias Tod, enthält wie die erste viele Personen, wodurch die Predella nach den Seiten hin glücklich abgeschlossen wird. Die Baulichkeiten erinnern bei der Heimsuchung und bei der Opferung im Tempel (2 und 4) noch sehr an die Bildungen, die man in den Gemälden Giottos und seiner Schüler so oft findet.

In Madrid steht die Anbetung der Könige als kleines Bild unter der großen Darstellung der Verkündigung. In jenem ersten Reliquiar ist unter die Verkündigung diese Anbetung der Könige in gleichem Maßstabe gegeben, dann folgen im Untersatz jenes Reliquiars zehn um die Gottesmutter gestellte heilige Jungfrauen in Zweidrittelfigur, zur Rechten Katharina von Siena, Apollonia mit einer Zange, Margareta, Agatha und Magdalena, zur Linken Marias Katharina von Alexandrien, Agnes, Cäcilia, Dorothea, welche in einer Falte ihres Mantels Rosen trägt, und Ursula. Die unter der ersten der heiligen Jungfrauen geschriebenen Worte „B. Catharina di Seis" zeigen, daß man auch in andern Bildern unseres Malers diese damals noch nicht kanonisierte Heilige unter den Himmelsbewohnern finden wird.

Beim zweiten Reliquiar [1] ist der Rahmen weniger reich als beim ersten, aber doch wiederum im Stile üppiger Florentiner Spätgotik gehalten. In ihm steht im reichen Strahlenglanze des Hintergrundes die „Madonna mit dem Sterne" (vgl. Bild S. 20). Ein Stern schmückt ihre Kopfhülle, auf dem linken Arm trägt sie ihr ganz bekleidetes Kind. Es schmiegt sich, wie im Sockel des ersten Reliquiars, an seine Mutter an und scheint mit ihr zu reden; sie aber freut sich, daß es sein Köpfchen an ihre Wangen legt. Oben schaut das Brustbild des himmlischen Vaters, von zwölf Engeln umgeben, auf Maria hinab, über deren Haupt eine Krone schwebt. Weiterhin finden wir in der Umrahmung noch acht Engel: vier beten das Kind an, zwei schwingen Rauchfässer, unten sitzen zwei musizierend neben einer Blumenvase, dem Symbol Marias, des „vortrefflichen Gefäßes der Andacht".

Das hier entwickelte Motiv, den himmlischen Vater so mit Engeln zu umgeben und eine Krone von ihm auf das Haupt der Gottesmutter herabschweben zu lassen, finden wir schon in der von Ottaviano Nelli 1403 gemalten Madonna del Belvedere in Santa Maria Nuova zu Gubbio, die Fra Giovanni sicher gesehen hat [2]. Dort stehen rechts und links neben der Gottesmutter musizierende Engel. Auch Engel in die Kehle des Rahmens zu setzen, war keine Neuerung; denn schon in Orcagnas Tabernakel in Or San Michele umgeben in einem doppelten Rahmen zwei Reihen Engel das von Ugolino da Siena gemalte Marienbild der Rückseite [3].

Unten im vergoldeten, mit filigranartiger Zeichnung reich verzierten Sockel sind in halben Figuren dargestellt die hll. Dominikus, Thomas von Aquin und Petrus Martyr, deren Reliquien Fra Giovanni Masi in das Innere legte. Der hl. Thomas trägt als „Licht der Kirche" ein kleines Gotteshaus, aus dem heller Glanz hervorleuchtet.

Im dritten Reliquiar [4], das einen noch einfacheren Rahmen hat, krönt Christus seine vor ihm kniende Mutter. Neben seinem Throne stehen rechts und links je vier Engel, welche an

[1] Höhe 60 *cm*, Breite 29 *cm*. — [2] Förster, Denkm. der italienischen Malerei III 2. Vgl. oben S. 8. — [3] Masselli, Il tabernacolo della Madonna d' Orsanmichele Taf. I. [4] Höhe 42 *cm*, Breite 25 *cm*; Höhe des Untersatzes 6 *cm*, Breite 37 *cm*.

jene erinnern, die wir zu Cortona und Perugia neben Marias Thron fanden. Zwei weitere Engel blasen in Trompeten, zwei andere schwingen Rauchfässer, so daß die Zahl der Engel auf zwölf steigt. Vor den Stufen des Thrones haben sich in drei Reihen neunzehn (7, 6 und 6) Heilige versammelt, die nicht geschickt angeordnet sind. Von einigen sieht man nur den Rücken, zwei wenden sich in etwas zu auffallender Art zum Zuschauer um. Die Predella enthält acht Brustbilder. In der Mitte beten Maria und Joseph das Jesuskind an, je zwei Engel stehen in tanzender Bewegung zur Rechten und Linken, je ein musizierender im Rahmen. Nach Douglas wäre dieses Bild der Krönung der Gottesmutter eine etwas veränderte Wiedergabe der von Giovanni für San Domenico in Fiesole gemalten, jetzt in Paris befindlichen Krönung und das Werk eines seiner Schüler, vielleicht desselben, der ein zu Oxford befindliches Marienbild, ein Bild der Vermählung und eines des Todes der Gottesmutter in den Uffizien malte [1]. Ein sicheres Urteil wird durch den Zustand des stark übermalten Werkes erschwert. Wir sind über Fra Angelicos Entwicklungsgang so wenig unterrichtet, daß es nicht ausgeschlossen ist, das Bild des Reliquiars als Vorarbeit zu jenem aus Fiesole nach Paris gebrachten anzusehen, bei dem aber auch in diesem Falle die Hand eines Schülers vom Meister bei der Mitarbeit herbeigezogen wurde.

Das vierte Reliquiar befindet sich nicht mehr in Florenz. Cavalcaselle meinte, es sei jenes kleine Tafelgemälde der Sammlung des Vatikans, worin Maria auf einfachem, mit einem reichen Teppich bedeckten Sessel ohne Rücklehne thront, vor einem schraffierten, mit großen Blumen verzierten Goldgrunde. Rechts und links stehen neun anbetende Engel, zu ihren Füßen knien vor einer Stufe der hl. Dominikus und eine gekrönte Heilige, vielleicht die hl. Katharina von Siena. Gegen die Annahme, dies Bild sei das vierte Reliquiar oder ein Teil desselben, spricht seine viereckige Form; dem Stile nach paßt es in die Zeit der Wirksamkeit unseres Meisters zu Fiesole.

Nach Supino und Douglas wäre das vierte Reliquiar jenes aus dem Besitze des Lord Methuen in die Sammlung Gardner zu Boston übergegangene Bild, worin unten dargestellt ist, wie Marias Leiche inmitten der Apostel auf der Bahre liegt und Christus ihre Seele aufgenommen hat, oben aber, wie sie zum Himmel auffährt, begleitet von vier knienden, elf im Reigentanz sie umringenden und sechs musizierenden Engeln. Aus einem Wolkenkranze, in dessen Rand sieben Engel sich zeigen, unter dem die Taube des Heiligen Geistes schwebt, schaut das Brustbild Gottes des Vaters herab [2]. Die Tatsache, daß dieses Gemälde der Aufnahme in den Himmel viele Motive enthält, welche der Maler in klarerer Anordnung bei dem großen Bilde der Krönung Marias zu Florenz wiederholte und auch sonst vervollkommnete, läßt auch hier die Hilfe eines Schülers vermuten. Dieselbe scheint sich unzweideutig zu verraten im unteren Teile des Gemäldes, wo die Haare der um die Bahre der Gottesmutter stehenden Apostel auffallend reich und bewegt, auch einzelne Köpfe anders gebildet sind als diejenigen, welche man bei Fra Giovanni zu finden gewohnt ist.

Das zweite dieser Reliquiare gibt ein Bild der Gottesmutter, die drei andern schildern Hauptereignisse ihres Lebens: die Verkündigung und die Anbetung der Könige, Marias Tod, ihre Himmelfahrt und Krönung. Sie paßten darum wohl als Schmuck der Kirche Santa Maria Novella und als Zierde derselben an den Hauptfesten der Patronin.

Verwandt ist den Reliquiaren ein Bild im Oratorium des hl. Ansanus bei Florenz [3]. In der Mitte seiner oberen Hälfte knien unter dem Kreuze die hl. Dominikus und Franziskus, indem sie sich die Hand reichen; zur Linken sieht man die Gottesmutter mit ihrem Kinde, zur Rechten das Martyrium des hl. Petrus Martyr, in der unteren Hälfte das Abendmahl.

Verschollen ist eine Verzierung der Osterkerze, vielleicht die Figur des Erstandenen, die Fra Giovanni ebenfalls für Fra Masi anfertigte. Die von ihm in Santa Maria Novella al fresco oder auf Tafeln ausgeführten Bilder der hll. Dominikus, Katharina von Siena und Petrus Martyr, eine auf Leinwand für die Flügel der Orgel gemalte Verkündigung sowie kleinere Gemälde in der dortigen Kapelle des Rosenkranzes oder der Krönung Mariens sind beim Umbau untergegangen. Damals verschwanden auch viele von Schülern Giottos ausgeführte Malereien.

Im Jahre 1432 malte Fra Giovanni für die Kirche der Serviten zu Brescia eine Verkündigung. Man zahlte ihm neun Gulden als Lohn und zwei weitere für das verwendete Gold, gelangte aber erst 1444 in den Besitz der Arbeit. Das heute zu Brescia als Werk Angelicos gezeigte Gemälde hat keinerlei Ähnlichkeit mit seinen sonstigen Werken. Der Rahmen ist im Stile der reichsten dekorativen Gotik Italiens gehalten. Die fünf Bildchen der Predella: Mariä Geburt, Opferung und Heim-

[1] Rio II 347. Cartier 243. Douglas 33 f. — [2] Abb. in Revue de l'art chrétien, 5. Serie V (1894) Bild 16; dann in der restaurierten ursprünglichen Form bei Douglas Tafel zu S. 32. — [3] Vasari II 513, A. 2.

suchung, die Grundsteinlegung von Santa Maria Maggiore zu Rom und der Tod der Gottesmutter, sind figurenreich, fein, aber erst in der zweiten Hälfte des 15. Jahrhunderts gemalt, vielleicht von Ghirlandajo beeinflußt. In der Hauptszene der Verkündigung kniet Maria vor einem reichen Lesepult. Die Musterung der Gewänder ist durch sehr eigenartige lineare Zeichnung hergestellt. Trotz der Übermalung wird man auch das ursprüngliche Werk nicht einmal als ein von einem Schüler Giovannis hergestelltes ansehen dürfen[1].

Ein Jahr später, 1433, begann Fra Giovanni für die Zunft der Flachshändler (l'arte dei Linajuoli) zu Florenz die berühmte Madonna mit den musizierenden Engeln. Für die Kartäuser von Florenz vollendete er um jene Zeit drei Tafelbilder[2]: eine thronende, von den hll. Laurentius, Magdalena, Zenobius, Benedikt und von Engeln umgebene Madonna, eine andere Madonna mit zwei Heiligen, deren schönes Ultramarin von Vasari hervorgehoben wird, sowie eine Krönung Mariens, über die weiter unten zu handeln ist.

Vor 1436 entstanden wohl das in den Uffizien in Florenz befindliche Bild der Nonnen von San Pietro in Piazza und das Fahnenbild der Bruderschaft von Santa Croce del Tempio, eines dritten Ordens der Dominikaner. Letzteres enthält eine Grablegung und hängt seit 1786 in der Accademia delle Belle Arti, jetzt Galleria Antica e Moderna, und wird später zu behandeln sein mit der in derselben Galerie befindlichen Abnahme vom Kreuze, welche man früher als eine zu Fiesole entstandene Arbeit ansah, jetzt aber allgemein in die folgende Periode versetzt. Gleiches gilt von dem Zyklus des Lebens Christi, den Fra Giovanni für die Santissima Annunziata zu Florenz malte.

Sieht man zurück auf die Reihe der von Fra Angelico zu Cortona, Foligno und Fiesole gemalten Bilder, so findet man fast nur Darstellung der thronenden, von Heiligen sowie von Engeln umgebenen Gottesmutter und Szenen aus ihrem Leben, besonders die Verkündigung, zu denen in Predellen Szenen aus dem Leben der hll. Nikolaus und Dominikus hinzutreten. Er blieb, wie es scheint, auch noch zu Fiesole in stilleren Kreisen verborgen und hielt sich an jene enger gezogenen Gesichtspunkte, in jenen Vorstellungen und Zielen, die der sel. Lorenzo von Ripafratta in seine Seele fest eingesenkt hatte. Er war eben eine innerliche, in sich gesammelte Persönlichkeit, die sich zu starkem Wechsel und unvermittelten Übergängen ungern entschloß. Wenn man aber genauer zusieht, so kann nicht verborgen bleiben, daß er seine Kraft langsam entfaltete, in seinen Werken höher strebte, weiter hinaus wollte. Eben darum mußten wir die Besprechung mancher, noch in Fiesole vollendeter Werke auf folgende Kapitel verschieben. Erst durch Vergleichung mit späteren Arbeiten offenbaren sich die in ihnen liegenden gehaltvollen Keime.

In Cortona legte er die Grundfesten seiner Größe, in Fiesole arbeitete er weiter an seiner Vervollkommnung, erst in Florenz entfaltete er sein ganzes Können, das in Rom zur höchsten Vollendung sich steigerte.

[1] Marchese, Memorie I[4] 361 f 549 f; Cartier 439 f; Crowe II 149, A. 34; Supino 87; Douglas 162 u. a. Lermolieff, Die Werke italienischer Meister, findet S. 439 in den Bildern der Predella Anklänge an Gentile da Fabriano. — [2] Vasari II 506 f. Marchese, Memorie I 26.

AUS DEM ZWEITEN RELIQUIAR

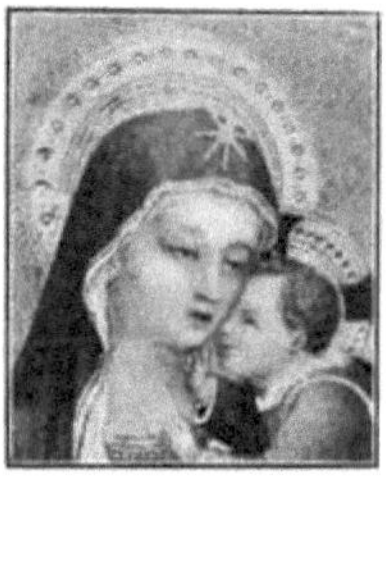

IN SAN MARCO ZU FLORENZ

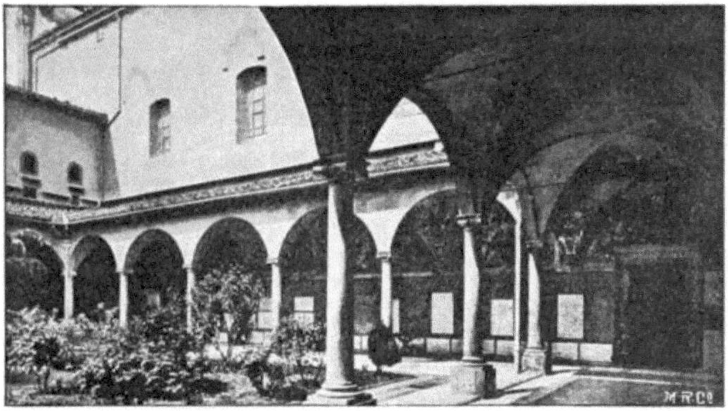

KREUZGANG IN SAN MARCO ZU FLORENZ

III. AUFENTHALT IN FLORENZ (1436—1445)

WANDMALEREIEN IM KLOSTER SAN MARCO

IM Jahre 1436 siedelte Fra Angelico aus Fiesole über ins Kloster San Marco zu Florenz[1]. Er war damals bereits 49 Jahre alt; schon 29 hatte er im Orden verlebt, 9 weitere Jahre sollte er hier weilen. Das Kloster lag an einem Ende der Stadt, aber nicht weit vom Dome und vom Palast der Mediceer. Seit 1219 hatte es den Silvestrinern gehört; da dieselben sich aber ihrer Aufgabe nicht mehr gewachsen zeigten, hatte Cosimo von Medici den Papst Martin V. bewogen, dieselben nach San Giorgio am linken Ufer des Arno zu verpflanzen, worin die vom sel. Dominici reformierten Dominikaner wohnten, San Marco dagegen diesen Dominikanern zu überweisen. Als solches geschehen war, befahl Cosimo, die Bauten, welche sich in sehr traurigem Zustande befanden, zu erneuern. Er bot den neuen Insassen an, ihnen eine prächtige Kirche und ein herrliches Haus errichten zu lassen; aber der hl. Antonin widersetzte sich dem als Prior. So wurde alles einfach, jedoch, dank dem Talent des Baumeisters Michelozzo, edel und schön. Hohe, helle Seitengänge umziehen die vier Seiten des Hofes (Bild). Die Kirche erhebt sich an der beim Eintritt zur Linken liegenden Seite; aus der dem Eingange gegenüberliegenden führen Türen in die Sakristei, zum oberen Stock und in den Kapitelsaal. Die dritte Seite stößt an ein großes Refektor; die vierte Seite, in deren Ecke die Eingangspforte sich öffnet, bildete der Flügel, welcher Gastzimmer enthielt.

Die neuen Bauten begannen 1437; erst 1441 waren sie, mit einem Kostenaufwand von 36000 Goldgulden, so weit gefördert, daß die Kirche geweiht werden konnte. In demselben Jahre wurde die über 50 *m* lange, 10 *m* breite, mit einer Doppelreihe von je elf schlanken Säulen versehene Bibliothek vollendet. Ihr Eingang liegt im oberen Stockwerk des Klosters, im ersten Gang, den man nach Ersteigung der Treppe erreicht. Sie erhielt vierundsechzig längliche Lesepulte, auf die Tommaso von Sarzana, der später als Papst Nikolaus V. dem Fra Giovanni besondere Gunst zuwenden sollte, im Auftrage Cosimos vierhundert Manuskripte legte. Viele hatte Nicolò Nicoli († 1437) gesammelt und hinterlassen, andere wurden für die von Cosimo bewilligten Summen geschrieben.

An den Klosterräumen wurden indessen vielfache Veränderungen vorgenommen. 1443 war man zu einem Abschluß gekommen, vierundvierzig Zellen und ein großer Schlafsaal waren vollendet; aber 1451 wird wiederum über Vollendung neuer Arbeiten berichtet. Doch fand man bald, daß mehrere Fundamente zu schwach seien und neue Anlagen erforderten. Jedenfalls sind im oberen Stockwerk über dem

[1] Über das Kloster San Marco vgl. Richa, Notizie istoriche delle chiese fiorentine VII 117. Marchese, San Marco, Convento dei Padri Predicatori in Firenze, illustrato e inciso principalmente nei dipinti del B. Giovanni Angelico, con la vita dello stesso pittore. Con 40 tavole. Ders., Scritti varii: Sunto storico del Convento di San Marco di Firenze. Ders., Memorie I 274 f. Vasari II 507 f. Rio II 355 f u. a.

Speisezimmer, dem Kapitelsaale und den Gängen des Erdgeschosses manche zwischen den Zellen befindliche Wände erst nach Vollendung der Wandmalereien des Fra Angelico erbaut worden. Welche, ist schwer zu bestimmen[1]. Tatsächlich sind fast alle eigentlichen Zellenbilder auf die Hauptmauern zwischen den Fenstern, nicht auf die dünnen, die Zellen trennenden Wände gemalt, obgleich diese besseres Licht hatten und weniger der Feuchtigkeit ausgesetzt waren.

Die im Kloster des hl. Markus vom „englischen Künstler" begonnenen Arbeiten bezeichnen in der Geschichte der Malerei einen Höhepunkt, welcher in seiner Art dem der Summa des „englischen Lehrers" ähnlich ist.

In die spitzbogige Nische über der Türe des ersten Gastzimmers hat er drei lebensgroße Halbfiguren gezeichnet (vgl. Bild bei der Vorrede). Mit langem, in den Nacken hinabfallendem, gelocktem Haare, mit vollem, ziemlich langem Bart, mit einem hohen Wanderstab erscheint Christus in ärmlicher Pilgertracht. So hatte ihn bereits 1308 Duccio di Buoninsegna auf der Altartafel des Domes von Siena gemalt in einem Kleid aus Fellen, auf dem außen die Haare blieben[2]. Da auch auf dem im 15. Jahrhundert gravierten Stadtsiegel von Pistoja der hl. Jakobus als Pilger mit einem solchen Pelzkleide dargestellt ist, wird es damals zur Tracht der Pilger gehört haben. Vor dem Herrn stehen zwei Dominikaner. Der erste, der Prior, erfaßt mit der Rechten dessen linke Hand, mit der Linken den rechten Arm. Auch der zweite legt die Rechte an diesen Arm. Beide wollen wie jene Emmausjünger den Herrn gleichsam zwingen, in ihrem Hause Herberge zu nehmen. Die Hände reden, die Augen bitten den ernsten und doch so milden Wanderer, der Einladung zu folgen. Fra Bartolommeo, der Ordensgenosse des Malers, hat später dieselbe Szene über der Türe eines zweiten Gastzimmers behandelt. Er ließ den Jüngern ihre weltliche Tracht und hat in dem einen den deutschen Pater Nikolaus Scomberg, seit 1506 Prior von San Marco, im andern dessen Vorgänger, P. Santi Pagnini, porträtiert. Fra Angelico idealisiert und generalisiert, macht die Jünger zu Dominikanern und verkörpert die Idee: „Wir wollen in jedem Gast Christum sehen und ihn so aufnehmen, wie die Jünger von Emmaus den Herrn einluden." Ob er vielleicht in den beiden Jüngern, die doch sehr individuelle Gesichtszüge haben, seinen Prior und Subprior, also den hl. Antonin und seinen leiblichen Bruder, Fra Benedetto, darstellte? Fra Bartolommeo schwächte die Kraft des Bildes seines Vorgängers ab, indem er sich an den historischen Vorgang mit dem vermeintlichen historischen Kostüm hielt[3]. Das Gesicht Christi ist bei ihm weicher, weniger ernst, wenn man will, sogar in gewissem Sinne schöner. Sein Bild hängt jetzt im oberen Stockwerk in der Zelle des Savonarola, der ihn bewogen hatte, ein leichtfertiges Künstlerleben aufzugeben und in den Orden einzutreten. Wie Fra Giovanni weist auch er den fünf in der Mitte hervortretenden Händen der Personen eine bedeutende Rolle zu. Er ahmt überdies die von seinem Vorgänger stammende Eigentümlichkeit nach, daß die Hand des vornehmsten Jüngers sich mit der des Herrn kreuzt und der Wanderstab hinter ihnen so durchgeht, daß er mit den Armen beider ein Kreuz bildet.

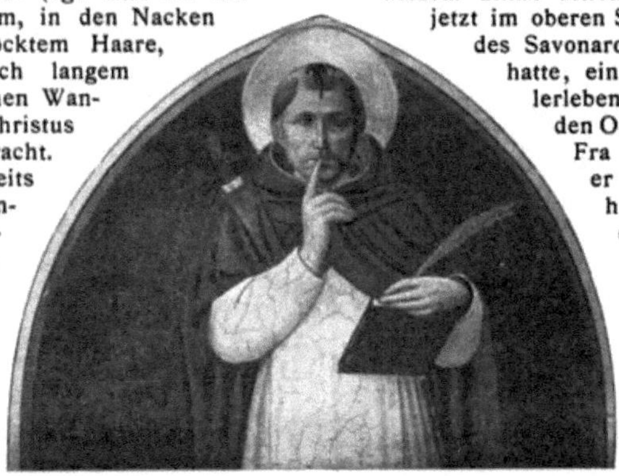
DER HL. PETRUS MARTYR FLORENZ, SAN MARCO

In vier weiteren Brustbildern der Lünetten ebensovieler Türen erinnert dann Fra Angelico den freundlich aufgenommenen Fremden, daß diese Säulenhallen einen heiligen Ort bilden. Er zeigt ihm den hl. Dominikus mit dem Regelbuche und der Geißel, welche das in jener Regel vorgeschriebene Bußleben kennzeichnet; dann den hl. Thomas, das Licht des Ordens; weiterhin über der Türe der Sakristei den hl. Petrus Martyr (Bild). Der ernste Mann hält mit der Linken ein Buch und die Palme des Martyriums; die Rechte legt er auf den Mund, um Stillschweigen in den Gängen und besonders

[1] Zeitschrift für bildende Kunst 1870, 116 f. — [2] Förster, Denkmale I 20.

[3] In dem Führer von San Marco sagt Professor Ferd. Rodoni: „Nelle mura di questo Convento è impressa la storia monumentale dei più gloriosi tempi dell' arte fiorentina. L'Angelico chiude e riassume l' antica Scuola toscana del risorgimento; Frate Bartolommeo della Porta rappresenta la Scuola moderna. Il primo è il pittore dell' idea, il secondo quello della forma. Grandi ambedue e ornamento di questo bellissimo Cenobio che illustrarono colla loro dimora e coi loro dipinti."

in der Sakristei zu heischen[1]. Der im Grabe stehende Herr zeigt über einer fünften Türe seine Wunden, um an den Weg des Kreuzes und an den Sieg der Auferstehung zu mahnen.

Würdig und ernst paaren sich in diesen Bildern Einfachheit mit Größe, Schönheit mit Tiefe. Sie erreichen trotzdem nicht die Hoheit eines dem Eingange gegenüberliegenden Gemäldes, zu dessen Lob alle Kenner sich einen, welcher Richtung auch immer sie angehören[2]. Es ist sehr einfach, ohne viele Figuren, ohne Farbeneffekt und ohne auffallende Ideen. Wie in dem oben erwähnten Kreuzigungsbilde der Sakristei von Fiesole, so kniet auch hier der hl. Dominikus am Fuße des Kreuzes (Bild). Der Heiland lebt noch, ist aber dem Sterben nahe. Seine Augen sind noch nicht gebrochen, und so schaut er herab auf seinen treuen Diener, der mit beiden Händen nicht die heiligen Füße, sondern nur den Stamm unter dem Fußbrett umfaßt und mitleidsvoll aufschaut zu seinem Erlöser. Auch in diesem Bilde begegnen sich die Blicke, wie sie sich trafen bei dem Bilde der zu Emmausjüngern erhobenen Ordensleute. Aber wie verschieden klingt ihre Sprache! Der letzte Blick des scheidenden Erlösers ist für Dominikus. Hat dieser ihn verstanden und erwidert, so wird der Herr sein Auge für dieses Leben schließen. „Es ist vollbracht."

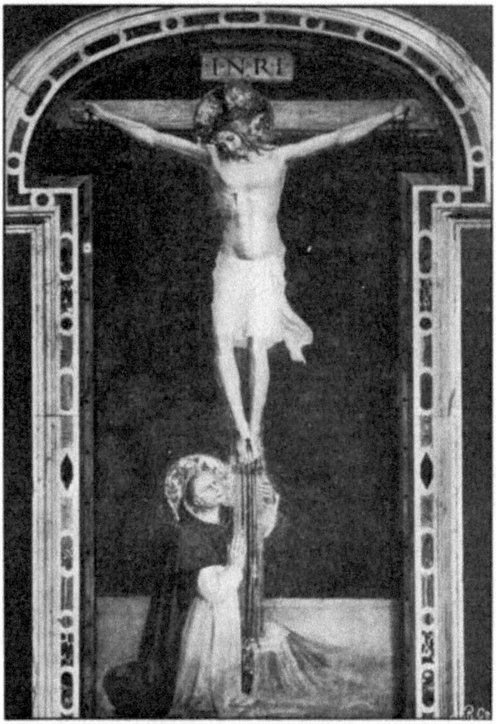

DER HL. DOMINIKUS AM FUSSE DES KREUZES
FLORENZ, SAN MARCO

Manche bewundern die anatomisch richtige Zeichnung des Knochengerüstes und seiner fleischigen Umhüllung, der Rippen und Muskeln, der Hände und Füße, die Vortrefflichkeit des Faltenwurfes im Schurztuch des Herrn und in den Gewändern jenes knienden Heiligen. Aber das alles war dem Fra Giovanni nur Mittel; Zweck war ihm, durch das Beispiel des hl. Dominikus zu zeigen, wie seine Ordensgenossen den Gekreuzigten ansehen, bemitleiden und lieben sollten. Seelenvolle Erfassung der Idee hat er gesucht und erreicht. Der leidende Sohn Gottes hängt da in Schmerzen, aus den Wunden[3] rinnt sein Blut über den Stamm des Holzes der Schmach bis auf die Erde; aber seine Haltung bleibt edel und einfach. Nicht die Schwere des müden Körpers beherrscht seine Gestalt, sondern die freiwillige Hingabe in den Tod voll umfassender Liebe.

Einfach und schlicht erhebt sich die Gruppe in verhältnismäßig großem Raum; Beiwerk, Nebenpersonen, symbolische Figuren, deren das hohe Mittelalter bedurfte, sind hier überflüssig. Das Bild ist wie einer jener kleinen und tiefen Sätze, in denen der Aquinate die Wahrheit darbietet. Vergleicht man das berühmte von Donatello um jene Zeit in Holz geschnitzte Kreuzesbild in der Kirche Santa Croce mit Angelicos Werk, so findet man beim Dominikanermaler ein religiöses Ideal, bei Donatello ein rein menschliches. Ersterer schildert die süße, ruhige Ergebenheit des Gottmenschen, letzterer den vernichtenden Schmerz eines dem Tode ge-

[1] Ein ähnliches Bild des hl. Benedikt malte Fra Giovanni über einer Türe des Kreuzganges der Badia zu Florenz (Vasari II 514, A. 1). Wenn der hl. Petrus Martyr hier das Stillschweigen betont, so erinnerte er die Dominikaner an die Legende, er habe einst eine Erscheinung gesehen, aber darüber geschwiegen, obgleich er deshalb viele Unannehmlichkeiten erdulden mußte. Acta SS. 29. April, ed. nova III 696. Vita c. 1, n. 6. — [2] Höhe 3,40 *m*, Breite 1,55 *m*. Neben dem Bilde malte Francesco Montelatici gen. Cecco bravo († 1661) die Bilder der Gottesmutter und des hl. Johannes. — [3] Jesus hat bereits die Seitenwunde!

weihten Mannes, mußte sich darum, wie Vasari erzählt, von Brunelleschi die Kritik gefallen lassen: „Du hast einen Bauern ans Kreuz geheftet, nicht die Gestalt eines Christus, welcher zart gebaut war und der schönste Mann, der je geboren wurde."

Die tiefergreifenden Akkorde, welche Fra Giovanni in jenen Kreuzigungsbildern anschlug, erweitert er zu großartigem Klagegesang in der Kreuzigung, welche die ganze hintere Wand des Kapitelsaales einnimmt (Bild). Es wird berichtet[1], dieser Kapitelsaal sei das einzige, was von den früheren Klostergebäuden erhalten blieb. Angelico habe diese Kreuzigung gemalt, bevor er die Bilder der oberen Zellen begann, das heißt nach 1437 und vor 1443, demnach zu einer Zeit, als er ein etwa 50 Jahre alter, ausgereifter Künstler war. Da das große Gemälde oben an das Gewölbe, unten an die Rücklehne der Bänke anstößt, füllt es einen großen Halbkreis[2].

Hoch erhebt sich in der Mitte das Kreuz des Herrn. Sein in lateinischer, griechischer und hebräischer Sprache geschriebener, breiter Titel erinnert daran, daß damals die humanistischen Studien zu Florenz blühten, der Maler aber dem Text der Heiligen Schrift genau folgte. Die Figur des Herrn ist wiederum innig aufgefaßt und vornehm geschildert. Die Kreuze der Schächer sollten vor demjenigen des Herrn zurücktreten, sind darum niedriger und schräg gestellt. Zur Rechten hat die Buße dem Haupte des reuigen Schächers den Heiligenschein erworben und seinen Zügen fast alle Merkmale des Lasterlebens genommen. Die Roheit des zur Linken mit geöffnetem Munde in Verzweiflung sterbenden Räubers vermochte Angelicos frommes Gemüt nicht zu empfinden, also auch nicht ganz wiederzugeben. Er hat überdies in feinem Takt sein Können eingeschränkt, weil er keinen Mißton in die Stimmung des Ganzen bringen wollte.

Um das Bild ließ er ein breites Band gehen, das älteren italienischen Wandmalereien fast nie fehlt, ihnen als reicher Rahmen dient und sie aus ihrer Umgebung heraushebt. In diese bandartige Umrahmung stellte Fra Giovanni zwischen fein stilisiertem Laubwerk elf Sechsecke und malte in letztere kleine Brustbilder mit Schriftbändern. Unten zur Rechten sagt der Areopagit: „Deus naturae patitur" (Der Gott der Natur leidet), ihm gegenüber die erythräische Sibylle: „Morte morietur, tribus diebus sonno (somno) subscepto, trino (tertio), ab inferis regressus, ad lucem veniet primus" (Sterben wird er des Todes, drei Tage übermannt sein vom Schlafe, am dritten aus der Unterwelt zurückgekehrt, als erster zum Lichte kommen). In diesen beiden Sprüchen liegen Anfang und Ende des Leidens. Die Einzelheiten desselben beschreiben acht Propheten: Daniel (9, 25 f): „Post hebdomadas VII et LXII occidetur Christus" (Nach 7 und 62 Wochen wird Christus getötet werden). Zacharias (13, 6): „His plagatus sum" (Durch sie bin ich verwundet). Der Patriarch Jakob sagt (Gn 49, 9): „Ad praedam descendisti, fili mi, dormiens accubuisti ut leo" (Zur Beute stiegest du herab, mein Sohn! Du legtest dich hin schlafend gleich einem Löwen)[3]. David (Ps 68, 22): „In siti mea potaverunt me aceto" (In meinem Durste tränkten sie mich mit Essig). Isaias (53, 4): „Vere languores meos ipse tulit (Wahrlich, meine Krankheiten hat er getragen). Jeremias (1, 2): „O vos omnes, qui transite per viam, attendite et videte, si est dolor sicut dolor meus" (Alle die ihr des Weges gehet, achtet und sehet, ob ein Schmerz ist wie mein Schmerz). Ezechiel (17, 24): „Exaltavi lignum h(um)ile" (Ein niedriges Holz erhöhte ich). Job (31, 31): „Quis det de carnibus eius, ut saturemur?" (Wer gibt von seinem Fleische, damit wir uns sättigen?)

Im mittleren Sechseck steht bei einem Pelikan, der seine Jungen mit seinem Herzblute nährt, die Inschrift (Ps 101, 7): „Similis factus sum pelicano solitudinis" (Ich bin gleich geworden dem Pelikan der Einöde). Ihm gegenüber liegt unter dem Kreuze ein Schädel, das Bild des Todes, von dem das herabfließende Blut des durch den Pelikan versinnbildeten Herrn uns befreit. An die Legende, Adam sei unter dem Kreuze begraben gewesen und Christi Blut sei auch auf dessen Gebeine geflossen, dürfen wir nicht denken, weil der hl. Thomas sie abweist[4], Fra Giovanni diesem Lehrer aber folgte.

Die erwähnten Inschriften geben die Grundgedanken, mittels deren die Betrachtung des Gekreuzigten zum Mitleid anregen soll. Um den Schriftworten ihre Wirkung zu sichern, stellt Fra Angelico unter das Kreuz zwanzig Heilige in Lebensgröße, läßt viele derselben zum Gottessohne aufsehen, seine Schmerzen erwägen, beweinen, ja sich bereit erklären, mit ihm zu leiden und für ihn zu sterben.

Christi Kreuz teilt das Gemälde in zwei gleiche Hälften. Zur Rechten des Erlösers finden wir die Gottesmutter mit Johannes dem Apostel und den beiden andern Marien, Johannes den Täufer, Markus, den Patron des Klosters, mit den drei Patronen der Mediceer, welche die Wohltäter und Stifter dieses Klosters waren: Laurentius, Kosmas und Damian. Zur Linken sind Vertreter des Ordenslebens versammelt:

[1] Tumiati 149. [2] Höhe 5,50 *m*, Breite 9,50 *m*. Abb. bei Marchese, San Marco Taf. 5, Förster, Leben Taf. 12. Zwei Köpfe bei Förster, Denkmale II 14, u. a. [3] Christus wird hier mit einem Löwen verglichen, weil der Löwe als Symbol der Auferstehung galt. Die obigen Inschriften sind oft restauriert, aber im Text soviel als möglich in der ursprünglichen Lesart gegeben. [4] Summa theol. 3, q. 46, a. 10 ad 3.

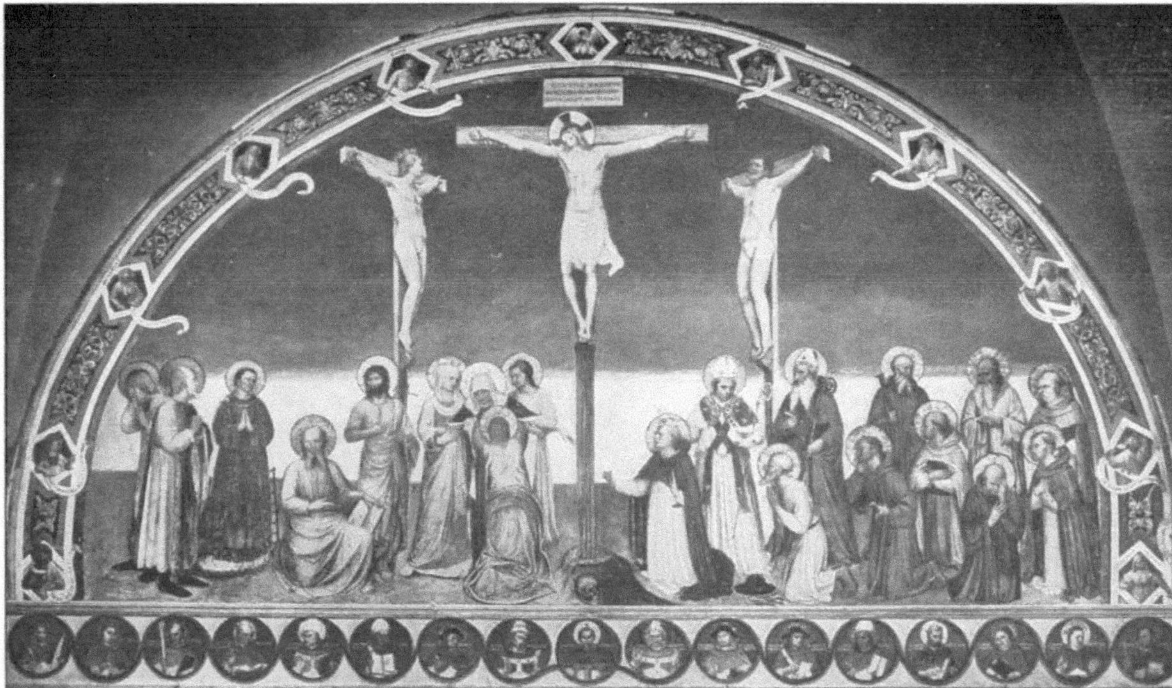

KREUZIGUNG CHRISTI — FLORENZ, SAN MARCO, KAPITELSAAL

Dominikus, Ambrosius[1] mit Hieronymus und Augustinus, Benediktus, Franziskus und Bernardus. Ihnen folgt der hochbetagte Romuald, der im 120. Jahre seines Lebens als Gründer des zwischen Florenz und Arezzo gelegenen Klosters Camaldoli starb, dem Angelico durch seinen Freund Lorenzo Monaco nahestand; dann Giovanni Gualberto, Romualds Schüler, der sich zum Streben nach christlicher Vollkommenheit entschloß, weil in der Kirche San Miniato, am andern Ufer des Arno, Florenz gegenüber, das Bild des Gekreuzigten vor ihm liebevoll das Haupt neigte, nachdem er seinem Feinde großmütig verziehen hatte. Er wurde Stifter des wenige Stunden von Fiesole entfernten Klosters Vallombrosa. Das römische Brevier sagt, er habe das Zeichen des heiligen Kreuzes wie ein Schwert benutzt im Kampfe gegen den Teufel. Am Ende der Reihe finden wir die heiligen Dominikaner Petrus Martyr und Thomas von Aquin.

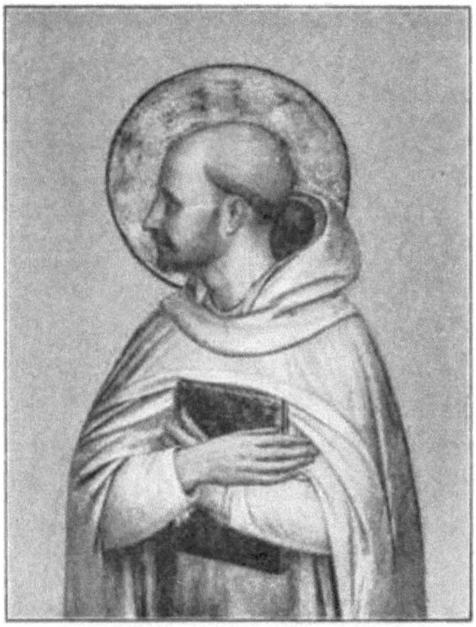

DER HL. BERNHARD IM KREUZIGUNGSBILDE DES KAPITELSAALES

Einheit des Ortes und der Zeit wurden nicht eingehalten, weil das Ganze kein historisches Gemälde sein sollte. Schergen, Spötter, Widersacher gehörten nicht hinein in diese mystische Szene. Ihr Thema ist Christi Schmerz und dessen Echo in den Herzen seiner Heiligen. Der gute Schächer durfte nicht fehlen als erster Siegespreis des Gekreuzigten; seine Aureola ist Christi Ruhm. Der böse Räuber mußte ihm gegenüber gestellt werden wegen der Symmetrie. Christi Seite ist durchbohrt, der Hauptmann hat sich entfernt. Die große Totenklage der Kirche beginnt, weil das Opfer vollbracht ist. Jeder der Heiligen überläßt sich seinem Gefühl. Aller Schmerz hat einen und denselben Gegenstand, äußert sich aber in eigenartiger Weise, wie eine eingehendere Betrachtung zeigt.

Zwischen dem Kreuze des guten Schächers und jenem des Herrn sehen wir seine Mutter vom Mitleid überwältigt. Bis zum letzten Augenblick hielt sie sich aufrecht. Nun ist alles vollbracht. Sie stand da (Stabat Mater dolorosa), solange ihr Sohn lebte. Er ist gestorben: entkräftet neigt sie ihr Haupt, läßt sie die ausgebreiteten Hände sinken, die rechts und links von Johannes und Maria Salome unterstützt werden. Magdalena kniet vor ihr hin und hält sie aufrecht. Neben dieser Gruppe steht zuerst Johannes der Täufer. Bei ihm kniet Markus, der Patron des Klosters. Ernsten Blickes schaut er aus dem Bilde heraus auf den Beschauer hin, mit der Hand auf sein geöffnetes Buch zeigend, um daran zu erinnern, daß hier im Gemälde der Hauptinhalt seines Evangeliums geschildert wird. Weiter nach rechts verehrt Laurentius mit aufwärts gefalteten Händen in innigem Gefühl den Gekreuzigten, legt Kosmas seine Finger ineinander, voll Staunen über solches Leiden, während Damian sich abwendet, sein Antlitz in beiden Händen verbirgt und tief gebeugt weint.

Auf der andern Seite, zur Linken des Gekreuzigten, kniet Dominikus an der Spitze heiliger Ordensleute, denn es handelt sich um ein Bild seines Hauses; aber seine Söhne Thomas und Petrus Martyr geben den Stiftern befreundeter Orden den Vortritt. Er umfaßt nicht das Kreuz, schaut jedoch auch hier auf zum Herrn und erhebt staunend in tiefster Trauer beide Hände, um seinen Gefühlen Ausdruck zu verleihen. Nachdenklich blickt Thomas von Aquin weinend zum Erlöser empor; zwischen ihm und dem hl. Dominikus stehen mit ernster Miene im Hintergrund Romuald und Benedikt, Augustin und Ambrosius. Vor ihnen knien Hieronymus, Franziskus, Bernardus, Gualberto und Petrus Martyr. Ambrosius zeigt auf den Heiland und wendet sich zu Hieronymus, der seine Augen zum Messias erhebt und mit gefalteten Händen betet. Ein armes, leichtes Gewand umhüllt seinen von harter Arbeit und Buße abgehärmten Körper. Das kahle Haupt, der lange Bart und die Züge des Angesichtes kennzeichnen ihn als frommen, sanft gewordenen Greis. Die drei Kirchenväter bilden eine Gruppe, worin

[1] Andere sehen in diesem Bischof den hl. Zenobius, Bischof von Florenz und Patron der Stadt, oder Basilius, den „Vater der morgenländischen Mönche". Zeitschrift für christliche Kunst XI 337, A. 43. Die sog. „griechischen" Kreuze auf seiner Stola beweisen nicht, daß hier ein morgenländischer Heiliger dargestellt sei; denn Angelico hat sowohl in der Grablegung Mariä zu Cortona als im Bilde des Begräbnisses Mariä zu Boston dem hl. Petrus eine Stola mit ähnlichen Kreuzen gegeben, deren vier Arme gleich lang sind. Eine gleiche Stola trägt ein Bischof in der Krönung Mariä in den Uffizien.

Ambrosius als ältester an erster Stelle steht, Augustinus als geistiger Sohn folgt, im Vordergrund aber Hieronymus kniet als strenger, durch Fasten und Abtötung im Dienste Gottes erprobter Liebhaber des Kreuzes. Hinter ihm legt Franziskus trauernd seine Rechte an die Wange. Aus den Wunden der Hände, Füße und Seite brechen Strahlen hervor, Zeichen seiner brennenden Liebe zum Kreuz, dessen Bild er in der Linken hält. Der hl. Bernhard erinnert durch das ans Herz gelegte Buch an die tiefinnigen Klagen seiner Schriften über die Leiden des Herrn (Bild S. 25). Johannes Gualbertus erhebt die Linke, um seine Tränen zu trocknen. Petrus Martyr, der letzte in der Reihe der auf dieser Seite Knieenden, legt die Hände auf die Brust, opfert sich auf zum Martertode und betrachtet mit sehnsüchtigem Blick den verstorbenen Erlöser.

Alle Stufen des Mitleides sind in der Reihe dieser Heiligen geschildert, angefangen vom seelenvollen Verständnis dieses Opfertodes bis zu Tränen und bis zum tiefsten Kummer, bis zur Selbstopferung und bis zum Verlust des Bewußtseins. Und doch ist in allem Maß gehalten. Ausgeschlossen ist jede an Verzweiflung erinnernde Gebärde, die Giotto und seine Schüler so oft in ihren Bildern zeigen, wenn es sich um die Klage bei Christi heiliger Leiche handelt. Wir sehen kein krampfhaftes Ringen der Hände, kein Aufheben der Arme zum Himmel, um von ihm Rettung oder Rache zu erflehen. Maria liegt nicht hilflos am Boden, sie bleibt stehen. Johannes der Täufer weist mit dem Zeigefinger der Rechten nicht auf den Gekreuzigten, das Lamm Gottes, sondern auf dessen Mutter hin und zeigt dadurch, daß der fromme Maler auch an die Verse des „Stabat Mater" erinnern will.

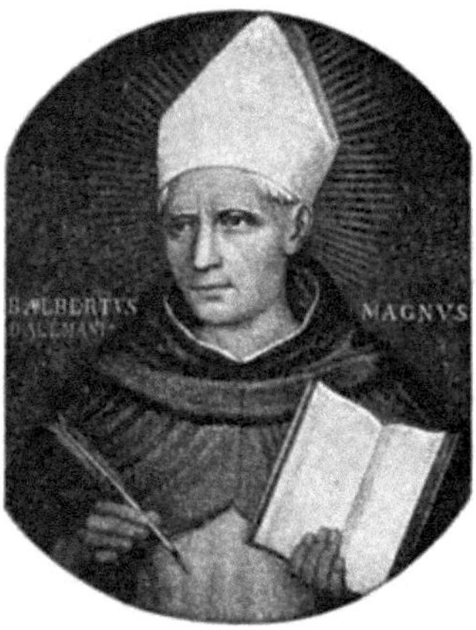

ALBERT D. GR. IM KREUZIGUNGSBILDE DES KAPITELSAALES

Christi Mutter stand mit Schmerzen
Bei dem Kreuz und weint von Herzen,
Als ihr lieber Sohn da hing.

Welch ein Weh der Auserkornen,
Da sie sah den Eingebornen,
Wie er mit dem Tode rang!

Wer könnt' ohne Tränen sehen
Christi Mutter also stehen
In so tiefen Jammers Not,

Wer nicht mit der Mutter weinen,
Seinen Schmerz mit ihrem einen,
Leidend bei des Sohnes Tod?

Laß mit dir mich herzlich weinen,
Ganz mit Jesu Leid vereinen,
Solang hier mein Leben währt.

Teilweise Übermalung hat leider dem Gemälde seine Farbenharmonie genommen. Der Hintergrund hat eine schmutzige rote Farbe, „welche oft über Konturen der Figuren herübergeht" und ursprünglich blau gewesen sein soll [1]. Das Grün im Mantel des hl. Ambrosius, böses Blau im Mantel Marias, schwere Muster in der Dalmatika des hl. Laurentius, ungemildertes Grün im Kleide der die Gottesmutter stützenden Magdalena stören, ebenso tiefe Schatten im Antlitz des Apostels Johannes und im Gesicht des hl. Ambrosius. Haben sich die Farben verändert oder ist eine grobe Hand mit ihrem Pinsel hier tätig gewesen? Wie dem auch sei, das Ganze bleibt erhaben über jede zersetzende Kritik. Es beherrscht den Saal, worin die frommen Bewohner dieses Hauses, auch Fra Angelico, sich über kleine Fehler gegen ihre Regel anklagten, eine Buße auf sich nahmen und vom Gekreuzigten Gnade zur Besserung erflehten.

In der Reihe der elf zur Linken des Kreuzes befindlichen Heiligen ist die erste Hälfte des Stammbaumes des Dominikanerordens gegeben. Er geht aus vom Kreuze, beginnt mit dem hl. Ambrosius, dem begeisterten Lobredner der vom hl. Antonin, Angelicos Prior, so hochgeschätzten Jungfrauschaft, geht dann durch Augustinus und Hieronymus über zu Benedikt und zu den Stiftern anderer italienischer Orden, deren Erben Franziskus und Dominikus wurden. Im unteren Fries finden wir die zweite Hälfte dieses Stammbaumes. Wie Dominikus oben neben dem Kreuze an erster Stelle kniet, so erscheint sein Brustbild jetzt in der Mitte unter dem Kreuze. Zu seiner Rechten und Linken sind je acht seiner besten, meist noch nicht heilig gesprochenen Söhne gemalt. Auf der linken Seite Papst Benedikt XI., Kardinal Johannes Dominici, die Bischöfe Pietro della Palude und Albert der Große (Bild), Raimund von Peñaforte, Chiaro da Sesto,

[1] Cartier 288. Rio 356. Crowe II 155, A. 59. Douglas behauptet S. 88, Note, der jetzige rote Hintergrund sei nur die Untermalung. Die teure blaue Farbe, womit sie hätte bedeckt werden sollen, sei nie darauf gesetzt worden.

Vincenz Ferrer und der Märtyrer Bernhard. Zur Rechten sieht man den Papst Innocenz V., die Kardinäle Hugo und Paul von Florenz, den Erzbischof Antonin von Florenz, Jordan von Sachsen, den zweiten General des Ordens, Nikolaus Paglia da Giovenazzo, Remigius von Florenz sowie den Märtyrer Buoninsegna aus Florenz. Vincenz Ferrer wurde 1455, Antonin 1523, Raimund 1601 heilig gesprochen. Man hat ihnen also später Nimben gegeben. Um die Häupter der Seligen wurden Strahlen gemalt. Daß Veränderungen in der unteren Reihe vorgenommen wurden, ist auch deshalb sicher, weil der hl. Antonin erst 1459, Fra Angelico aber bereits 1455 starb, letzterer also seinen Obern hier nicht als Heiligen darstellen konnte. Unter Antonins Bilde scheinen übrigens die Spuren eines älteren Gemäldes durch.

Auffallenderweise ist bis jetzt übersehen worden, daß Fra Giovanni für die Idee sowohl zu jenen Kreuzigungsbildern, an deren Fuß der hl. Dominikus kniet, als auch zu der großen Kreuzigung des Kapitelsaales vieles einer großen Darstellung des Lebensbaumes verdankt, welche bereits um 1350 im Speisezimmer des Franziskanerklosters Santa Croce zu Florenz gemalt wurde [1]. In jenem Bilde umklammert der hl. Franz von Assisi mit erhobenen Händen den Kreuzesstamm, indem er aufblickt zum Herrn, der sein Haupt zu ihm hinneigt. Zur Rechten des Kreuzes steht die von drei Frauen gestützte Gottesmutter mit dem hl. Johannes, zur Linken sitzt der hl. Bonaventura schreibend, wie im Bilde des Fra Giovanni der hl. Markus mit seinem Buche kniet. Hinter dem heiligen Kirchenlehrer des Franziskanerordens stehen die hll. Antonius von Padua, Dominikus und Ludwig von Toulouse. Über dem Kreuze nährt der Pelikan mit dem Herzblute seine Jungen und sind zwölf Propheten mit Spruchbändern angeordnet. Einige Stellen ihrer Spruchbänder finden sich sowohl in Santa Croce als in San Marco [2]. Kopien des Bildes der Franziskaner sind Angelicos Gemälde nicht, wohl aber Weiterentwicklungen eines älteren, durch die Überlieferung geheiligten Stoffes.

Wie unser frommer Meister sich weiterbildete, tut z. B. die Gestalt des hl. Johannes des Täufers dar. Auf der Altartafel von Cortona hält Johannes ein Spruchband in der Hand mit den Worten: „Siehe, das Lamm Gottes"; die Falten seines Manteltuches sind dort tief und nicht zahlreich. Auf dem Flügel des Triptychons der Flachshändler hat er das Spruchband nicht mehr, und die Falten des Mantels sind zahlreicher und weicher geworden. Der Gestus des Zeigens ist im Kreuzigungsbilde mehr betont, weil der ganze rechte Arm freibleibt und ihn verstärkt. Alle Falten haben an Feinheit und Schönheit bedeutend gewonnen. Waren sie in Cortona noch gotisch, so nähern sie sich jetzt der Schönheit klassischer Draperien. Auch die Gestalt des neben Johannes knieenden hl. Markus ist in dem Kreuzigungsbilde weit edler und ausdrucksvoller, als sie im Triptychon der Flachshändler sowohl auf den Flügeln als im ersten Bilde der Predella erscheint. Der Maler hat also seit Vollendung des Bildes von Cortona (wohl vor 1418) und jenes Triptychons, das er 1433 begann, bedeutende Fortschritte gemacht. Denn die Kreuzigung des Kapitelsaales wird um 1440 gemalt worden sein.

Neben dem großen Kreuzigungsbild des Kapitelsaales und dem kleinen des Klosterganges hatte der fromme Bruder im Refektorium von San Marco eine 1534 zerstörte Kreuzigung gemalt. Dann hat er selbst oder durch seine Schüler in den Zellen des oberen Stockwerkes Christi Kreuzigung noch siebzehnmal in immer neuer Art wiederholt [3]. Das reichste Bild ist jenes der 37. Zelle, worin Fra Bartolommeo della Porta, der zweite große Maler des Ordens, betete und arbeitete. Christus hängt zwischen den Schächern. Zu seiner Rechten stehen Maria und Johannes. Letzterer stützt sein mit großem Gefühlsausdruck geneigtes Haupt durch seine Rechte und legt die Linke trauernd an die Wange. Zur Linken breitet der hl. Dominikus seine Hände weit aus und schaut auf zum Herrn; hinter ihm kniet ein heiliger Dominikaner, wohl der hl. Thomas von Aquin, indem er den Blick von seinem geöffneten Buche zum Herrn erhebt. Nur vier Personen umgeben den Gekreuzigten in drei weiteren Zellen. In der 4. steht Maria vor Johannes zur Rechten des Kreuzes, von dem Blutströme zur Erde rinnen, zur Linken der hl. Hieronymus in kurzem Büßerkleid und mit einem Buche hinter dem hl. Dominikus, welcher mit mäßig erhobenen Händen die Großmut und das Leiden des Herrn bewundert. Den Hintergrund bilden Berge und ein dunkler Himmel. In der 23. Zelle sitzt Maria unter dem Kreuze; St Dominikus kniet ihr gegenüber, oben erscheinen am dunkeln Himmel zwei Engel. Nach Rodoni [4] halte einer dieser Engel einen Kelch, um das aus Christi Seitenwunde fließende Blut aufzufangen, während der andere mit einem Hammer den Nagel zu entfernen suche, welcher Christi Füße durchbohrt. In Wahrheit schlägt jedoch dieser Engel mit dem Hammer auf den Nagel, um ihn zu befestigen, während der erstere mit der Lanze Christi Seite öffnet.

[1] Vgl. Der Lebensbaum. Aus dem Lateinischen des hl. Bonaventura. 2. Aufl. Freiburg 1888, Herder. S. VI, mit Abb. Saint François d'Assise, Paris 1885, Plon, 36. Grimouard, Guide II Abb. 19. — [2] Ps 101, 7, Zach 13, 6 und Is 53, 4. — [3] Abbildungen mehrerer dieser Kreuzigungsbilder bei Marchese, San Marco Taf. 4 24 26 35. Abb. des Hauptes des Gekreuzigten bei Förster, Denkmale II Taf. 11. — [4] Guida 23.

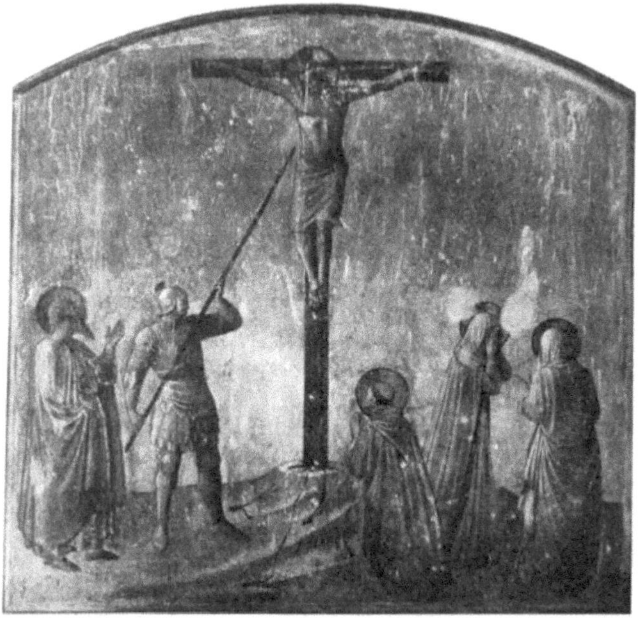

ERÖFFNUNG DER SEITENWUNDE FLORENZ, SAN MARCO

Die Engel sollen also in geheimnisvoller Weise anzeigen, die Henker, welche Christum kreuzigten und töteten, hätten Gottes Willen erfüllt, seien dessen Diener gewesen trotz ihrer Bosheit.

Auf dem Bilde der 43. Zelle sinkt Maria zur Rechten auf die Knie hin, wird aber von Johannes und Magdalena gestützt, während links der hl. Dominikus weinend die Hand vor die Augen hält. In der 42. Zelle steht Johannes hinter dem Soldaten, welcher Christi Seite durchbohrt (Bild). Der Evangelist erschrickt, beobachtet aber den Vorgang genau, über den er in seinem Evangelium berichtet (19, 35). Auf der andern Seite wendet „die Jungfrau Maria“ sich ab, mit beiden Händen ihr Gesicht verhüllend. Auch das Gesicht der „Martha“ ist unsichtbar, der Beschauer sieht nur ihren Rücken und die zur Klage erhobenen Hände. Der hl. Dominikus kniet unten am Kreuze und betet den Herrn an. Drei Personen, Maria, Magdalena und Dominikus, zeigt das feine Bild der 25. Zelle; nur zwei finden wir in der 29. und 30., zur Rechten Maria sitzend, zur Linken Dominikus knieend. Die höchste Gemütsbewegung herrscht in jenen Zellen, worin nur eine Person beim Gekreuzigten dargestellt ist. In der 22. sitzt Maria trauernd vor dem Kreuze. Die 15. bis 21. zeigen den hl. Dominikus in steigender Erregung beim Kreuze: er umfaßt es in der 15., in der 16. und 17. betet er zum Gekreuzigten aufschauend, in der 18. kreuzt er seine Arme über die Brust, in der 19. hält er weinend seine Hände vor das Gesicht, in der 20. geißelt er sich vor dem Kreuze mit eisernen Ketten, in der 21. breitet er in höchster Liebe seine Hände aus.

Eine sichere Erklärung aller dieser Bilder bietet dem Beschauer bei einem im oberen Stockwerk auf die Wand des Ganges gemalten Bilde von 2,37 *m* Höhe und 1,25 *m* Breite eine Unterschrift mit folgenden, oft dem hl. Bernhard zugeschriebenen Versen, worin der Beter, „zu Jesu Füßen“ hinknieend, spricht:

> Salve, mundi salutare,
> Salve, salve, Iesu chare:
> Cruci tuae me aptare
> Vellem vere, tu scis quare;
> Praesta mihi copiam.
>
> Heil der Welt, nimm meine Grüße,
> Nimm sie, Jesu voller Süße;
> Weißt, warum ich voll Verlangen
> Möcht' dein heilig Kreuz umfangen.
> Wollest dazu Macht mir leihen [1].

Diese Worte beweisen, dafs alle jene Bilder nicht bezweckten, als künstlerische Dekorationsstücke zu dienen bei Ausstattung der kleinen Zimmerchen, worin arme Brüder wohnten, sondern eine tiefernste Predigt zu liefern. Sie entsprechen einer Satzung der Ordensregel, welche vorschreibt, in den Zellen der Brüder solle ein Bild des Gekreuzigten und eines der Gottesmutter sich finden [2]. Ihr entsprechend hatten nach dem Zeugnisse des hl. Antonin [3] die Brüder in ihren Zellen solche Bilder, besonders Gemälde, in denen die Gottesmutter

[1] Eine freiere Übersetzung bei Lebrecht Dreves, Lieder der Kirche [2] 142. Der gewöhnliche Text des fünften Verses lautet: Da mihi tui copiam. Das lange Lied bei Migne, Patr. lat. CLXXXIV 1319. — [2] Constitutiones fratrum ordinis praedicatorum, Parisiis 1872, p. 99, dist. 1, c. 9, Declaratio unica. Vgl. ebd. 55, dist. 1, c. 1, Declaratio 9 De ecclesiis et altaribus nostris: „Tam in prioratibus quam vicariatibus omnique domo ordinis altaria in dormitoriis erigantur in honorem B. Virginis, pientissimae advocatae et dominae nostrae; et hoc sub poena absolutionis et inhabilitatis ad praelaturas.“ (Barcinonae 1574.) — [3] Chronicon (Opus historiarum) III, tit. 23, c. 3, § 1.

beim Kreuze dargestellt war. Hier in San Marco beteten die Dominikaner oft das Officium des heiligen Kreuzes. Man sah daselbst den hl. Antonin im Gebete vor einem Kreuze in der Luft schweben und hörte, wie er voll Andacht mit dem leidenden Herrn redete. Sterbend umarmte er ein Kreuz und küßte es mit solcher Liebe, daß alle Umstehenden zu Tränen gerührt wurden [1]. Die Dominikaner erzählten, ihr hl. Thomas von Aquin habe im Gebete vor einem Kreuze die Gnade außerordentlicher Reinigkeit erlangt und später bei einem andern Gebete vor dem Kreuze vom Herrn ein Lob über seine Schriften vernommen, für die er als Entgelt nur Gottes Liebe forderte [2]. Die von Dominici und von seinen Söhnen in San Marco hochverehrte hl. Katharina von Siena aber pries in ihren Briefen und Reden mit der höchsten mystischen Begeisterung das Geheimnis des Kreuzes [3].

Da nun die Andacht zum Gekreuzigten in San Marco so eifrig gepflegt wurde, kann es nicht auffallen, daß Fra Angelico durch seine Bilder ihr diente und sie förderte. Weil er zur Aussprache der Liebe anregen wollte, stellte er gerne den Gekreuzigten vor dem Verscheiden dar, so daß ein geistiger Verkehr zwischen ihm und dem Beter angezeigt blieb.

Das obere, 1867 zum Museum eingerichtete Stockwerk von San Marco erstreckt sich über drei Seiten des im Viereck erbauten Klosters; die vierte wird durch die Kirche gebildet.

In dem der Kirche gegenüberliegenden Flügel finden sich zu beiden Seiten des Ganges Zellen, links die Zellen 1 bis 11, rechts 22 bis 30. Vielleicht bildeten ursprünglich die Zellen 1 bis 11 einerseits und 22 bis 30 anderseits zwei lange gemeinsame Schlafsäle, zwischen denen nur die beiden den Gang einschließenden Wände standen. Der westliche Flügel liegt in der Flucht der Kirchenfassade. Er hat keinen Mittelgang, sondern links Fenster, welche von der Straße her Licht geben, rechts aber die Zellen 15 bis 21, deren Zählung am Ende des Ganges bei den Zimmern des Savonarola (12 bis 14) beginnt. Sie bildeten vielleicht ehedem einen dritten Schlafsaal. Der gegenüberliegende, über dem Kapitelsaal befindliche Flügel hat zur Linken seines Ganges die Zellen 31 bis 37, zur Rechten die Zellen 38 bis 45, den Eingang zur Bibliothek und den Ausgang der von unten hinaufführenden

[1] Acta SS. 2. Mai. Vita S. Antonini c. 5, n. 32, und Analecta n. 4, ed. nova 327 339. — [2] Breviarium Rom. 7. März, Lect. 4 u. 6. — [3] Vgl. Schrörs in der Zeitschrift für christliche Kunst XI 321 f.

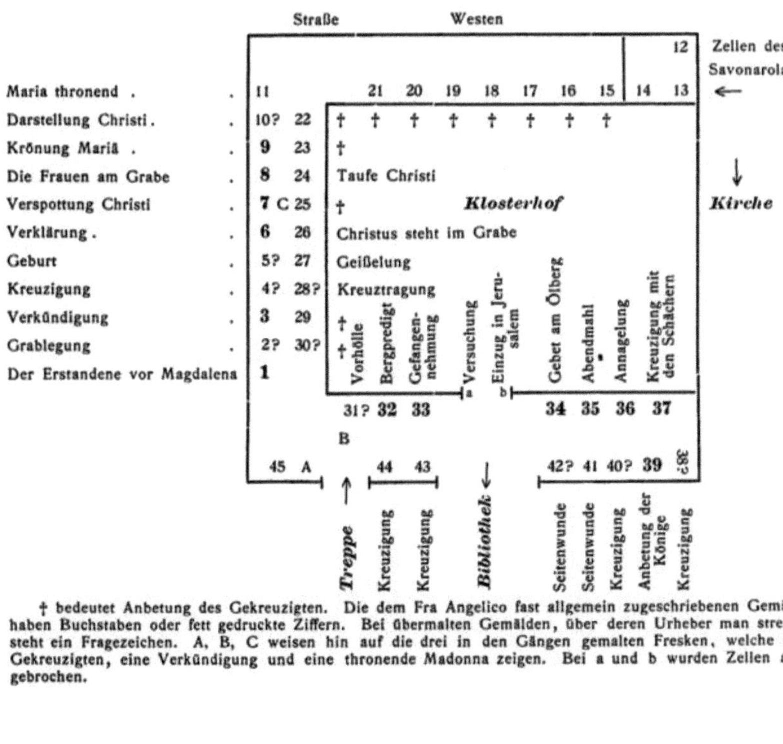

† bedeutet Anbetung des Gekreuzigten. Die dem Fra Angelico fast allgemein zugeschriebenen Gemälde haben Buchstaben oder fett gedruckte Ziffern. Bei übermalten Gemälden, über deren Urheber man streitet, steht ein Fragezeichen. A, B, C weisen hin auf die drei in den Gängen gemalten Fresken, welche den Gekreuzigten, eine Verkündigung und eine thronende Madonna zeigen. Bei a und b wurden Zellen ausgebrochen.

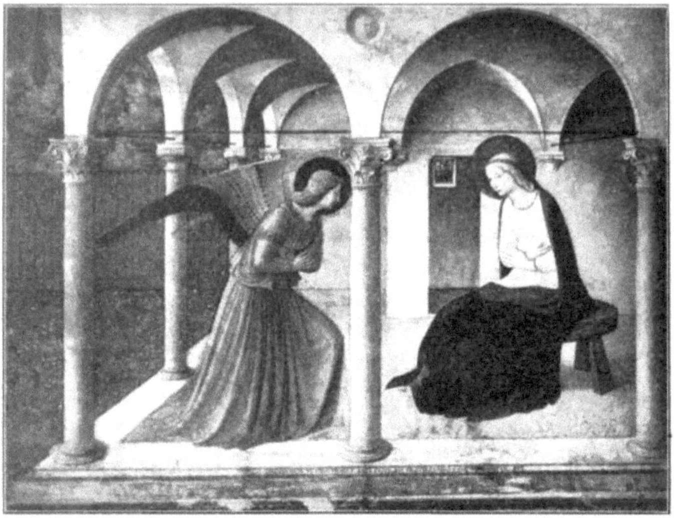

DIE VERKÜNDIGUNG FLORENZ, SAN MARCO

Fra Angelico sie dort, wo man zu den Wohnungen seiner Ordensbrüder gelangt und wo die Reihe der Zellen beginnt. Auch hierin befolgte er eine Anweisung der Regel, die vorschreibt, zwischen den Zellen, die alle gleich und ohne Türverschluß sein sollten, ein großes Bild der Gottesmutter anzubringen [1].

Sein Fresko zeigt Maria fast in Lebensgröße, mit blondem, lang herabfallendem Haare, in einfachem, dunklem Mantel und hellrotem Kleide auf einem ärmlichen Schemel in einer Halle sitzend. Im Hintergrund blickt man durch eine geöffnete Türe in ihre Zelle, der ein kleines, vergittertes Fenster spärliches Licht spendet, wie dies ehedem in vielen Zellen von San Marco der Fall war und größtenteils noch ist. Zur Seite fällt der Blick auf eine blumige Wiese, welche, wie in den Bildern zu Cortona und Madrid, durch eine hohe hölzerne Bretterwand gegen einen Wald abgeschlossen ist, um daran zu erinnern, daß diese Jungfrau einem verschlossenen Garten gleich sei. Über Maria wölbt sich ein Teil einer auf Säulen ruhenden Halle, deren Stil mit demjenigen der unteren Kreuzgänge von San Marco übereinstimmt, jedoch auffallenderweise zweierlei Säulenkapitäle hat, ionische und korinthisierende. Ihre Zeichnung wurde wohl durch Michelozzo beeinflußt.

Der Engel ist in die Halle eingetreten, um seine Botschaft auszurichten. Seine Flügel sind noch halb erhoben, als ob er eben erst aus himmlischen Höhen niedersteigend den Boden betrete. Glänzendes Gold und viele Farben bringen sie in Gleichklang zu jener blumigen Au, über welcher sie sich ausbreiten. Das Kleid des Himmelsboten ist natürlich glänzender als jenes der demütigen Jungfrau. Er beugt das rechte Knie, legt voll Innigkeit beide Arme auf die Brust, spricht voll Bewunderung und Liebe sein Ave und sieht ihr fragend ins Antlitz. Sie legt ebenfalls beide Hände über die Brust, verneigt sich und antwortet: „Siehe, ich

Treppe. Zwei der drei Flügel haben, wie bemerkt, in der Mitte einen Gang, zu dessen Seiten jetzt Reihen kleiner Zellen liegen. Erhebt man im Gange den Blick, so sieht man den offenen Dachstuhl. Die Zimmerwände steigen fast so hoch auf wie die Außenmauern des Baues. Nur einige Zellen sind gewölbt. Mehrere, welche kein Fenster haben, erhalten nur von oben her spärliches Licht; andere sind durch kleine Fenster erleuchtet. Nur wenige für Fremde (38 und 39) oder Kranke und für den Prior (12 bis 14) bestimmte sind durch Zwischentüren verbunden. Alle sind arm und klein, zeugen also für den Ernst der Reformen des sel. Dominici.

Wer in diese oberen Räume eintritt, muß eingedenk sein, daß sie durch vier Jahrhunderte fast allen Fremden unzugänglich und darum fast unbekannt waren; mehr noch, daß all ihre Bilder nicht für das große Publikum, sondern für die hier wohnenden Dominikaner gemalt sind, darum aus dem damals im Orden und besonders in San Marco herrschenden Geist heraus erklärt werden müssen. Das ist der einzig richtige Weg zum vollen Verständnis ihres Inhaltes.

Der Besucher findet zuerst der Treppe gegenüber ein 2,16 *m* hohes und 3,21 *m* breites Bild der Verkündigung (B — Bild). Wie das Mittelalter die Verkündigung, als Anfang der Erlösung und der Menschwerdung, als Eintritt des Heilandes in diese Welt, an den Eingang der Kirchen und des Chores stellte, so malte

[1] Constitutiones S. 55, dist. 1, c. 1, Declaratio 9.

bin eine Dienerin des Herrn." Die gleiche Bewegung der Hände bei beiden Figuren, ihre gleiche Höhe, dadurch erreicht, daß der Engel sein Knie beugt und die Gottesmutter sitzt, die gegenseitige Neigung des Hauptes und das gegenseitige Ansehen, die Einfachheit des Faltenwurfes hier wie dort, das alles gibt dem Bilde eine große Einheit, welche durch die Halle und den geschlossenen Garten noch erhöht wird. Wohl steht eine Säule wie trennend zwischen beiden Figuren; da aber über jeder ein Rundbogen sich wölbt und die im Hintergrund erscheinenden Gewölbe in ihrer perspektivischen Verengung beide Bogen zusammenzurücken scheinen, dient auch die Architektur schließlich zur Zusammenfassung der Szene. In dieser Darstellung der Verkündigung hat Angelico wiederum nicht den ersten Augenblick des Eintrittes Gabriels geschildert. Denn zuerst erschrak Maria. Sie wurde darum vom Engel beruhigt durch die Worte: „Fürchte dich nicht."[1] Der Maler hat überdies nicht zu zeigen versucht, wie Gottes Sohn vom Himmel herabstieg. Er blieb darum in viel richtigeren Bahnen als jene Meister, welche Jesus als Seele in Gestalt eines Kindes mit dem Kreuze und in einem Strahle vom Himmel kommend darstellten. Bilder, in denen Angelico Maria sitzend zeigt, betonen mehr die Botschaft des Engels an sie, während andere, worin sie steht, an ihre Bereitwilligkeit, jene, in denen sie kniet, an ihren Dank für die Auserwählung zur Gottesmutter erinnern. Man hat zur Illustration dieses Freskobildes auf Dantes Verse „Fegfeuer" X 34 ff hingewiesen:

Der Engel, der auf Erden die Gewährung
Des viele Jahr' erweinten Friedens brachte,
Drob sich nach langem Bann der Himmel auftat,

Erschien vor unsern Blicken, so getreulich
Hier eingehaun in liebevoller Stellung,
Daß man ein schweigend Bild zu sehn nicht meinte.

Man hätte schwören mögen, er sag': „Ave";
Denn hier war jen' im Bild auch, die den Schlüssel
Gedreht, die höchste Lieb' uns aufzuschließen.

Und ausgeprägt im Äußern trug die Worte:
„Ecce ancilla Dei", so unverkennbar
Sie, wie sich eine Form ausdrückt im Wachse.

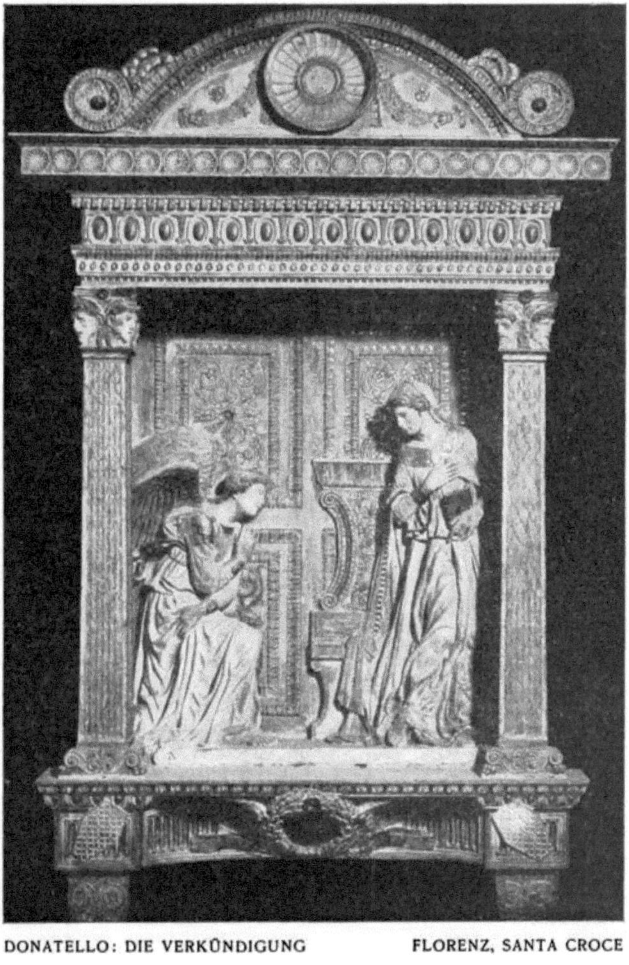

DONATELLO: DIE VERKÜNDIGUNG FLORENZ, SANTA CROCE

[1] Lk 1, 30. Vgl. Zeitschrift für christliche Kunst 1891, 191 f: Die Darstellung der Verkündigung. Der hl. Antonin, Angelicos Prior, schreibt in seiner Summa maior, P. 4, tit. 15, c. 9, § 3: „Es scheint, daß der Engel in einem roten Kleide erscheinen mußte. Trotzdem sagt Albert d. Gr., daß er sich zeigte in einem hellen Kleide, das weder weiß noch schwarz oder rot war." Er gibt dann Kongruenzgründe dafür an.

Ebenso schön passen zu dem Bilde die Verse des „Paradieses“ XXXII 109 ff:

> Lieblichkeit und Kühnheit,
> Wie sie in Engel oder Seele sein kann,
> Ist ganz in ihm — und daß sie's sei, gefällt uns.
>
> Drum ist er's, der die Palme zu Maria
> Herabgetragen hat, als der Sohn Gottes
> Mit unsrer Bürde sich belasten wollte.

Daß solche Verse dem Fra Giovanni bei Ausmalung des in Rede stehenden Bildes vorschwebten, soll freilich nicht behauptet werden. Noch weniger ist eine solche Beeinflussung anzunehmen bei dem Bilde der 3. Zelle. Auch dort vollzieht sich der Vorgang in einer offenen Halle; beide Personen legen wiederum ihre Arme gegen die Brust, aber diesmal kniet Maria frei auf einem kleinen Schemel. Sie hielt in einer Hand ein geöffnetes Buch, das sie halb schloß und zurückzieht, schaut zum Engel hin und beugt sich etwas nach vorne. Der Engel schwebt, indem er den Boden eben mit seinem langen Kleide berührt. Er erhebt drei Finger nach oben, um die Worte zu begleiten: „Der Heilige Geist wird über dich herabkommen.“ Außerhalb der Halle steht der hl. Petrus Martyr, mit aufrecht zum Gebet gefalteten Händen das Geheimnis betrachtend. Vielleicht wollte Fra Giovanni in diesem Bilde schildern, wie Maria nach Empfang der Botschaft des Engels und nachdem sie entgegnet hatte: „Mir geschehe nach deinem Worte“, ihren Sohn vom Heiligen Geiste empfing und dann Gott für die erhaltene Gnade Dank sagte [1].

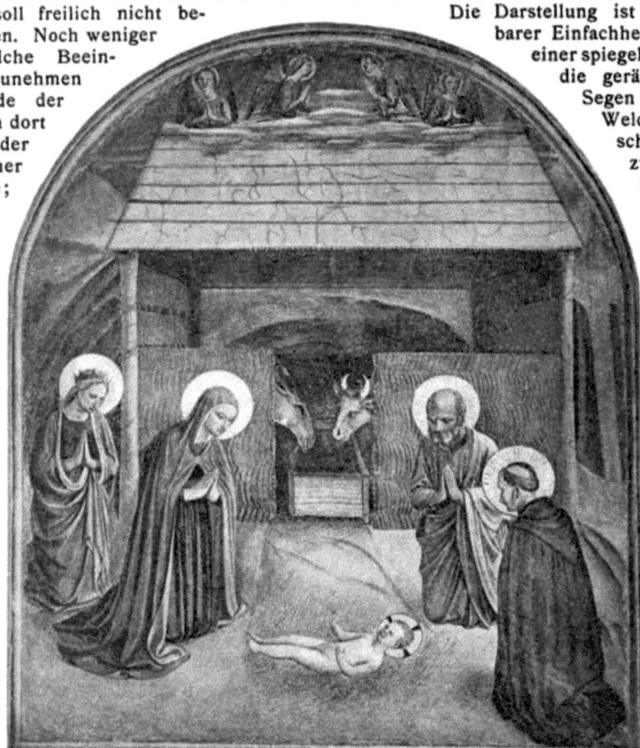

CHRISTI GEBURT FLORENZ, SAN MARCO

Die Darstellung ist von wunderbarer Einfachheit und gleicht einer spiegelreinen Quelle, die geräuschlos ihren Segen spendet. Welcher Unterschied herrscht zwischen Angelicos einfachen Bildern und der reichen von Donatello um 1405 oder nach andern erst nach 1433 in Relief ausgeführten Verkündigung in Santa Croce zu Florenz! (Bild S. 31.) Das Bild der Geburt Christi in der 5. Zelle verrät eine schwerere Hand (Bild). Vor einem Stall, in dem Ochs und Esel neben ihrer Krippe stehen [2], liegt das Kind ohne jede Bekleidung auf etwas den Boden bedeckendem Stroh. Segnend erhebt

[1] St Antonin a. a. O. § 6: „Wir glauben, daß die selige Jungfrau bei der Ankunft Gabriels mit gebogenen Knien, erhobenen Händen und zum Himmel gerichteten Augen mit Tränen die andächtigsten Gebete gerichtet habe an den Vater der Barmherzigkeit, um die Menschwerdung seines Sohnes zu erflehen; daß sie, als der Engel kam, aufgestanden sei und nach Anhörung seiner Botschaft gläubig in dieselbe eingewilligt habe; daß sie dann wieder auf die Erde hingekniet sei, um mit zum Himmel erhobenen Händen und Augen, mit Tränen aus innerstem Herzensgrunde andächtigst zu bitten, die Verheißung möge bald erfüllt werden; daß sie den Gottmenschen empfangen habe und das Wort Fleisch geworden sei, als sie sprach: ‚Mir geschehe nach deinem Worte!‘“ Auch Jacobus de Voragine schreibt in seinen Legenda aurea Kap. 50: „Maria sprach mit zum Himmel erhobenen Händen und Augen: ‚Siehe, ich bin eine Dienstmagd des Herrn. Mir geschehe nach deinem Worte!‘“ — [2] Ochs und Esel sind auf den Bildern der Geburt Christi seit dem 4. Jahrhundert dargestellt worden, weil Isaias 1, 3 sagt: „Der Ochs erkannte seinen Besitzer und der Esel die Krippe seines Herrn.“ Deutsche Maler des 15. Jahrhunderts lassen darum den Ochsen hinschauen auf das Kind, den Esel aber auf die Krippe. „Cognovit bos possessorem suum et asinus praesepe domini sui, Israel autem me non cognovit et populus meus non intellexit.“

es die Rechte gegen seine Mutter, die es mit gefalteten Händen kniend verehrt. Mit ihr beten der hl. Joseph, Petrus Martyr und die hl. Katharina. Diesen vier unten knienden Heiligen entsprechen vier Engel auf dem Dache des Stalles. Zwei derselben schauen herab auf das Kind, während die übrigen, einander gegenüberstehend, entweder Gott im Himmel anbeten oder das Licht, welches von oben kam und durch die Person Christi alle Menschen erleuchten soll. Beachtenswert ist, daß alle vier Engel ihre Hände ebenso falten wie jene vier Auserwählten, die um das Kind versammelt sind.

Zum Verständnisse des Fresko muß man sich an die Erklärung eines im Mittelalter hochangesehenen Lebens Christi[1] erinnern: „Als um Mitternacht die Stunde der Geburt des Herrn gekommen war, stand der hl. Joseph auf, nahm Stroh aus der Krippe und legte es zu den Füßen der Herrin. Der Herr trat hervor aus ihrem Schoße, ohne ihr Schmerz oder Pein zu bereiten, und lag plötzlich vor den Füßen seiner Mutter auf dem Stroh.“

Das Gemälde gleicht dem um 1405 gemalten Bilde eines Meisters aus Siena in der Akademie zu Pisa[2], worin auch Maria mit Joseph und einer hinter ihr knienden Heiligen dem auf dem Boden liegenden Kinde huldigen. Doch trägt dort Joseph eine brennende Kerze, um anzuzeigen, daß Jesus in der Nacht zur Welt kam.

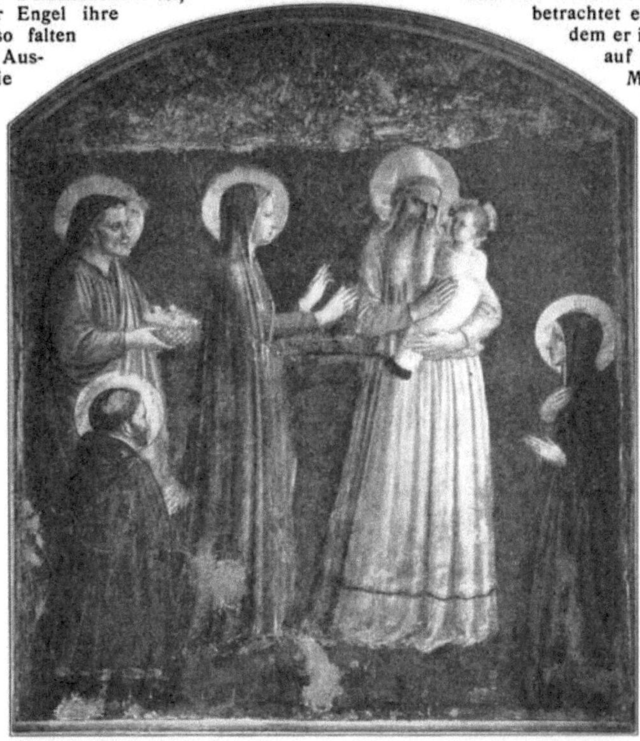

CHRISTI DARSTELLUNG FLORENZ, SAN MARCO

Eine gute, leider retouchierte Arbeit ist die Darstellung Christi in der 10. Zelle (Bild). Der greise Simeon läßt das bis zum Halse in Windeln gewickelte Kind in seinen Armen aufrecht am Herzen ruhen und betrachtet es liebevoll, indem er ihm die Rechte auf die Brust legt. Maria steht dem Greise gegenüber und streckt beide Hände nach ihrem Sohne aus, um ihn zurückzunehmen. Joseph hält zur Auslösung einen Korb mit zwei Tauben. Rechts und links knien der hl. Petrus Martyr und die Prophetin Anna oder eine andere Heilige, vielleicht die sel. Villana[3]. Alle Kleider haben in diesem Bilde zahlreiche gerade herabfallende Falten, welche bei den schlanken Gestalten fast keine Formen der Körper erscheinen lassen. Da die drei Hauptfiguren voneinander getrennt sind und auch die beiden an den Seiten knienden sich frei abheben, entstehen starke vertikale Linien, welche in

[1] Vita Christi Kap. 7, in der Ausgabe der Werke des hl. Bonaventura Lugduni 1668 VI 339. Sie fehlt in der neuesten Ausgabe. — [2] Förster, Denkm. II 5. — [3] Diese Figur ist ganz erneuert. Zeitschrift für christl. Kunst XI 308, A. 29. Nach Rio II 363 könnte die kniende Heilige nur die noch nicht kanonisierte hl. Katharina von Siena sein. Dieselbe Figur kehrt öfter wieder, z. B. bei der Taufe Christi, bei der Verklärung, beim Abendmahl, bei der Kreuztragung usw. Die selige Witwe Villana Bottia war Mitglied des dritten Ordens des hl. Dominikus. Sie verschied 1360, während man ihr der Sitte gemäß (Durandus, Rationale VII c. 35, De officio mortuorum, n. 35) die Leidensgeschichte Christi vorlas, bei den Worten: „Er neigte sein Haupt und starb.“ Ihr Grab war in Santa Maria Novella zu Florenz sehr verehrt. Acta SS. 26. August, V, ed. nova 862 f.

den von Joseph und Maria gleichmäßig horizontal vorgestreckten Händen ein Gegengewicht erhalten. Aller Augen sind auf das unscheinbare Kind gerichtet, und aller Ausdruck redet voll Ehrfurcht von dessen geistiger Größe. Weil Simeon das Kind auf dem linken Arme trägt, ist es weiter entfernt von Maria, deren Bewegung und Verlangen dadurch stärker hervortritt. Joseph und Maria schreiten nicht vorwärts, sondern sind nur von inneren Gefühlen bewegt.

In der 24. Zelle halten bei der Taufe Christi (Bild S. 35) rechts zwei Engel dessen Gewänder; links knien Maria und Dominikus. Johannes tauft den Herrn so, wie es in der älteren Kunst Sitte ist, indem er weit ausschreitet, einen Fuß auf einen Felsen setzt und Wasser aus einer Muschel ausgießt. Er und Christus sind größer gebildet als die vier andern Personen. Obgleich der Heiland im Wasser steht, bleibt seine ganze Gestalt bis zu den Füßen sichtbar. Sie gewinnt dadurch an Bedeutung. Der Hintergrund ist durch kulissenartige Berge geschlossen und hilft zur Betonung der Hauptfigur, zu der aus einem Kreise von Wolken die Taube herabsteigt.

Zwischen der 33. und 34. Zelle sind zwei Zellen entfernt worden, damit die gegenüberliegende Bibliothek mehr Licht erhalte. In ihnen waren Christi Versuchung in der Wüste, von der nur die Figur des Herrn (Bild S. 46) übrig blieb, und dessen Einzug in Jerusalem gemalt.

In der 32. Zelle stellte Fra Giovanni die Bergpredigt dar. Jesus hat sich, dem Wortlaute des Evangelium des hl. Matthäus (5, 1) entsprechend, ins Gebirge zurückgezogen und sich dort an einem einsamen Orte, an dem weder Gras noch Sträucher wachsen, auf eine Felsenbank gesetzt, die ihm als Lehrstuhl dient. Seine Apostel haben sich im Halbkreise vor ihm auf die Erde niedergelassen. Der Meister hält in der Linken die Rolle des neuen Gesetzes und weist mit der Rechten empor zum Himmel; denn er lehrt die Jünger sprechen: „Vater unser, der du bist in den Himmeln.“ Einer der vornehmsten Apostel, wohl Jakobus, der Mann des Gebetes, faltet die Hände, die übrigen schauen zum Herrn hinauf. Judas hat, wie es in griechischen Bildern oft vorkommt [1], einen dunkeln Nimbus. Vielleicht soll die einsame Umgebung der Felsen auch darauf hindeuten, daß der Herr in seiner Bergpredigt denjenigen, welcher seine Worte hört und befolgt, mit einem Manne vergleicht, der sein Haus auf Felsengrund baute [2], und daran, daß seine Lehre unwandelbar bleibt wie die Grundfesten der Erde. Wichtig ist das Bild auch als Darstellung einer Predigt, indem es in dieser Hinsicht mit andern Bildern unseres Meisters zu lehrreichen Vergleichen Anlaß bietet, wie sich später zeigen wird.

Sinnig ist in der 6. Zelle die Verklärung zu dem Lieblingsthema Angelicos, der Kreuzigung, dadurch in Beziehung gesetzt, daß der Herr mit kreuzweise ausgestreckten Armen groß und hoch, von Licht umflossen und hell gekleidet, auf einem Felsen steht, welcher an den Kalvarienberg erinnert. Alle andern Personen sind kleiner als er und ziemlich weit von ihm entfernt; unten knien, leider in schlechter Erhaltung, Petrus, Johannes und Jakobus, rechts und links treten eine Heilige (Maria?) und Dominikus nur zur Hälfte hinter dem Rahmen hervor. Über ihnen sieht man in Wolken die Köpfe des Moses und des Elias. Die beiden Strahlen, welche aus Moses' Haupt hervorgehen, bilden ein Gegengewicht zum Stern des hl. Dominikus. In ganzen Figuren konnte der Maler diese Vertreter des Alten Bundes nicht geben, weil er dadurch gezwungen worden wäre, entweder seine Bildfläche übermäßig zu vergrößern oder auf die schöne Darstellung Christi zu verzichten [3]. Ein Vergleich mit Peruginos Verklärung im Cambio zu Perugia und mit Raffaels Verklärung im Vatikan drängt sich unwillkürlich auf. Ersterer läßt Christum auf Wolken stehen, Moses und Elias auf solchen knien; Raffael malt alle drei schwebend und hat sich dadurch, obwohl die Heilige Schrift nichts von einem Schweben sagt, ein Problem gestellt, das er in unübertroffener Meisterschaft löst. Bei beiden liegen die Apostel voll Schrecken auf dem Boden, geblendet und überrascht; der Herr aber erhebt seine Hände leicht gegen den Himmel. Die malerische Kunst ist sicher in Peruginos Entwurf größer, in Raffaels letztem Werke vollkommener. Fra Angelicos einfaches Bild verhält sich zu den andern fast wie der schmucklose Bericht der Evangelisten zu einem kunstvollen Epos. Leider ist das Staunen der drei vom Lichte geblendeten Apostel übermäßig betont und für die Harmonie des Ganzen störend [4].

Im Abendmahl der Zelle 35 (Bild S. 36) schildert Fra Angelico nicht die Einsetzung, sondern die Spendung der Eucharistie. Der Abendmahlstisch hat die Form eines rechten Winkels mit einer kürzeren und einer längeren Seite. Hinter der kürzeren sitzen drei, bei der andern

[1] Schäfer, Das Handbuch der Malerei vom Berge Athos, Trier 1855, Linz, 200, Anm. — [2] Mt 7, 24. — [3] Schon auf dem Bilde der Himmelfahrt Marias, das Taddeo Bartoli um 1390 malte, erscheinen oben rechts und links nur die Brustbilder von Propheten. Vgl. Förster, Denkm. II 3. Bei Darstellung der drei Apostel und der ausgestreckten Arme des verklärten Herrn hat Fra Giovanni die von Giotto auf einem Schranke der Sakristei von Santa Croce zu Florenz gegebenen Motive frei benutzt. Giottos Bild findet sich jetzt in der Galerie der Akademie zu Florenz. Abb. S. François 380. — [4] Supino 117.

befinden sich fünf Apostel. Christus saß hinter der längeren Seite, in der Mitte zwischen Petrus und Johannes, hat aber seinen Platz verlassen und geht mit einem Kelche, worauf eine Patene mit Hostien liegt, vor dem Tische von einem Apostel zum andern. Die Form der jüdischen Brote ist nicht festgehalten, die Nachricht des Evangeliums, der Herr habe das Brot gebrochen und gesagt: „Nehmet und esset alle davon" (Mt 26, 26), nicht berücksichtigt. Der Maler illustriert also nicht die Geschichte, sondern das Geheimnis. Die drei Apostel an der kürzeren Seite und Petrus haben schon die hl. Kommunion empfangen; jetzt spendet Jesus sie dem hl. Johannes. Offenbar soll dies an die Liebe erinnern, welche ihn bei der Einsetzung leitete. Wie verlassene, vor dem Tisch stehende Stühle zeigen, saßen vier Apostel dem Johannes und den drei folgenden Jüngern gegenüber. Sie sind aufgestanden, knien in der Ecke zur Linken und erwarten den Empfang des heiligsten Sakramentes. Ihnen gegenüber kniet rechts eine Heilige (Maria?). Alle geben durch Körperhaltung, durch die verschiedenste Bewegung der Hände und durch ihre Mienen Bewunderung und Andacht, Liebe und Verlangen kund; aus aller Angesicht leuchten die Gefühle des Glaubens und der Begeisterung. Jeder Apostel hat seinen Nimbus. Das Gesicht des Judas ist in der Gruppe der Knienden durch die Köpfe und Nimben der andern unsichtbar gemacht, damit seine Bosheit hier verborgen bleibe und den Eindruck des feierlichen Vorganges nicht abschwäche.

Geht man auf Einzelheiten ein, so ist zuerst zu beachten, daß Fra Angelico durch zwei Fenster einen Blick in einen Klosterhof eröffnet, der dem von San Marco nachgebildet ist und zeigt, wie der Maler die ihn umgebende Wirklichkeit auffaßte und verwertete. Zeichnerisch hat das Bild manche Mängel. Ist doch bei einzelnen Aposteln kaum zu erkennen, ob sie hinter dem Tische sitzen oder stehen. Des Herrn Füße sind so weit von Johannes entfernt, daß er ihm unmöglich mit seinen Händen die Kommunion zu reichen vermag, was er doch tun will. Zu einem Vorwärtsschreiten aber sind die Füße nicht gestellt. Ghirlandajos Abendmahl unten im großen Speisesaal von San Marco hält sich von solchen Fehlern frei, hat auch schöner durchmodellierte Köpfe. Aber schon bei ihm ist die Weissagung des Verrates Leitmotiv, obgleich nicht abzusehen ist, wozu gerade sie in ein Refektorium zu malen sei. Seine Inschrift, laut welcher der Herr den Aposteln die Teilnahme beim himmlischen Mahle verspricht, steht mit der Darstellung nicht im Einklang.

Die Gegenwart der Gottesmutter oder einer andern Heiligen im Bilde des Fra Angelico erklärt sich durch den von ihm für diese Zellen eingenommenen mystischen Standpunkt und entspricht den Grundlagen, worauf die schönen dem hl. Bonaventura zugeschriebenen Betrach-

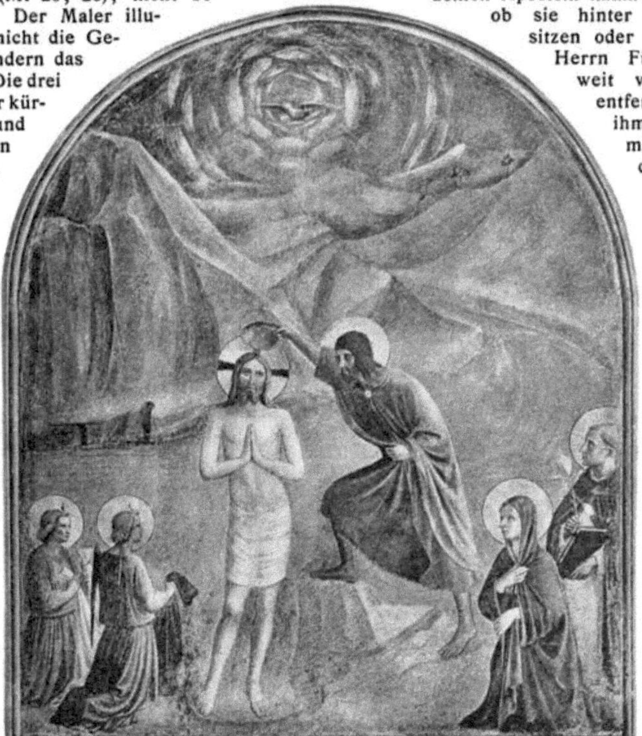

CHRISTI TAUFE — FLORENZ, SAN MARCO

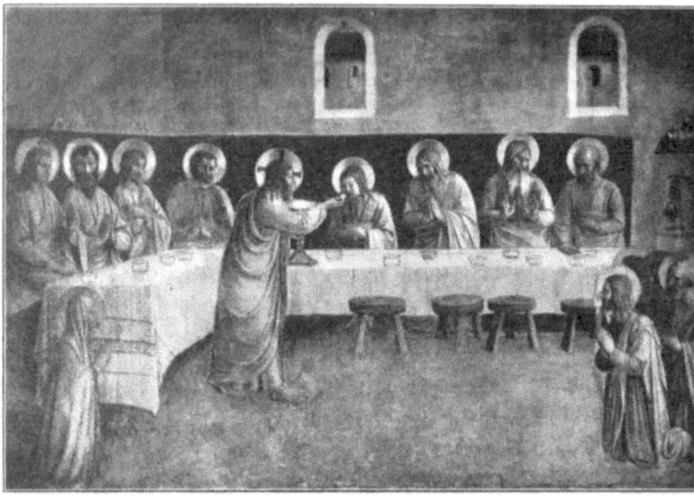

DAS HEILIGE ABENDMAHL FLORENZ, SAN MARCO

tungen des Lebens Christi aufgebaut sind [1]. Obwohl Maria beim letzten Abendmahl nicht das heiligste Sakrament aus den Händen ihres Sohnes empfing, ist sie hier dargestellt, um die Gefühle zu schildern und die Andacht, welche wir haben sollen. Auch andere heilige Personen, welche in vielen Bildern in San Marco das Kreuz umstehen oder bei Ereignissen aus Christi Erdenwallen als teilnehmende Zeugen erscheinen, wollen eine Vermittlung bilden zwischen dem Zuschauer und der Hauptperson des Gemäldes, sollen in unsern Herzen durch ihr Beispiel jene Anmutungen erregen, die der Maler beabsichtigt. Fra Angelico bezweckt mittels solcher Personen dasselbe, was der hl. Ignatius, alten frommen Erzählungen folgend, in seinem Exerzitienbüchlein sucht, indem er bei Christi Geburt eine kleine Dienerin einführt, deren Geschäft es gewesen sei, den Personen der heiligsten Familie zu folgen. Sie soll bei Erwägung des Weihnachtsgeheimnisses dem Betrachtenden gleichsam als Führerin dienen. Führich hat diesen Gedanken in seinem „Bethlehemitischen Weg" verwertet und sagt zur Erläuterung seiner Zeichnungen: „Das Titelblatt zeigt uns zur Linken die Kunst, welche uns einladet, ihr in der Betrachtung des bethlehemitischen Weges zu folgen. Diesem Rufe nachkommend, erhebt sich zur Rechten die Anima meditans oder die betrachtende Seele und greift zum Pilgerstabe, um diese heilige Wanderung anzutreten. Wir finden diese Figur in der Folge auf jedem Bilde wieder, und sie ist gewissermaßen das Symbol dessen, was wir fühlen bei dem Anblick eines so rührenden und erhabenen Schauspiels, wie es uns die Kindheit Jesu darbietet."

In der 34. Zelle hat Fra Giovanni jene mystische Teilnahme an Christi Leben und Leiden in neue Form gekleidet (Bild S. 37). Oben in der rechten Hälfte des Bildes betet der Herr kniend in einem mit besonderer Sorgfalt dargestellten Garten, in dem einige Ölbäume wachsen und hinter dessen Zaun hohe Bäume einen Wald bilden. Ein Engel zeigt ihm den Kelch. Unten schlafen die drei Jünger in einer schönen, im Dreieck angelegten Gruppe. In der linken Abteilung aber sitzen in einer gewölbten Zelle zwei trauernde Frauen auf der Erde: „Maria", welche in einem Buche liest, und „Martha", welche mit gefalteten Händen zuzuhören scheint [2]. Sie sind hier als Vertreterinnen des beschaulichen und des tätigen Lebens dargestellt und gehorchen der Mahnung des Herrn: „Wachet und betet!" während die auserwählten Apostel der Schwäche der menschlichen Natur nachgeben. Christus gibt also das Vorbild, wie wir beten sollen, das Benehmen der Apostel

[1] Es heißt in denselben c. 73 circa tertium: „Aspice nunc bene pro Deo, quomodo (Iesus) manibus propriis communicavit illam dilectam et benedictam familiam suam." Eine Darstellung der Spendung der Eucharistie durch Christus findet sich im Codex Rossanensis, hrsg. von Haseloff, Berlin 1898, Taf. 6 und 7, sowie auf der Kaiserdalmatika zu Rom. Vgl. Riegel, Über die Darstellung des Abendmahles, Hannover 1869, Rümpel, 41 f. Über ähnliche Darstellungen aus dem 15. Jahrhundert zu Reims und in den „Heures" des Simon Vostre vgl. Rio, Guide de l'art chrétien IV 274. Auch Signorelli malte in der Kathedrale von Cortona 1512 ein Bild, auf dem Christus im Abendmahlsaale den Aposteln die heilige Kommunion spendet. — [2] Bei Förster, Leben Taf. 8, fehlen die Inschriften in allen Nimben. „S. Jacobus. S. Johannes. S. Petrus. Sancta Maria. S. Marta." Als spätere Zutaten darf man sie nicht erklären, da manche Werke des Fra Angelico ähnliche Inschriften haben. Vgl. Marchese, Memorie I 253, Anm. Daß die neben Martha dargestellte durch eine Inschrift ihres Nimbus gekennzeichnete Person nicht Marthas Schwester, Magdalena, sondern Christi Mutter darstellen soll, erhellt wohl aus dem Bilde der 42. Zelle, in dem geschildert ist, wie der Hauptmann Christi Seite eröffnet, während zwei Frauen sich erschreckt und weinend abwenden, in deren Nimben die Worte stehen: „Virgo Maria" und „Marta". Vgl. Bild S. 28.

bietet eine Warnung, jene heiligen Frauen zeigen, was der Beschauer zu tun habe.

In der 33. Zelle ist die Gefangennehmung geschildert. Judas küßt den Herrn, der ihn voll mitleidiger Liebe anschaut, während er von drei Soldaten ergriffen wird, Petrus aber dem Malchus das Ohr abhaut. Zur Rechten schließt hinter den Soldaten ein Pharisäer, zur Linken hinter Petrus der Apostel Jakobus die Gruppe ab. Obwohl nur zehn Personen dargestellt sind, macht das Ganze den Eindruck, als ob viel mehr Leute um Jesus versammelt wären.

Die in allen Zellenbildern verfolgte Absicht, zur Liebe und Nachahmung Christi anzuregen, bewogen den Künstler, in der 7. Zelle bei der Verspottung des Herrn (Bild S. 38) die Mißhandlung durch die Henker nur anzudeuten. Wie er bei der Verklärung sich begnügt, die Häupter des Gesetzgebers und des großen Propheten Israels zu zeigen, läßt er hier nur einen Kopf und fünf Hände der Spötter auf dem hinter Christus ausgebreiteten Teppich erscheinen. Zur Rechten zeigt er oben einen speienden Kopf, eine den Hut abnehmende, dann eine schlagende, endlich eine den Herrn beim Haar reißende Hand; links eine Hand, die den Gottessohn schlägt, und eine andere, welche den Prügel führt. Der Erlöser thront in weißem Kleide mit verbundenen Augen in der Mitte auf einer Estrade. Auf der untersten Stufe derselben, also zu seinen Füßen, sitzen Maria, in tiefer Trauer klagend, und Dominikus, welcher nachdenklich seinen Blick ablenkt von dem Buche, worin er eben gelesen hat und das noch geöffnet auf seinen Knien ruht. Betet er die auf Christus bezüglichen Psalmen oder betrachtet er mit Hilfe des Evangelienbuches die Leidensgeschichte? Das Bild wirkt großartig durch die göttliche Ergebenheit des Herrn, deren Echo unten im ruhigen Schmerz der Gottesmutter und in der stillen Sammlung des hl. Dominikus sich zeigt. Der häßliche Kopf neben Christi schöner Figur regt die Phantasie an und gibt einen mächtigen Kontrast. Von der Weltkugel, die der Herr in der Hand hält, meldet die Heilige Schrift nichts. Sie erinnert an den Ausspruch des hl. Augustinus: „Schaut die Gottlosigkeit auf Jesus, so findet sie einen (Spott-) König; betrachtet ihn die Frömmigkeit, so zeigt sich ihr ein (wahrer) König, der sein Kreuz trägt.“ [1]

Eine nur andeutungsweise eingeführte Mißhandlung des Herrn begegnet uns auch auf dem Bilde der 26. Zelle. Dort ragt der Herr in halber Figur aus dem Grabe hervor und zeigt die Wunden seiner Hände. Über und neben ihm sieht man die Lanze, ein Rohr mit dem Schwamme, eine brennende Pechfackel, das Kreuz, die Geißelsäule sowie drei Paare Köpfe, diejenigen des Judas, der Jesum küßt, des Petrus vor der Magd, und Christi, der mit verbundenen Augen von einem Knecht angespien wird. Fünf Hände treten hinzu: eine erste zahlt Geld in

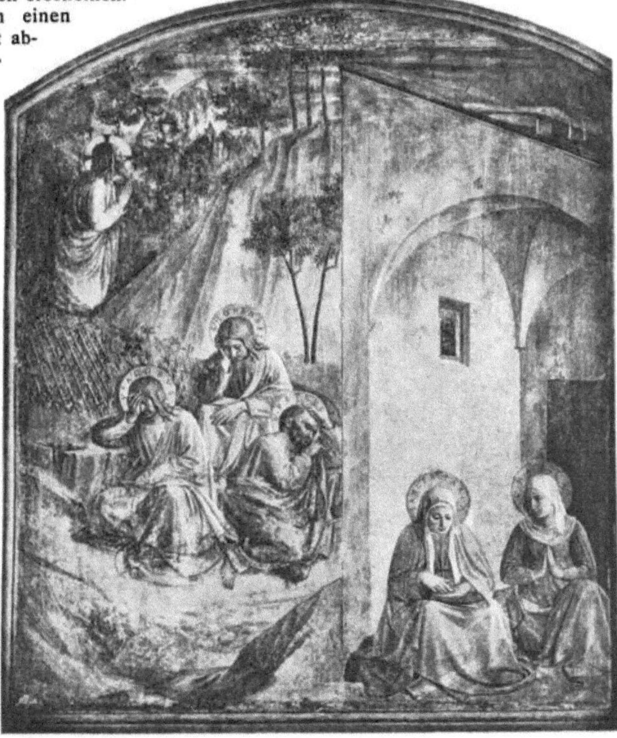

CHRISTUS AM ÖLBERG FLORENZ, SAN MARCO

[1] In Lucam n. 113 (Migne, Patr. lat. XV 1832).

eine zweite, eine dritte gibt dem Herrn einen Backenstreich, eine vierte einen Faustschlag, eine fünfte rauft ihm Haare aus. Im Hintergrunde erscheint der Kalvarienberg. Zur Rechten des Grabes sitzt Maria, zur Linken kniet der Stifter des Predigerordens. In ähnlicher Weise zeigt Lorenzo il Monaco in den Uffizien (Nr 40) um den in einem Sarkophag stehenden Erlöser Köpfe und Hände, z. B. eine mit einem Stabe zum Schlag ausholende Hand; eine Hand, welche in jene des Judas Geld legt; eine, welche über jene des Pilatus Wasser gießt. Wir treffen also in Florenz dieselben Gegenstände, welche um dieselbe Zeit in Deutschland häufig in den Darstellungen der sog. Messe des hl. Gregor auf Altarbildern eine populäre Zusammenfassung der Leidensgeschichte in bildlicher Andeutung, ohne Anspruch auf künstlerische Vollkommenheit der Komposition, geben [1].

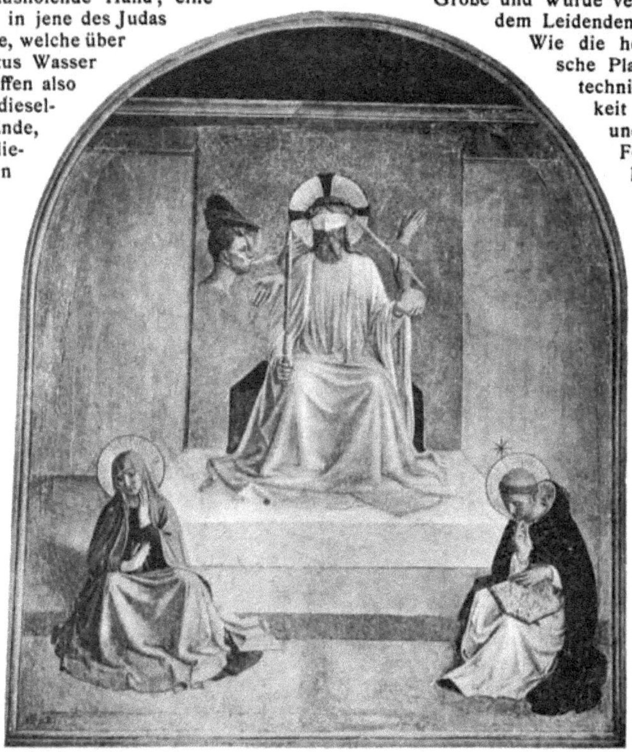

VERSPOTTUNG DES HERRN FLORENZ, SAN MARCO

Dadurch, daß Christus bei der Verspottung eine durchsichtige Binde vor den Augen trägt, wollte der Maler wohl andeuten, die Henker hätten dem Herrn zwar die Augen verbunden, er aber habe vermöge der Allwissenheit doch alles gesehen und gewußt, was um ihn her vorging. Fra Angelico konnte übrigens das Tuch nicht so malen, daß die Undurchsichtigkeit eines festen Stoffes hervortrat; denn dann hätte das Antlitz und somit die Figur Christi jene Größe und Würde verloren, die er dem Leidenden immer wahrt. Wie die heutige italienische Plastik in hoher technischer Fertigkeit unter Schleier und Hüllen die Formen des Antlitzes selbst im Marmor deutlich erkennbar hervortreten läßt, hat unser Maler Christi Züge trotz der Binde erhalten wollen.

In der 27. Zelle geht der Maler auf der im Bilde der Verspottung gewählten Bahn einen Schritt weiter. Der Herr ist an die Geißelsäule gebunden, aber die Henkersknechte,

[1] Grimoüard, Guide II 413 f. Dem Bilde der 26. Zelle gleicht eine kleine Tafel in der Galerie der Akademie zu Florenz, worin oben der Herr von sechs Köpfen und elf Händen umgeben in seinem Grabe steht. Man sieht dort sogar das Ohr des Malchus. Unten ist die Anbetung der Könige dargestellt. Fast dieselbe Darstellung bietet auch die Rückwand eines wertvollen, unserem Maler zugeschriebenen Flügelaltärchens zu Hildesheim. Bischof Wedekin von Hildesheim († 1870), ein großer Freund der christlichen Kunst, erwarb dies Flügelaltärchen auf einer Reise in Italien wegen der Elfenbeinschnitzereien, die das Innere ihm zeigte. Es sind sehr verschiedene Stücke; vier scheinen frühe (11. Jahrhundert?) italienische Nachahmungen byzantinischer Skulpturen zu sein; die neun andern, italienische Arbeiten des 15. Jahrhunderts, sind Reste aus einem größeren Zyklus des Lebens Jesu. Als die schwarz angestrichene Außenseite der Flügel und die hintere Wand etwas aufgebessert werden sollten, fand man unter der Farbe der Vorderseite eine Verkündigung und auf der Rückseite die Halbfigur des im Grabe stehenden, von seinen Leidenswerkzeugen umgebenen Schmerzensmannes. Prof. E. Frantz (Geschichte der christl. Malerei II 273, A. 1; vgl. Bertram, Die Bischöfe von Hildesheim [1896, Lax] 307, mit Abbildung) findet in der „fein, miniaturartig" ausgeführten Malerei den „Stilcharakter Fra Angelicos". Diese Gemälde waren, wie gesagt, mit grober Farbe überschmiert worden und wurden von derselben wieder befreit, hatten jedenfalls, bevor sie so überdeckt wurden, ihre Frische verloren, mußten überdies nach Aufdeckung restauriert werden. Wie schwer es ist, unter solchen Umständen sich für oder gegen die Urheberschaft Angelicos zu entscheiden, liegt auf der Hand. Die Szene der Verkündigung auf den Flügeln des Altärchens kommt dem Bilde der 3. Zelle sehr nahe. Wie dort, steht Gabriel hier vor der knienden Jungfrau, welche ein Buch

welche ihn schlagen sollen, fehlen. Dagegen sieht man zur Linken, wie der hl. Dominikus sich geißelt, zur Rechten, wie Maria mit ausgebreiteten Armen klagend auf dem Boden sitzt. Die in diesem Bilde liegende Mystik ist zweifelsohne ein würdiges Gegenstück zur Reihe der Kreuzesbilder von San Marco, die ja auch in einer Selbstgeißelung des hl. Dominikus gipfelt. Eine Analogie findet sie in der geschichtlichen Tatsache, daß der hl. Antonin, der diese Bilder entstehen sah, sich als Erzbischof von Florenz oft selbst geißelte, weil er seiner hohen Stellung unwürdig sei.

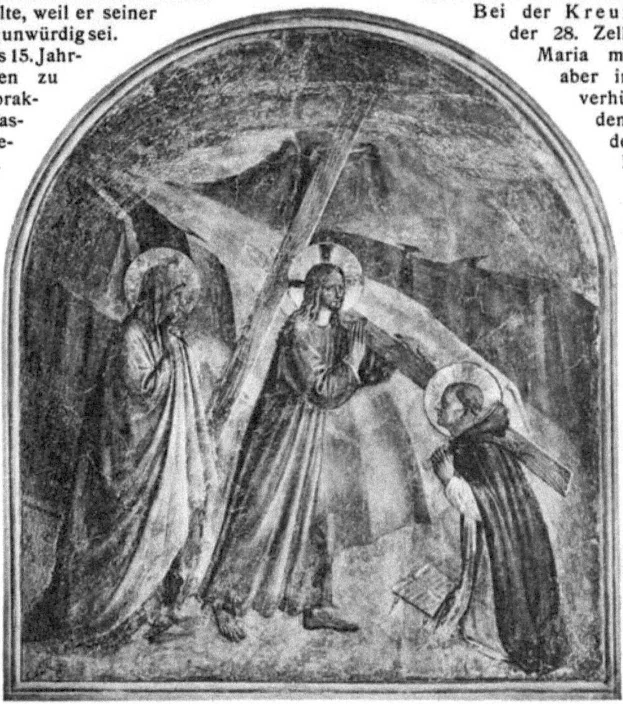

DIE KREUZTRAGUNG FLORENZ, SAN MARCO

Die Maler des 15. Jahrhunderts waren zu Florenz sehr praktisch in Auffassung ihrer Lebensaufgaben. Das führte viele zum Übermaß des Naturalismus, unsern Fra Angelico aber zu einem Idealismus, der so wenig den gesunden Realismus vergaß, daß er weder das Studium der Anatomie noch der Perspektive, weder die Linien des Faltenwurfes noch die Schattenwirkung des Lichtes verachtete, ja so weit ging, einerseits die Seligen mit den Engeln zu fröhlichem Reigentanz bei Musik und Gesang zu vereinen, anderseits in dem Leiden Christi den Beweggrund zu den strengsten Bußwerken zu finden. Wichtig ist in dieser Hinsicht ein Brief des hl. Antonin an Donna Diodata dagli Adinari[1]: „Geißelung des Körpers ist nützlich, den schläfrigen Geist zu wecken und das Fleisch zu bezwingen, namentlich in der Jugend. Aber man soll sie nicht anwenden ohne den Rat des Beichtvaters in Betreff der Art, der Zeit und des Maßes. Dein Beichtvater sei Fra Benedetto (der 1448 verstorbene Bruder des Fra Angelico), falls dieser durch Alter oder Geschäft verhindert wäre, Fra Alessandro oder Fra Lorenzo, beide in San Marco. Willst du in San Marco zur Kommunion gehen, weil es ein stiller Ort ist, so gebe ich dir Erlaubnis dazu. Richte deine Gedanken auf Christi unendliche Milde und Barmherzigkeit und sein heiliges Leiden, das für alle zu ihm zurückkehrenden Sünder überreichen Gnadenschatz bietet."

Bei der Kreuztragung in der 28. Zelle (Bild) folgt Maria mit erhobenen, aber in den Mantel verhüllten Händen dem Herrn, auf den sie ihre Blicke fest heftet. Dominikus kniet vor ihm. Sein offenes Buch hat er auf die Erde gelegt, um nicht tote Buchstaben, sondern das lebendige Wort anzusehen. Der Herr trägt sein Kreuz so, daß er den langen Stamm vor sich hält und denselben dem hl. Dominikus auf dessen Bitten hin auf die Schultern legt. Den Hintergrund füllen kahle Berge. Auch in diesem Bilde erreicht Angelico mit wenigen, aber vielsagenden Personen mehr als mancher andere mit zahlreichen Gestalten. Er zeigt, daß die Henker bei Schilderung des Leidens des Herrn nicht Hauptpersonen sind, sondern zurücktreten müssen, wo sie den Hauptzweck stören, den das Gemälde erreichen soll.

Das figurenreiche Bild der Annagelung Christi in Zelle 36 schließt sich der altitalienischen Legende der hl. Maria Magdalena an,

hält. Freilich kniet sie in San Marco auf dem kleinen Betschemel, in Hildesheim, wie in dem später zu besprechenden Zyklus der Santissima Annunziata, vor demselben.

[1] A. v. Reumont, Briefe S. 140.

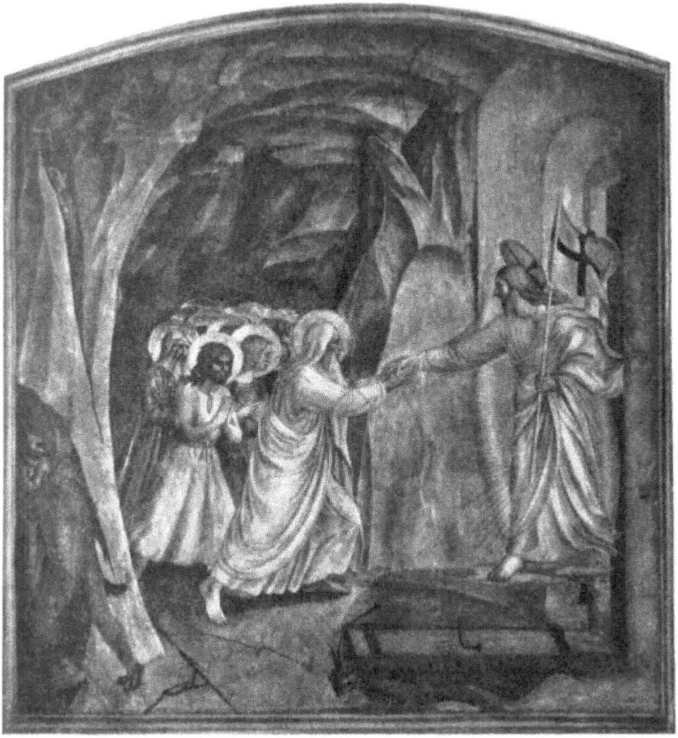

CHRISTUS IN DER VORHÖLLE FLORENZ, SAN MARCO

welche erzählt: „Als Magdalena sah, wie der Herr seine Hände und Füße bewegte, um die Leiter zu ersteigen, welche die Henker ans Kreuz gestellt hatten, weinte sie so heftig, daß Himmel und Erde sich erbarmten und Mitleid fühlten mit ihr und mit der Mutter Jesu. Der Hauptmann, welcher sich später bekehrte, sprach zu sich selbst: ‚O was für ein Wunder ist es, daß dieser Prophet freiwillig zum Kreuze emporsteigt, ohne Widersetzlichkeit und ohne Murren.‘ Der Herr wurde geheißen, so hoch hinanzusteigen, als erforderlich schien. Dann wandte er sich um auf seiner Leiter, breitete seine Arme aus und öffnete seine Hände, damit die Henker die Nägel darin einschlügen.“

Die dem hl. Bonaventura zugeschriebenen Betrachtungen schildern die Annagelung in ähnlicher Weise[1]: „Betrachte aufmerksam die Art der Kreuzigung. Zwei Leitern werden hinten ans Kreuz gelehnt, eine für den rechten Arm, die andere für den linken. Die Henker steigen auf ihnen hinan mit Hämmern und Nägeln. Eine dritte Leiter wird von vorne vor das Kreuz gestellt; sie reicht bis zur Stelle, an der die Füße angenagelt werden sollen. Nun schaue genau auf die Einzelheiten! Der Herr Jesus wird gezwungen, auf dieser niedrigen Leiter hinanzusteigen. Er aber tut ohne Widerstreben und ohne Gegenrede voll Demut, was sie verlangen. Als er auf die oberste Stufe der kleinen Leiter angelangt ist beim Kreuze, wendet er sich um, öffnet seine königlichen Arme, streckt seine schönen Hände aus und erhebt sie gegen seine Kreuziger, blickt zum Himmel auf und spricht zum Vater: ‚Siehe hier bin ich.‘ Einer der Henker, welcher hinter dem Kreuze steht, nimmt die rechte Hand des Herrn und heftet sie mit Gewalt an. Nachdem dies geschehen ist, ergreift der Henker, welcher links steht, die linke Hand, zieht sie, soviel er vermag, an sich, streckt sie aus, stellt den andern Nagel hinein, schlägt und befestigt sie.“

Schon der gegen Ende des 4. Jahrhunderts verstorbene Dichter Nonnus von Panopolis in Oberägypten setzt voraus, Christus sei an das bereits errichtete Kreuz angenagelt worden[2].

Im Bilde des Fra Giovanni steht der Herr vor seinem Kreuze auf einer kleinen Leiter, neigt sein Haupt, erhebt jedoch den Blick zum Himmel. Er spricht, wie eine Inschrift uns belehrt: „Pater, dimitte illis, quia nes(ciunt quid faciunt).“ — „Vater, verzeih ihnen, weil sie nicht wissen, was sie tun.“ Zwei Soldaten sind auf größeren Leitern aufgestiegen und treiben Nägel durch seine Hände. Unten trauern zwei heilige Frauen, Maria und Magdalena. Auf der andern Seite,

[1] Vita Christi Kap. 78, Opera S. Bonaventurae Lugduni 1668 VI 388. — [2] Paraphrasis in Ioan. c. 19 n. 18 (Migne, Patr. graec. XLIII 901). Die Literatur über die Art der Annagelung des Herrn am Kreuze bei Knabenbauer, Commentarius in Evangelium secundum S. Matthaeum II, Paris 1892, Lethielleux, 519, und in Paulys Realenzyklopädie IV[2] 1730 f.

zur Linken, stehen drei Männer, ein feindlicher Gesetzeslehrer, ein Pharisäer, welcher zum Herrn aufschaut, und der Hauptmann, dessen gute Gesinnung in jener italienischen Legende gerühmt wird.

Doch das Bild ist nicht nur ikonographisch wichtig, sondern auch vom rein künstlerischen Standpunkte aus: „In keinem der Zellenbilder von San Marco zeigt sich Fra Giovanni so sehr unter dem Einflusse Masaccios als in diesem. Mit welchem feinen Verständnis für die Form hat der Künstler die beiden muskulösen Schergen gezeichnet und modelliert sowie den Leib des Herrn! Er zeigt dabei unbestreitbar eine genaue Kenntnis des menschlichen Körpers und ein vollendetes Vermögen, dieser Kenntnis künstlerischen Ausdruck zu verleihen.“ [1]

Ähnliche Darstellungen der Kreuzigung finden sich in einer aus Verona stammenden Handschrift aus der zweiten Hälfte des 13. Jahrhunderts, in einem in der Art des Cimabue ausgeführten Gemälde zu Berlin und in einem Bilde des Martino di Bartolommeo in der Akademie zu Siena [2].

Christi Höllenfahrt in der 31. Zelle (Bild S. 40) erinnert an die von Duccio auf der Rückwand seiner „Maiestas“ zu Siena gemalte. Freilich hat der Sienese in allen Bildern jener großen Tafel mehr Personen eingeführt. Aber hier wie dort trägt Christus in der Linken die Siegesfahne, reicht er seine Rechte dem Altvater Abraham, dessen Gestalt durch Größe hervorragt und hinter dem Adam mit Eva, Moses, David und andere Altväter erscheinen. Bemerkenswert ist, daß bei Duccio der Herr an den zerbrochenen Höllenpforten vorbeischreitet und seinen Fuß auf den zottigen, zu Boden geworfenen Höllenfürsten setzt, dagegen bei Fra Angelico ein Teufel unter der schweren Türe liegt, Christus aber ihm fern bleibt und auf einer lichten Wolke den Altvätern sich naht, in herrlicher Gestalt, mit heller Kleidung und von Lichtglanz umflossen, während zwei andere Teufel erschreckt fliehen.

Eine spätere Überlieferung sucht dem Bilde der Rettung aus der Vorhölle höheren Wert zu verleihen durch die Erzählung, in dieser Zelle habe der hl. Antonin als Prior von San Marco gewohnt. Weil er durch seine Predigten viele Sünder dem Rachen der Hölle entriß, habe sein frommer Maler ihm gerade diese Szene bestimmt und bei deren Ausführung sein bestes

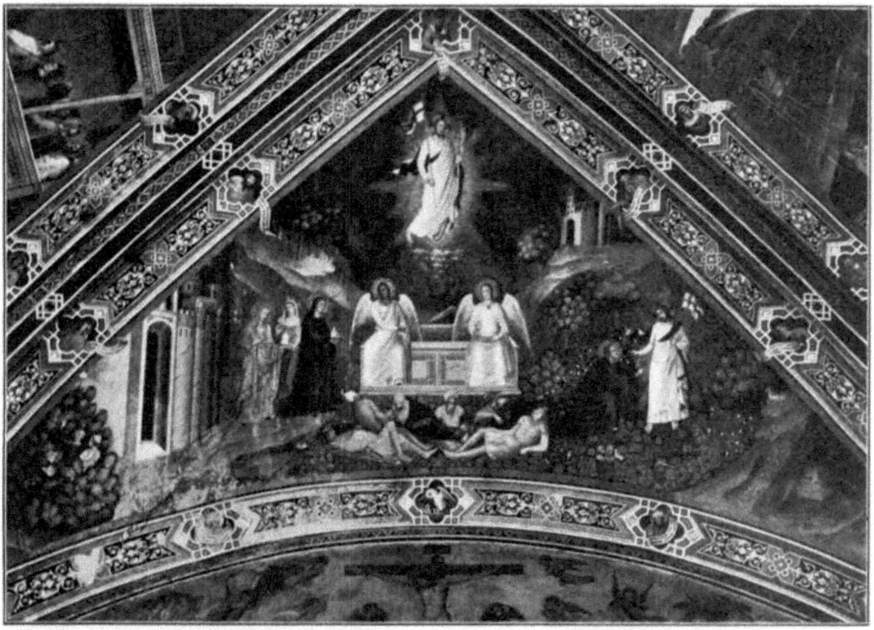

TADDEO GADDI: AUFERSTEHUNG CHRISTI FLORENZ, SANTA MARIA NOVELLA

[1] Douglas 97. — [2] Beissel, Vatikanische Miniaturen, Freiburg 1893, Herder, 93, Taf. 19. Thode, Franz von Assisi, Berlin 1885, Grote, 442. Rothes führt S. 28 Anm. aus Versehen zwei weitere Malereien an, welche aber nicht hierhin gehören.

Können betätigt. Dagegen ist zu erinnern, daß dies Fresko die Herausführung der Gerechten aus der Vorhölle behandelt; dann aber auch, daß Cartier, Marchese und alle Späteren dasselbe nicht als Werk des Fra Giovanni ansehen, weil mehrere Gestalten und fast alle Füße mangelhaft gezeichnet sind [1].

Eigentümlich ist der Besuch der Frauen beim Grabe in der 8. Zelle geschildert. Die Wächter sind hier ebensowenig dargestellt wie die Knechte bei der Geißelung. Groß und majestätisch sitzt der weiß gekleidete Engel auf dem Sarkophag des Herrn. Mit ausgestreckter Rechten sagt der herrliche Jüngling den nahenden Frauen: „Er ist nicht hier"; mit der Linken weist er nach oben, wo im Mittelpunkt des Gemäldes das Brustbild des Erstandenen mit einer Palme und mit dem Kreuzesbanner erscheint.

Bereits Taddeo Gaddi hatte in der Spanischen Kapelle von Santa Maria Novella die Figur des Erstandenen über den Sarkophag gestellt, dem drei Marien nahen [2] (Bild S. 41). Die erste der vier von Fra Giovanni dargestellten Frauen steht hinter dem geöffneten Grabe, hält die Hand über ihre Augen, um forschend und zweifelnd hineinzuschauen, und ist dadurch gehindert, den Erstandenen zu sehen. Die drei andern Frauen sind eben in die Grabeshöhle eingetreten und stehen in fest geschlossener Gruppe zögernd dem Engel gegenüber, doch bleibt Christi Gestalt ihnen verborgen. Der hl. Dominikus kniet hinter dem Engel in der Ecke des Bildes, aber auch er achtet nicht auf Christi Gestalt.

In der 1. Zelle hat der Erstandene die Hacke des Gärtners leicht über die Schulter gelegt; aber Kleidung, Gang, Ausdruck und Wunden sagen der liebenden Seele: „Er ist's." Magdalena fand ihn, den sie suchte, sank hin auf die Knie und streckt voll Freude die Hände aus. Blumen, frische Sträucher und hochragende Baumkronen erinnern an einen Frühlingsgarten, in dem während der Osternacht die Kelche der Blumen sich öffneten. Sie erheben sich um den Erstandenen und vor der Gestalt der Magdalena, während hinter ihr das im kalten, blütenlosen Felsen geöffnete Tor des Grabes an die Überwindung des Todes erinnert. Die Umfriedung, welche im Hintergrund den Garten umzieht, ist kein nichtssagender Zaun, sondern mahnte den Bewohner dieser Zelle an seine Klausur, die ihm Jesu Besuch bringen soll, wie Magdalena denselben durch ihre Ausdauer erlangte. Die bekehrte Sünderin hat sich auf ihr linkes Knie niedergelassen, wie der Engel der Verkündigung auf so vielen Bildern tut, und will mit ihren Händen Jesu Füße umfassen. Er aber lehnt es ab durch die Bewegung seiner Rechten, wendet sich um und entfernt sich.

Dieses Gemälde schließt sich wiederum an Taddeo Gaddis Bild der Auferstehung Christi in der Spanischen Kapelle von Santa Maria Novella zu Florenz an, der seinerseits Giottos Darstellung in der Kapelle der Arena zu Padua kopierte [3]. Ein wichtiger Unterschied besteht darin, daß jene älteren Meister den Herrn durch die Kreuzesfahne als Besieger des Todes kennzeichneten, Angelico aber durch die Hacke als Gärtner zeigt, also einfacher, aber auch eindringlicher den historischen Vorgang erläutert.

Zu ergreifender Großartigkeit erhebt sich Fra Angelico in der 9. Zelle im oberen Teile eines Wandbildes durch zwei in helles Weiß gekleidete Personen. Christus und Maria sitzen auf lichten Wolken. Der Herr hält mit beiden Händen eine Krone hin, sie faltet die Hände in Demut über die Brust und neigt sich voll Liebe und Dankbarkeit zu ihm hin, damit er diese Krone ihr aufs Haupt setze (Bild S. 43.). Die Gruppe gleicht der 1445 von Sano di Pietro im Palazzo Pubblico zu Siena gemalten Krönung. Der Kopf des Heilandes ist bei dem großen Meister von Siena weicher, die Madonna dagegen strenger, die Kleidung prächtiger.

Unten knien auf unserem Bilde sechs Heilige im Halbkreise, zur Rechten Dominikus, Romuald oder Benedikt und Thomas von Aquin, zur Linken Franziskus, Petrus Martyr und Markus (oder Paulus). Alle schauen nach oben und erheben voll Staunen beide Hände flach empor. Dieser sechsmal durch zwölf Hände, mit geringer Abwechslung, wiederholte Gestus bringt nicht nur große Einheit in das Ganze, sondern sichert auch einen nachhaltigen Eindruck. Kein Engel, kein blendender Lichtglanz, kein Hofstaat umgibt den König und die Königin; denn die sechs Heiligen sind hier betrachtend dargestellt, wie Dominikus in andern Bildern erscheint. Alles ist einfach auf einen Grundton hin gestimmt. Der Maler wollte eben für die stille Wohnung eines armen Mönches ein Andachtsbild schaffen. Die großen Tafelgemälde der Krönung in den Uffizien und im Louvre erinnern an das Echo eines Te Deum beim feierlichen Gottesdienst, gesungen von der im reichsten Schmuck um den kostbar gezierten Altar versammelten Geistlichkeit. Diese Krönung der armen kleinen Zelle aber paßt zum inbrünstigen Gebet eines frommen Bruders, der nach den Satzungen seines Ordens Maria treu ergeben ist und fern vom Pomp irdischer Feste in der stillen Einsamkeit bleibt.

[1] Die in der 2. Zelle gemalte Grablegung wird im folgenden Kapitel zu behandeln sein. — [2] Das Bild der Zelle bei Marchese, San Marco Taf. 30; Klass. Bilderschatz V 613, u. a. [3] Klass. Bilderschatz VIII 1123 und 1129. Förster, Denkmale I 23. Das Bild der Zelle bei Marchese, San Marco Taf. 31; Förster, Leben Taf. 18 und Denkmale II 18, u. a.

Wie Christus und Maria weiß gekleidet und die Wolken, auf denen sie sitzen, nur leicht vom Licht des Äthers gefärbt sind, so findet sich Weiß auch in den Gewändern der Heiligen und in den Wolken, worauf sie knien. Doch ist der Gegensatz zwischen dem Throne des höchsten, ewigen Lichtes und dem Aufenthaltsorte der Heiligen dadurch betont, daß unten der erste, dritte und fünfte Heilige die Tracht der Dominikaner, also einen schwarzen Mantel über einem weißen Kleide und ein Skapulier tragen, der zweite, vierte und sechste dunklere Kleidung.

Eine lichte Stelle zwischen Christus und Maria zieht den Blick nach oben. Doch liegt der Mittelpunkt für alle Linien, welche die Stellung der Figuren bestimmen, tiefer, nämlich in dem Punkte, welcher durch einen vertikalen und horizontalen Durchmesser des oben halbkreisförmig geschlossenen Rahmens gebildet ist und vor Marias rechtem Fuße liegt. Beschreibt man von ihm aus eine Anzahl größerer und kleinerer Kreise, so wird durch deren Peripherien die Lage der meisten Köpfe und Hände bezeichnet.[1]

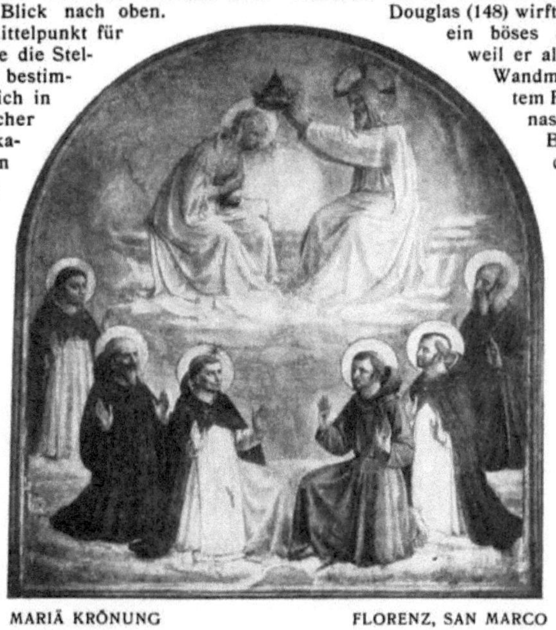

MARIÄ KRÖNUNG FLORENZ, SAN MARCO

Über die Technik der Zellen-Bilder bemerken Crowe und Cavalcaselle[2]: „Die für die Köpfe bestimmten Teile sind zuvor glatt poliert gewesen, die Schatten mit einem dünnen, grünlichen Grau aufgetragen, mit flüssigen Lasuren übergangen und dann durch sorgfältiges Auftupfen, wobei die Bewegung der Bogenlinie angestrebt wird, mit den rosiggelben Lichtpartien verbunden. Für die höchsten Lichter sind pastose Retouchen zu Hilfe genommen. Das ganze Verfahren ähnelt der Kolorierung von Miniaturen auf Pergament, wobei die Fläche des Stoffes selbst für die belichteten Teile dient und die plastische Wirkung nur dadurch hervorgebracht ist, daß die transparenten Schatten durch den weißen Untergrund Brillanz bekommen. . . . Alle Sorgfalt der Zeichnung und alles Studium der Form kommt nicht voll zur Geltung, weil die Farbenkontraste und das Helldunkel fehlen."

Da die Genannten ausdrücklich hervorheben, dieses Verfahren, „welches den Vorzug großer Geschwindigkeit hat", finde man nicht nur in allen Werken Angelicos und Masolinos, sondern auch bei Johann van Eyck und bei Fra Bartolommeo, selbst in einigen Bildern Raffaels, kann man aus der Ähnlichkeit dieser Technik mit der Miniaturmalerei nicht schließen, Fra Giovanni sei von der Miniaturmalerei ausgegangen.

Douglas (148) wirft ihm vor, er habe ein böses Beispiel gegeben, weil er als erster unter den Wandmalern die in echtem Fresko auf die noch nasse Wand gemalten Bilder später, nachdem sie ausgetrocknet waren, retouchierte. Für alle seine Werke seien daraus keine Übelstände erwachsen, weil er sorgsam vorging. Seine Nachfolger hätten aber diese neue, leichtere Methode mißbraucht.

Förster übertreibt, wenn er sagt: „Hinsichtlich der Ausführung erscheinen diese Zellenbilder fast ohne Ausnahme wie leichte Improvisationen, ohne einzelne Studien und besondere Vorbereitungen, aus der Fülle des Herzens und der Phantasie mit Pinsel und Farbe (und zwar al secco, nicht al fresco!) an die Wand geschrieben. Es sind Liebesgaben seiner Kunst an seine Zellengenossen, ein stetes frommes Memento zu stets sich erneuernder Andacht, wobei er wahrscheinlich die Beziehungen derselben zu ihren besondern Schutzpatronen (oder Andachtsübungen) im Sinne gehabt hat."[3] Es mag richtig sein, daß einige Bilder dieser Zellen als glückliche Improvisationen eines reichen Genies in wenigen Tagen rasch begonnen und vollendet wurden. Die Altartafeln des Künstlers verraten jedenfalls längere Über-

[1] Einige andere in den Zellen des Klosters gemalte Freskobilder werden in den folgenden Kapiteln zu behandeln sein. — [2] Geschichte II 83 141. — [3] Förster, Geschichte III 206.

legung und sorgfältigeres Abwägen, langsamere und bedächtigere Ausführung, haben kräftigere Farben, mehr Durchmodellierung mittels der verschiedenen Farbtöne. In den Gemälden der Zellen ist dagegen alles leichter behandelt, vergleichbar einer leicht kolorierten Zeichnung, worin nur die entscheidenden Momente betont wurden.

Im ganzen und großen hält sich Fra Giovanni an die alte Ikonographie. So ist z. B. bei der Taufe Christi in San Marco (Bild S. 35), das starke Ausschreiten des Vorläufers ein Motiv, das bereits in der Taufkapelle San Giovanni in Fonte zu Ravenna sich findet und in zahlreichen griechischen und lateinischen Malereien weiter entwickelt wird. Auch die beiden zur Seite knienden Engel sind ein altes Erbstück; selbst die zuschauenden Heiligen sind nicht ohne ältere Beispiele entstanden[1]. Andere Beweise seines konservativen Beharrens auf der traditionellen Bahn sind bereits erwähnt, auf weitere wird in der Folge aufmerksam zu machen sein.

Beachtung verdient, wie sein Bild der Höllenfahrt Christi (vgl. S. 40) nicht nur, wie bereits bemerkt wurde, mit dem von Duccio in Siena gemalten übereinstimmt, sondern auch mit dem von Simone Martini vor 1339 in der Spanischen Kapelle ausgeführten, in welchem byzantinische Miniaturen stark benutzt sind (Bild S. 45).

In einem ist Fra Giovanni einzig: in der süßen Melodie mystischen Seelenfriedens, wodurch er die Bilder verklärt. Seine Linien sind voll Harmonie, die Farben voll Gleichklang. Die Idee herrscht, willig dienen dieser Königin die Mittel seiner Kunst. Wo er nicht die Vollkommenheit erreicht, stoßen die Mängel nicht ab. Die Verzeichnung des Abendmahlsbildes ist S. 35 besprochen. Bei der Erscheinung des Erstandenen vor Magdalena ist der rechte Arm zu kurz und der linke Fuß verdreht[2]. In seinen Hintergründen finden wir bis in die letzte Periode hinein oft Häuser und Gebirge nur in konventioneller Weise angedeutet. Andere Unvollkommenheiten werden auf die Rechnung seiner Mitarbeiter zu setzen sein. Sein Geist ist aber so ansprechend, daß man die Fehler oft erst bemerkt, wenn man sie sucht.

Schreibt Vasari, Angelico habe sich daran gewöhnt, dasjenige was er gemalt hatte, nie zu verbessern, weil er meinte, Gott habe es so gewollt, so kann diese Behauptung doch nur heißen, er habe mehr auf den Inhalt als auf die Form gesehen und sich in Geduld darin ergeben, daß hier und da Fehler hervortraten und von Kritikern, die nie schweigen, gerügt wurden.

Mehr noch als die S. 28 mitgeteilte Unterschrift eines Kreuzesbildes zeigt die Unterschrift der beim Eingange der Zellen gemalten Verkündigung (Bild S. 30), was er bei seinen Malereien bezweckte:

> Virginis intactae cum veneris ante figuram,
> Praetereundo cave, ne sileatur Ave!

„Kommst du vor der unbefleckten Jungfrau Bild, vergiß nicht, im Vorübergehen durch ein Ave sie zu grüßen!"

Im Bilde selbst steht über jenen Worten der Spruch des Adam von St Victor: „Salve, Mater pietatis et totius Trinitatis nobile triclinium, Maria!" — „Sei gegrüßt, o Mutter und edle Wohnung der ganzen Dreifaltigkeit, Maria!" Das Wort „Maria" ist durch häufige Küsse fast ausgelöscht, weil das Bild jene Andacht und Liebe weckt, zu der obige Verse auffordern.

Wie gerne Italiener sich durch fromme Bilder anregen lassen, zeigt Rio durch eine gemütvolle Erzählung[3]. Einst fuhr er an einem schönen Frühlingsmorgen durch Venedigs herrliche Lagunen hinaus zum einsamen, an Kunstschätzen reichen Torcello. Unweit der hoch aufsteigenden Kamine von Murano fand er ein kleines Eiland. Blühende Bäume warfen erquickenden Schatten über eine ärmliche Hütte. Beim Landungsplatz stand in einer Mauernische ein Madonnenbild. Vor ihm brannte eine Lampe und dufteten eben gepflückte Blumen. In der Nähe hing an einer langen Stange ein Beutel, in den arme Fischer und geschäftige Kahnführer kleine Almosen legten. Ein Greis saß in der Nähe bei der Schwelle seiner Haustüre in einem kleinen Garten. Seine sanfte Stimme und seine vornehme Milde ermutigten zur Erkundigung, was ihn in diese Einsiedelei geführt habe. Er erzählte: „Ehedem wohnten hier Franziskaner. Die große Revolution hat sie verscheucht. Ich nahm ihre Stelle ein. Französische Soldaten wollten damals auch meine Madonna aus ihrer Nische herausreißen. Seit mehr denn fünfundzwanzig Jahren lebe ich hier in der Einsamkeit dieser kleinen Insel." Als wir ihn fragten, ob nicht in dieser ständigen Vereinsamung zuweilen Trauer ihn beschleiche, wies er lächelnd mit erhobener Rechten auf die Madonna hin und antwortete: „Ich habe ja immer Gottes Mutter bei mir. Die Nachbarschaft einer solchen Schutzheiligen genügt, das Herz glücklich zu machen. Meine Beschäftigung ist's, die Lampe dort zu unterhalten und stets für frische, duftende Blumen zu sorgen."

Wie viele bedrängte Herzen fanden in Bildern Stütze und Trost, Anregung und Aufmunterung! Eine italienische Legende erzählt, die selige Umiliana sei zu Florenz durch ein Madonnenbild getröstet, in allen Widerwärtigkeiten angefeuert und zur höchsten Gebetsart erhoben worden. Stets habe sie vor ihrem Bilde eine

[1] Strzygowski, Ikonographie der Taufe Christi, München 1885, Taf. I 3, u. a. Vgl. Detzel, Ikonographie I 459 f. — [2] Förster, Denkm. II 34. — [3] De l'art chrétien II 320.

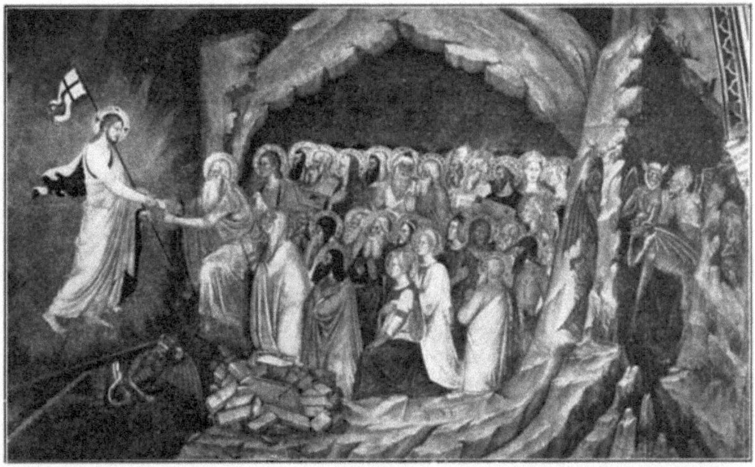

SIMONE MARTINI: CHRISTUS IN DER VORHÖLLE FLORENZ, SANTA MARIA NOVELLA

brennende Lampe unterhalten. Wenn deren Licht erlosch, sei es wiederum angezündet worden durch einen Engel oder durch eine weiße Taube, welche eine gleich der Sonne leuchtende Rose trug. Kölner Legenden berichten, der sel. Hermann Joseph habe als Knabe der Madonna in St Maria im Kapitol und ihrem göttlichen Kinde einen schönen Apfel angeboten und dafür herzlichen Dank erhalten. Daß ein Marienbild bei der Bekehrung der hl. Maria von Ägypten eine wichtige Rolle spielte, ist bekannt.

In einem alten, unscheinbaren Bilde liegt oft mehr, als uneingeweihte Augen finden. Ein frommes Gemüt entdeckt, daß es der Spiegel einer frommen Künstlerseele ist, den keine reine Seele anschaut ohne das Echo sympathischer Gefühle [1]. Das gilt auch von den Gemälden des „englischen Malers". Nicht nur eigene Andacht, auch der Gehalt des Werkes bewog jahrhundertelang die ernsten Söhne des hl. Dominikus in San Marco, der Aufforderung zu folgen: „Kommst du vor der unbefleckten Jungfrau Bild, vergiß nicht, im Vorübergehen durch ein Ave sie zu grüßen!"

Selbst Vasari, ein echter Maler des 16. Jahrhunderts, der alle technischen Fortschritte der bildenden Künste seiner Zeit begeistert preist, dem Raffael und Michelangelo als die größten Sterne erscheinen, lobt den Fra Angelico so begeistert, daß man gezweifelt hat, ob die Lebensbeschreibung desselben wirklich aus seiner Feder geflossen sei. Sie kommt von seiner Hand, aber er hat sich vertieft in die Werke des Fra Giovanni, hat sie verstanden und in ihnen den Charakter ihres Urhebers wiedergefunden. Darum schrieb er: „Fra Giovanni verachtete alle weltlichen Dinge, lebte rein und fromm und war den Armen ein treuer Freund. Unausgesetzt übte er sich in der Malerei und er wollte nie andere als heilige Gegenstände darstellen. Oft sagte er, wer unsere Kunst übe, solle mäßig und ohne grübelnde Gedanken bleiben; wer Christi Werke darstellen wolle, müsse immer bei Christo sein. Die Heiligen, die er malte, haben mehr als die irgend eines andern Meisters das Ansehen und die Ähnlichkeit von Heiligen. Einige sagen, Fra Giovanni habe nie den Pinsel in die Hand genommen, ohne vorher gebetet zu haben, nie ein Kruzifix gemalt, ohne daß Tränen über seine Wangen strömten. In den Angesichtern und Stellungen seiner Gestalten erkennt man seinen redlichen und starken Christenglauben. Ein so hohes und seltenes Vermögen in der Kunst, wie Giovanni besaß, konnte sich wahrlich nur bei einem Manne von frommem Lebenswandel entfalten; denn wer geistliche und heilige Gegenstände darstellen will, muß geistlich und fromm gesinnt sein. Werden dagegen solche Dinge von Leuten ausgeführt, welche wenig Liebe zur Religion haben, so erwecken sie oft unziemliche Begierden und leichtfertige Neigungen, und dadurch geschieht es, daß solche Werke wegen Mangels an Sittsamkeit Tadel finden, während man sie als Kunstwerke rühmt." [2]

Geistreich bemerkt Rio [3]: „Man kann von Fra Angelico sagen, seine Gemälde seien der Ausdruck der Gefühle des Glaubens, der Hoffnung und Liebe (zu Jesus) gewesen." Giovanni Santi, Raffaels Vater, bezeichnete ihn darum in seiner Reimchronik als den „für das Gute entflammten Bruder" [4].

[1] Kirchenschmuck, Blätter des christl. Kunstvereins der Diözese Seckau V, Graz 1874, 110 f. — [2] Übersetzung von L. Schorn II, 1. Abt., 324 f. — [3] Rio, De l'art chrétien II 378. — [4] „Giovan da Fiesol frate al bene ardente" (Passavant, Raffael von Urbino I, Leipzig 1839, 472).

Woltmann schreibt[1]: „Fra Giovanni ist in einem Punkte ein großer Neuerer, in der Steigerung und feinen Nuancierung des Empfindungsausdrucks in den Köpfen. Dieser geht stets aus weihevoller religiöser Stimmung hervor, ist aber in seiner seelenvollen Schönheit und friedevollen Reinheit echt menschlich ergreifend und bleibt selbst da, wo er sich zum Schwärmerischen (?) steigert, frei von Aufgeregtheit und geht nicht über die Sphäre des Milden und Holdseligen hinaus. Der Maler wurde Fra Giovanni Angelico, ‚der Engelgleiche', genannt, sowohl wegen seines Wandels als auch wegen seiner Schöpfungen, die der Reflex seiner schönen Seele sind."

Schon Rumohr[2] lobte den Fra Giovanni in ähnlicher Art: „In den gelungensten unter seinen kleineren Werken erschöpfte sich dieser Künstler in den mannigfaltigsten Andeutungen einer mehr als irdischen Freudigkeit; hingegen enthalten seine Mauergemälde häufig Darstellungen der irdischen Bedrängnisse heiliger Personen, obwohl in deren Gebärden und Mienen die innere Harmonie über äußere Störungen sichtlich vorwaltet, nichts die Sicherheit ihrer Hoffnung, die Festigkeit ihres Willens zu erschüttern scheint.... Nach beliebten und angenommenen Voraussetzungen hätte ein so zart geistiges Streben unsern Angelico vom Objektiven abziehen und gleichsam in sich selbst konzentrieren müssen. Doch ganz im Gegenteil war es eben dieser schwärmerisch (?) vom Irdischen abgezogene Geist, welcher unter den Neueren zuerst den menschlichen Gesichtsformen ihre volle Bedeutung abgewann und deren mannigfaltigste Abstufungen benutzte, seinen Darstellungen eine größere Fülle und Deutlichkeit zu geben.... Er gefiel sich, den einen Charakter milder Seelengüte durch eine Unermeßlichkeit von Abstufungen hindurchzuführen."

Wie dieser fromme Maler als Dominikaner der strengen Observanz alle Leidenschaften in sich zu zügeln und sich Christo ähnlich zu machen suchte, so wollte er auch in seinen Werken die Herrschaft des christlichen Gesetzes ausprägen. Darum war Maßhalten eines der großen Geheimnisse seiner Kunst. Maßhalten gab seiner Seele, gab seinen Bildern den Frieden. Der doppelte Friede der Ergebenheit und der Buße ruht über seiner Kreuzigungsgruppe im Klosterhof (S. 23). Neben ihr hat ein neuerer Meister Maria und Johannes mit geöffnetem Munde, fliegenden Haaren, bewegtem Faltenwurf dargestellt und dadurch übergroßen Schmerz zu schildern gesucht. Trotzdem wirken seine Figuren nicht aufs Herz. Fra Angelico scheint wenig von seinem Zuschauer zu fordern. Er kommt freundlich und still. Gern gibt man sich ihm hin. Leise zwingt er dich, tiefer zu gehen.

Im Maßhalten lag seine Kraft. Ruhig, aber doch erfolgreich ziehen jene an Emmaus erinnernden Gestalten den Herrn ins Gastzimmer!

Wo kann solches Maßhalten mehr erfreuen als gerade hier in San Marco, in dem am Ende des 15. Jahrhunderts Savonarola, einer der größten Prediger Italiens, betete? So wirkte er, daß auf seine Veranlassung hin die Verwaltung der Stadt über die Türe ihres Palazzo Vecchio die Worte schrieb: „Iesus Christus Rex Florentini populi s. p. decreto electus" — „Jesus Christus durch Beschluß des Volkes und Senates zum König des florentinischen Volkes erwählt." Cosimo I. ließ die Inschrift ändern. Die heute dort befindliche erscheint kraftlos und an dieser Stelle beinahe nichtssagend: „Rex regum et dominus Dominantium" — „König der Könige und Herr der Herrschenden." Aber der kraftvolle Savonarola ließ sich durch die Ungunst der Zeiten hinreißen zu Schritten, die er in blutiger Katastrophe büßte, deren Schatten seine Zelle in San Marco noch heute umdüstern. Im Tumult, den er durch Mangel an Selbstbeherrschung erregt hatte, ging er 1498 zu Grunde.

[1] Geschichte der Malerei II 150. — [2] Forschungen II 254 f.

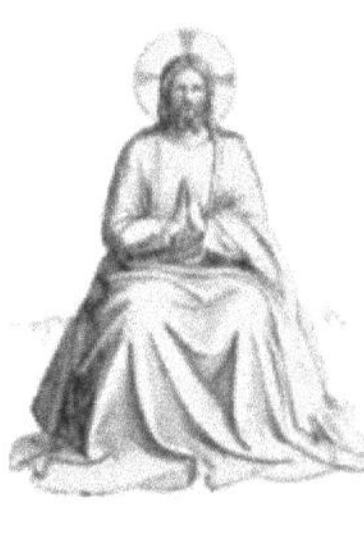

CHRISTUS IN DER WÜSTE — FLORENZ, SAN MARCO

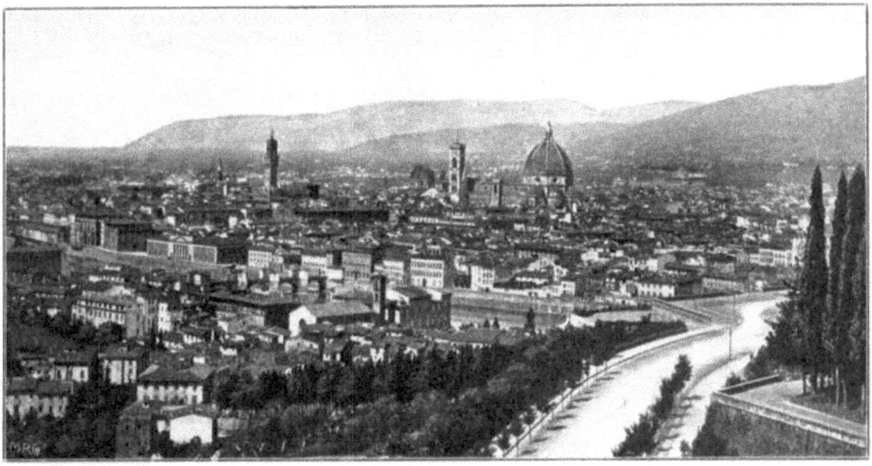

FLORENZ

IV. ÄUSSERE EINFLÜSSE

WEITERE MALEREIEN IN SAN MARCO

KEIN Mensch bleibt unabhängig von seiner Umgebung, darum können die Werke eines Künstlers sich nicht frei halten von äußerer Beeinflussung. Freilich herrschte das Stillschweigen, woran Petrus Martyr unten im Kreuzgang so ernst erinnert, auch oben in den Zellen von San Marco. Aber das Kloster lag inmitten des lebensfrohen Florenz, das im 15. Jahrhundert in mehrfacher Hinsicht eine Weltmacht war. Die Dominikaner wirkten segensreich ein auf die Einwohner, konnten sich jedoch des Zeitgeistes nicht erwehren, auch wenn sie gewollt hätten. Aber sie wollten es nicht, sondern wünschten, lebendige Glieder zu sein im Organismus ihrer Stadt. Darum standen sie in den besten Beziehungen zum Volke wie zu den leitenden Persönlichkeiten. Trotz aller Heiligkeit blieb Fra Angelico ein Kind seines Volkes, seiner Zeit und seiner Gegend.

Mit Recht schreibt Cartier[1]: „Man findet in seinen Bildern, besonders in den frühesten, Blumen, welche mit aller Freude und Geduld der Liebe nach der Natur gemalt sind, und seine Gemälde bieten zuweilen Landschaften, deren Frische und Wahrheit den geschicktesten flämischen Malern Ehre machen würden." Seine Figuren sind nicht einfachhin erfunden, sondern idealisierte Italiener und Italienerinnen des 15. Jahrhunderts. Gewiß stehen sie weit ab von jenen nach Modellen gemalten Gestalten vieler seiner Zeitgenossen, und sicherlich hat er nie ein Modell benutzt, das zu der Klasse derjenigen gehörte, die in Rom heute sich herumtreiben in der Gegend der Spanischen Treppe, müßig, schäkernd, wartend auf einen Maler, der sie in sein Atelier ruft wegen ihrer bunten Tracht und ihrer ansprechenden Züge. Aus solchen Leuten macht selbst der beste Maler keine Heiligen. Fra Angelico hat seinen Blick gewandt auf edlere Menschen, zuerst und vor allem auf seine Mitbrüder. Beispielsweise sind seine Bilder des hl. Dominikus sehr verschiedenartig[2]. Er wählte sich aus seiner Umgebung bald diesen bald jenen aus, welcher durch Heiligkeit und Würde hervorragte, idealisierte ihn, stellte über sein Haupt den Stern, und die Gestalt des Stifters war bald herausgearbeitet. Man muß hinzunehmen, daß er die Heiligen bald so malte, wie sie in verschiedenen Altersstufen auf Erden wandelten oder der Überlieferung gemäß gewandelt haben sollen, bald so, wie sie im Himmel

[1] Vie 101 f. Cartier bespricht 102 f einige Studienblätter des Fra Angelico, welche offenbar nach der Natur gezeichnet sind. Vgl. Douglas Taf. 73. [2] Cartier 160. Ähnliches behauptet Douglas 147 hinsichtlich der Bilder des hl. Thomas.

verklärt leben. Nach Auffassung der Lehrer des Mittelalters, die sich an einen Ausspruch des hl. Paulus (Eph 4, 13) anschloß, haben alle menschlichen Bewohner des Himmels die volle Manneskraft, wie Christus der Herr sie dort zeigt.

Manche Personen seiner Gemälde treten so individuell und charaktervoll auf, daß sie nach dem Leben gemalt, also mehr oder weniger porträtiert sein müssen. Wie leicht war es ihm, aus hervorragenden Männern, die er in den Häusern seines Ordens traf: Dominici, Lorenzo von Ripafratta, Antonin, oder die er in befreundeten Klöstern fand, Gestalten der Heiligen zu bilden!

Auch die zarten, beweglichen und zutraulichen Kinder von Florenz findet man nicht unschwer wieder unter seinen Engeln. Die stumpfen Näschen vieler seiner Köpfe, welche fast ohne Einbiegung bleiben unter der Stirne, krause Locken, gewellte goldige Haare, einzelne Büschel, die fast unordentlich von der Masse des Haupthaares getrennt sind, kastanienfarbige und doch so lebensvolle Hautfarbe, große dunkle Augen entstammen ernsten Naturstudien. Die feinen Zähne, welche aus dem rosigen, halbgeöffneten Munde herausleuchten, wie Elfenbein gefaßt in Korallen, den zierlichen Gang, welcher sich bis zum leichten Tanz steigert, den angebornen und darum so ansprechenden Adel des Auftretens, das alles findet man noch heute oft im Volke von Florenz.

Wie muß es sich seinen Malern gezeigt haben in den Tagen des Glanzes, als aus seinen Familien die größten Staatsmänner und Gelehrten, die besten Kaufleute und Künstler und dazu Scharen heiligmäßiger Männer und Frauen hervorgingen! In jenen Zeiten der Blüte, des Reichtums und Glanzes boten sich dem Fra Angelico zahlreiche Typen und Gestalten, Bewegungen und Gruppen, wie er sie brauchte zu Höherem. Die Talente und Anlagen seiner Mitbürger und seines Volkes waren eben ausgereift, aber noch nicht verdorben durch die späteren Fehler der Mediceer. Glaube und Liebe zum Vaterland wie zur Kirche, Ideale der besten Art bewegten das Gemeinwesen. Pracht und Reichtum wurden entfaltet in Tracht und Ausstattung der Vornehmen. Bei den öffentlichen Festen, die vielleicht kein Land und keine Zeit in schönerem Ebenmaß bot, sah das Auge goldene Geschmeide der feinsten Art, seidene Gewänder in den ausgesuchtesten Farben und Mustern, Stickereien von höchster Vollkommenheit. Das Ohr vernahm eine Musik, die bald dem rauschenden Festjubel der Menge in lärmender Art Ausdruck verlieh, bald in lieblichen Tönen erklang. Daß Fra Angelico auf dies alles achtete, beweisen seine Gemälde, in denen Stoffe, Moden und Sitten seiner Zeit und seiner Gegend sich wiederfinden, selbst ihre Musik ein treues Echo gewann. Der Prior von San Marco, der hl. Antonin, verstand das Volk der Arnostadt, liebte es und wurde von ihm hochgeachtet. Er mußte sich freuen, wenn Fra Angelico dasselbe beobachtete, alles Gute und Schöne, was das Auge eines Künstlers darin fand, idealisierte und in den Dienst der Religion stellte. Darum wuchsen die Gestalten der Gemälde des Fra Giovanni nicht nur aus seinem frommen Herzen heraus, sondern auch aus dem stillen San Marco, aus dem Orden des hl. Dominikus und aus den Klöstern ringsumher, aus den Straßen, Plätzen und Kirchen der Stadt und aus ihrer ganzen Umgegend.

Das freundschaftliche Verhältnis zwischen den Dominikanern und den Einwohnern von Florenz trat am augenfälligsten zu Tage, als die Mönche 1436 in San Marco einzogen. Papst Eugen IV. veranlaßte, daß die Besitzergreifung aufs feierlichste geschehe. Drei Bischöfe begleiteten die Dominikaner in Prozession, die Beamten der Signoria folgten, und das Volk sah fröhlich zu. In demselben Jahre hatte Eugen IV. den Dom von Florenz eingeweiht, ein Jahr vorher aber war Cosimo de' Medici Gonfaloniere der Stadt geworden. Er ließ, wie bereits erzählt wurde, das Kloster und die Kirche neu erbauen und in guten Stand setzen.

Es liegt auf der Hand, daß der Einfluß des freigebigen Wohltäters nicht gering sein konnte. Der hl. Antonin, sein Beichtvater und der erste Prior des neuen Hauses, richtete darum zwei Zellen ein, beim Chore der Kirche am Ende des Hauptganges, in den die Treppe mündet und die Türe zur Bibliothek sich öffnet. In ihnen weilte Cosimo, wenn er den Heiligen besuchte und sich unter dessen Leitung zum Empfange der heiligen Sakramente vorbereitete.

Fra Angelico malte sie aus und suchte durch seine Werke dem hohen Gönner behilflich zu sein, sich in die rechte religiöse Stimmung zu versetzen. So kam in die erste jener Zellen (S. 29, Nr 38) ein Bild des Gekreuzigten, obgleich ähnliche Bilder schon so oft im Kloster angebracht waren. Der Gekreuzigte sollte auch dem Mediceer Trost und Anregung geben, auch in ihm Gesinnungen der Buße wecken, Verlangen nach Tugend und Vertrauen auf Gott. Neben dem Kreuze stehen Maria, Johannes und Petrus Martyr, unter ihm aber kniet der hl. Kosmas. Letzterer war der Patron des Herrn von Florenz, Cosimo de' Medici. Patron seines Sohnes war der hl. Petrus Martyr, Patron seines Vaters der Evangelist Johannes. Wenn also der Heiland in einer aus seinem Munde hervorgehenden Inschrift spricht: „Weib, siehe deinen Sohn", so sollte das hier etwas Besonderes bedeuten, nämlich daß der Gekreuzigte dem Schutze und der Liebe der Gottesmutter den Giovanni de' Medici und dessen Nachkommen anempfiehlt. Der hl. Kosmas hatte den Heiland darum gebeten und er hatte Erhörung gefunden [1].

In der zweiten Kammer malte Fra Angelico im Jahre 1441 ein großes Bild, worin die heiligen drei Könige das Christkind anbeten und beschenken (Bild). Fürstliche Freigebigkeit war allen Mediceern eigen, darum sollte das Gemälde dem prachtliebenden Cosimo ein der Heiligen Schrift entnommenes Beispiel der edelsten Verwendung seiner Schätze vorhalten. Es wollte aber auch eine dankbare Erinnerung sein an die 1442 am Feste der heiligen drei Könige vollzogene Einweihung der auf Kosten dieses Mediceers erbauten Klosterkirche.

Fra Giovanni hatte die Anbetung der Könige bereits in dem ersten Reliquiar für Fra Masi in Santa Maria Novella geschildert und in einem kleinen Bilde der Uffizien; hier tat er es ausführlicher und besser [2]. Alle Kenner sind einig im Lobe „der Linienführung, der Zartheit, Frische und Anmut der Typen wie des Kolorits". Für die Hauptgruppe hat jene Prozession bei der liturgischen Feier des Karfreitags zum Vorbild gedient, in der jeder Teilnehmer sich vor das Kreuz hinwirft und die Wunden küßt. Der erste und älteste der Könige legte seine Krone hin, hat sich der Länge nach voll Demut auf die Erde hingestreckt und küßt den rechten Fuß, welchen das Kind ihm hinhält, während es seine Händchen voll Liebe gegen ihn erhebt [3].

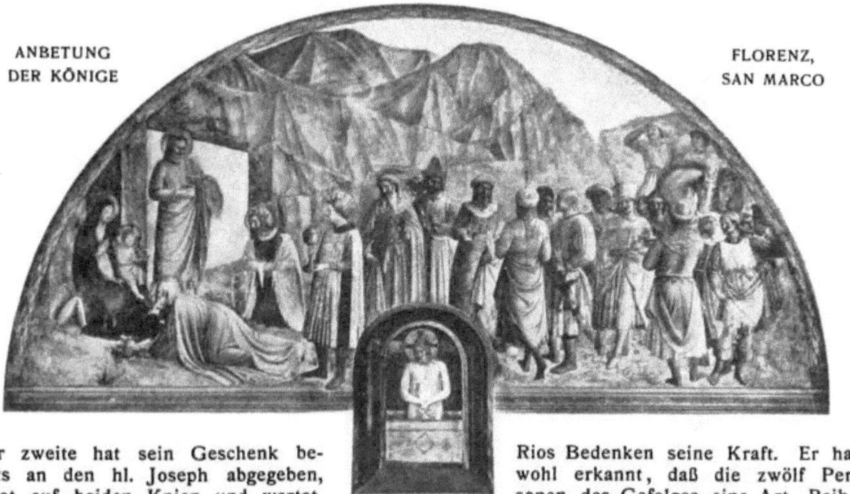

ANBETUNG DER KÖNIGE — FLORENZ, SAN MARCO

Der zweite hat sein Geschenk bereits an den hl. Joseph abgegeben, kniet auf beiden Knien und wartet, bis der erste aufgestanden ist und sich entfernt. Der dritte und jüngste steht noch da mit seiner Gabe. Dann folgen die drei vornehmsten Hofbeamten, die schon eine Reihe zu bilden beginnen, während das übrige Gefolge sich noch nicht geordnet hat. Durch solche Auffassung des Ganzen verliert Rios Bedenken seine Kraft. Er hat wohl erkannt, daß die zwölf Personen des Gefolges eine Art „Reihe bilden", wundert sich aber, daß sie fast so bedeutend sind wie ihre Herren, von denen sie nur durch die Kopfbedeckung und den Platz unterschieden seien, und daß die Gottesmutter am Ende des Bildes „eine untergeordnete Stelle" einnehme. Sie ist jedoch durch ihr Kind Ziel und Ende der Bewegung.

[1] Zeitschrift für christliche Kunst XI 312, A. 38. — [2] Das Bild ist am Ende des 19. Jahrhunderts durch Prof. Antonio Morini restauriert worden. Die oft dem Fra Giovanni zugeschriebene Anbetung der Könige im Palazzo Saracini zu Siena ist von Sassetta gemalt, der Angelicos Werke nachahmte. Douglas 158. Auch die von Cartier S. 437 genannte Anbetung der Könige im Vatikan stammt nicht von Fra Giovanni. — [3] Daß einer der Könige den Fuß des Kindes küßt, sieht man auf vielen Bildern des Mittelalters. Die schönen, oft dem hl. Bonaventura zugeschriebenen Betrachtungen über das Leben und Leiden Christi empfehlen, sich das Geheimnis so vorzustellen, als ob man sähe, jener König huldige in dieser Art dem Sohne Gottes. Die Dominikaner hatten früh eine der Verehrung des Kreuzes am Karfreitage nachgebildete Huldigung des Christkindes. Das Caeremoniale iuxta ritum Sacri Ordinis Praedicatorum, Mechliniae 1869, 397, sagt Art. 1, § 3, n. 1355, In Nativitate Domini, Ad primam Missam: „Finito Evangelio statim incipiatur ‚Te Deum'. Nota. In multis conventibus post ‚Evangelium generationis Domini nostri dum cantatur ‚Te Deum' imago pueri Iesu processionaliter per ecclesiam defertur sive a Diacono sive ab ipso Priore induto cappa serica, fratribus sacram imaginem cum candelis accensis subsequentibus vel praecedentibus pro more locorum. Postquam fratres illam *venerati* fuerint, imago ponatur in loco, ubi per totum Nativitatis tempus devotioni fidelium remanebit exposita." Ähnliche Zeremonien haben die Griechen um Weihnachten.

Als Sitz dient ihr nur der Sattel des Esels. Der Stall ist durch zwei Mauern angedeutet, welche hinter Maria und Joseph aufsteigen. Die beiden Reiter am andern Ende der Reihe geben ein Gleichgewicht zur hochaufragenden Gestalt des hl. Joseph. Sie lenken den Blick zurück zum Ziel des Ganzen, zum Kinde, über dessen Haupt der Stern erschien, den sie suchen, der aber im Bilde keinen Platz mehr fand.

Die unter dem Bilde befindliche Nische, worin das Bild des im Grabe stehenden Schmerzensmannes gemalt ist (Bild S. 58), diente zur Aufstellung des heiligsten Sakramentes oder eines Reliquiars. Marchese macht darauf aufmerksam, daß einer der Diener eine Himmelskugel trägt und durch dies Instrument an die astronomische Beschäftigung der Magier erinnert. Er glaubt auch, die Berge des Hintergrundes seien so kahl geblieben, damit das reiche Kostüm sowie die Milde, Schönheit und Hoheit der Gesichter desto wirksamer hervorträten.

Wahrscheinlich ist das Bild erst nach 1439 entstanden, so daß die morgenländischen Trachten, welche in demselben hervortreten, eine Erinnerung an die von den Florentinern im Jahre 1439 bei dem großen Unionskonzil angestaunten Kleider der Orientalen sind.

Ein drittes die Mediceer ehrendes Bild malte Fra Giovanni zwischen den Eingängen der 25. und 26. Zelle. In ihm sind die Patrone des Klosters um die thronende Gottesmutter gesammelt, wie sie unten im Kapitelsaale das Kreuz umgeben [1]. Zur Rechten steht Markus, der Titularheilige, in Unterredung mit Kosmas und Damian, den Patronen der mediceischen Familie, am Ende der Reihe aber Dominikus, auf das geöffnete Regelbuch zeigend, worin die ernste Mahnung geschrieben ist: „Habet Liebe, bewahret Demut, besitzet die freiwillige Armut. Gottes und meiner Person Fluch rufe ich herab über jenen, welcher in meinem Orden den Besitz zeitlicher Güter einführt." Zur Linken der Gottesmutter erblickt man drei weitere Namenspatrone der damaligen Mediceer: Johannes, Laurentius und Petrus Martyr, zwischen denen der hl. Thomas von Aquin aus dem Hintergrunde herausschaut. Das Bild ist ruhig und friedlich wie der arme, stille Klostergang. Die Heiligen reden nur mit den Augen und Händen. Zwei schauen ernst hin auf den Zuschauer und mahnen ihn, mit den sechs andern sich an das göttliche Kind zu wenden, welches ihn betrachtet und die Rechte erhebt, um ihn zu segnen. Der Gleichklang der Gruppierung (1, 3, 2, 3, 1) wird durch sechs kannelierte Pfeiler verstärkt. Zwischen zweien derselben sitzt Maria mit dem Kinde, zwei steigen hinter den dreiteiligen Gruppen der Schutzheiligen auf, je einer aber begleitet den hl. Dominikus und den hl. Petrus am Ende des Bildes. Diesen Pfeilern entsprechen ein Architrav, die Stufen des Thrones der Madonna und ein fester Rahmen des Ganzen.

Die Architektur und die Zeichnung der Personen sind in diesem Fresko so vollkommen entwickelt, daß Rio meint, es müsse in die letzten Lebensjahre des Malers, also nach seiner Berufung nach Rom (1445), bei einem Ferienaufenthalte zu Florenz gemalt worden sein. Dagegen treten Supino und Douglas für die Meinung ein, es sei noch vor 1445 entstanden [2].

Wichtig sind zu seiner Beurteilung drei große, in der Galerie der Akademie zu Florenz befindliche Altartafeln. Sie kamen auf die Hochaltäre der Kirchen von San Marco in Florenz, der Dominikanerinnen des hl. Vincenz von Annalena und des Observantenklosters San Bonaventura al Bosco im Tale von Mugello. In jeder dieser drei Tafeln thront Maria, von Heiligen begleitet, vor einer in den edeln Formen der Frührenaissance gehaltenen Architektur [3].

Die große Tafel des Klosters von Annalena zeigt uns die hll. Kosmas und Damian mit den hll. Petrus Martyr, Johannes Evangelist, Laurentius und Franziskus neben der Himmelskönigin, aber nicht mehr vereinzelt, wie in den Altartafeln von Cortona und Perugia die Heiligen dargestellt sind, sondern im Verkehr miteinander und zu zwei festen Gruppen versammelt. Rio (II 371) meint wiederum, dieses Bild wäre erst nach der römischen Reise des Malers, um 1450, entstanden, Supino aber, es sei noch zu Fiesole gemalt worden. Seine Architektur ist einfach und etwas nüchtern, seine Madonna aber und sein hl. Markus erinnern sehr an jene des Triptychons der Flachshändler, welches sicher 1433 in Fiesole begonnen wurde.

Dagegen steht das Gemälde von Bosco zeitlich und künstlerisch der leider überarbeiteten und an manchen Stellen bis auf die Untermalung abgewaschenen Altartafel von San Marco nahe und wird mit ihr fast gleichzeitig vollendet worden sein. Für diese Tafel des Hochaltars seines Klosters hat Fra Angelico nach dem Jahre 1438 sein bestes Können aufgewandt. Endgültig verließ er in ihr die Richtung Giottos,

[1] Abb. bei Förster, Leben Taf. 3; Marchese, San Marco Taf. 34; Mantz, Les chefs-d'œuvre zu S. 80; Douglas Taf. zu S. 100, u. a. — [2] Rio II 374. Supino 124 f. Douglas 100 f. — [3] Das Altarbild von San Marco bei Supino 98, Douglas Taf. 31; dasjenige von Annalena bei Supino 147, Douglas Taf. 21; das von Bosco bei Douglas Taf. 62. Das Freskobild der thronenden Madonna in San Marco bei Douglas Taf. 51, Supino Taf. zu 124, Marchese, San Marco Taf. 34, Nieuwbarn u. a. Das Kloster Annalena wurde erst 1453 gestiftet. Richa X 137.

um noch stärker einzulenken in die Bahn der Neueren. Die Heiligen stellte er auch hier nicht mehr wie vereinzelte Statuen neben die thronende Gottesmutter, sondern er faßte sie zu Gruppen zusammen, zur Rechten Laurentius, Paulus und Markus, zur Linken Petrus Martyr, Franziskus und Dominikus. Kosmas und Damian knien rechts und links vor dem Throne, um das Jesuskind anzubeten. Diese acht Heiligen hat der Maler als Gefolge ihrer Königin grofsartiger und freier behandelt als in den früheren Schöpfungen, weil dieses Altarbild für das große Publikum und für die von den Mediceern erbaute Kirche bestimmt, somit der Kritik der zahlreichen und bedeutenden Künstler der Arnostadt anheimgestellt war. Der hl. Antonin mußte als Prior darauf dringen, hier ein möglichst vollendetes Werk aufzustellen: sein demütiger Untergebener ist mit vollem Herzen auf dessen Wünsche eingegangen [1]. Wie in der Altartafel von San Domenico zu Fiesole, so umgeben auch hier acht Engel die thronende Gottesmutter, aber sie sind größer geworden und reihen sich den acht Heiligen mehr an, welche vor dem Throne auf einem prächtigen Teppiche stehen und knien. Das Kind sitzt auf dem rechten Knie der Mutter, segnet mit der Rechten und trägt in der Linken eine große Kugel. Unten ist ein Bild des Gekreuzigten angebracht, damit der Priester bei der heiligen Messe dieses ansehen und eines Altarkreuzes entbehren könne. Der Hintergrund ist sehr reich; denn er beginnt mit kostbaren Teppichen und mit einem vornehmen Renaissancebaldachin, über dem Girlanden von Rosen angebracht sind und neben dem der Blick unter den Kronen hoher Bäume verschiedener Art eine weite, hügelreiche Landschaft findet.

Die Predella enthielt kleine Darstellungen aus der Legende der hll. Kosmas und Damian. Sie wurden voneinander getrennt und in die Farmacia di San Marco gebracht. Zwei gelangten später in die Sammlung der Akademie von Florenz (Nr 257 und 258), drei in die Gemäldegalerie von München und eine in die Nationalgalerie zu Dublin. Die beiden Tafeln der Akademie schildern, wie die hll. Kosmas und Damian das Bein eines Kranken heilen und wie sie ehrenvoll bestattet werden, die Tafel von Dublin zeigt, wie sie zum Feuertode verurteilt sind.

Die Münchener Tafeln sind als Nr 989 bis 991 bezeichnet, 43 *cm* hoch und 36 *cm* breit. In Nr 989 stehen Kosmas und Damian mit ihren drei Gefährten vor dem Richter. Dieser thront vor einer Wand, in der vier Säulen, deren Kapitäle ionische Formen nachahmen, einen mit runden Schildchen verzierten Architrav tragen. In Nr 990 erscheinen die fünf Märtyrer im Vordergrund wiederum vor dem Richter, der von Teufeln gequält wird. Im Hintergrund werden sie ins Meer gestürzt, jedoch von einem Engel errettet. In Nr 991 hängen zwei der Märtyrer am Kreuze, die drei andern stehen vor ihnen. Die Pfeile und Steine, welche gegen die Gekreuzigten geschleudert werden, kehren zurück und wenden sich gegen die Henker. Die Farbe ist, vielleicht infolge einer Übermalung, etwas schwer. In der Mitte der Predella befand sich wohl die kleine, zu München mit Nr 992 bezeichnete Tafel, worin Nikodemus oder Joseph vor dem Grabe stehend, Christi Leiche aufrecht vor sich hinhält, während Maria und Johannes tief gebeugt zur Rechten und Linken die Hände des Herrn emporheben und andächtig küssen. Den Hintergrund füllt der Grabeshügel, neben dem Bäume aufwachsen [2].

Sechs Szenen aus dem Leben der genannten Märtyrer, welche einer andern Predella angehören, sind aus der Kapelle des hl. Lukas beim Kloster der Annunziata, worin die Maler von Florenz ihren Gottesdienst feierten, in die Galerie der Akademie gekommen [3]. In denselben sind folgende Szenen geschildert: 1. Der hl. Damian nimmt von Pelladia, welche er mit dem hl. Kosmas geheilt hat, Geld an gegen den Willen des letzteren. 2. Die beiden heiligen Ärzte stehen mit ihren drei Gefährten vor dem Richter. 3. Sie werden ins Meer gestürzt, aber von einem Engel errettet. 4. Man versucht vergeblich, sie zu verbrennen. 5. Zahlreiche Pfeile, womit man die zwei an Kreuze gehefteten Heiligen erschießen wollte, wenden sich gegen die Schützen. 6. Die hll. Kosmas und Damian werden mit ihren Gefährten enthauptet.

[1] Hohes Lob spendet diesem Bilde Douglas 77. — [2] Marchese, Memorie I 283 ([4] 320 f). Vasari II 509, A. 1. Supino 99 f. Cartier 434, n. 82. Douglas 172. Zeitschrift f. b. Kunst, Kunstchronik XXI 542. Die kleine Tafel von Dublin wurde 1886 mit 70 Guineen, etwa 1500 Mark, bezahlt. Das Bild Nr 992 zu München ist so groß wie die Bilder Nr 989–991, hat aber etwas andern Charakter. Die Fiesole zugeschriebene Anbetung der Könige (Nr 1001) hat größeres Format, ist zarter und reicher mit Gold verziert. Die Verkündigung daselbst Nr 993 und 994 wird mit Recht als Arbeit eines Schülers des Fra Giovanni bezeichnet. Auffallenderweise sagt Rio II 354, A. 1: „Ceux de la galerie de Munich [qui représentent le martyre de saint Côme et saint Damien] sont évidemment d'une autre main.“ Sein Urteil ist insofern richtig, als die Bilder der Predella von San Marco sich sehr von denen einer zweiten Predella, worin dieselbe Legende der hll. Kosmas und Damian behandelt ist, unterscheiden. Das früher dem Fra Giovanni zugeschriebene Bild der Pinakothek, in dem Gott der Vater inmitten musizierender Engel erscheint, ist eine nach des Meisters Tode vollendete Schülerarbeit. Lermolieff, Die Werke italienischer Meister in den Galerien von München 81. — [3] Vasari II 509 Anm. Cartier 244 430. Crowe II 152. Supino 101. Douglas 173. Rio drückt sich nicht ganz genau aus, wenn er II 354 sagt, in der Predella des Altargemäldes der Hieronymiten zu Fiesole (Villa Ricasoli, vgl. oben S. 16) sei die Geschichte der hll. Kosmas und Damian dargestellt gewesen.

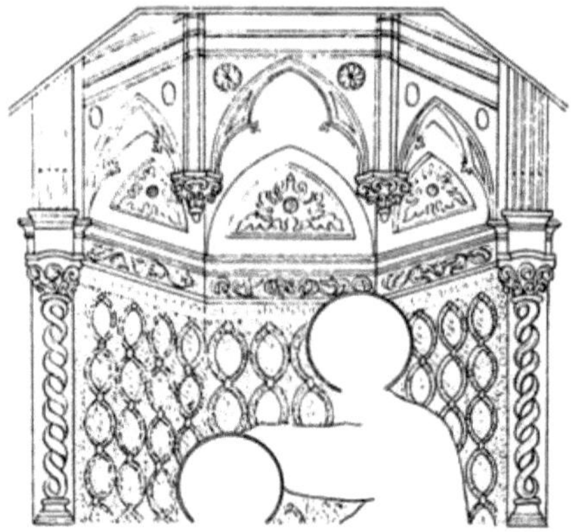

a) AUS DEM BILDE DER KRÖNUNG IM LOUVRE

In diesen sechs Bildchen sind die Gewänder weit reicher verziert als in denjenigen der Predella von San Marco. Der Engel, welcher die Heiligen aus dem Meere errettet, erinnert sehr an die Engel der von Fra Giovanni in Fiesole gemalten Bilder, besonders an jene in der Krönung Marias. Auch sind die Architekturen einfach. Die Annahme, daß diese sechs Bilder zur Predella des Altaraufsatzes von Annalena gehörten, ist nicht abzuweisen.

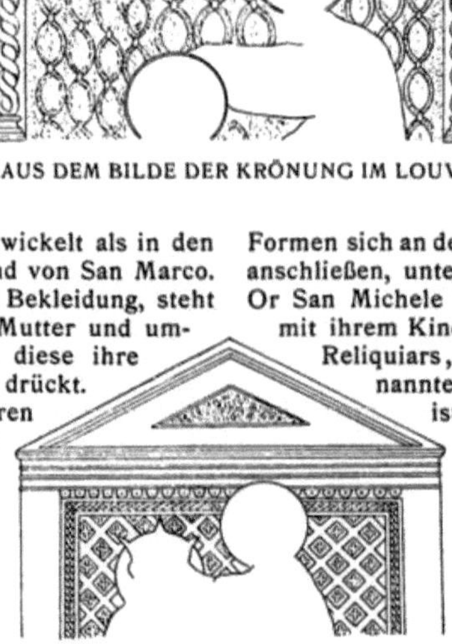

b) AUS DEM DRITTEN RELIQUIAR VON SANTA MARIA NOVELLA

Im Altarbilde von Bosco ist die Architektur des Baldachins weiter entwickelt als in den Altarbildern von Annalena und von San Marco. Das Jesuskind ist ohne jede Bekleidung, steht auf dem linken Knie seiner Mutter und umarmt sie zärtlich, während diese ihre Wange gegen dessen Stirne drückt. Maria ist, wie im Bilde des oberen Ganges von San Marco, ganz in Blau gekleidet und durch die ungewöhnlich breite Nische hervorgehoben. Hinter ihr stehen zwei Engel, vor ihr rechts und links in zwei Gruppen die hll. Franziskus, Antonius von Padua und Bonaventura (oder Ludwig von Toulouse), Kosmas, Damian und Petrus Martyr. In der Predella umgeben sechs weitere Heilige: Dominikus, Bernardino und der Apostelfürst, Petrus Martyr, Bernardin und Benedikt (oder Augustinus?) den im Grabe stehenden Erlöser.

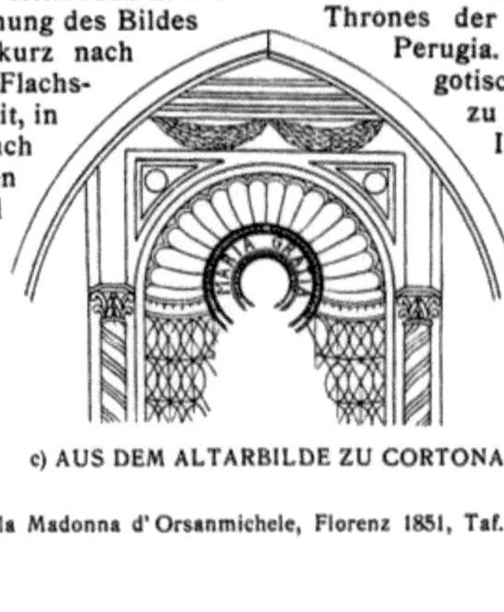

c) AUS DEM ALTARBILDE ZU CORTONA

Douglas setzt die Entstehung des Bildes von Annalena in die Zeit kurz nach Vollendung der Madonna der Flachshändler (1433) und um die Zeit, in der nach seiner Ansicht auch die im 1. Kapitel behandelten Altartafeln von Cortona und Perugia mit der zwischen Engeln thronenden Madonna gemalt sind, also gegen Ende des Aufenthaltes des Fra Giovanni zu Fiesole (1418 bis 1436). In Florenz wäre seiner Ansicht gemäß nicht vor 1439 das Altarbild von San Marco vollendet worden, nach 1440 das Freskobild der thronenden Madonna oben im Klostergang von San Marco, kurz vor der Abreise nach Rom (1445) die Madonna von Bosco. Einen Hauptgrund für seine Datierungen entnimmt er architektonischen Einzelheiten der genannten Werke.'

Bei der Krönung, die Fra Giovanni für sein Kloster zu Fiesole malte, thront der Herr unter einem gotischen Baldachin, der auf gewundenen Säulen ruht (Bild a und unten S. 68), dessen Formen sich an den 1390 entstandenen Baldachin anschließen, unter dem an der Außenwand von Or San Michele zu Florenz die Gottesmutter mit ihrem Kinde thront[1]. Auf dem Bilde des Reliquiars, worin nach Douglas das genannte Bild der Krönung frei kopiert ist, findet man über der Gestalt des Herrn nicht mehr einen gotischen Baldachin, sondern eine in jenen Renaissanceformen gehaltene Architektur, wie sie nur Brunelleschi entworfen haben soll, weil ein niedriges Giebeldreieck einem dreiteiligen Architrav und einem unverzierten Rahmen folge (Bild b)[2]. In den Altartafeln von Perugia (Bild S. 9) und Cortona, in einem Bilde der Predella von Perugia zu Rom und in vielen späteren Bildern ist der Architrav mit Girlanden besetzt. Zu Cortona ist die Architektur des Thrones der Madonna kleinlicher als zu Perugia. Dort finden sich an ihm noch gotische, gewundene Säulen, welche zu Perugia ganz wegfielen (Bild c). Im Bilde von Annalena erinnert nichts mehr an die gotische Baukunst. Fra Giovanni schwelgt mit einem gewissen Übermaß in Anwendung der neuen Formen (Bild d). Im Altarbilde von San Marco hat er alles besser abgewogen und den Architrav auf gut gebildete Pfeiler gestützt (Bild f). Im Freskobild des

[1] Masselli, Il tabernacolo della Madonna d'Orsanmichele, Florenz 1851, Taf. 9. — [2] Douglas 36.

Klosterganges endlich ist die Architektur des Baldachins noch feiner entwickelt und nach den Seiten hin fortgesetzt (Bild e).

Douglas findet das erste Beispiel eines mit Girlanden besetzten Frieses an Or San Michele um 1425, an dem Tabernakel der Außenwand, worin jetzt das Bild des Auferstandenen steht, in dessen Seite Thomas seine Rechte legt [1].

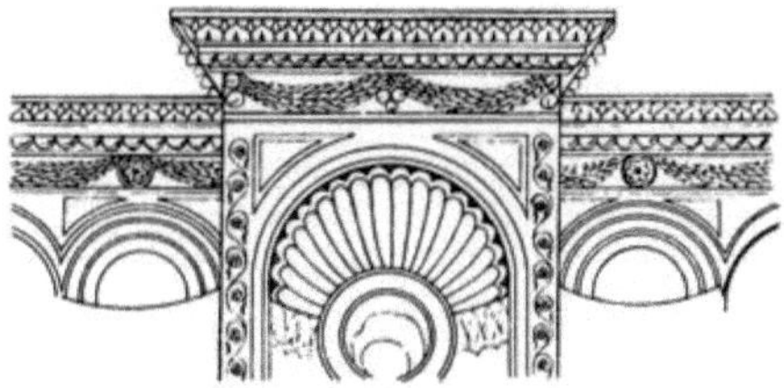

d) AUS DEM ALTARBILDE VON ANNALENA

Weiterhin legt Douglas großes Gewicht darauf, daß an diesem, von ihm dem Michelozzo zugeschriebenen Tabernakel ionische Kapitäle verwendet sind, solche Kapitäle sich aber auch am Kreuzgang von San Marco sowie in Szenen der Martyrien des hl. Markus und der hll. Kosmas und Damian in den Predellen der Madonna der Flachshändler und derjenigen von San Marco finden [2].

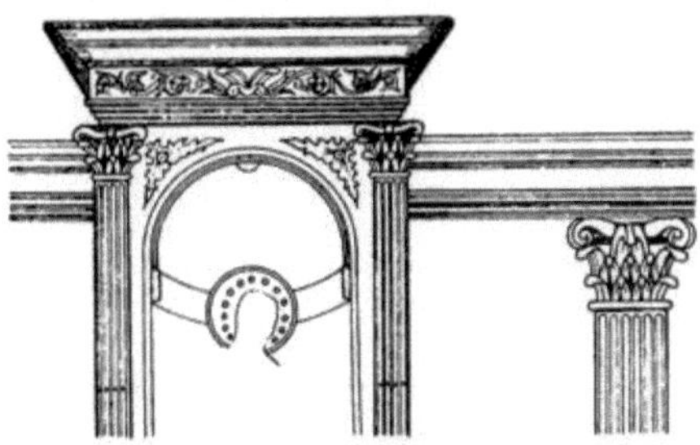

e) AUS DEM GROSSEN FRESKOBILDE IM OBERN GANGE VON SAN MARCO

Eine weitere architektonische Neuheit, welche nach Douglas in Fra Angelicos Bildern sehr bemerkenswert ist, sind neben runden Scheiben, aus denen sich oft ein Brustbild heraushebt (Tondi) und die lange vor dem 15. Jahrhundert mit Vorliebe angewendet wurden, Medaillons (Paterae), kreisförmige, verschiedenartig gefüllte Verzierungen. Man findet sie z. B. im Bilde der Verkündigung zu Madrid (zur Rechten und Linken oben an der Empfangshalle), in der Predella des Altarbildes von San Marco und in der Darstellung des hl. Laurentius vor Decius in der Kapelle des Vatikan. Brunelleschi soll jene Verzierungen dem Tempel der Vesta zu Tivoli entlehnt und in seinen Bauten zu Florenz angewandt, Fra Angelico dann von diesem entnommen haben [3].

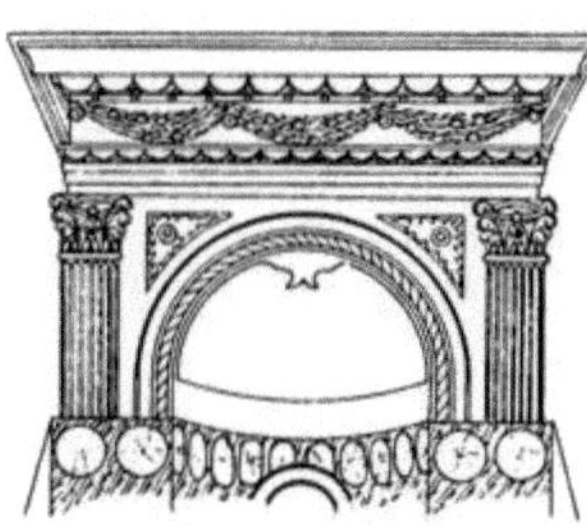

f) AUS DEM ALTARBILDE VON SAN MARCO

Alle diese Ausführungen beweisen, daß Fra Giovanni auf seine Umgebung achtete. Von Brunelleschi und besonders von Michelozzo, welcher das Kloster und die Kirche von San Marco baute und mit dem er in regem Verkehr stand, hat er sicher vieles gelernt. Angelico war ja kein abgeschlossener, weltentfremdeter Mönch, sondern stand mitten im Strome der damaligen Kunst und hat aus ihm bereitwilligst alles entnommen, was ihm gut und schön schien. Er vervollkommnete sich also. Darum darf man annehmen, besser gezeichnete Bauten oder Baldachine und Nischen seiner Bilder seien später entstanden als weniger gut entworfene. Das Bild von Annalena, dessen Architektur überladen und gedrängt erscheint, wird darum früher entstanden sein als die Bilder von San Marco und Bosco mit ihren weit edler und feiner gebildeten Baldachinen.

Der barocke Baldachin der Madonna in Santa Maria Nuova zu Florenz (Bild g) paßt nicht zu den übrigen Werken und zum ästhetischen Gefühl des Malers von Fiesole. Er würde an sich schon genügen, um zu bezweifeln, daß dieses Bild von seiner Hand herrührt. Daraus folgt aber nicht, daß alle Bilder mit gotischen Formen älter seien als diejenigen, worin die Baukunst der Renaissance benutzt ist. Beispielsweise läßt sich daraus, daß in der Pariser Krönung Marias ein gotischer Baldachin ver-

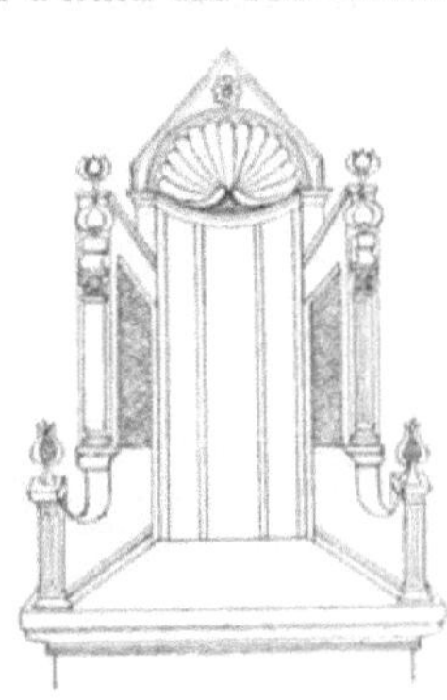

g) AUS EINEM BILDE IN SANTA MARIA NUOVA

[1] Douglas 68. Nach Masselli (Il tabernacolo 12, zu Taf. 10) und Vasari (ed. Milanesi II 404 und III 362), welche keine Jahreszahl angeben, wäre das Tabernakel ein Werk des Donatello. — [2] Douglas 66 f, Taf. 26 33 u. 41. — [3] Ebd. 53 161, Taf. 16 u. 33.

wendet ist, nicht unbedingt schließen, dies Bild müsse früher gemalt sein als die Krönung des dritten Reliquiars und als die Marienbilder von Cortona und Perugia, weil in letzteren die Formen der Renaissance angewandt sind. Wie der Maler das Jesuskind je nach den Verhältnissen in früheren oder späteren Bildern bald vollkommen bekleidet, bald mehr oder weniger ohne Gewand hinstellte, so konnte er sich seine Freiheit hinsichtlich der Architekturen wahren. Er hat in späten Bildern gotische Formen bei Darstellung des Inneren von Kirchen verwendet. Bei der Krönung Mariens zu Paris würde ein Baldachin in Formen der Renaissance viel zu schwer geworden sein und den leichten ätherischen Eindruck des Ganzen verdorben haben. Um jenen Eindruck zu steigern, ließ er später im großen Bilde der Krönung, das in den Uffizien hängt, den Baldachin ganz weg.

Für freie, willkürliche Verwendung dieser oder jener architektonischen Formen zeugt der Umstand, daß in den Bildern der thronenden Madonna zu Cortona und Perugia der Baldachin die Formen guter Renaissance, der Rahmen aber jene der Gotik hat und sogar von dem Renaissancebaldachin die Ecken abschneidet. Ebenso wird bei der Krönung Marias auf dem dritten Reliquiar der Renaissancegiebel durch einen Spitzbogen umfaßt und ist der Rahmen noch durchaus gotisch.

Wenn von Gelehrten zu Florenz und anderswo die ältesten ihnen bekannten Beispiele ionischer Kapitäle und dreiteiliger Architrave, von Girlanden auf den Balken und von verzierten Scheiben heute in dieses oder jenes Jahr gesetzt werden, so folgt noch nicht, daß Fra Giovanni weder zu Florenz frühere Beispiele sehen noch zu Cortona, Perugia oder sonstwo aus antiken oder mittelalterlichen Vorbildern Anregungen schöpfen konnte. Wir dürfen also die Bilder von Cortona, Perugia und Madrid nicht darum allein in eine bestimmte Periode des Lebens Angelicos, sogar vor ein bestimmtes Jahr setzen, weil für uns vor dieser Zeit ähnliche architektonische Einzelheiten nicht nachweisbar sind [1].

Wie die Baumeister Brunelleschi und Michelozzo dem Fra Giovanni als große Lehrmeister und Vorbilder den Weg bahnten, so folgte er auch voll Lernbegierde den tonangebenden Malern seiner Zeit, besonders dem Masaccio. Sagt doch Supino bei Besprechung der in der Florentiner Akademie hängenden Kreuzabnahme: „Das Bild zeigt die Verwandtschaft der Kunst des Fra Angelico mit der Fertigkeit des Masolino und des Masaccio. Typen, Formen und Charaktere der Personen sprechen für die Beeinflussung durch jene beiden Meister, sowohl hinsichtlich der Zeichnung als der technischen Ausführung, und bestätigen das, was wir eingangs über die künstlerische Vorbildung des frommen Mönches behaupteten."

Eben diese Kreuzabnahme (Bild) zeigt auch das Verhältnis unseres Dominikanerkünstlers zu dem Kamaldulenser Don Lorenzo Monaco. Letzterer hatte begonnen, für die Dreifaltigkeitskirche zu Florenz, welche dem Orden von Vallombrosa gehörte, ein 1,70 *m* hohes, 1,80 *m* breites Bild zu malen, in dessen drei Giebeln er die Szenen der Auferstehung Christi, des Besuches der Frauen am Grabe und der Erscheinung vor Magdalena anbrachte. Bei dem 1425 eingetretenen Tode hinterließ er das Werk unvollendet. Die Bemalung der Mitte, die Hauptsache, fehlte. Aus irgend einem Grunde blieb das Ganze liegen, bis endlich Fra Angelico, etwa zehn oder sogar zwanzig Jahre nach dem Hinscheiden des Freundes den Auftrag erhielt, es zu vollenden. Er fügte demnach die Malereien des Mittelstückes und des Rahmens hinzu und bewies in ihnen, wieviel er seit dem Tode jenes älteren Meisters gelernt, welche Fortschritte er gemacht und wie weit er ihn jetzt überflügelt hatte [2]. Drei Inschriften des Rahmens zeigen, was er beabsichtigte. Unter dem mittleren Teile lesen wir: „Estimatus sum cum descendentibus in lacum" (Ich ward gerechnet unter jene, die in den Abgrund hinabsteigen. Ps 87, 5). Diese Worte sollen daran erinnern, daß Christi heiliger Leib vom Kreuze herabgenommen wird, um ins Grab gelegt zu werden. Er ist vortrefflich ge-

[1] Verzierungen durch Ranken fand Fra Giovanni, um nur an sehr naheliegende Beispiele zu erinnern, zu Assisi in den beiden von Giotto gemalten Bildern, worin der hl. Franziskus vor dem Sultan steht und zu Greccio das Weihnachtsfest feiert („Saint François" Bild 12 u. 18). Für den dreieckigen Abschluß am dritten Reliquiar (Bild S. 52 b) bot ihm Giotto freilich noch unentwickelte Vorbilder zu Florenz in Santa Croce in dem Bilde der Bestätigung der Regel der Franziskaner, zu Assisi im Bilde der Vertreibung der Teufel aus Arezzo („Saint François" 69, Bild 15, vgl. Bild 18 u. 20). Verschiedenartig verzierte Scheiben sind bereits vor 1350 als Ornament verwendet in dem großen Gemälde des Triumphes der Kirche in der Spanischen Kapelle von Santa Maria Novella, sowohl an der Abbildung des Domes als an einer Pforte. Sie sind am Dome von Florenz selbst unter dem Gesimse reihenweise als Schmuckstücke angebracht. Hinsichtlich anderer Beispiele schwanken die Angaben über die Zeit der Entstehung. So ist der Rahmen, den Donatello für die Darstellung der Verkündigung in Santa Croce zu Florenz anfertigte (Bild S. 31), den Schmarsow und Müntz vor 1406 setzen, Tschudi erst nach 1433 (Kraus, Geschichte II 215), im Architrav und in der Bekrönung mit solchen Scheiben versehen. Girlanden werden schon von Putten getragen in Masolinos Freske zu Castiglione, vor 1428 (Bild S. 5), und am Grabmal der Ilaria del Caretto zu Lucca, das Jacobo della Quercia 1405 fertigte (Kraus a. a. O. 231). — [2] Diese Arbeit des Fra Giovanni wird jetzt fast allgemein an das Ende seiner Wirksamkeit zu Florenz verlegt. Vgl. Cartier 358; Rio II, 363; Douglas 82, 88 usw. Abbildung bei Marchese, San Marco Taf. 27; Förster, Denkmale II, Tafel 25. Sechs Heilige aus dem Rahmen in der Galleria delle Belle Arti. Schöne Phototypie bei Supino u. a.

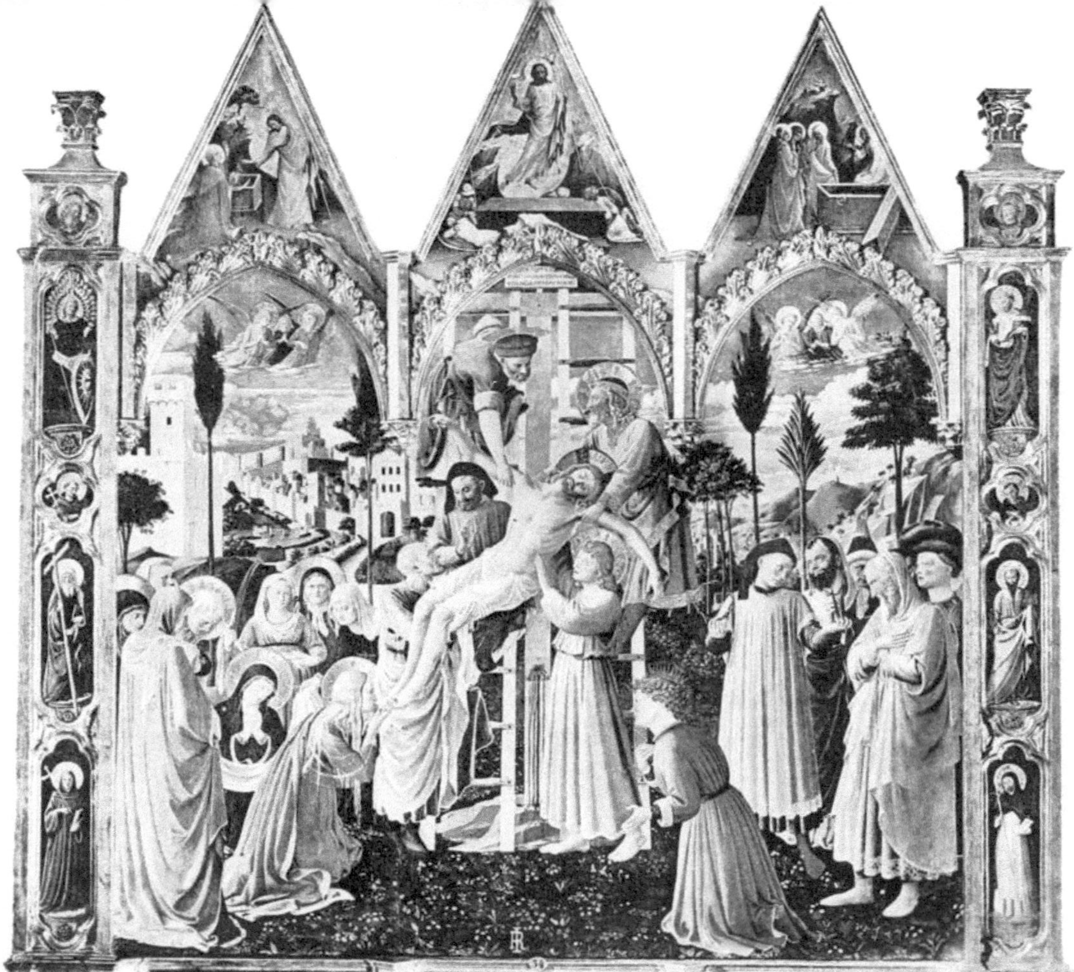

KREUZABNAHME

FLORENZ, AKADEMIE

zeichnet, zeigt zwar noch die Spuren der Mißhandlung und des Leidens, behält aber seine volle Schönheit und verliert durch die ihn hier und da stützenden Hände fast alle Steifheit des Todes. Gegen den Kreuzesstamm bildet er eine Diagonale. Ein Greis hält ihn mit beiden Händen, „behutsam wie ein Kleinod, ehrfurchtsvoll wie ein Heiligtum". Die Füße reichen bis zu der unten knienden Magdalena, welche ihre Hände in einen durchsichtigen Schleier hüllte und voll Andacht die Fußspitzen zu küssen sucht. Eine zweite Diagonale, welche mit der ersten ein Andreaskreuz bildet, wird durch die Arme Christi angezeigt; sie setzt sich fort dadurch, daß Joseph von Arimathäa, dem Nikodemus gegenüber auf der Leiter stehend, noch eben den rechten Arm des Herrn hält, Johannes den heiligsten Leichnam unterstützt und weiter nach unten ein kräftiger, gekrönter Mann kniet. Ist dieser reuige Sünder der Stifter des Bildes? Für die Ansicht, er stelle den hl. Giovanni Gualberti, den Stifter des Ordens von Vallombrosa dar, spricht der Umstand, daß das Bild für einen Altar seiner Ordenskirche bestimmt war; dagegen aber zeugt die Tatsache, daß er nicht nur ohne Heiligenschein, sondern auch ohne Ordenskleid dargestellt ist. Zusammen mit Maria Magdalena schließt er die mittlere Gruppe unten ab. Er klopft an seine Brust und bittet gleichsam: „Herr, sei mir Sünder gnädig"; sie küßt die Füße, welche sie gesalbt hatte, um ihre liebevolle Dankbarkeit für die Vergebung ihrer Sünden auszudrücken. Im Hintergrunde stehen drei Männer auf Leitern. Sie halten oder stützen den heiligen Leichnam mit jenem Greise und mit Johannes und lassen ihn langsam hinabgleiten. Wohl kommt die Schwere und Leblosigkeit des entseelten Körpers zur Geltung, aber er behält seine Würde. Nicht die Gesetze von Last und Tragkraft, von Druck und Schub herrschen, sondern liebevolle Bemühung um das Heiligtum der Gottheit. Der Boden ist keine unfruchtbare mit modernden, Gebeinen gefüllte Stätte: Blumen und Blüten wachsen da auf, weil Christi Blut den Fluch von der Erde nahm, das Paradies eröffnete und den Tod besiegte. Die Berge des Hintergrundes sind öde und leer, weil die frohe Botschaft noch nicht allerwärts verkündet und angenommen ward.

Mit großer Sorgfalt sind die Farben verteilt. Magdalena und der ihr gegenüber kniende Büßer tragen rote Gewänder. Der Leichnam Christi paßt in seiner ins Bräunliche gehenden Farbe zum roten Kleide der Magdalena, zu der er herabgelassen wird, sowie zum Blute, das am Kreuzesstamme herabgeronnen ist, dem Lösepreis unserer Sünden. Vielleicht hat der Maler, indem er Blau dem Rot gegenüberstellte, auch an die Gnade und Seligkeit gedacht, welche Christi Blut uns verdiente. Blau ist der Himmel oben im Bilde, blau sind die Kleider des hl. Johannes sowie jener beiden Männer zwischen Magdalena und Joseph von Arimathäa, deren Häupter mit dem des Johannes ein Dreieck bilden.

Hell purpurrot ist des Nikodemus Kleidung und das Untergewand des Joseph, der ihm gegenübersteht. Des letzteren dunkelgrünes Oberkleid schließt den oberen Teil des Bildes ab und verbindet ihn mit dem bunten Wiesengrunde am Stamme des Kreuzes. Freilich hat der Ton durch eine 1841 von Francesco Acciai unternommene Restauration an Tiefe verloren, aber die Farbenstimmung wirkt doch im wesentlichen gut, selbst in der mit Oberlicht versehenen Akademie zu Florenz. Die Wirkung war natürlich ruhiger am ursprünglichen Bestimmungsort, im Halbdunkel einer Kirche, auf einem Nebenaltare und in ziemlicher Entfernung vom Beschauer.

Zur Rechten des Kreuzes, also auf der Ehrenseite, sind die Frauen versammelt. Dort liegt der Schwerpunkt des Bildes, dort soll die Leiche des Erlösers ruhen. Darum drängen sich auf dieser Seite mehr Personen und wachsen hier wuchtige Gebäude auf, während zur Linken die Gruppe leichter gebildet ist, Bäume ihre Äste ausbreiten und eine luftige Fernsicht eröffnet wird. Maria erhebt kummervoll ihre gefalteten Hände. Traurig und mit geneigtem Haupte schaut sie auf zur sterblichen Hülle des ewigen Sohnes. Weil sie auf einer kleinen Erhöhung des Bodens sitzt, die andern Frauen aber in zwei Gruppen zu drei und zu vier rechts und links neben ihr stehen, bildet sich ein Unterschied der Höhe zwischen der schmerzhaften Mutter und ihrer klagenden Begleitung, wodurch das Herablassen, dessen Ziel Marias Schoß ist, noch mehr betont wird.

Zwei der um Maria versammelten Frauen breiten ein Tuch aus, worauf die heilige Leiche gelegt und worin sie eingewickelt werden soll. Eine in der Ecke des Vordergrundes stehende Frau ist in einen weiten, violetten Mantel gehüllt; nur ihr Gesicht bleibt im Profil sichtbar und erscheint dadurch doppelt schön und wirksam. Die Unterschrift schildert das trefflich wiedergegebene Gefühl der neun Frauen: „Plangent eum quasi unigenitum, quia innocens" (Beklagen werden sie ihn wie einen Erstgebornen, da er unschuldig [hingeopfert ward]. Vgl. Zach 12, 10). Aber die Trauer bleibt gemäßigt; denn nach der Lehre des hl. Thomas hält die Tugend stets die Mitte ein. Keine der Frauen erhebt in einer an Verzweiflung grenzenden Bewegung ihre Arme zum Himmel.

Die Inschrift der linken Abteilung sagt: „Ecce quomodo moritur Iustus, et nemo percipit corde." Diese dem Karsamstag-Officium des römischen Breviers (Resp. VI) entnommenen

Worte: „Siehe, wie der Gerechte stirbt", erhalten ihre Erklärung durch einen vornehmen Mann, der in der Rechten die Dornenkrone emporhält und mit der Linken einem Greise zwei lange, spitze Nägel zeigt[1]. Zwei im Hintergrunde stehende Männer schauen voll Wehmut und Trauer auf die heilige Leiche.

Fromme, tiefsinnige Inschriften zieren die Nimben. Im Nimbus Christi erinnern die Worte „corona gloriae" an die „Krone der Herrlichkeit", welche er sich sterbend erwarb. Im Nimbus der schmerzhaften Mutter ist geschrieben: „Virgo Maria, n(on) e(st) t(ibi) similis" (Jungfrau Maria, niemand ist dir gleich — im Schmerze).

Bäume, Berge und Gebäude erscheinen noch etwas schematisch, sind aber mit Fleiß bis ins einzelnste so ausgeführt, daß der Hintergrund kräftig zur Vereinigung und Abrundung der drei Hauptgruppen hilft. Je drei Engel, welche über den trauernden Frauen und Männern schweben und in deren Klagen einstimmen, steigern den Eindruck.

Wie in andern größeren Tafelgemälden, hat Fra Angelico dem italienischen Geschmacke der Zeit entsprechend hier in den Seitenrändern je drei Heilige in ganzer Figur und je zwei in Brustbildern angebracht, unten sechs weitere: die Apostelfürsten, den Erzengel Michael, Stephanus und Laurentius, Franziskus und Dominikus, Petrus Martyr usw.[2]

Fra Giovanni hat in dieser Abnahme die schwierige Aufgabe einer dramatischen, dem Gewicht des Körpers wie den Affekten der Mitwirkenden gerecht werdenden Darstellung vollkommener gelöst als irgend ein anderer vor ihm und selbst nach ihm, Daniele da Volterra mit seinem berühmten Bilde in Trinità de' Monti zu Rom nicht ausgenommen.

„In diesem Bilde gelingt es dem Künstler, aus der ihm vorherrschend eigenen lyrischen Stimmung in eine dramatische Weise der Darstellung überzugehen. Er führt uns, ohne das Aufgebot körperlicher Kräfte betonen zu wollen, doch deutlich in den wirklichen Vorgang ein; aber indem er uns ein schweres Herzeleid vor die Augen stellt, mäßigt er dessen Ausdruck durch Schönheit, Hoheit und Heiligkeit derart, daß wir zu keiner peinlichen Empfindung kommen und in stiller Wehmut das Gefühl der Versöhnung haben. . . . Dazu kommt eine Sanftheit der Bewegungen ohne Schwäche, eine Innigkeit des Schmerzes ohne Erweichung, daß man um so ruhiger wird, je länger man das Bild betrachtet, da seine Wirkung durch die Klarheit aller Motive, durch die Schönheit aller Linien und die Harmonie ihrer Gegensätze und Verbindungen wesentlich unterstützt wird."[3]

Das Verdienst des Meisters tritt noch klarer hervor, wenn wir diese Kreuzabnahme mit der Grablegung oder Beweinung vergleichen, welche er für die Bruderschaft des heiligen Kreuzes und des Tempels (Compagnia del Tempio), eines dritten Ordens der Dominikaner, malte[4]. In letzterer verfolgt er die Bahn der älteren Schüler Giottos; in ersterer stellte er sich an die Spitze der Neueren, weil er in ihr die Gesetze der Schwere und Naturwahrheit mit denen der Gefühle und des Glaubens in ein glückliches Gleichgewicht brachte. Dort liegt die heilige Leiche erstarrt und bewegungslos, hier ist sie Grund und Ziel vielfacher Handlung, wird sie selbst bewegt. Dort herrscht in einer Gruppe eine Gemütsbewegung, hier werden in drei Gruppen die Personen von verschiedenen Gemütsbewegungen und Beschäftigungen in Anspruch genommen. Das aufragende Kreuz mit seinem an den oberen Rand der Tafel anstoßenden Querbalken und die sich lang hinziehende Stadtmauer entsprechen dort einer einzigen Gruppe; die drei Gruppen der Abnahme forderten und erhielten dagegen wechselnde Hintergründe. Hier wie dort küßt Magdalena die Füße. Während aber bei der Abnahme die verschiedensten Stellungen sich finden, sitzen bei der Beweinung nur die Gottesmutter und eine andere Maria, in deren Schoß die entseelte Hülle Christi ruht; zehn Personen knien, während zwei stehen. Johannes neigt sich, um die linke Hand des Herrn zu erheben, während eine ihm gegenüber kniende Frau die rechte nimmt und sie unter die linke legen will, die Johannes hält. Nikodemus und Joseph knien bei des Herrn Haupt und unterreden sich klagend. Hinter ihnen ragt die Gestalt des hl. Dominikus empor, mit Stern und Lilienstab. Ihm gegenüber knien an der andern Seite des Bildes die hl. Katharina von Alexandrien mit Krone und Palme und die sel. Villana

[1] Nach Rothes S. 28, Anm., hält in Botticellis Grablegung im Museum Poldi Pezzoli zu Mailand ein Jünger die Dornenkrone in der Rechten, die Nägel in der Linken, wie dies ein vornehmer Mann in Angelicos Abnahme tut. — Die Frage, ob in den Bildern der Abnahme und der gleich zu behandelnden Grablegung Michelozzo porträtiert sei, wird unten im 7. Kapitel bei Besprechung des Bildes der Flucht Nr 7 zu behandeln sein. — [2] Abbildung der beiden Apostelfürsten bei Förster, Leben Taf. 15. — [3] Förster, Geschichte III 209. Die beredte Würdigung dieses Bildes bei Montalembert (Du vandalisme et du catholicisme 97 f) würde durch eine Übersetzung leiden: „Oh quelle surabondance d'amour de Dieu, d'immense et ardente contrition devait avoir ce cher fra Angelico le jour où il a peint cela! Comme il aura médité et pleuré ce jour là, dans le fond de sa petite cellule, sur les souffrances de notre divin Maitre! Chaque coup de pinceau, chaque trait qui en sortait, semblent autant de regrets et d'amour, provenant du fond de son âme. Quelle émouvante prédication que la vue d'un pareil tableau! . . . D'autres y voient simplement des œuvres d'art, moi j'y aurai puisé, je le sens, d'ineffables consolations, de profonds enseignements." Über das Verhältnis Montalemberts zu Fra Angelico vgl. Brousolle, La critique 33 f 129 f. — [4] Abb. bei Supino 135.

oder die hl. Katharina von Siena, aus deren Mund die Inschrift hervortritt: „Christo Ihesu l'amor mio crucifisso“ (Jesus Christus, meine gekreuzigte Liebe).

Sehr nahe steht dieser, wohl kurz vor Fra Angelicos Abreise nach Rom gemalten Beweinung das Freskobild der 2. Zelle von San Marco (Bild), das wie eine Vorarbeit zu jener figurenreichen Tafel erscheint. Nur fünf Personen sind in ihm um Christi heiligen Leichnam versammelt. Er liegt, den „Betrachtungen des Lebens Christi“ entsprechend, im Schoße der Gottesmutter und der hl. Magdalena [1]. Die rechte Schulter ruht am Herzen der Mutter, die Füße auf den Knien Magdalenas. Die in der Mitte sitzende heilige Frau hebt Christi rechten Arm etwas auf, während Johannes, vor dieser Gruppe auf ein Knie niedergesunken, den andern Arm ergreift, um die Hände des Toten zusammenzulegen. Die Mutter stützt mit der Linken das Haupt ihres lieben Sohnes und hebt es etwas empor, während sie mit der Rechten auf dessen Antlitz hinweist. Dadurch ist sie in Beziehung gesetzt zum hl. Dominikus, welcher neben Magdalena steht, voll Trauer hinabschaut und klagend seine Rechte erhebt. Magdalena und die andere Maria tragen hellrote Kleider, die Gottesmutter hat ein dunkelrotes Gewand. Da auch das Tuch, worauf die heilige Leiche ruht, und das Innere der Lilie des heiligen Ordensstifters rot sind, ist durch diese Farbe wohl hingewiesen auf das vom Gekreuzigten vergossene Blut, den Lösepreis der Welt [2].

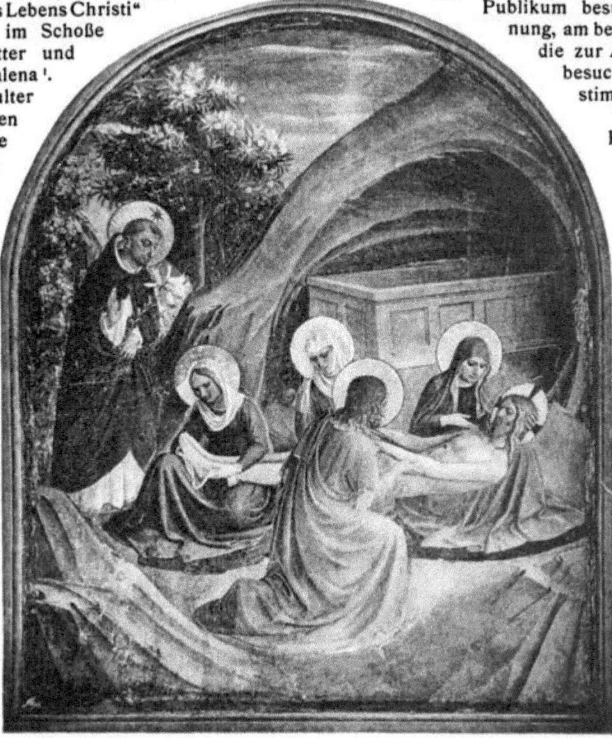

GRABLEGUNG CHRISTI FLORENZ, SAN MARCO

Ein Vergleich der drei eben genannten Bilder ist sehr lehrreich. Einfach und anspruchslos ist das für einen gesammelteren, an die Betrachtung gewöhnten Ordensbruder bestimmte Fresko der Zelle, reicher an Farben, Figuren und Bewegungen die für das große Publikum bestimmte Beweinung, am besten ausgeführt die zur Altartafel einer besuchten Kirche bestimmte Abnahme. Wie bei jedem Künstler hatten natürlich auch bei Fra Giovanni die Auftraggeber ein gewichtiges Wort zu reden hinsichtlich des Gegenstandes und der Figuren. Ebenso lag die Art der Ausführung mehr oder weniger in der Hand der Besteller. Darum war der Versuch Rosinis [3], die Werke des Fra Angelico nach der größeren oder geringeren Verwendung des Goldes zu sichten, nicht glücklich. Geschmack und Reichtum der Auftraggeber waren für solche Dinge maßgebend, wie manche damals mit verschiedenen Künstlern abgeschlossene Verträge beweisen. Ist es doch klar, daß der Maler für ein Gemälde des Kapitelsaales, oder eines von allen benutzten Ganges, oder der Zimmer des

[1] Vita Christi c. 81: „Domina suscipit caput cum scapulis in gremio suo, Magdalena vero pedes, apud quos tantam gratiam olim invenerat. Alii circumstant. Omnes faciunt planctum magnum.“ Abb. bei Marchese, San Marco Taf. 28; Förster, Leben Taf. 9; Denkmale II 16, u. a. Jenes Bild der 2. Zelle ist von Angelico gezeichnet, aber wohl nicht gemalt. Vgl. S. 29. — [2] Zeitschrift für christl. Kunst XI 302, A. 17. — [3] Storia II 257. Vgl. Marchese, Memorie II 197. Cartier 199.

Mediceers mehr Mühe, Zeit und Mittel verwandte als für die Malereien der Zelle eines einfachen Bruders.

Verschollen sind jene vier Werke Angelicos, welche wohl von Cosimo († 1464) bestellt und von Lorenzo il Magnifico in seiner Galerie aufgehängt wurden: „Ein großes rundes Gemälde in goldenem Rahmen, worin geschildert sind unsere liebe Frau und unser Herr und die Könige, welche kommen, Geschenke zu opfern. Eine kleine Tafel, worin unser Herr nach seinem Tod gemalt ist mit vielen Heiligen, die ihn zum Grabe tragen. Ein kleines, rundes Bild mit einer Madonna; und ein Bild, das als Altartafel dient, von 2 Ellen Höhe und 1½ Breite, in Goldrahmen, worin die Geschichte der drei Könige gemalt ist.“ [1]

Diese vier Bilder zeigen, daß die Arbeiten des Dominikanermalers nicht nur seinen Ordensgenossen, einigen Klöstern und Bruderschaften gefielen, sondern auch den tonangebenden Kreisen der Stadt. Dadurch wird aber klar, daß ihm von vielen Seiten Bestellungen zugehen mußten. Ein Beweis für letzteres liegt auch in dem Briefe, welchen der Maler Domenico Veneziano am 1. April 1438 von Perugia aus an Pietro de' Medici, den Sohn des Cosimo und Vater des Lorenzo, richtete; nennt er doch in demselben den Fra Giovanni von Fiesole neben Fra Filippo Lippi, indem er beisetzt, beide seien „jetzt mit vielen Arbeiten beschäftigt“ [2].

Das hohe Ansehen reizte natürlich zur Nachahmung und führte dem Meister Schüler zu. Sie haben, wie oben berichtet ist, eine große Anzahl der Freskobilder der Zellen in San Marco unter seiner Anleitung und nach seinen Entwürfen ausgeführt. Leider kennen wir weder ihre Namen noch ihre Zahl. Früher meinte man, einer seiner Haupthelfer in San Marco sei sein Bruder Fra Benedetto da Fiesole, der Prior von San Marco, gewesen. Derselbe war jedoch, wie später gezeigt werden wird, in der Malerei nicht erfahren.

Zwei erst nach Angelicos Tode von Schülern gemalte Werke sind die Darstellungen der Schule des sel. Albertus Magnus und des hl. Thomas [3]. Sie sind aus San Marco in die Galerie der Akademie gelangt und infolge Verstümmelung fast halbkreisförmig. Ehedem zierten sie die Schulsäle, worin Philosophie und Theologie gelehrt wurde. Albertus sitzt in der Mitte des ersteren Bildes auf einem Katheder. Zur Rechten wie zur Linken haben etwa zwanzig ärmere oder reichere Jünglinge und Männer, Dominikaner, Franziskaner mit andern Ordensleuten auf Bänken Platz genommen oder sich aufgestellt, um die Worte des gefeierten Meisters zu vernehmen. Zur Rechten sitzt auch Thomas von Aquin unter den Zuhörern. Das zweite Bild ist feierlicher gehalten. Auf den Stufen des Katheders, von dem aus Thomas die Lehren seiner Summa vorträgt, sitzen trauernd und beschämt „Vilielmus“ (von Saint-Amour), „Averrois“ und „Sabellius“, zur Rechten und Linken in trefflich angeordneter Gruppierung an vierundzwanzig Zuhörer aus verschiedenen Ständen und Orden. Den ersten Platz nimmt der hl. Ludwig von Frankreich ein, mit Zepter, Krone und einem mit Lilien besetzten Mantel. Im Hintergrunde öffnet sich eine weite Säulenhalle, in der verschiedenartig gekleidete Mönche herumgehen und sich unterreden. Beide Bilder sind sehr wertvolle Darstellungen des mittelalterlichen Studienlebens und schildern anschaulich das ehemalige Aussehen der Hörsäle von San Marco und ihrer Besucher.

Eine kleine Tafel, worin der hl. Thomas kniet, während zwei Engel seine Lenden umgürten, um anzuzeigen, daß Gott ihm engelgleiche Reinheit und Freiheit von Versuchung gewährt habe, könnte vom Meister selbst gemalt sein. Sie ist aus dem Kunsthandel zu Florenz nach England in die Sammlung des Prinzen Albert gelangt [4].

[1] Müntz, Les collections des Médicis au XVe siècle (1888) S. 60 64 85; Revue de l'art chrétien 5. Serie V (1894) 371. — [2] Gaye, Carteggio inedito d'artisti I, Firenze 1839, 136. Guhl, Künstlerbriefe I, Berlin 1880, 20. Crowe III 46. — [3] Cartier 429 f. [4] Vasari, ed. Milanesi II 513, Anm. Cartier 434 Nr 81. Rio II 376, Anm. Dieselbe Sammlung besitzt Bilder des hl. Petrus Martyr, der Madonna und der Geburt Christi, welche aus Florenz stammen und dem Fra Angelico zugeschrieben werden. Cartier 445 Nr 120—122.

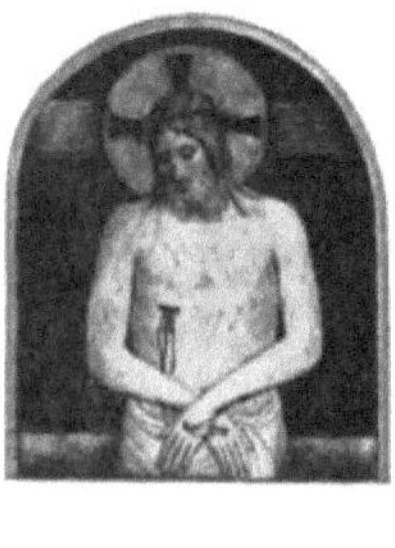

DER SCHMERZENSMANN FLORENZ, SAN MARCO

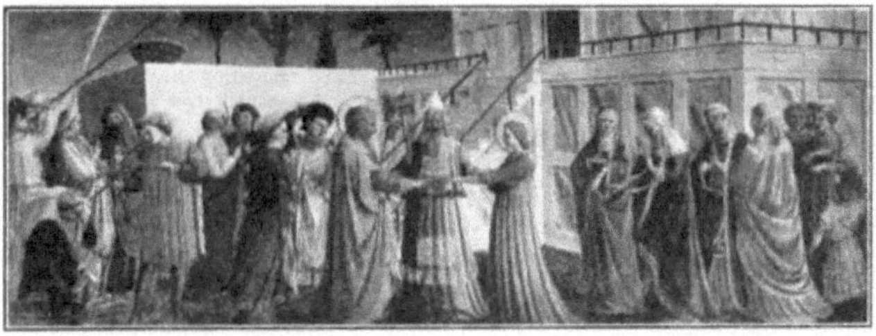

VERMÄHLUNG MARIÄ FLORENZ, UFFIZIEN

V. MARIENBILDER

NANNTE der Florentiner im 15. Jahrhundert die Gottesmutter „La mia Donna" — „Meine liebe Frau", verlangte man zu Florenz und Siena, ja in der ganzen Christenheit damals Marienbilder, worin die edelste Schönheit der reinsten Jungfrau zugleich mit den zärtlichsten Freuden der glücklichsten Mutter zum Ausdruck gelangen sollte, dann konnte ein gottbegnadigter Maler, der einem Orden angehörte, worin Maria stets hoch geehrt wurde, im Wettstreit mit andern Künstlern nicht zurückbleiben bei Behandlung dieses dankbarsten Gegenstandes der christlichen Kunst. Maria tritt uns in Fra Angelicos Gemälden in so reiner und klarer Zeichnung entgegen, in so einfacher und doch so reicher Kleidung, in so ruhiger und harmonischer Farbenstimmung, daß sie leicht die Herzen erobert.

In einer ersten Klasse von Bildern thront Maria meist von Engeln und Heiligen umgeben, in andern erscheint sie in einem Ereignis ihres Lebens. Manche dieser Bilder sind schon behandelt, darum hier nur kurz zu erwähnen, so besonders die beiden Altartafeln der thronenden Gottesmutter zu Cortona und Perugia, die wohl vor der Rückkehr aus der Verbannung (1418), spätestens aber vor 1436 zu Fiesole entstanden [1].

Eine sichere Datierung besitzen wir für das berühmte, seit 1777 in den Uffizien zu Florenz aufgestellte Triptychon der Flachshändler (Bild S. 60). Ihre Zunft (arte dei Linajuoli) war eine der mächtigsten der Stadt; konnte doch Dante im Jahre 1300 nur durch Eintritt in sie einen höheren Posten in der Stadtverwaltung erlangen. Sie übertrug am 11. Juli 1433 dem „Fra Guido, genannt Fra Giovanni vom Orden des hl. Dominikus zu Fiesole" die Herstellung eines Flügelaltars von 1,50 *m* Höhe und 0,65 *m* Breite. Der Preis für das innen und außen mit den besten Farben, mit Gold und Silber zu malende Werk wurde auf 190 Goldgulden festgesetzt [2].

In der Mitte thront mehr als lebensgroß die prachtvoll drapierte Madonna. Ein blauer Mantel bedeckt ihren Scheitel und umhüllt fast die ganze Gestalt. Weil die Besteller wünschten, Gold und Silber sollten reichlich verwendet werden, ist er mit einer breiten, gemusterten Goldborte versehen. Auch das braune Kleid des Kindes ist mit Gold umsäumt. In diesen Borten und Säumen sind lateinische Buchstaben zwischen Ornamenten so angebracht, daß sie an arabische Verzierungen erinnern, die auch wohl als Vorbilder dienten. Die Behänge des Thrones glänzen in reichem Goldschimmer und zeigen in drei verschiedenen Mustern viele stilisierte Rosen, Lilien und Granatäpfel. Auch das goldige Kissen, auf dem Maria sitzt, hat ein aus Rosen gebildetes Muster. Auf das kostbarste ausgeführt sind die Nimben. Sie erinnern an die feinsten Goldarbeiten großer Brustzierden. Zwölf Engel füllen die Kehle des Rahmens.

Die Flügel tragen fast lebensgroße, stark nachgedunkelte Figuren. Wir sehen auf der inneren Seite Johannes den Täufer und Markus, auf der äußeren die hll. Petrus und Markus. Letzterer ist wiederholt, um als Patron der Besteller auch nach Schließung der Tafel sichtbar zu bleiben.

[1] Vgl. S. 9 f und 52. — [2] Martelli berechnet diese 190 Goldgulden zu 17226 Franken heutigen Geldes. Vgl. Broussolle 110 f 165 f. Dagegen sind nach Pastor (I[4] 219, vgl. 533) 200 römische Goldgulden nur gleich 10000 Franken. Nach Müntz waren zu Florenz Ende des 15. Jahrhunderts 50 Dukaten notwendig zum jährlichen Unterhalte eines einfachen Bürgers, 100—150 zum behaglichen Leben, 250—300 zum vornehmen Auftreten. Der Kontrakt über das Gemälde bei Baldinucci, Notizie de' professori del disegno da Cimabue in quà: Opere V 160 f. Der Kontrakt über den Rahmen vom 29. Oktober 1432 bei Gualandi, Memorie italiane risguardanti le Belle Arti, Bologna 1843, 4. Serie, Nr 139, S. 109. Vgl. Vasari, ed. Milanesi II 514. Rio (II 351) nimmt mit Marchese irrtümlich an, Ghiberti habe den Rahmen des Bildes angefertigt.

Die Gestalt des Vorläufers erinnert an die Bilder von Perugia und Cortona, worin er in ähnlicher Weise uns entgegentrat, in Perugia aber nicht mit einem über die Schultern geworfenen Tuche, sondern mit einem auf der Brust durch einen Knopf zusammengehaltenen Mantel. Er erschien dort sinniger und mehr in sich gesammelt, hier ist er kräftiger und männlicher, so daß die Ähnlichkeit mit einer Darstellung des Taddeo di Bartolo in Siena[1] weggefallen ist.

Vielfach wird, aber doch wohl mit Unrecht, behauptet, die fünf großen Figuren bewiesen, Fra Angelico sei im Jahre 1433 noch nicht Herr über seine Gebilde gewesen, wenn er sich an einen größeren Maßstab wagte. So wird auch gesagt, das sichtbare Bestreben, sein Bestes zu leisten und alles auf das sorgfältigste durchzuarbeiten, gebe dem Werke ein etwas kälteres und nüchterneres Aussehen, überdies seien alle Hände und die Füße des Kindes mangelhaft ausgeführt.

Dagegen finden die drei Bilder der Predella: die Anbetung der Könige, worin Rot vorherrscht, die Predigt des hl. Petrus, welche von Markus aufgeschrieben wird, und der Martertod des letzteren, allgemeines Lob. Markus tritt auch in den Bildern dieser Predella hervor, weil er Patron der Zunft der Flachshändler war.

Die Mitte des Triptychons kann nur dann richtig gewürdigt werden, wenn man das Madonnenbild mit älteren Darstellungen der Gottesmutter, die in Florenz in Ansehen standen, vergleicht, zuerst mit Cimabues Gemälden, also mit der auf einem Throne von Elfenbein sitzenden Madonna in der Akademie (Bild S. 61) und mit der einst im Festzuge nach Santa Maria Novella gebrachten (vgl. Bild S. 15). Beide sind groß und majestätisch, aber fast teilnahmlos. Reicheres Leben pulsiert in Giottos Madonnen, wie schon ein Blick auf den Kopf einer derselben zeigt (Bild S. 61). Auf ihren Kleidern ist die Wirkung des Lichtes in byzantinischer Art durch goldene Strichelung betont. Gaddis aschgraue Madonna in den Fresken von Santa Croce ist noch hart, Memmis Madonna in der Verkündigung der Uffizien wegen ihrer verdrießlichen Züge und wegen ihrer verlegenen Haltung wenig ansprechend. Sanfter und freundlicher ist Lorenzo Monacos († 1423) Gottesmutter in dem Bilde der Krönung von 1413, welches in den Uffizien dem Bilde der Flachshändler gegenüberhängt. Leider haben sich die Farben in Lorenzos Gemälde verändert; aber auch in ihm sind die Engel allerliebst, die Predellabilder vorzüglich. Fast möchte man meinen, Lorenzo habe hier von dem jüngeren Giovanni gelernt, Engeln ätherischen und fröhlichen Charakter zu verleihen, Giovanni aber vom älteren Meister, die Köpfe der Apostel ernst, groß und kräftig zu geben. Lorenzos Komposition hat jedoch nicht das Freie, Wechselvolle und Abgerundete des Fra Angelico, ist altertümlicher und steht den großen Fortschritten der Zeit ferner. Bei beiden ist der Faltenwurf noch gotisch und oft durch analoge, nur immer kleiner werdende Bauschungen beherrscht. Wir sehen also Motive, die auch in Frankreich und Deutschland Verwendung finden; doch sind sie, der italienischen Gotik entsprechend, mehr weich und voll, aber weniger tief und eckig. Die untere Seite der Falten ist in stilistischer Weiterbildung der Ergebnisse des Naturstudiums meist eingezogen, darum sehr dunkel, die obere so hell, daß die höchsten Stellen oft ganz weiß werden.

Wie sehr Fra Angelico, obgleich er in Einzelheiten ein großer Neuerer ist, den größeren, damals in Florenz berühmten Malern sich anschließt, zeigt auch das schöne, 1420 datierte Bild eines Unbekannten in der Akademie, worin der Herr voll Würde und Freundlichkeit der Mutter die Krone aufsetzt. Sie schaut ihn an voll Innigkeit, liebreich und fromm. Die Engel ringsherum sind so reizend und unschuldig, die Figürchen der Predella so schön, daß dies ältere Bild bei einer Vergleichung mit Fra Angelicos Werken an das Wort Lenormants erinnert: „Un art ne s'improvise pas."

Eine Reihe kleinerer Marienbilder, welche unserem Maler zugeschrieben werden, sind Vorarbeiten, freie Wiederholungen oder von Schülern gemalte Nachahmungen der Madonna der Flachshändler. Die bemerkenswertesten findet man zu Berlin, zu Florenz in den Galerien der Akademie und des Hospitals Santa Maria Nuova sowie zu Parma. In allen diesen steht das mit einem langen Röckchen bekleidete Kind auf dem linken Knie der Mutter, tritt die rechte Hand Marias aus dem Mantel heraus, und sind die Säume mit stilisierten Buchstaben verziert. In dreien ist hinter der Mutter ein reicher Teppich aufgehängt, an dessen Stelle in dem Bilde des Hospitals eine Thronlehne tritt.

In dem einfachsten derselben, jenem der Akademie, hält Jesus ein Spruchband mit der lateinisch gegebenen Inschrift: „Lernet von mir, denn ich bin sanftmütig und demütig von Herzen, und ihr werdet Ruhe finden für eure Seelen." Im Bilde von Santa Maria Nuova ist alles bewegter. Neben dem Thron stehen zur Rechten und Linken je zwei Engel, die aber weicher und weniger ernst sind als jene,

[1] Douglas 62, Note. Er irrt S. 58, wenn er den im Innern des Flügels zur Rechten dargestellten Heiligen Matthäus nennt.

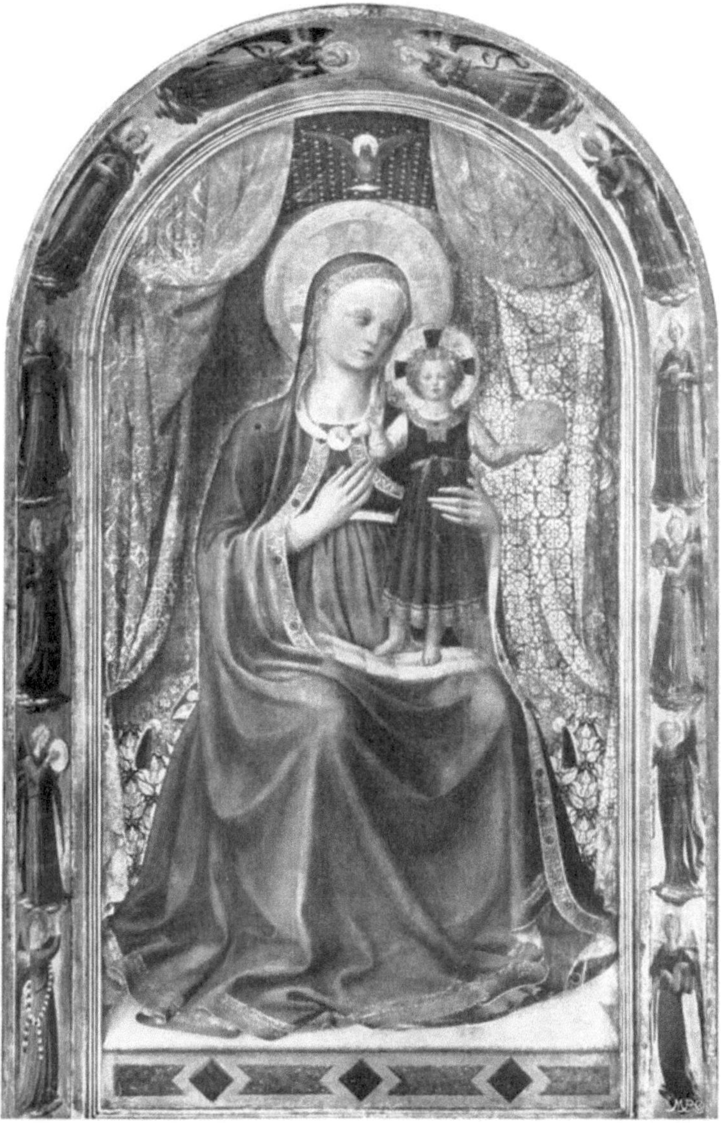

MADONNA DER FLACHSHÄNDLER FLORENZ, UFFIZIEN

die wir auf den Altartafeln von Cortona und Perugia fanden. Der Thron ist ziemlich barock gebildet (vgl. oben S. 53 g). Man wird jenen nicht Unrecht geben können, die das Gemälde einem Schüler zuweisen[1].

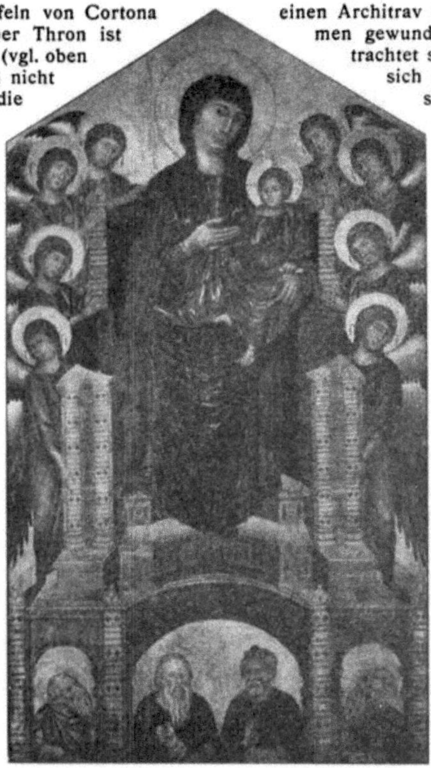

CIMABUE: MADONNA FLORENZ, AKADEMIE

In Parma thront Maria in dem oberen Teile einer im Spitzbogen abgeschlossenen Tafel. Die Hohlkehle des Rahmens ist mit vierzehn Bildern von Seraphim gefüllt, deren Köpfe aus der Mitte von je sechs Flügeln hervorschauen. Unten knien rechts und links Johannes der Täufer und der hl. Paulus, in der Mitte Dominikus und Franziskus, die sich die Hände reichen. Die Figuren und die Behandlung des Rahmens rufen einerseits das Bild der Flachshändler, anderseits die Reliquiare von Santa Maria Novella ins Gedächtnis. Das Bild dürfte in Fiesole gemalt worden sein. Seine kleinen, gedrungenen, zu kurz geratenen Gestalten, besonders diejenige des Kindes, weisen auf die Hand jenes Schülers hin, welche bei dem Reliquiar tätig war, worin Marias Krönung dargestellt ist.

In dem stark restaurierten, darum schwer zu beurteilenden Bilde der Berliner Galerie schauen die hll. Dominikus und Petrus Martyr neben der Gottesmutter so aus dem Hintergrunde heraus, daß nur ihr Brustbild sichtbar wird und sie an die Anlage der Verklärung in der 6. Zelle von San Marco erinnern.

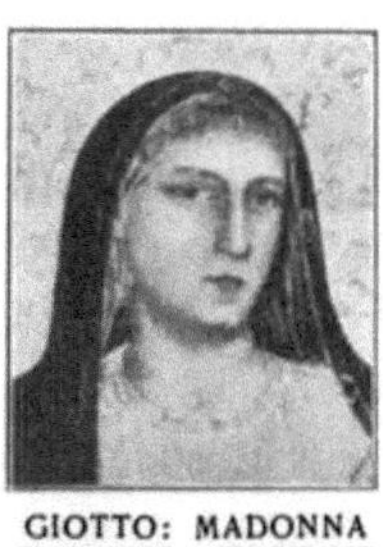

GIOTTO: MADONNA
FLORENZ, AKADEMIE

Während in den eben behandelten Gemälden das Kind vollständig bekleidet ist, erscheint es in den folgenden fast ohne Bedeckung, so besonders in einer kleinen Tafel der Galerie zu Turin. Maria thront dort vor kannellierten Säulen, welche einen Architrav tragen, während der Rahmen gewundene Säulen hat. Sie betrachtet sinnend das Kind, welches sich auf ihr linkes Knie hinsetzte und ein Band trägt mit der Inschrift: „Ich bin das Licht der Welt und der wahre Weinstock.“ Das Ganze kommt trotz vielfacher Verschiedenheit doch dem Bilde von Santa Maria Nuova nahe und könnte eine spätere und reifere Arbeit jenes Meisters sein, der letzteres malte.

In einem kleinen Bilde der Galerie des Vatikans liebkost das unbekleidete Kind seine Mutter, die eine Blume in der Hand hält. Es erinnert an die große Tafel der Akademie aus Bosco, ist aber wohl älter als sie. Auch die neun Engel, von denen nur vier ihr Angesicht zeigen, gleichen etwas den beiden auf jenem Bilde dargestellten. Vor der Stufe des Thrones kniet rechts der hl. Dominikus, links eine Heilige, wohl die hl. Katharina von Siena[2].

Ein kleines, 37 × 28 *cm* großes Temperagemälde hat das Städelsche Institut zu Frankfurt a. M. 1831 für 1650 Gulden von H. Benucci gekauft. Auf reich vergoldetem Grunde thront die Madonna in schön gemustertem Kleide unter einem achteckigen gotischen Tabernakel. Sie legt die Rechte unter das Kinn des Kindes und wendet sich gegen sechs zur Linken stehende Engel, welche betend und verehrungsvoll sie und ihren göttlichen Sohn betrachten. Ebensoviele Engel finden sich zur Rechten. Keiner hat ein Musikinstrument; sie begnügen sich, das Kind anzubeten und der Mutter ihre liebevolle Hingabe auszudrücken. Bei mehreren ist die Stirnlocke zu einem kleinen

[1] Supino 151; Tumiati 127, u. a. — [2] Drei kleine Tafeln im Christlichen Museum des Vatikan, worauf die Anbetung der Könige, Christus inmitten der Lehrer, seine Verklärung und sein Einzug in Jerusalem dargestellt sind, müssen als minderwertige Schülerarbeiten bezeichnet werden. Cartier 436 f.

Büschel aufgekämmt. Die Farben ihrer Gewänder entsprechen sich rechts und links und bilden gleichsam einen Ton und sein Echo, ein Gewicht und ein Gegengewicht. Die Nimben sind mit sechsblätterigen Blümchen versehen. Wenn dies Bild von Fra Angelico stammt, dann hat er es zu Fiesole gemalt, kurz vor der Krönung, die sich jetzt zu Paris befindet. Der oben in die Mitte gestellte Baldachin ist auf beiden Bildern fast derselbe [1].

Die in einen kostbaren Rahmen gefaßte Tafel aus dem Kloster der Kamaldulenserinnen von San Felice zu Florenz, früher in den Uffizien, jetzt in der Galerie Pitti, wird heute unserem Maler abgesprochen. Die Mutter hält ein goldenes Gefäß, woraus das auf ihrem Schoße stehende Jesuskind ein goldenes Geschmeide heraushebt, angeblich um den Beschauer an die menschliche Natur zu erinnern, die er von Maria annahm. Zur Rechten und Linken schließen Säulen die Mittelgruppe ab; dann folgen die hll. Johannes der Täufer, Dominikus, Thomas von Aquin und Petrus Martyr. Oben sind in drei Giebeln rechts und links die Figuren der Verkündigung in Brustbildern dargestellt, in der Mitte die Kreuzigung, darüber der Tod des hl. Petrus Martyr, welcher mit seinem Blute die ersten Worte des Glaubensbekenntnisses niederschreibt.

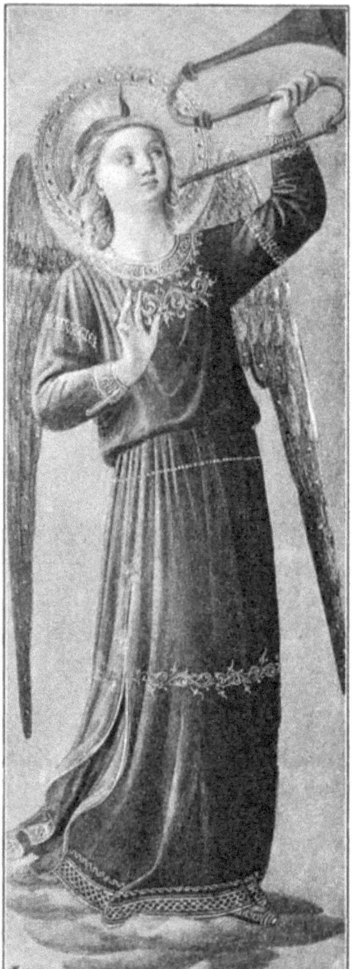

ENGEL VOM RAHMEN DER MADONNA DER FLACHSHÄNDLER

In den genannten Marienbildern bzw. in deren Rahmen sowie in vielen andern Gemälden des Fra Giovanni sind Engel dargestellt, deren Schönheit mitwirkte, ihm den Namen Angelico zu erlangen. Darum mögen hier die wichtigsten Bemerkungen zusammengestellt werden, welche über die Gestalten seiner Engel zu machen sind.

Er ist in Verwendung von Engeln besonders in der ersten Hälfte seines Lebens fast verschwenderisch. Nichts scheint ihm nach Christus und Maria lieber gewesen zu sein, nirgendwo hat er mehr Erfolg. Sichtlich freut es ihn, Maria darzustellen als „Königin der Welt und Herrin der Engel", wie es die Maler von Siena im Anschluß an die Worte des hl. Bernardin zu tun gewohnt waren [2].

Übrigens besteht zwischen seinen Heiligen und seinen Engeln eine große Familienähnlichkeit. Alle erscheinen als die verklärten Kinder eines Hauses. Doch sind die Engel beweglicher, weniger körperlich, leichter gekleidet und lichter in der Farbe. Kindliche Unschuld, fröhliches Spiel vereint sich bei ihnen mit vernünftigem Tun, Freude mit Bewegung. Leichte Flügel und helle Nimben dienen ihnen als leuchtender Schmuck.

In manchen Bildern tragen die Engel unseres Malers als Kopfzierde oberhalb der Stirne goldene oder farbige, im Haar sich erhebende Plättchen in Form feiner, nach oben zulaufender, flacher und ausgerundeter Dreiecke. In andern Gemälden bildet er diesen Schmuck nach Art der Flämmchen oder Feuerzungen, welche oft in Bildern des Pfingstfestes über den Häuptern der Apostel schweben, demnach als Zeichen des in den Engeln wohnenden Geistes Gottes [3].

[1] Auffallenderweise gibt Alinari die Photographie eines gleichen, unrestaurierten Bildes unter Nr 4483 mit der Unterschrift: Oratorio di Sant' Ansano. Beschrieben wird es 1878 bei Vasari, ed. Milanesi II 512, Anm. 2. Im Katalog des Städelschen Institutes von 1866 steht das dortige Bild unter Nr 6. Zu untersuchen bleibt, ob eines dieser Bilder nur eine ältere oder jüngere Kopie ist. — [2] S. Bernardini Senensis sermo 1 de s. Iosepho: „sponsus reginae mundi et dominae angelorum." — [3] Solche Kopfzierden finden sich in älteren Gemälden oftmals. Schon 1300 hat Duccio im Dombilde zu Siena der hl. Agnes eine solche gegeben. Vgl. Förster, Denkmale I Taf. 17. Vitale di Bologna gab sie 1320 den Engeln, Simon von Siena 1315. Vgl. Klassischer Bilderschatz I 157; Förster, Denkmale I 48. Der Kopfschmuck besteht bei einigen Vorgängern des Fra Giovanni nicht aus dreieckigen Plättchen, sondern aus aufsteigenden Bandzipfeln. Man vergleiche die Bilder der Uffizien Nr 31 gegen Nr 10 und 14.

Die Darstellung reiner Geister in menschlicher Gestalt ist eine der schwersten Aufgaben der christlichen Kunst. Keiner ihrer Gegenstände ist von der Renaissance „unwürdiger behandelt und mehr profaniert worden“[1]. Perugino, Raffael und ihre Schule machten aus den Fürsten des Himmels naive Kinder. Fra Angelico hält fest an den biblischen Schilderungen und an den Überlieferungen des Mittelalters, also auch an den Engelbildern Giottos und seiner Schule. Oft malt er die Seraphim mit sechs Flügeln, meist aber haben ihm die Berichte des Buches Tobias vorgeschwebt, worin Raphael als schöner, vornehmer Jüngling auftritt. Seine Engel bleiben intelligente, mächtige Diener und Boten des Höchsten, werden nie zu ungelenkigen Kindern, die durch Naivität ergötzen, aber noch nicht zum vollen Vernunftgebrauch gelangten, durch Unschuld und Lieblichkeit unser Herz gewinnen, aber klein blieben. Niemals bildet er sie als mädchenhafte Wesen. Stets wahrt er ihnen ihre Würde als Geister, denen der Körper nur als Erscheinungsform dient, worin sie Leben und Licht, Kraft und Behendigkeit, Freude und Güte, ewige Jugend und Seligkeit offenbaren. Solche Geister höherer Art der Kleider zu berauben, zu Putten und Amoretten zu erniedrigen, hätte er als unerlaubt angesehen[2]. So schön sind seine Engel, daß Michelangelo zu sagen pflegte: „Dieser gute Mönch muß das Paradies besucht und die Erlaubnis gehabt haben, dort seine Vorbilder zu suchen.“[3]

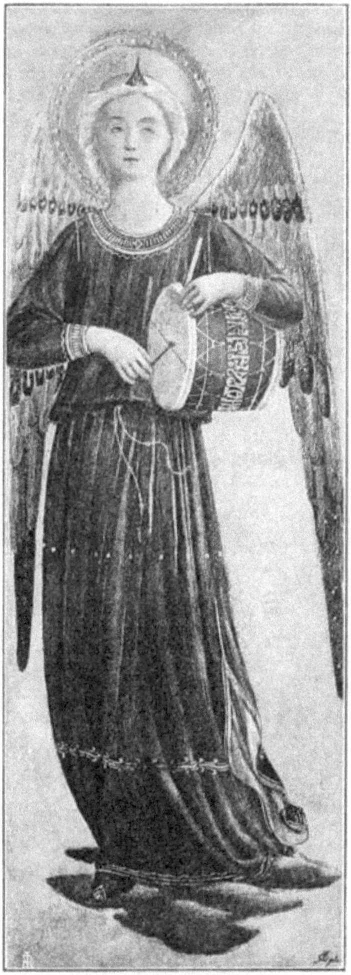

ENGEL VOM RAHMEN DER MADONNA DER FLACHSHÄNDLER

Schon die sechs Engel des Reliquiars aus Santa Maria Novella (vgl. S. 18) sind reizende Figürchen, werden aber durch die zwölf rings um die Madonna der Flachshändler gemalten Engel überholt (Bild). Bezeichnet man diese Engel, unten zur Rechten der Gottesmutter beginnend und dann um den Rahmen auf- und niedersteigend, mit den Ziffern 1—12, so musizieren 1—5 und 8—12, während 6 und 7 (die beiden oberen) mit etwas gebogenem Knie und gefalteten Händen den Gottessohn anbeten. Der erste spielt auf einem kurzen, geraden Blasinstrument, der zwölfte schlägt mit einem Klöpfel die Trommel, während der zweite und der zehnte ein mit vielen Glöckchen versehenes Tamburin benutzen.

Der erste ist wie der dritte und elfte stark bewegt. Die beiden letztgenannten halten jeder ein großes, gekrümmtes Blasinstrument. Ruhig stehen der vierte und neunte; sie haben eben mit feineren Instrumenten zu tun: mit einer Violine und mit einer Zither. Der fünfte trägt eine Handorgel, der achte begleitet deren Ton mit Metallscheiben, die er gegeneinander schlägt. Die Musik wird also nach oben hin feiner und klingt im Gebete der beiden letzten Engel (6 u. 7) aus. Diese zwölf Engel sind der Magnet der Kopisten, ihre Reproduktionen sind der gangbarste Artikel der Bilderverkäufer zu Florenz. Wenn einige Stimmen sich jüngst gegen die Wertschätzung derselben erhoben haben[4], so wollten sie mit Recht besonders dagegen Verwahrung einlegen, daß Figuren, welche nach des Malers Absicht doch nur Werke zweiten Ranges und als solche im Rahmen dargestellt sind, zur Hauptsache erhoben werden.

Eigentümlich wirken bei den Engeln, besonders in den Bildern der Krönung Marias, die Blasinstrumente, deren sie sich bedienen. Sie sind augenscheinlich den damals zu Florenz bei Festen verwendeten nachgebildet, oft weit

[1] Phillimore, Fra Angelico 31: „Perhaps, none of the Christian subjects have been more unworthily profaned by the Renaissance.“ — [2] Man vergleiche mit Angelicos singenden und tanzenden Engeln die lärmenden und springenden Kinder der Orgelbühne im Museum des Domes von Florenz. — [3] Mantz, Les chefs-d'œuvre de la peinture italienne 82. — [4] Douglas 7 f 61.

länger als ihre Träger hoch sind, und ragen in dunkler Farbe keck in den Goldgrund hinein. Man findet solche Posaunen bereits auf italienischen, französischen und deutschen Kunstwerken des 14. Jahrhunderts in Bildern des Jüngsten Gerichtes.

Der fromme Bruder scheute sich nicht, die Engel sogar so darzustellen, daß sie einen Tanz aufführen. Ein freudig bewegter Himmelsfürst beginnt in seinen Bildern des Gerichtes den Reigen, worin Engel und Auserwählte abwechseln, sich die Hand reichen und über blumige Hügel fröhlich zu den Höhen des Paradieses, zu den glänzenden Toren der Stadt des himmlischen Jerusalem ziehen (Bild S. 65).

Die erste Veranlassung, die Seligkeit der Himmelsbewohner durch einen Reigentanz darzustellen, hat wohl Jeremias (31, 12 f) geboten in der Weissagung: „Sie werden kommen und lobsingen auf dem Berge Sion. Ihre Seele wird sein wie ein wasserreicher Garten. Dann freut sich die Jungfrau am Reigen, Jünglinge und Greise allzumal." Der hl. Johannes Damascenus sagt in einer ins römische Brevier [1] aufgenommenen Rede: „Heute (am Feste der Himmelfahrt Marias) freut sich David, ihr Stammvater, und führen mit ihm die Engel einen Reigentanz auf, es freuen sich die Erzengel" usw. In einem dem hl. Bonaventura zugeschriebenen Werke [2] wird gesagt: „Die Herrlichkeit des Himmels bietet die liebreichste Gesellschaft, weil die Heiligen vor Gott stets den Reigen führen voll jeglicher Wonne. Bemerke, daß in jenem himmlischen Reigen oder Tanz dreierlei voll Frömmigkeit zu beachten ist, nämlich eine unzählige Menge, ein endloser Rundgang und unbeschreiblicher Gesang. Und wie bei andern Tänzen einer den ganzen Reigen führt, so ist Christus für Gegenwart und Zukunft der Reigenführer, welcher jene überaus selige Gesellschaft leitet und ihr vorangeht. Sein Reigentanz wendet sich jedoch in der Seligkeit nicht zur Linken hin, wie es bei den Tänzen der Welt Sitte ist. Darum heißt es in den Sprichwörtern: ‚Er kennt die Pfade, die zur Rechten sind.'"

Vielleicht im Anschluß an diese Ausführungen sagte Jacopone da Todi († 1306) in einem Gedicht: „Im Himmel, im Garten der Liebe, herrscht göttliche Liebe. Alle Seligen bilden dort einen Reigen. In ihren Rundtanz treten ein alle Heiligen und auch alle Engel, um zu tanzen in liebevoller Begeisterung vor dem göttlichen Bräutigam. An seinem Hofe herrscht Freude uneingeschränkter Liebe. Aus Liebe zum Erlöser nehmen alle teil an diesem Reigen, gekleidet in verschiedenfarbige Gewänder, in weiße und rote, die schillern wie Seide. Die Blumenkränze auf ihren Häuptern sind gleich denen der Brautleute. Alle Bekränzten erscheinen so kraftvoll, als wenn sie dreißig Jahre zählten, denn des Himmels Hof ist voll Leben und überströmend von Liebe in allem. Ihrer Kränze Blumen leuchten heller als Gold, sind mit Perlen umflochten, durch alle Farben gehoben." [3]

Auch in Deutschland haben Mystiker [4] Christus als mächtig lockenden Spielmann besungen:

Jesus kann den Seinen machen
Viel manches süße Lachen.
Heia, wie süße er fiedelt!

Die Saiten kann er rühren,
Aus Freude in Freude führen,
So wird die Seele froh und stolz.

Mit Cherubim und Seraphim
Sie springen den Reigen her und hin,
Jesus der Tänzer Meister ist.

Er windet sich hin, er windet sich her,
Sie tanzen alle nach seiner Lehr.

Fra Angelico hat mit richtigem Gefühl im Bilde nicht Christus, sondern einen Engel an die Spitze der Tanzenden gestellt. Das war um so mehr gerechtfertigt, als sie sich noch außerhalb des himmlischen Jerusalem befinden. Die Wendung nach rechts gibt er der Reihe sowohl in dem Bilde des Gerichtes in der Akademie zu Florenz als in jenem zu Berlin sowie auf den Bildern der Krönung Marias. Die Schwierigkeit der Ausführung, die Gefahr, trivial oder kindisch zu werden, hat von weiterer Verbreitung dieser bereits von Orcagna in der Kapelle Strozzi zu Santa Maria Novella geschilderten, lieblichen Darstellung eines Tanzes der Seligen abgehalten [5]. Fra Angelico wußte auch hier Maß zu halten; er läßt keinen der kanonisierten Heiligen, die er stets durch Nimben auszeichnet, an diesem fröhlichen Zug teilnehmen, sondern nur namenlose in die Seligkeit aufgenommene Auferstandene. Welch feinen Adel findet man in dem von ihm geschilderten Festjubel, wenn man ihn vergleicht mit den Darstellungen Antwerpener Altäre des 16. Jahrhunderts, wo die Hirten in bäuerischer Weise umherhüpfen, weil die Engel ihnen „große Freude" verkünden!

Wie die Zeichnung, so bleibt die Farbe seiner Engel leicht und fein. Sind deren Gestalten Gebilde der religiösen Phantasie, so glänzen auch die Farben ihrer Kleider anders als in der wirklichen Natur und bei verschiedenartigem Einfallen irdischen Lichtes. Sie zeigen Töne,

[1] 15. Aug., Lect. IV. — [2] Dietae salutis tit. X: De gloria paradisi, c. 6, Opera ed. Lugd. VI 323. Die Schrift fehlt in der neuen Ausgabe, worin sie X 24 als sicher unecht bezeichnet wird. — [3] Supino 79 f. — [4] Grupp, Kulturgeschichte des Mittelalters II 182. — [5] Andrea de Florentia hat in seiner Allegorie auf die siegreiche Kirche in der Spanischen Kapelle von Santa Maria Novella um 1355 tanzende Jungfrauen dargestellt. Förster, Denkmale I Taf. 28. Klassischer Bilderschatz IX 1177.

die für Idealgestalten passen, für Wesen der mystischen Poesie. Alles war diesem Maler auch bei seinen Engeln Mittel zur Aussprache des Gedankens. Wollte er bei den Kreuzesbildern zum Mitleid, sogar zur Buße führen, so sucht er hier durch die weit ausgestreckten Posaunen und das sanfte Spiel der feineren Instrumente, durch Tanz, Kränze von Rosen und schillernde, helle Gewänder die geistige Freude darzustellen, welche den Mystikern am rechten Ort gerade so wichtig war als die Trauer bei Betrachtung des Leidens [1].

Nirgendwo zeigen Angelicos Engel eine größere Schönheit als in den Bildern der Verkündigung, in denen ja nur zwei Personen zu schildern waren: Gabriel und die Königin der Engel, in der vertraulichsten Unterhaltung über das höchste Geheimnis. Da mehrere dieser Bilder bereits oben eingehend besprochen wurden und eines in anderem Zusammenhange noch zu behandeln ist, so wenden wir uns zu weiteren Darstellungen aus dem Marienleben, zuerst zu einer Schilderung der Vermählung in den Uffizien (Bild S. 59). In der Mitte legt der Hohepriester die Hände Marias und Josephs zusammen. Auf dem blühenden Stabe des Bräutigams sitzt eine Taube. Hinter dem hl. Joseph stehen zehn Männer. Die beiden ersten schlagen mit den Fäusten auf seinen Rücken, ohne daß er oder ein anderer es beachtet; die zwei folgenden beklagen ihr Mißgeschick, daß sie bei der Brautwerbung erfolglos blieben; zwei weitere zerbrechen ihre dürren Stäbe. Zwei ältere Männer und zwei Posaunenbläser beschließen die Komposition nach dieser Seite hin. Auf der andern Seite stehen hinter Maria vier Frauen, drei Jungfrauen und zwei Kinder. Den Hintergrund bildet die Terrasse des Tempels, zu dem Stufen emporführen. Das Bild erinnert sehr an Ghirlandajos Fresken in Santa Maria Novella (1490) und entwickelt die bereits von Orcagna in einem Relief des Altars von Or San Michele gegebenen Motive weiter [2]. Daß zwei Freier den erwählten Bräutigam schlagen, ohne daß er oder irgend eine andere Person es merkt, ist auffallend. Ähnliche Mißhandlung des hl. Joseph findet man übrigens auch auf flämischen Bildern aus dem Beginn des 16. Jahrhunderts, z. B. in Dortmund und Schwerte [3].

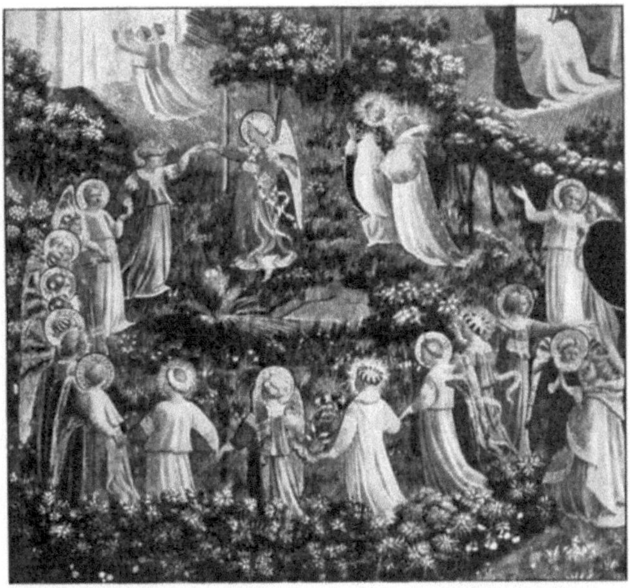

REIGEN DER SELIGEN FLORENZ, AKADEMIE

[1] Zwei auf Wolken kniende Engel in der Turiner Galerie sind wertvolle Reste eines größeren Bildes. Das oben S. 61 erwähnte Madonnenbild daselbst aber trägt fälschlich Angelicos Namen. Cartier 439. Crowe II 164. Vasari, ed. Milanesi II 512, A. 2. Douglas 178. — [2] Dies Relief abgebildet bei Lasinio, Il tabernacolo d'Orsanmichele Taf. 2. — [3] Münzenberger-Beissel, Zur Kenntnis und Würdigung der mittelalterlichen Altäre Deutschlands II, Frankfurt a. M., Kreuer, 34 f. — Beachtenswert ist, wie in Angelicos Bild der Gleichklang der Farben durchgeführt ist. Bezeichnet man dessen einzelne Figuren mit Ziffern, so ergibt sich folgendes Schema, worin 10 und 12 Joseph und Maria, 11 den Priester, die übrigen Ziffern die andern Personen bezeichnen.

4 (7) (18)
1 a (b) 3 6 9 **11** 13 15 (17) 19
2 5 8 **10** **12** 14 16 20 21

Mennigrot gekleidet sind 4 (Mantel), 6 und 14. Dunkelviolett: 2, 9 und die Mütze von 1, hellviolett: 4 (Kleid), 10, 12 und 19, dunkelblau: 8 und 13, hellblau: 2 (Mantel), 5, 10 (Kleid) und 16, grün: 3, 11 und 15, gelb: 1, 6 (Kleid), 9 (Mantel), 20 (Kleid). Nur die Köpfe sind sichtbar bei 1b, 7, 17 und 18. Die Gebäude im Hintergrunde sind gelb, der Himmel oben rechts ist blau, der Rasen unten grüngelb. Rot und Blau sind oft so stark durch Weiß gemildert und getönt, daß sie herrlich zusammengehen.

Das Motiv muß aus einer im 15. Jahrhundert weit verbreiteten Legende stammen.

In dieser Tafel der Uffizien ist die Szene der Vermählung mehr in die Breite gezogen als in dem kleinen, lieblichen Bildchen der Predella des Verkündigungsbildes zu Cortona. Die einzelnen Figuren kommen aber mehr zur Geltung, und die Komposition ist großartiger[1].

Ein Seitenstück zu den beiden Bildern der Vermählung ist dasjenige des „Todes Mariä" in den Uffizien. Es schließt sich noch an die althergebrachte byzantinische Darstellung an und ist offenbar beeinflußt von Orcagnas Grablegung Marias am Altare von Or San Michele, die jedoch zahlreichere und bewegtere Figuren aufweist. Die auserwählte Jungfrau liegt in Angelicos Bild auf der Bahre, ohne daß der Tod ihre Züge entstellte; sie scheint nur einige Zeit ruhen zu wollen. In der Mitte ragt hinter der Leiche die großartige Gestalt Christi aus einer mit Strahlen gefüllten Mandorla hervor. Sein azurblaues Gewand ist mit zahllosen Sternen besät. Leuchtend und verklärt ist er vom Himmel herabgestiegen und trägt nun die als Kind gebildete Seele seiner Mutter auf dem linken Arm, um sie mit sich hinaufzunehmen in die lichte Höhe, während er mit der Rechten ihre Leiche segnet. In stiller Trauer umgeben zwölf Apostel die Bahre. Zu Häupten der Entschlafenen spricht Petrus die Gebete der Kirche für die Verstorbenen. Philippus, der einen Weihwasserwedel hält, und Thomas stehen neben ihm, wie Diakon und Subdiakon den Priester begleiten. Hinter dem Apostelfürsten tragen anstatt der Chorknaben zwei Engel ein Rauchfaß und ein Weihwassergefäß. Zu den Füßen Marias hält der hl. Johannes jene Palme, die ein Engel der Gottesmutter überbrachte, um ihr den nahenden Tod anzukünden. Weil bei den Begräbniszeremonien vor der Leiche ein Kreuz getragen wird, hat Fra Angelico der Palme oben drei kreuzförmig ausgebreitete Blätter gegeben. Weil neben dem Kreuze zwei Chorknaben mit Leuchtern zu gehen pflegen, hat der Maler hier zwei Engel hingestellt, die Leuchter mit brennenden Kerzen halten. Die vier Leuchter, welche bei größeren Leichenfeierlichkeiten in Florenz zur Zeit des Malers um die Bahre gestellt wurden, fehlen nicht. Man sieht also, wie Fra Giovanni, gleich andern Malern derselben Periode, die Sitten seiner Zeit schildert. Somit gibt dies Bild uns das Recht, ja die Pflicht, auch bei andern Schilderungen, z. B. bei der eben erwähnten Vermählung, manche Züge aus den damals zu Florenz herrschenden Gebräuchen zu erklären. Den Hintergrund füllt eine Landschaft, worin zur Rechten und Linken kahle Berge aufsteigen, in der Mitte aber hinter dem Herrn ein Tal sich zeigt, in dem viele Bäume aufwachsen, wohl das Tal Josaphat, in dem Maria nach der Legende bestattet wurde.

Ist in vorstehendem Gemälde eigentlich nicht der Tod, sondern die Einsegnung der heiligen Leiche der Gottesmutter geschildert, so zeigt die Predella des Verkündigungsbildes von Cortona die Grablegung. Auch in ihr erscheint Christus in der Mitte des Bildes hinter der entseelten Hülle seiner Mutter, indem er ihren Geist in der Gestalt eines Kindes auf dem linken Arme trägt. Er wird von einem der zwölf versammelten Apostel mit gefalteten Händen andächtig verehrt. Petrus verrichtet die beim Begräbnis gebräuchlichen Gebete, während ein anderer Apostel ihm gegenüber die Palme statt eines Kreuzes emporhebt. Zwei Kerzen ragen neben dem Herrn empor. Den Hintergrund füllt wiederum eine öde Gebirgslandschaft, also ebenfalls das Tal Josaphat.

In der Predella des Verkündigungsbildes zu Madrid finden wir ein Bild des Absterbens Marias. Der Herr segnet seine scheidende Mutter, an deren Sterbebett neben den Aposteln auch ein Engel steht (vgl. S. 18).

In dem vierten Reliquiar der Kirche Santa Maria Novella erscheint Christus wiederum hinter der Leiche seiner Mutter in der Mitte; um ihn sind vierzehn Personen versammelt, die alle Nimben tragen. Petrus ist wiederum von zweien derselben begleitet und liest auch hier in einem Buche. Ein Apostel hält ihm gegenüber die bedeutungsvolle Palme. Vier Männer (Apostel?) schicken sich an, die Bahre zu erheben, um sie zum Grabe zu tragen. Zur Rechten und Linken stehen zwei Leuchter. Die Haare der Apostel sind auffallend reichlich und bewegt, einzelne Köpfe ganz anders, als man sie bei Fra Angelico meist findet. Die Hand eines Gehilfen ist also hier unverkennbar.

Der ältesten dieser Darstellungen des Todes Mariä, derjenigen der Predella von Cortona, folgte der Zeit nach das Gemälde der Predella zu Madrid, dann die Tafel der Uffizien, die wohl noch in Fiesole entstand, endlich das vierte Reliquiar, bei dessen Vollendung ein Schüler half[2].

[1] Vgl. oben S. 5 und Supino 41 f, wo beide Gemälde abgebildet sind. — [2] Abbildung der vier Darstellungen des Todes Mariä bei Douglas Taf. 4 10 11 und 16, vgl. S. 39 f; das Bild der Uffizien in Beissel-Helbig, Fra Angelico 117. Über das vierte Reliquiar vgl. S. 19. In einem von Marchese, Memorie I[4] 401, Cartier 445 Nr 118, Crowe II 165 Anm. 82 f und 450 besprochenen, aus der Sammlung Ottley an Mr Fuller Maitland, dann an Mr Farrer in London übergegangenen Bilde ist die Bestattung der Gottesmutter dargestellt. Ein zweites, früher dem Fra Angelico, jetzt dem Andrea da Firenze zugeschriebenes Bild bei Fuller Maitland schildert Mariä Himmelfahrt, bei der Franziskus und Hieronymus (nicht Bonaventura) in halblebensgroßen Figuren unten knien.

Sehr schön ist die Aufnahme in den Himmel geschildert im oberen Teile des vierten Reliquiars von Santa Maria Novella. Die heiligste Jungfrau schwebt mit erhobenen Händen auf lichten Wolken in einem Strahlenkranze empor zu Christus, der, von sieben Seraphim umgeben, im Brustbild erscheint, sich neigt und seine Hände ausbreitet, um die Mutter zu empfangen. Unten bewundern vier auf Wolken kniende Engel die aufsteigende Jungfrau, oben schweben zu jeder Seite je drei musizierende Himmelsgeister: zwei blasen in lange Posaunen, einer hat eine Handtrommel, drei spielen auf Saiteninstrumenten. In der Mitte tanzen elf Engel in fröhlichem Reigen. So sind einundzwanzig himmlische Geister in leichter Bewegung um ihre Königin kniend, tanzend oder schwebend wie um einen Mittelpunkt geordnet, mit dem sie emporziehen. Sie erinnern an Dantes Verse:

Und in der Mitte sah mit off'nen Schwingen
Ich mehr denn tausend Engel festlich eilen,
Ein jeglicher an Glut und Kunst verschieden.

Dort sah zu ihren Reigen, ihren Sängen
Ich eine Schönheit lächeln, die den Augen
Der andren Heiligen allzumal war Wonne.

Und wenn ich auch so reich an Worten wäre
Als an Vorstellungen, nicht würd' ich's wagen,
Zum kleinsten Teil nur ihren Reiz zu schildern[1].

Zu großartiger Gruppierung und Farbengebung erhebt sich der englische Maler in seinen Bildern der Krönung Marias. Das auf einem der vier Reliquiare von Santa Maria Novella gemalte ist bereits behandelt worden (S. 18).

Fra Angelico hat die in ihm gegebenen Motive zu einer größeren Komposition entwickelt in der für die Kirche seines Klosters zu Fiesole vollendeten, leider durch starke Übermalung geschädigten Altartafel von 2,12 *m* Höhe und 2,90 *m* Breite (Bild S. 68)[2]. Sie kam infolge der Napoleonischen Eroberungskriege 1812 in die Galerie des Louvre zu Paris. Als die Kommission der Verbündeten im Jahre 1814 die geraubten Kunstschätze musterte, um die wertvollen zurückzufordern, und der italienische Bevollmächtigte auf das Gemälde aufmerksam gemacht wurde, meinte er, es lohne sich nicht der Mühe, eine so altfränkische Schilderei („roba vecchia") zurückzufordern[3]. Er stand übrigens mit dieser Schätzung nicht allein; denn bereits 1587 hatte Giovanni Battista Armenino in einem Buche über die Malerei alle Werke Angelicos als „armselig in Erfindung und Ausführung" bezeichnet. Vor ihm war diese Krönung freilich von Vasari durch folgende Sätze ausgezeichnet worden: „Sich selbst übertraf Fra Giovanni, am meisten Geschick und Kunstverständnis bewies er in einer Tafel der Kirche des hl. Dominikus zu Fiesole. In ihr krönt Christus die Madonna inmitten eines Chores von Engeln. Unten findet man eine große Menge heiliger Männer und Frauen. Sie sind so zahlreich, so gut ausgeführt, in so verschiedenartiger Stellung und mit so mannigfaltigem Ausdruck in den Köpfen gegeben, daß der Beschauer eine unglaubliche Annehmlichkeit und Freude verspürt. Es scheint, jene Seligen vermöchten im Himmel nicht anders sich zu zeigen, oder besser gesagt, wenn jeder einen Körper hätte, könnte er nicht schöner erscheinen. Alle jene heiligen Männer und Frauen treten in dem Gemälde nicht nur lebensvoll mit zartem und lieblichem Ausdruck auf, sondern auch in solchen Farben, daß man glauben sollte, sie seien von der Hand eines der in ihm geschilderten Heiligen oder eines der Engel gemalt. Darum wurde jener treffliche Ordensmann mit großem Recht stets Frate Giovanni Angelico genannt. In der Predella sind Szenen aus dem Leben der Madonna und des hl. Dominikus in gewisser Art göttlich schön, und ich kann mit Wahrheit behaupten: ‚Nie kann ich dies Werk betrachten, ohne daß es mir neu erscheint, und ich sehe mich nie satt daran.'"

In der Mitte der Staffel sitzen Maria und Johannes vor dem Grabe, aus dem Christus in größerer Gestalt hervorragt. Rechts und links sind in je drei Bildchen Szenen aus der Legende des hl. Dominikus gemalt, weil er ja nicht nur Stifter des Ordens war, dem das Kloster von Fiesole gehörte, sondern auch Patron des dortigen Gotteshauses: 1. die Vision des Papstes Honorius III., welcher sieht, wie der Heilige die Kirche stützt; 2. die hll. Petrus und Paulus senden den hl. Dominikus aus zum Predigen; 3. die Auferweckung Napoleons, des Neffen des Kardinals Stephan; 4. die Disputation mit den Ketzern, bei der eine Schrift des Heiligen im Feuer unversehrt bleibt; 5. die Speisung der Dominikaner durch Engel; 6. der Tod des hl. Dominikus.

Oben in der Mitte der Tafel sitzt der Herr unter einem reichen gotischen, mit farbenprächtigen Teppichen behängten Baldachin.

[1] Paradies XXXI 130 ff. — [2] Vasari, ed. Milanesi II 511. Marchese I 262 ff. Rio II 340. Cartier 132 f. Crowe II 160. Waagen, Kunstwerke und Künstler in Paris, Berlin 1839, Nicolai, 404. „Mariä Krönung und die Wunder des hl. Dominikus von Johann von Fiesole in 15 Blättern gezeichnet von W. Ternite. Mit einer Nachricht vom Leben des Malers und Erklärung des Gemäldes von A. W. v. Schlegel." Paris 1817. Eine einfache Zeichnung des Bildes bei Mantz, Les chefs-d'œuvre de la peinture italienne zu S. 76. Eine prachtvolle Chromolithographie erschien 1855 zu Paris. Sie ist von Kellerhoven in 25 Farben ausgeführt. Didron, Annales XV 66. Organ für christliche Kunst V, Köln 1855, 129. [3] Förster, Geschichte der italienischen Kunst III 498. Vgl. in der Zeitschrift für christliche Kunst XI (1898) 233 f die Ausführungen von Schrörs über die Beurteilung Angelicos vom 16. bis 19. Jahrhundert, und Broussolle 23 f 124.

Seine jungfräuliche Mutter kniet vor ihm, faltet die Hände über die Brust und neigt ihr Haupt, um die Krone zu empfangen. Christus schickt sich an, sie ihr mit beiden Händen aufzusetzen. Hat sie dieselbe erhalten, dann wird sie aufstehen und den neben ihrem Sohne unter dem Baldachin bereiteten Platz einnehmen.

Nichts geht, nach Schlegels Ausführungen, über die Klarheit des unschuldigen Hauptes, über die Zartheit und Anmut dieser hingehauchten Gestalt. Ihr Schleier läßt die blonden Haarflechten und die Formen des Kopfes durchscheinen. Der blaue, reich gesäumte Mantel fällt von den Schultern herab über die Füße. Das weite, blaue, mit kostbarem Pelzwerk gefütterte Oberkleid ist an den Seiten offen und bedeckt nicht die Arme, so daß dort der rote Leibrock sichtbar wird. Die Tracht ist jedenfalls eine idealisierte Wiedergabe hochfeiner Florentiner Mode.

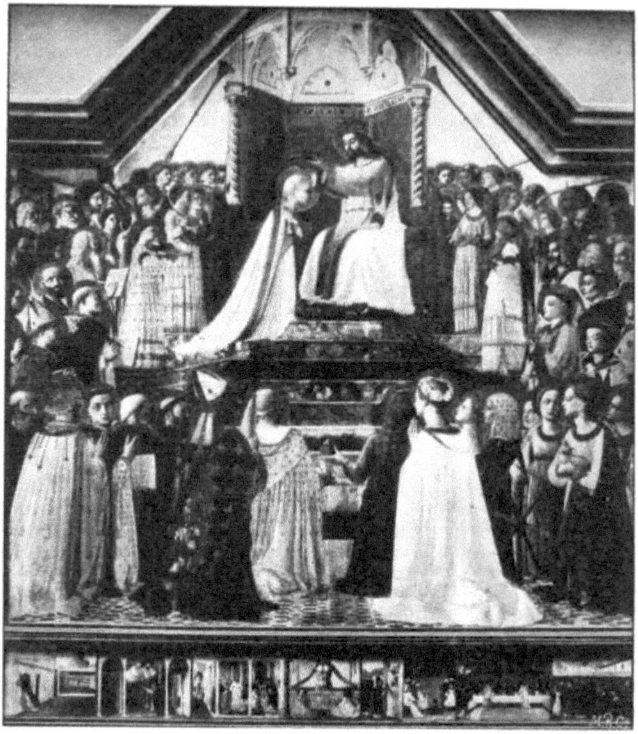

KRÖNUNG MARIÄ PARIS, LOUVRE

Nach Cartier hat der Maler sich begeistert durch jene Worte des Hohenliedes, womit damals im Orden des hl. Dominikus das Officium der Himmelfahrt Mariä begann: „Ganz schön bist du, meine Freundin, und eine Makel ist nicht an dir. Der Wohlgeruch deiner Gewänder übertrifft allen Weihrauch. Schon ist der Winter vorüber, der Regen wich und verschwand. Blumen erschienen in unsern Gefilden. Stehe auf, eile, meine Freundin, und komm vom Libanon. Komm, du sollst gekrönt werden." Diesen Worten entsprechend zeigt die Tafel Maria als reine Magd, in der vollen Blüte der Jungfräulichkeit, fast so wie die besten Meister von Siena sie zu bilden liebten: schön, aber ernst, ansprechend und würdevoll, jugendlich und doch ausgereift, als Taube des Hohenliedes, als voll entwickelte Blüte des Paradieses, deren frische Farbenpracht nicht welkt.

Christi Mantel ist blau, sein Kleid rot mit blauem Futter. Seinen Thron umgeben vierundzwanzig Engel und siebenunddreißig Heilige, die, wie Rio bemerkt, so geschickt angeordnet sind, daß man meint, es seien ihrer viel mehr. Die Engel tragen lange Gewänder, welche ihre Füße verbergen. Die dem Throne am nächsten stehenden singen oder spielen auf feinen Instrumenten, die andern musizieren mittels Posaunen, Trommeln, Geigen und Orgeln, wie Florentiner Musiker damals bei feierlichen Anlässen mit allen Instrumenten einzufallen pflegten (vgl. Bild S. 75). Nicht alle Heiligen schauen auf zur Krönung: einige teilen sich ihre Freude gegenseitig mit oder weisen ihre Nachbarn und so auch den Beschauer hin auf den Mittelpunkt des Ganzen.

Die Nimben sind hier wie auf allen Bildern Angelicos kreisrund, folgen also nicht der Bewegung der Köpfe. Sie wurden mittels verschiedener metallener, zirkelrunder Formen in den Goldgrund eingeprägt. Ihre Saphire, Rubine und andern Edelsteine sind so hergestellt, daß im Nimbus Vertiefungen gemacht und je nach Bedarf bemalt wurden.

Alle Farben stehen rein nebeneinander, ohne durch gegenseitige Übergänge beeinflußt zu werden. Schatten sind nicht durch Beifügung von Schwarz oder Braun, sondern durch dickeres

Auftragen desselben Pigmentes gebildet. Die Lichter sind vermittels dünner Pinselstriche aufgetragen und mit Weiß gleichsam schraffiert. Die Gewänder sind fast durchsichtig, die Köpfe ätherisch, die Gestalten von Licht und Luft verklärt. Kaum jemals hat ein Maler den Stoff in gleichem Maße vergeistigt. Die leuchtenden und ungemischten Farben, besonders Blau und Karminrot, glänzen in eigenartiger Pracht [1].

Oben endet die Pariser Tafel in einem abgestumpften Dreieck. Die Linien dieses Dreiecks bestimmen die ganze Komposition. Wer eine Anzahl Parallelen zu ihnen durch das Gemälde legt, wird finden, daß die Gruppierung sich denselben anschließt. Innerhalb dieser Linien ist der Aufbau des Ganzen durch neun Stufen einer Treppe bestimmt, welche in der Mitte mit drei Seiten eines Sechseckes weit vorspringt. Auf diesem Vorsprung ist der Thron errichtet, über dem ein sechsseitiger Baldachin sich wölbt. Nur Christus und Maria nahmen auf dem vortretenden Teil des Treppengerüstes Platz; alle Engel und Heiligen knien vor den Stufen oder stehen auf deren rechts und links verlaufender Fortsetzung. Sieben heilige Männer und acht heilige Frauen, welche vorn kniend den Vordergrund füllen, sind größer gestaltet. Nach oben hin werden die zweiundzwanzig zur Rechten und zur Linken stehenden Seligen kleiner; noch zarter sind die vierundzwanzig dicht um den Thron gestellten Engel gebildet. Dadurch erscheinen dann die Gestalten Christi und Mariä viel größer, als sie wirklich sind.

Die Heiligen auf den vier obersten Stufen tragen ihre Namen in den Nimben. Dort stehen, von oben nach unten gehend, zur Rechten, also hinter der knienden Gottesmutter [2]: Moses und Johannes der Täufer, Andreas mit Petrus, Bartholomäus, Jakobus der Jüngere und Johannes der Evangelist als Greis, endlich der Apostel Simon; zur Linken: Matthias und David, Thaddäus und Paulus, Matthäus, Philippus und Jakobus der Ältere, endlich Petrus Martyr. Letzterer leitet über zu den Heiligen, welche auf den beiden unteren Stufen stehen, deren Namen jedoch nicht in den mit Edelsteinen und Perlen verzierten Nimben eingeschrieben sind. Auf der linken Seite finden sich Laurentius, Georg und Stephanus, rechts ihnen gegenüber, unter dem heiligen Evangelisten Johannes, Markus (?), Dominikus (Bild) und ein Bischof mit einer Feder: der heilige Augustinus, dessen Regel der hl. Dominikus den Seinen gab. Zur Rechten knien vor dem Throne fünf Ordensmänner, wohl Benedikt, Thomas von Aquin, Gualbertus (?), Franziskus von Assisi und Romuald oder Bernard, ein König (nicht Karl der Große, sondern Ludwig der Heilige von Frankreich, Freund und Gönner des hl. Thomas von Aquin, neben dem er hier kniet und mit dem er redet [3]), endlich der heilige Bischof Nikolaus. Ihnen entsprechen auf der andern Seite Ursula mit ihrem Pfeil, Agnes, Katharina von Alexandrien mit ihrem Rad und die hl. Katharina von Siena (nicht Klara), Magdalena und Cäcilia, welche eine aus Lilien und Rosen geflochtene, von einem Engel überbrachte Krone trägt [4], endlich zwei andere heilige Jungfrauen ohne Symbole.

Für die zarte Aufmerksamkeit, womit der Maler seine Heiligen darstellte, zeugen die Inschriften der Nimben. Sie sagen: „Der heilige Moses, Gottes Diener und Auserwählter", „Johannes der Täufer, des Herrn Vorläufer", „Der hl. Petrus, aufgestellt als Schlüsselträger des Himmels", „Der hl. Paulus, berufen zum Lehrer der Heiden", „Der hl. Johannes, der Evangelist, Gottes Geliebter", „(Der hl. Dominikus), welcher die Lilie der Jungfräulichkeit ohne Makel bewahrte". Im Buche des Stifters seines Ordens steht wiederum zunächst die ernste Mahnung: „Habet Liebe, bewahret Demut, besitzet freiwillige Armut". Dann folgt das Gebet, welches in seinem Orden täglich verrichtet wurde: „O süße Hoffnung, welche du (hl. Dominikus) denjenigen gabst, die in deiner Sterbestunde weinten, indem du ihnen versprachst, nach dem Tode ihnen als Brüdern beizustehen. Erfülle, o Vater, was du verheißen hast; hilf uns durch deine Gebete. Du, der glänzte durch so viele Wunder und heilte die Leiber der Kranken, bringe uns Christi Hilfe, indem du die Krankheiten der Seelen hebst." [5] Im Buche des hl. Thomas von Aquin steht: Te Deum (laudamus).

Meist sind je zwei Heilige zu einer Gruppe zusammengefaßt, zuweilen drei oder vier; einer füllt oft mit seinem Haupte eine Lücke. Die Köpfe sind so geschickt zusammengestellt, daß trotz des Gedränges die schönste Ordnung

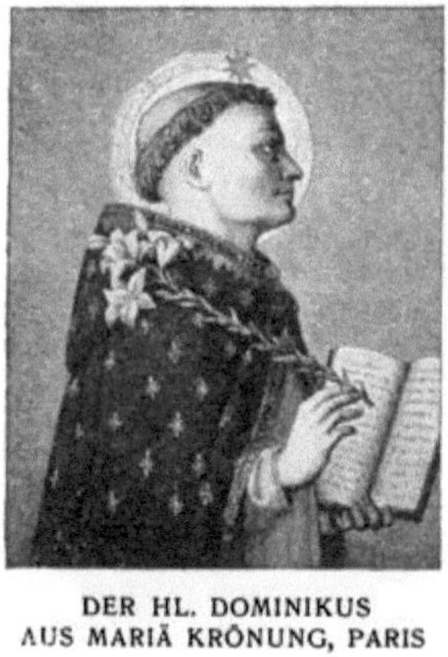

DER HL. DOMINIKUS
AUS MARIÄ KRÖNUNG, PARIS

[1] Vgl. Müntz, Histoire de l'art pendant la Renaissance: Les primitifs 653 658. Supino 72. Oben S. 43. — [2] Die Namen der in jeder Reihe an der Spitze stehenden Heiligen sind gesperrt gedruckt. — [3] Vgl. oben S. 58 die Beschreibung der Schule des hl. Thomas. — [4] Iacobus de Voragine, Legenda aurea c. 169. — [5] Der lateinische Text bei Schlegel, Mariä Krönung 22. Vgl. oben S. 50.

herrscht. Die reichste Tracht hat der im Vordergrund kniende hl. Nikolaus. Seine Kasel trägt in der Mitte des Rückens eine breite Borte mit sechs Szenen aus Christi Leiden. Sie sollen Kopien der jetzt in der Akademie zu Florenz aufbewahrten Gemälde Giottos sein. In seinem Bischofstabe steht das Lamm Gottes mit der Siegesfahne. Der Stoff der Kasel und der Albe sind mit Ornamenten gefüllt.

In der oberen Hälfte der Altartafel, beim Throne des Herrn, führen Engel ein Konzert auf. Zuerst kommen neun mit Posaunen, die sie nach allen Himmelsrichtungen, nach unten und oben wenden, damit allgemeiner Jubel sich in alle Fernen verbreite. Weiterhin tragen sieben Engel eine Handorgel, ein Tamburin, eine Handtrommel, zwei Zithern und zwei Geigen; die übrigen beten und schauen zu. Alle Engel, die musizierenden wie die anbetenden, sind „Gestalten voll lieblicher Unbefangenheit und seliger Unschuld. Sie rühren die Saiten mit einer anmutigen Nachlässigkeit, als wäre Harmonie ihre eigene Natur. Der letzte, welcher eine Art von Geige spielt und etwas hineinwärts gewandt ist, scheint wie freudetrunken und verliebt in die Töne, welche er seinem Instrumente entlockt. Ihre ganz sichtbaren Gewänder sind von vorzüglich heitern Farben: hellblau und hellrot, zu jeder Seite des Thrones in umgekehrter Ordnung. Wir müssen die Erfindsamkeit des Künstlers bewundern, der bei einem Gegenstande, wobei eigentlich keine Entgegensetzung der Charaktere stattfindet und ein verwandter Ausdruck der liebevollen Freude und stillen Seligkeit auf allen Gesichtern erfordert wird, eine so große Mannigfaltigkeit innerhalb der Grenzen des Würdigen und Schönen zu erschaffen wußte. Man wird nicht sagen können, daß irgend ein Kopf den andern wiederhole. Und diese Mannigfaltigkeit erstreckt sich nicht bloß auf die Züge und den seelenvollen Blick, sondern auch auf den Wuchs und die Anordnung der Haare und den Bartwurf, welcher meistens von ungemeiner Schönheit ist; endlich auf die Gebärden und Stellungen. Durch die Anordnung des Ganzen hatte der Maler sich den Vorteil gesichert, Gestalten in allen Richtungen, ganz von vorn, seitwärts gewandt und vom Rücken her, zeichnen zu können, während sie doch alle auf die Haupthandlung im Mittelpunkte gewandt sind.“ [1]

Der Faltenwurf der Gewänder ist meisterlich behandelt. Leicht umgibt der durchsichtige Schleier das Haupt der Jungfrau, schwer aber fällt die gestickte Kasel über den Rücken des im Vordergrunde knienden Bischofs. In vornehmste, reich gemusterte oder bestickte Seidenstoffe ist neben letzterem der König, ihm gegenüber Katharina gehüllt. Die feinen Kleider der Engel sind gegürtet; der obere Teil ihrer Tunika fällt aber über den Gürtel, verbirgt ihn und macht die Falten reicher. Die Kleider wallen dann so tief herab, daß die Füße unsichtbar bleiben. Auf dem ganzen Bilde ist kein Fuß zu sehen; vielleicht um daran zu erinnern, daß alle diese Personen nicht mehr auf der Erde wandeln, sondern frei von lästiger Schwere in himmlischen Regionen schweben. Die Augen sind beseelt, voll Licht und Glanz. Ihre Pupille bleibt selbst dann groß, wo die Gesichter im Profil erscheinen. Mit Recht bemerkt aber Schlegel, daß wir dies Abweichen von der Naturwahrheit um so weniger als Fehler tadeln dürfen, weil vortreffliche geschnittene Steine aus der Zeit der ersten römischen Kaiser ähnliche Zeichnung aufweisen.

Vollkommener als diese aus Fiesole stammende Krönung Marias zu Paris ist die aus der Kartause Santa Maria Nuova in Val d'Ema bei Florenz der Sammlung der Uffizien überwiesene (Titelbild). Schon die halbrunde Form des oberen Abschlusses ist ruhiger und feiner. Weggefallen sind der architektonisch gegliederte Aufbau des Thrones, sein Baldachin und die zu ihm hinanführenden Stufen, wodurch das Bild in irdische Sphären hinabgezogen wurde. Maria kniet nicht mehr vor Jesus, sondern hat neben ihm Platz genommen. Zwischen beiden gehen aus einer Lichtquelle Strahlen aus. Diese Lichtquelle gibt nicht nur den Mittelpunkt für die sich nach oben hin ausbreitenden Strahlenbündel, sondern auch für die ganze Anordnung des Bildes. Beschreibt man nämlich von ihr aus eine Anzahl konzentrischer Kreise, so bestimmen diese die Haltung der dargestellten Engel und die Lage der Köpfe der Heiligen. Nicht Dreiecke, sondern Kreise bieten also in diesem Bilde die Grundlagen der Anordnung [2].

Um die Gestalten Christi und seiner Mutter ist mit allen Mitteln, welche ein plastisch behandelter Goldgrund bietet, der Glanz der Sonne nachgeahmt, die bereit ist, im hellsten Morgenrot emporzusteigen. Ein altes deutsches Lied sagt:

Und ob schon Tag und Nacht
Sonn', Mond und Sternenpracht,
So schön als nie erdacht,
Den Himmel malen:
Doch ich ihr Licht veracht',
Wenn Jesu Namens Macht
Des Herzens Nacht verjagt
Mit seinen Strahlen.

Solcher Poesie entsprechend, läßt Fra Angelico von Jesus und von seiner Mutter alles Licht ausgehen, wie es in Correggios Heiliger Nacht ausstrahlt von dem göttlichen Kind, dem wahren Licht, das in diese Welt kam, alle Menschen zu erleuchten. Maria erscheint als

[1] Schlegel a. a. O. 20 16. – [2] Vgl. S. 42 f u. 72 f.

das in der Geheimen Offenbarung gerühmte Weib, mit der Sonne bekleidet. Alles von ihr und dem Herrn ausgehende Licht findet aber ringsumher keine Finsternis, sondern verklärte Gestalten, die es aufnehmen und widerstrahlen, die erinnern an Tautropfen, in denen sich das Morgenrot sammelt und nach allen Seiten hin im farbenprächtigsten Spiel sich verbreitet. Der Lichtquell, welcher bei den beiden Figuren entspringt, die dem Inhalte und Werte nach den Schwerpunkt der Komposition bilden, bietet ein Zentrum, das die herrlichste Einheit in die Menge der Seligen bringt. Vielleicht hat der Maler einmal die glanzvolle Pracht eines Nordlichtes gesehen und dieses mit Glück nachgeahmt.

Maria neigt sich nicht voll Demut, wie sie in den Bildern der Verkündigung tut, sondern sitzt voll Würde auf dem Throne. Sie blickt mit Liebe und Dankbarkeit ihren Sohn an. Er aber erhebt in vornehmer und zarter Weise den rechten Arm, um einen letzten, in Gold gefaßten Edelstein in die Krone einzufügen, welche sie bereits mit solchem Liebreiz trägt, daß man

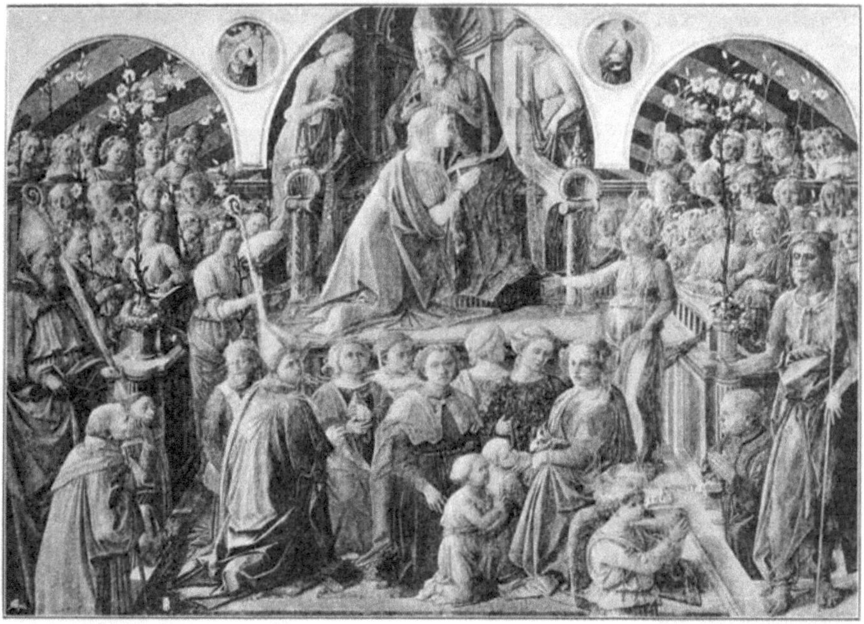

FILIPPO LIPPI: KRÖNUNG MARIÄ — FLORENZ, AKADEMIE

an Michelangelos Verse erinnert wird, der von unserem Maler singt:

Wenn nicht Johannes ist im Paradies gewesen,
Sich an Marias Antlitz zu erbauen,
So stieg Maria auf die Erde nieder
Und ließ ihm hier ihr holdes Antlitz schauen[1].

Vierzig lichte, schlanke Engel, in farbenprächtigen, mit Gold verzierten Gewändern sind nicht, wie in älteren Bildern der Vorgänger Angelicos, in Reihen aufgestellt als ruhige Beobachter, sondern bewegen sich voll Leben und Teilnahme in frohem Jubel. Weit mehr als im Pariser Bild unterscheiden die Engel sich hier von der Schar der Heiligen. Sie sind höher hinaufgerückt in die goldene Luft des Himmels und mehr vergeistigt. Sechs, die bei Jesus und Maria der Lichtquelle am nächsten sind, haben um den Thron einen fröhlichen, von Gesang begleiteten, nach rechts gehenden Reigen begonnen. Hinter ihnen stehen zahlreiche Engel mit den verschiedenartigsten Musikinstrumenten. Das lebendige Treiben, womit alle, in die Freuden des Himmels längst eingelebten Engel ihren Gefühlen in schönster Jugendfrische fröhlichen Ausdruck verleihen, findet ein Gegengewicht in der Ruhe der Heiligen, welche nach des Tages Hitze und Last eingetreten sind in den ewigen Frieden. Sie sehen hin auf das neue,

[1] Brunner, Fra Giovanni 193.

sich ihnen darbietende Schauspiel, lassen in der Mitte vor dem Throne einen weiten Raum frei, in den die Engel eintreten, um ihren Rundtanz fortzusetzen. Unten knien vier größere Engel im Vordergrund, zwei musizieren, die andern schwingen Rauchfässer. Weil die Schar der Auserwählten den Kreis nicht schließt, also vorne nicht zusammentritt, bleibt eine Öffnung, welche dem Beschauer den Zugang zum Throne frei läßt. In der Schar der Heiligen stehen auf einer Seite der Bischof Nikolaus, der Abt Ägidius, Dominikus, Hieronymus, Benedikt und die Apostelfürsten, auf der andern Magdalena, Katharina von Alexandrien und Katharina von Siena, eine weise Jungfrau mit ihrer Lampe, weiterhin Stephanus und Petrus Martyr.

Wie Angelico bei Herstellung solcher figurenreichen, festlich gestimmten Bilder der Krönung Marias die Ereignisse seiner Umgebung benutzte, um aus ihnen zu lernen, seine Gestalten zu drapieren und zu gruppieren, lehrt ein Blick auf die Berichte der Zeitgenossen über den Empfang des Königs Friedrich III. in Florenz und die Krönung seiner Gemahlin zu Rom: „Die Priesterschaft mit dem Heiligthum seyn bei der Stadt dem König entgegen kommen und niderknyet, darnach allmächtig Frauen und köstlich schön wohlgeziert Jungfrauen, nach dem Höchsten bekleidet, und haben den König empfangen mit Niderknyen, darnach das gemein Volk von Mann, Frau und Kindern eine große Schar.... Die schön jung und zarte Königin, die war wohl geziert, und war ihr Haar schön und weidenlich über ihrem Nacken zugericht und ihr Schaittl ganz bloß, und vast lieblich anzusehen; da ward sie für St Peters Altar geführt. Darnach ward ihr die Crone aufgesetzt, die insonderheit darzu gar köstlich war bereitet, und dann geführt zu ihrem Stuhl." [1]

Als Ergänzung sind die Worte des hl. Antonin, des Priors unseres Malers, hinzuzunehmen, der schreibt[2]: „Das ganze Werk der Erlösung zielt zuerst auf Gott, dann aber auch auf die Ehre und Verherrlichung der Gottesmutter. Die Ältesten legten in der Geheimen Offenbarung ihre Kronen hin vor die Füße des Lammes, um anzuerkennen, sie alle seien gekrönt worden wegen der Niedrigkeit und Menschheit Christi, welche er annahm von der Jungfrau. Maria spricht darum: ‚Siehe, von nun an werden mich selig preisen alle Geschlechter; weil er ansah die Niedrigkeit seiner Magd, indem er durch mich Fleisch werden wollte.‘ Da nun Jesus alle Menschen, ja alle Dinge wiedergeboren und erneuert hat mit Hilfe dieser Mutter, muß man sie über alles hochschätzen und sie verehren über alle Dinge und mehr als alle einfachen Geschöpfe."

Die Bedeutung der in den Uffizien hängenden Krönung Marias tritt erst nach ihrem ganzen Werte hervor, wenn man sie mit der in der Galerie der Akademie hängenden Krönung vergleicht, die Fra Filippo Lippi 1441, nur wenige Jahre später, für das Nonnenkloster Sant' Ambrogio zu Florenz malte (Bild S. 71)[3]. Er hatte damals das Kleid eines Karmeliters noch nicht abgelegt, zeigt aber doch in diesem Bilde eine überaus sinnliche Richtung und sehr geringen religiösen Sinn. Die meisten Personen des Bildes kümmern sich gar nicht um die Krönung. Die Vorzüge der Zeichnung und Farbengebung, der Anordnung der Personen und der Füllung des Raumes können die innere Hohlheit nicht verdecken. Daß Cosimo de' Medici ihm neben, vielleicht mehr als Fra Angelico gewogen war, kann nicht auffallen. Die Mediceer blieben stets feine Diplomaten, welche nach beiden Seiten hin ihren Einfluß zu wahren und zu stärken suchten. Fra Angelico war ihnen genehm als Vertreter der strengen Richtung der reformierten Dominikaner, Fra Filippo als Hofmaler einer feinen Gesellschaft, die zuletzt nicht einmal an den von ihm in Szene gesetzten Skandalen dauerndes Ärgernis nahm.

Wie sehr Fra Angelico bemüht war, die Hauptsache zu betonen, zu wirken nicht durch vielerlei bestechende Äußerlichkeiten, sondern durch Eindringen in die Sache, zeigt auch eine mit seinem Namen bezeichnete Krönung Marias, welche in der Galerie der Akademie bei Filippos großem Gemälde hängt. Sie ist beschädigt und stark aufgemalt, vielleicht unter seiner Anleitung von einem Schüler gemalt und enthält in einem runden Rahmen bloß die auf Wolken nebeneinander sitzenden Figuren Christi und seiner Mutter (Bild S. 73). Der Herr erhebt mit beiden Händen die Krone, um dieselbe Maria aufs Haupt zu setzen; sie neigt sich demütig mit über der Brust gefalteten Händen zu deren Empfang. Um diese Gruppe sind neun kleine Seraphimköpfe mit je sechs Flügeln im Kreise angebracht, welche den Goldgrund in etwa füllen und auch beleben. Das in einen ähnlichen kreisförmigen Rahmen gemalte Gegenstück zeigt Maria und Johannes, tiefbetrübt unter dem Kreuze sitzend. Der Maler hat in diesem Bilde der Krönung, wie bereits früher in den beiden Medaillons der Verkündigung zu Perugia und wie bei der Krönung der Uffizien, den Goldgrund dadurch bereichert, daß er ihn in Strahlen zerlegte, welche von einem Mittelpunkte ausgehen und sich nach der Peripherie hin ausbreiten, wäh-

[1] Pastor, Geschichte der Päpste I⁴ 480 485 f 488 und 2. Aufl. 380. — [2] Summa maior P. 4, tit. 15, c. 20, § 11. — [3] Nach Baldinucci, Opere V 354, erhielt er als Lohn 1200 Lire.

rend der Goldgrund hinter der Kreuzigung einfach bleibt[1].

Bei Besprechung der bereits oben behandelten Krönung Marias in einer der Zellen von San Marco (vgl. Bild S. 43) sagen Crowe und Cavalcaselle[2]: „Der Heilandstypus, welcher uns in den frühchristlichen Zeiten zu Ravenna entgegentritt, verrät in seinen hoheitsvollen Formen zwar noch die Abhängigkeit von heidnischen Vorbildern, aber er kommt doch der christlichen Empfindungsweise näher als die Produkte der nächstfolgenden Jahrhunderte. Seine antike Einfachheit nahm Giotto wieder auf, indem er sie erneuernd umgestaltete; Angelico vollendete sie durch Überleitung in die Gestalt seines Erlösers, der in erhabener pathetischer Weise die Vorstellung des Opfers versinnlicht. In diesem Pathos weit mehr als in einer Vervollkommnung des Formalen liegt das Eigentümliche seiner Leistung, und die Darstellung Christi in der Krönung Marias (zu San Marco) bezeichnet die letzte Phase der Beziehung zwischen dem ravennatischen und giottesken Typus.... Im Christustypus (des eben besprochenen Zellenbildes) hat Angelico in Darstellung einer göttlichen Persönlichkeit wohl sein Höchstes geleistet; er ist einfacher gezeichnet und von milderem religiösen Ausdruck als die Heilandsgestalten Giottos, aber regelmäßiger, und die harmonische Einheit drückt sich nicht bloß im Körperbau, sondern ebenso in der Haltung und im Fluß des Gewandes aus."

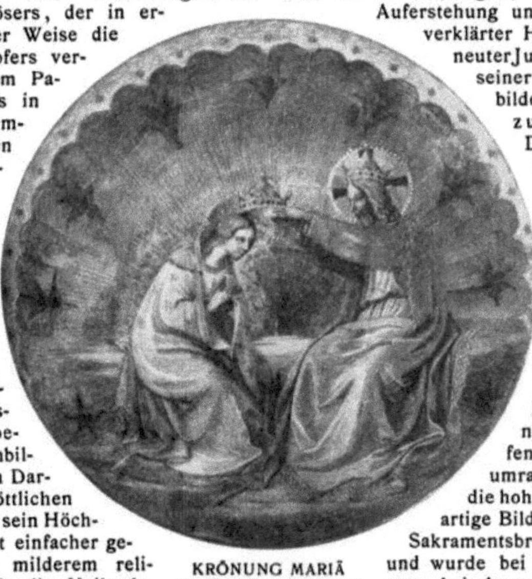

KRÖNUNG MARIÄ
FLORENZ, AKADEMIE

Dagegen schreibt Phillimore[3]: „Fra Giovanni zeigt in seinen Bildern des Erlösers bemerkenswerte Verschiedenheiten. Sein Herz scheint niemals befriedigt gewesen zu sein im eifrigen Bestreben, die Vollkommenheit des Antlitzes und der Gestalt des ‚Schönsten unter den Menschenkindern' darzustellen. Zuweilen benutzt er den Typus Giottos und gibt unserem Heilande die Kraft und Stärke voller Mannhaftigkeit; andere Male ist sein Typus dagegen sehr jung und entspricht dem zarten Lamme, welches die Welt erlöste." Immer bleibt der Maler der doppelten Natur des Herrn gerecht, paart er edle, vornehme Größe mit herzgewinnender Milde. Nie läßt er die Figur des Herrn hinabsinken ins rein Menschliche, in die Nachahmung heidnischer Götterbilder. Durchgängig erscheint der Herr in den Szenen des öffentlichen Lebens und am Kreuze bärtig und älter als in denjenigen, worin er nach der Auferstehung und beim Gerichte in verklärter Herrlichkeit und erneuter Jugend sich zeigt. Eines seiner schönsten Christusbilder ist im Museum zu Pisa ausgestellt. Der Herr erhebt die Rechte segnend und hält in der Linken einen Kelch, indem er sich voll Majestät und Liebe dem Beschauer zuwendet. Die Haare seines Hauptes fallen bis auf die Schultern herab, der Bart verdeckt den Hals. Das lange Kleid hat nur parallel herablaufende Falten; ein Mantel umrahmt gewissermaßen die hohe Gestalt. Das eigenartige Bild ist als Fahne einer Sakramentsbruderschaft gedacht und wurde bei Prozessionen getragen, bei denen dann die einfache Figur durch ihre großen Linien für entfernt Stehende recht wirksam war.

Unbeschreiblich ist die Harmonie der Farben Angelicos, besonders im Bilde der Krönung in den Uffizien. Gold herrscht im Grunde und in den Verzierungen, kaltes Blau ist stark vertreten, Rot vielfach, Grün hier und da, Braun und Schwarz wenig. So keck ragen die dunkeln Posaunen in den Goldgrund hinein, die Farben-

[1] Eine Krönung Mariä mit einem Untersatz von fünf kleinen Bildern bei den Franziskanern zu Montefalco schreibt Rosini dem Fra Angelico, Selvatico dagegen dem Benozzo Gozzoli oder einem andern Meister seiner Schule zu. Vgl. Marchese, Memorie I, 398; Cartier 439 Nr 98. Dagegen wird eine dem Tommaso di Stefano gen. Giottino († 1356) zugeschriebene Krönung Mariä im Museum von Neapel von Cartier (342 f 438 n. 95) als Werk des Fra Angelico angesehen. Maria sitzt in einer Mandorla, faltet die Hände und ist von den Chören der Engel umgeben. Oben neigt sich Christus mit ausgebreiteten Armen zu ihr nieder, wie in jenem Reliquiar aus Santa Maria Novella. Ein anderes von Cartier dem Fra Angelico zugeschriebenes Bild desselben Museums schildert den wunderbaren Schneefall, wodurch die Erbauung von Santa Maria Maggiore zu Rom veranlaßt wurde. Beide Bilder sollen seiner Ansicht gemäß nach 1445 zu Rom von Fra Angelico gemalt sein. — [2] Crowe und Cavalcaselle II 158. — [3] Phillimore, Fra Angelico 40.

harmonie des Bildes ist so glücklich gestimmt, daß man meint, den Festjubel und die Melodien der musizierenden Engel zu vernehmen. Der Reichtum der Töne ist fast unerschöpflich. So geht ein blaues Kleid in lichten Stellen durch Grün in Gelb über; ein grünes wird da, wo es am hellsten ist, gelb. Marias Mantel, der sie ganz umhüllt, ist hellblau wie derjenige Christi. In dem hellblauen Grunde ihres Mantels glänzen goldene Sterne. Das Kleid der Himmelskönigin ist rosenrot, wie das Obergewand des Herrn und wie die Gewänder zweier neben dem Thron tanzender Engel. Von den beiden folgenden Engeln neben dem Heilande hat der vordere schwarze, mit viel Weiß gehöhte Kleider, der andere blaue; die beiden entsprechenden Engel der andern Seite neben Maria tragen dieselben Farben in umgekehrter Ordnung. Rot ist unten im Vordergrunde sowohl rechts als links die erste Figur: Hieronymus unter Maria und Magdalena unter Christus. Vor Magdalena kniet ein blau, vor Hieronymus ein grün gekleideter Engel. Dagegen steht neben jener Büßerin eine Heilige in grünem Kleide, neben dem Kirchenvater ein Bischof (Augustinus?) in blauem Chormantel. Weiter finden wir im Vordergrunde neben Magdalena eine in helles Lila und eine in Blau gekleidete Heilige, neben dem hl. Hieronymus aber an der entsprechenden Stelle einen Bischof mit Stola und Chormantel von roter Farbe. In ähnlicher Art entsprechen sich rechts und links Dominikaner und Dominikanerinnen in schwarzen Mänteln [1].

Überblickt man nach Prüfung der Einzelheiten das Ganze, so sieht man auf azurfarbigen Wolken in azurnen Gewändern die Jungfrau und ihren göttlichen Sohn thronen in einem Kreise azurfarbiger Engel im Mittelpunkte der glänzendsten, in Gold strahlenden Atmosphäre und wird erinnert an eine große Cyane, die zwischen goldenen Ähren blüht, über die sich eine Lerche singend und jubelnd erhebt zum blauen, von der Sonne erleuchteten Himmel [2]. Nie hätte Fra Angelico eine solche Farbenpracht, ein solches Konzert der reinsten Linien mit den feinsten Schattierungen erfunden, wenn er nicht aus dem Fenster seiner Zelle zu Fiesole so oft gesehen hätte, wie die italienische Sonne das herrliche Tal des Arno, dessen liebliche und bewaldete Höhen und die feingebildete Stadt an dessen Ufern beleuchtete, gleichwie das Licht sich spiegelt im Diamant eines goldenen Ringes.

Zum glanzvollen Reichtum und zum Gleichgewicht der Farben, das sich in vielen Bildern Fra Angelicos fast wie ein zweiseitiges geometrisches Schema einzeichnen ließe, wenn nicht seine Kunst die Schablone vermieden, darum viele Ausnahmen gemacht hätte, kommt der alles zusammenfassende Goldglanz der Hintergründe, der Nimben, Gewandsäume und Bischofstäbe, der Verzierung und Musterung vieler Kleidungsstücke. Das Haar ist meist blond, also zum Nimbus gestimmt, die Gesichtsfarbe gelblich. Am Halse sind die Gewänder häufig mit goldenen Ornamenten oder Borten besetzt, um den Übergang von der Fleischfarbe zum Rot oder Blau der Tracht zu vermitteln.

Jules Helbig stellt die Frage: „Ist Fra Angelico ein Kolorist?“ Seine Antwort lautet: „Ich weiß nicht, was ich sagen soll. Er hat ein gelbliches Rot, welches hervortritt wie die Fanfare einer Trompete, und ein tiefes Blau von der herben Reinheit des Lapis lazuli. Neben diesen fast schreienden Tönen stehen die weichen Farben des Fleisches, vergleichbar den feinen und zarten Blüten einer Rose, die noch unberührt blieb von der Kultur. Zwischen allen seinen ‚Dissonanzen‘ leuchten die goldenen Nimben und Strahlenkränze der Heiligen, glitzern goldene Sterne aus dem mit Indigo gemalten Himmel. Über das Ganze aber flutet ein ätherisches Licht, das nichts gemein hat mit dem unserer Sonne. Es wirft keine Schatten und blendet nicht. Wir bewundern die Farbenpracht und mögen uns den Genuß nicht verderben, indem wir den Maßstab der heute geltenden Regel daran anlegen.“ [3]

Nach Schlegels Ausführungen ist der Untergrund des Pariser Bildes der Krönung ganz vergoldet, nahm der Maler also nicht, wie dies sonst oft geschah, jene Teile, welche Farben erhalten sollten, von der Vergoldung aus. Da er auf dem Goldgrund mit sehr dünnen Farben arbeitete, blieben diese so durchsichtig, daß das Gold aus dem Untergrund noch immer wirkt. Das Auge findet nur wenige stille, schattige Teile, bei denen es ruht. Man muß zur gerechten Beurteilung dieses Glanzes, der in modernen, mit Oberlicht ausgestatteten Galeriesälen stört, nicht übersehen, daß solche leuchtenden Gemälde für Altäre entstanden, die an ziemlich dunkeln Orten aufgestellt sind, wo es nötig wird, größere Lichtfülle zu sammeln. Am ursprünglichen Bestimmungsorte fiel jedes Übermaß der Farbenwirkung weg, das bei reicheren Werken des Fra Angelico und mancher seiner Zeitgenossen in den Galerien auffällig wirkt.

Fein angelegte künstlerische Naturen benutzen die Farbe zum Ausdruck ihres geistigen Lebens. „Die Farbe des leuchtenden Edelsteines ist unmaterieller als die jener Stoffe, die erdiger und weniger lichtbrechend sind; ihr Reiz ruft höheres Wohlbehagen hervor, weil er geistig ist. So

[1] Tumiati schließt S. 127 aus dem Umstande, daß sich in dieser Krönung der Uffizien noch kein Violett findet, sie sei vor der Madonna der Flachshändler gemalt, in deren Tafel es Verwendung fand. — [2] Tumiati 128. — [3] Revue de l'art chrétien XLIV (1895), 5. Serie VI. Über die hellen Farben des Fra Angelico vgl. Frimmel, Gemäldekunde 78.

ist auch in Giottos und Fra Angelicos Kolorit eine vergeistigte Farbe vorhanden, die, lichtgesättigt, einen höheren Reiz, ein gesteigertes Wohlbehagen hervorruft. In der Schilderung himmlischer Zustände läßt Fra Angelico seine Engel und Heiligen in lichtreichen und verklärten Farben strahlen, die an die Lichtbrechung des Edelsteins oder des Regenbogens erinnern.

„Er faßt die Farbe als Reiz in einer mehr immateriellen Erscheinungsform auf und ruft deshalb jenes höhere Behagen hervor, das uns der strahlende Regenbogen gewährt. Daher ist die Aureola um den thronenden Erlöser in der alten Kunst dieser zarten Lichterscheinung nachgebildet. Den Engeln als immateriellen Substanzen kommt eine ideale, lichtreiche Farbengebung zu. Die kristallene Klarheit, welche die Offenbarung dem himmlischen Jerusalem zuschreibt und die durch farbige Edelsteine anmutige Reize erhält, findet so in der künstlerischen Empfindung des Mittelalters ihre Würdigung.“ [1]

Broussolle schreibt: „Die Farbengebung Angelicos ist ganz konventionell. Gilt dies aber nicht auch von jeder andern Farbengebung, so kunstreich und vollendet sie sein mag? Konventionell ist in der Kunst der Venetianer die Vorliebe für starke Gegenüberstellung von Licht und Schatten, ihre zarte Freude daran, Gegenstände zuerst in die tiefste Dunkelheit zu versenken, um sich dann den Genuß zu verschaffen, sie durch wunderbares Können ins Licht zu ziehen. Konventionell ist die Kunst eines Rembrandt, eines Velasquez und in unsern Tagen jene der impressionistischen Maler. Wo beherrscht echte Wahrheit die Farbengebung? Dort, wo erstens die Lokaltöne die einheitliche Wirkung einer Harmonie erzeugen, weil sie nebeneinander passen. Dort, wo zweitens die Farben zu dem Gedanken stimmen, dessen Versinnlichung sie unterstützen wollen. Liegen darin die wesentlichen Vorbedingungen wahrer Farbengebung, dann behaupten wir, kein Maler habe mehr als Angelico verdient, als vollkommener Meister des Kolorits betrachtet zu werden, weil keiner mehr als er eine kunstgerechte Form fand, seinen Gedanken auch in den Farben den entsprechenden Ausdruck zu verleihen.“ Tumiati fügt bei [2]: Vergleicht man in der Galerie der Akademie das Bild der Kreuzabnahme des Fra Angelico mit der Anbetung der Könige von Gentile da Fabriano, das aus derselben Zeit stammt und ähnlichen Stil aufweist, „so sind die Farben Gentiles dunkel, ohne Leuchtkraft, die des Angelico aber wie ätherisch. Und doch verwandten beide denselben Purpur, dasselbe Ultramarin, denselben Kobalt, dieselbe grüne Erde.“ Gentile mischte seine Farben mit Eiweiß und Bleiweiß, um Licht zu erhalten, aber abgesehen vom Weiß blieben sie dunkel. Angelico bediente sich beim Malgrunde des Harzes, welches mit den Farben vereint eine große Leuchtkraft und Sattheit gibt. Er mischte seine Farben nicht mit Bleiweiß, zog aber, wie bereits Lorenzo Monaco getan hatte, über die Farben lange, feine, weiße Linien, wodurch er bedeutende Helligkeit erzielte. Er war „der erste große Beobachter der Farbenharmonie“ und verstand sich besser als einer seiner Zeitgenossen auf das Gleichgewicht der Farbwerte. Obgleich er kein Helldunkel verwendete, gelang es ihm doch, die lebhaftesten Töne nebeneinander zu setzen, ohne das Auge zu beleidigen. Wie Palestrina Inhalt und Musik seiner Werke zu überwältigender Einheit zu vereinen vermochte, so vermählte Angelico Gegenstand, Zeichnung und Farben zu einem Ganzen. Dadurch gewinnt er auch heute noch das Lob vieler Kritiker der verschiedensten Richtungen. Einer sorgfältigen Technik und dem Werte seiner Farben verdankt er die verhältnismäßig gute Erhaltung seiner meisten Tafelbilder. Manche scheinen erst gestern oder vorgestern gemalt. Auch in der Auswahl und Verwendung des Materials zeigt sich also seine ruhige Sorgfalt und seine gründliche Arbeit.

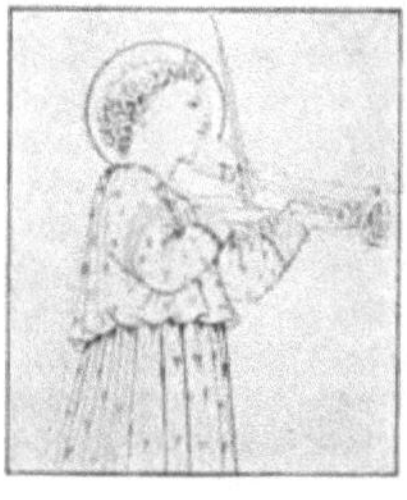

AUS MARIÄ KRÖNUNG ZU PARIS

[1] Frantz, Fra Bartolommeo 26 f. — [2] Broussolle, La critique 90 f. Anders urteilt freilich Mantz (Les chefs-d'œuvre de la peinture italienne 77): „On nous permettra donc de dire qu'il y a dans le Couronnement de la Vierge des tonalités trop franches, des teintes plates et dures qui impressionnent désagréablement le regard. L'abus [!] des ors n'est pas moins regrettable: l'emploi exagéré de la dorure a pour résultat d'amoindrir singulièrement la valeur lumineuse des têtes; enfin, les accessoires trop multipliés, les ornements de toutes sortes, les orfèvreries qui abondent dans ce tableau, diminuent la grande impression de l'ensemble: c'est un malheur assurément, car, si l'harmonie n'est pas dans le ciel, où donc sera-t-elle?“ Tumiati 44 134 f. Douglas 19 f.

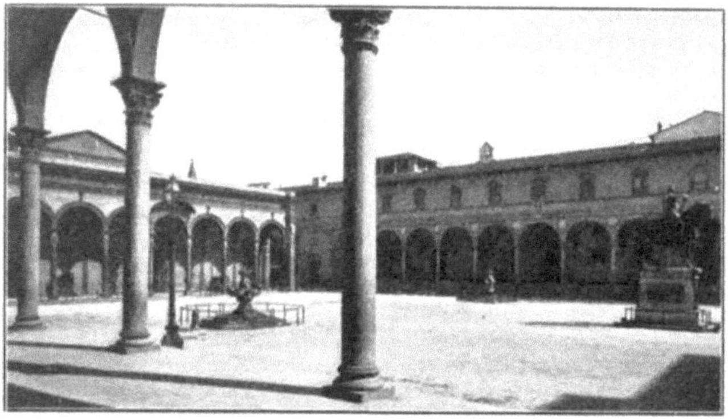

PLATZ VOR DER KIRCHE DER ANNUNZIATA ZU FLORENZ

VI. MALEREIEN FÜR DIE ANNUNZIATA

EINEN großen, den Fresken der Zellen in San Marco vergleichbaren Zyklus bilden jene fünfunddreißig kleinen, fast quadratischen Tafeln, welche ehedem in der Kirche der Santissima Annunziata zu Florenz als Füllungen der Türen eines Schrankes dienten, worin das Silbergerät aufbewahrt wurde. Vasari und Marchese rechneten sie unter die älteren, noch zu Fiesole gemalten Werke unseres Meisters[1]. Dagegen werden verschiedene Gründe angeführt zur Erhärtung der Behauptung, die Gemälde dieses Silberschrankes seien weit später anzusetzen. Der durchschlagende liegt in ihrer Komposition und in den architektonischen Einzelheiten, welche so weit entwickelt sind, daß sie nicht vor der Übersiedelung Angelicos nach Florenz, also nicht vor dem Jahre 1436 gemalt sein können, nicht einmal in den ersten Jahren seines Aufenthaltes daselbst. Einen zweiten Grund entnimmt man dem Umstande, daß Michelozzos Porträt sich in den Bildern des Zyklus finde. Er wird im 8. Kapitel zu bewerten sein. Ein Grund, die Bilder der Annunziata sogar nach 1448 anzusetzen und zu behaupten, sie seien um 1450 gemalt, als Fra Giovanni für eine unbestimmte Zeit von Rom nach Fiesole zurückkehrte, wird in der Tatsache gefunden, daß sie gestiftet sind von Piero de' Medici, dem Sohne des Cosimo, der erst 1448 Patron der Nunziata wurde[2].

Man übersieht aber bei dieser letzten Bemerkung, daß Piero auch vor seiner Ernennung zum Schutzherrn die Mittel zur Herstellung der Bilder bewilligen, daß seine Wahl ein Ausdruck der Dankbarkeit sein konnte. Es liegt übrigens wenig daran, ob die Entstehung des Zyklus einige Jahre vor oder nach der Abreise des Malers aus Florenz in die Ewige Stadt gesetzt wird, da es für die Geschichte seiner Entwicklung genügt, anzunehmen, der Zyklus gehöre in Angelicos letzte Lebenszeit.

Daß nicht alle Bilder der Reihe von seiner Hand sind, wird allgemein zugegeben. Nach Douglas bestand der Schrank aus zwei Abteilungen, deren erstere durch einen Türflügel mit neun Bildern geschlossen wurde, während die zweite eine Doppeltüre mit dreiundzwanzig Bildern hatte. Zwischen den beiden Abteilungen war ein Streifen mit drei Bildern verziert. Das folgende Schema verdeutlicht die Anlage. In ihm sind die wohl ganz von Fra Angelico gemalten Tafeln durch fette Ziffern hervorgehoben, die sicher nicht von seiner Hand stammenden (10—12) durch kleinere Ziffern bezeichnet.

1	2	**3**	10	**13**	**14**	**15**	16	**25**	**26**	**27**	**28**
4	**5**	**6**	11	17	18	**19**	20	**29**	30	**31**	32
7	**8**	**9**	12	**21**	**22**	23	**24**	33	34		35

1. Als Einleitung dient eine eigentümliche Darstellung der geschriebenen Quellen des christlichen Glaubens. In ein Quadrat hat der Maler zuerst einen größeren Kreis

[1] Vasari II 511 f. Marchese I 258, 4. Aufl. 295. Baldinucci V 159 f. — [2] Supino 137 f. Douglas 104. Rio II 374. Alle Bilder des Silberschrankes sind gestochen in „La vita di Gesù Cristo disegnata ed incisa da G. B. Nocchi", Firenze 1843, einige in „La Galleria dell' I. e R. Accademia delle Belle Arti di Firenze"; vgl. Didron, Annales XIII 171. Viele einzelne Abbildungen im Klassischen Bilderschatz, bei Supino, Douglas, Nieuwbarn u. a.

eingeschrieben, durch den er nach außen hin in den Ecken des Quadrates vier Dreiecke (A bis D) ausscheidet. Die Fläche dieses Kreises wird durch einen kleineren Kreis in zwei konzentrische Teile zerlegt: eine den Mittelpunkt umgebende Scheibe und ein breites Band, das sich um letztere legt. Der äußere Teil ist durch zwölf Speichen, die innere Scheibe durch acht Speichen als Rad gestaltet.

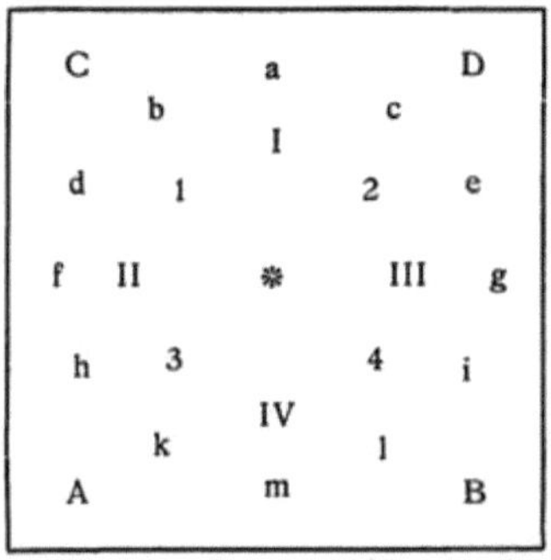

I—IV Evangelisten. 1—4 Apostel. a—m Moses und Propheten. A Ezechiel. B Gregor d. Gr. C und D Inschriften.

Zwischen den Speichen des inneren Rades stehen die acht Verfasser des Neuen Testamentes: vier Apostel, welche Briefe schrieben (Petrus, Paulus, Jakobus und Judas), zwischen ihnen die Evangelisten. Jeder der ersteren hält ein Schriftband, jeder der letzteren trägt ein Buch vor der Brust und hat den Kopf seines Symbols. Die Ehrenstelle oben in der Mitte nimmt Johannes ein. Auf dem Reif dieses Rades ist der Anfang seines Evangeliums geschrieben: „In principio erat verbum“ etc. (Im Anfange war das Wort usw.).

Im äußeren Rade finden wir zwölf Verfasser prophetischer Bücher des Alten Testamentes, oben Moses zwischen David und Salomon, dann „Isaac“ [1] und Esdras, drei große und vier kleine Propheten. Moses hebt mit jeder Hand eine Gesetzestafel empor, David spielt auf einem Saiteninstrument, Salomon hält ein Schwert und ein Buch, die Sinnbilder der Gerechtigkeit und Weisheit, „Isaac“ breitet seine Hände aus, Esdras hat das Buch des Gesetzes, jeder Prophet aber ein Spruchband, Jonas ist überdies durch einen Fisch, den er in der Hand hält, charakterisiert. Die zwölf Vertreter des Alten Bundes sitzen in blumigen Gefilden unter Bäumen „im Schatten“ (Is 9, 2); dagegen stehen die acht Heiligen des Neuen Bundes im vollen „Lichte der Wahrheit“. Der Reif des äußeren Rades trägt die Worte, womit Moses beginnt: „In principio creavit Deus coelum et terram“ etc. (Im Anfange schuf Gott Himmel und Erde usw.).

In den Ecken des Quadrates erblickt man unten Ezechiel und Gregor den Großen, zwischen ihnen ein Schriftband mit den Worten „Flumen Chobar“, weil Ezechiel am Flusse Chobar die Symbole der Evangelisten sah. In den beiden oberen Ecken steht der Text der Vision des Ezechiel und ein Abschnitt aus den Homilien Gregors, worin diese Vision erklärt wird.

Die aus Ezechiel (1, 4 f) entnommenen Worte lauten: „Und ich schaute, und siehe, ein Sturmwind kam von Norden (von Mitternacht) und eine große Wolke, und sie enthielt Feuer. Und als ich (die vier) Wesen (die Symbole der Evangelisten) sah, zeigte sich ein Rad auf der Erde bei den Wesen, und es hatte vier Seiten. Und das Aussehen und Gebilde erschien, als wäre ein (kleineres) Rad in der Mitte eines (größeren) Rades.“

Die den Werken Gregors des Großen entlehnten Sätze lauten [2]: „Woher kommt es, daß von einem Rade die Rede ist, bald nachher aber beigefügt wird: ‚Es sah aus, als wäre ein Rad in der Mitte eines Rades‘? Nur daher, weil in den Worten des Alten Bundes das Neue durch Allegorie verborgen liegt. Darum wird gesagt, dasselbe Rad, welches bei den (vier) Wesen erschien, habe vier Seiten gehabt, weil die Heilige Schrift beider Testamente in vier Teile zerfällt, die des Alten Bundes in das Gesetz und die Propheten, diejenige des Neuen aber in die Evangelien sowie in die Geschichte und die Schriften der Apostel.“

2. Weil in der ersten, einleitenden Tafel der Zusammenhang zwischen den Schriften des Alten und Neuen Bundes betont ist, wurde auf dem oberen Rand jeder der Tafeln (2—34), worin der Maler Jesu Leben und Wirken schildert, eine Stelle aus den Schriften der Propheten angebracht, auf dem unteren aber eine aus den Berichten der Evangelisten, wodurch das dargestellte Ereignis erläutert wird. Der Zyklus beginnt mit dem Geheimnisse der Menschwerdung Gottes, das sich bei der Verkündigung vollzog. Maria ist hier wie auf den meisten Bildern der Verkündigung unseres Meisters ohne Schleier, mit lang herabfallenden, ungeflochtenen Haaren dargestellt [3]. Ihr Nimbus erscheint aber nicht senkrecht hinter dem Haupte, sondern horizontal über demselben. Sie kniet ebenso wie der Engel auf der Erde, benutzt nicht einmal wie im Bilde der 3. Zelle von San Marco ihr kleines Kniebänkchen, sondern betet in höchster Demut das Geheimnis an,

[1] Die Inschrift „Isaac“ muß wohl „Isaias“ lauten. — [2] Homilia 6 in Ezechiel n. 12 (Migne, Patr. lat. LXXVI 834). — [3] Auf dem Verkündigungsbilde von Cortona hat Maria einen durchsichtigen Schleier über ihr Haupt gelegt. Vgl. S. 4.

welches eben durch Überschattung des Heiligen Geistes geschieht. Die Taube schwebt oben über einem tief aus dem Hintergrunde kommenden Wege. Derselbe geht aus von einem Brunnen, ist von hohen Bäumen eingefaßt und endet zwischen Maria und Gabriel, der auf die Taube hinweist. Da der Weg so sehr hervorgehoben ist, kann er kein bedeutungsloses Mittel zur Ausfüllung des Hintergrundes sein, soll also wohl auf Gottes Wege hinweisen, der uns durch die Menschwerdung den Zutritt zu den Quellen des Heils eröffnete [1]. Die Inschriften lauten: „Siehe, eine Jungfrau wird empfangen und einen Sohn gebären, und sein Name wird genannt werden Emanuel, d. i. Gott mit uns“ (Is 7, 14). „Siehe, du wirst empfangen und einen Sohn gebären, und seinen Namen Jesus nennen“ (Lk 1, 31).

3. Maria und Joseph knien rechts und links vor dem eben auf wunderbare Weise geborenen, noch nicht in Windeln gewickelten Christkinde; im Hintergrunde schauen Ochs und Esel ebenfalls kniend durch eine Türe herein [2]; zur Rechten nahen sich die Hirten. Oben danken sechs auf Wolken kniende, nicht zum Kinde, sondern gegen Himmel gerichtete Engel Gott dem Vater, daß er das wahre Licht für diese Welt erscheinen ließ. Die Inschriften melden: „Ein Kind ist uns geboren, und die Herrschaft ruht auf seinen Schultern“ (Is 9, 6). „Die Tage erfüllten sich, und sie gebar ihren Sohn, den Erstgeborenen“ (Lk 2, 6).

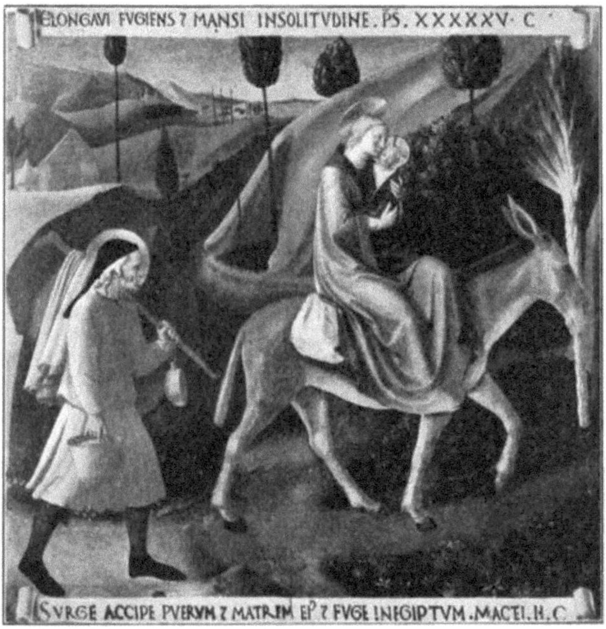

FLUCHT NACH ÄGYPTEN — FLORENZ, AKADEMIE

4. Die Beschneidung zeigt in aller Naivetät die Vollziehung des Gesetzes. Maria und Joseph halten das Kind, welches erschreckt die Händchen zur Abwehr erhebt gegen den Hohenpriester, der, von drei in jugendlichem, mittlerem und vorgerücktem Alter stehenden Männern begleitet, die Zeremonie vornimmt. Die Handlung geht vor sich in einer Kirche, deren Pilaster und Kapitäle antike Vorbilder nachahmen, während Grundriß, Fenster und Gewölbe gotisch sind. Die Inschriften sagen: „Beschneidet euch dem Herrn, ihr Männer von Juda, und entfernet die Härte (praeputia) eurer Herzen“ (Jr 4, 4). „Als acht Tage voll waren, (so) daß das Kind sollte beschnitten werden, wurde sein Name Jesus genannt“ (Lk 2, 21).

5. Die Könige beten das Kind vor einer Strohhütte an. Der zweite küßt kniend dessen Fuß, der älteste redet mit dem hl. Joseph. Zur Rechten der Gottesmutter treten Diener der Könige heran, um das Kind und seine edle, in der Mitte thronende Mutter zu betrachten und zu verehren. Einige schauen auf und zeigen hin auf den Stern. „Könige von Tharsis und die Inseln werden Geschenke opfern, Könige von Arabien und Saba Gaben bringen“ (Ps 71, 10). „Und sie öffneten ihre Schätze und brachten ihm Gold, Weihrauch und Myrrhe“ (Mt 2, 11).

6. Die Opferung vollzieht sich in einem Gebäude, dessen Gestalt wie im Bilde der Beschneidung nur teilweise gotisch ist; der Mittelraum scheint sechseckigen Grundriß zu haben und den Tempel von Jerusalem darstellen zu wollen; seine Formen sind diejenigen der Renaissance. Simeon hält das in Windeln ge-

[1] Is 12, 3: „Ihr werdet Wasser schöpfen in Freuden aus den Quellen des Erlösers“; 55, 1: „Alle, die ihr dürstet kommet zu den Wassern.“ — [2] Vgl. oben S. 33. Dies Bild der Geburt hat manche Ähnlichkeit mit einer Tafel von Pesellino in der Galerie der Akademie zu Florenz. Abbildung in „La Galleria dell' Accademia“.

hüllte Kind; Maria streckt die Arme aus, weil sie es ihm gab, oder um es wieder zu erhalten. Hinter ihr naht Joseph mit den Tauben, hinter Simeon eilt Anna herbei mit gefalteten Händen. „Sogleich kommt zu seinem heiligen Tempel der Herr und der Engel des Bundes, nach dem ihr verlanget" (Mal 3, 1). „Sie brachten Jesus nach Jerusalem, um das Opfer für ihn zu geben" (Lk 2, 22).

7. Die Inschriften besagen: „Siehe, ich floh in die Ferne und blieb in der Wüste" (Ps 54, 8). „Der Engel sprach zu Joseph: Nimm den Knaben und seine Mutter und fliehe nach Ägypten" (Mt 2, 13 — Bild S. 78). Maria umfaßt, auf dem Esel reitend, voll Angst ihr gefährdetes Kind mit beiden Armen und drückt es in Liebe an das Herz. Der hl. Joseph folgt ihr, indem er in der Rechten einen Korb, in der Linken eine irdene Flasche trägt, den Stab aber über die Schulter legte und auf ihn seinen Mantel hängte. Den Hintergrund füllt eine schöne Landschaft, worin unten neben dem Wege Blumen blühen, Büsche und Bäume wachsen, dann Berge aufsteigen, über die der Blick in weite Ferne schweift, wo hinter einem Bauernhause Schlösser und Burgen trotzig von oben herabschauen [1].

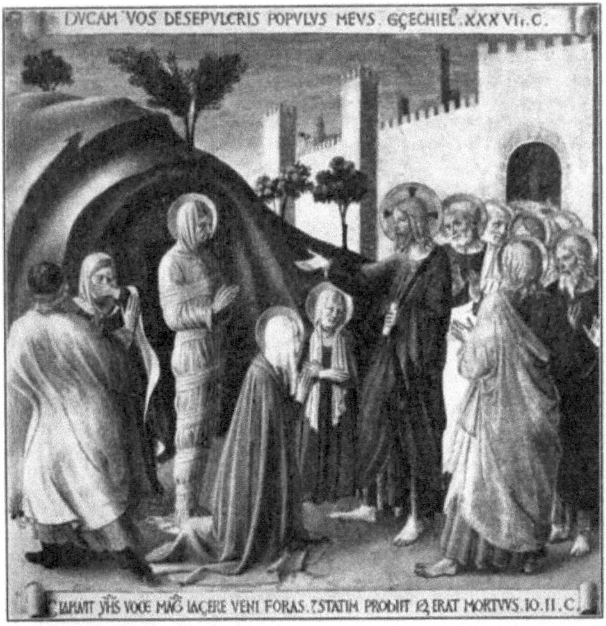

AUFERWECKUNG DES LAZARUS FLORENZ, AKADEMIE

8. Beim **Kindermord** zerkratzt eine Frau einem Soldaten das Gesicht. Eine andere Mutter erhebt, halb kniend, beide Hände und betrachtet jammernd das in ihrem Schoß liegende Kind. Eine dritte flieht, mit weit geöffnetem Munde schreiend, wird aber von dem Soldaten an den Haaren erfaßt. Eine vierte hat sich über ihr gemordetes Söhnlein auf die Erde hingestreckt. Andere suchen wegzueilen. Herodes schaut zu von der Terrasse seines Palastes, welche auf ionischen Säulen ruht [2]. Man wird nicht leugnen können, daß der Maler doch auch diese erregte Szene in einer für seine Zeit trefflichen Art schilderte. Er hat freilich ältere Vorbilder treu verwertet; denn schon in Miniaturen des hohen Mittelalters werden die Mütter in ähnlichen Stellungen dargestellt. „Unrecht übten sie an den Söhnen Judas und vergossen unschuldiges Blut in seinem Lande" (Joel 3, 19). „Herodes wurde zornig und tötete alle Knaben, welche in Bethlehem waren" (Mt 2, 16).

9. Ruhig sitzt **Jesus in der Mitte zwischen sieben Lehrern.** Ein zur Rechten sitzender Lehrer hält das auf seinen Knien liegende Buch noch geöffnet und betrachtet den Knaben staunend. Sein Gegenmann zur Linken hat das Buch geschlossen [3]. „Die Weisen werden zu Schaudern erschreckt und gefangen" (Jr 8, 9). „(Maria und Joseph) fanden ihn im Tempel sitzend in der Mitte der Lehrer, indem er sie anhörte und fragte" (Lk 2, 46). Die Eltern Jesu sind eben eingetreten, betrachten ihren Sohn und hören zu, wie er redet. Der Saal, in dem das Ereignis sich vollzieht, hat drei gotische Fenster und Spitzbogen, die auf kannelierten Säulen mit Renaissancekapitälen ruhen, wie bei den Bauten in den Tafeln der Beschneidung und Opferung.

[1] Über die Frage, ob der hl. Joseph in diesem Bilde Michelozzos Züge habe, siehe unten das 8. Kapitel. — [2] **Douglas** 66, Taf. 26 (Tod des hl. Markus in der Predella der Madonna der Flachshändler) ist zu vergleichen mit Taf. 53 (Kindermord) und 62 (Madonna von Bosco). Vgl. oben S. 52. — [3] In dem an der Seitenwand sitzenden, in eine Kapuze gehüllten, mit gefalteten Händen den zwölfjährigen Jesusknaben anschauenden Lehrer eine Darstellung des hl. Thomas von Aquin zu finden, ist doch unstatthaft. Vgl. **Rothes** 23.

10. Bei der Taufe haben alle Personen lange Locken: der Täufer, der im Jordan stehende, mit einem Lendentuch bekleidete Heiland und drei kniende Engel, welche den Herrn anbeten, bewundern und ein Tuch oder seine Kleider halten. Die auf den oberen Rand geschriebene Stelle des Alten Testamentes erinnert an Naaman, welcher sich im Jordan wusch und gereinigt wurde: „Er stieg hinab und wusch sich siebenmal im Jordan“ (4 Kg 5, 19). „Jesus kam und ward getauft von Johannes im Jordan“ (Mk 1, 19).

11. Die Hochzeit von Kana. Am Tische sitzen bei der Braut und dem Bräutigam zwei Männer, dann Maria und Jesus. Letzterer streckt seine Hand aus über vier vor dem Tische stehende kleine Krüge, in die einer der beiden Diener Wasser gießt. Die Texte auf dem Rahmen deuten an, das Wunder von Kana solle eine Vorbedeutung sein der Verwandlung von Wein und Wasser in Christi Blut. „Ihr werdet Wasser schöpfen und es wird verwandelt in Blut“ (Ex 4, 9). „Die Stimme des Herrn ertönte über den Wassern“ (Ps 28, 3).

12. Die Verklärung. Mit zum Gebete erhobenen Händen steht der Herr zwischen Moses und Elias auf einer Felsenplatte des Berges, vor der die drei erwählten Apostel sitzen. „Das Haus des Herrn wurde erfüllt mit Herrlichkeit“ (Ez 43, 5). „Jesus wurde vor ihnen verklärt“ (Mt 17, 2).

Daß die drei Bilder 10, 11 und 12 nicht von der Hand des Fra Giovanni stammen, ist unverkennbar. In ihnen fehlt die Ruhe und Würde, durch welche in den Zellen von San Marco die Bilder der Taufe und Verklärung ausgezeichnet sind. Douglas hat überzeugend nachgewiesen, daß sie von Alessio Baldovinetti gemalt sind, der 1422 geboren wurde, Fra Angelicos Schüler war, in seinen Gemälden in die Fußstapfen desselben eintrat und 1498 starb [1]. Er wird wohl auch bei dem Bilde der Verkündigung (2) geholfen haben, in dem sowohl bei Gabriel als bei Maria das Haar auffallend breit behandelt ist.

13. Bei der Auferweckung des Lazarus (Bild S. 79) hat der Maler zwei verschiedene Zeitpunkte zu einem Ganzen vereint. Der Herr, welcher, wie in alten Bildern, eine Rolle in der Linken hält, befahl mit ausgestreckter Rechten dem Lazarus, aufzuerstehen und aus dem Grabe zu kommen. Die beiden Schwestern knien betend und erwartend vor ihm, ohne sich umzusehen, ohne also zu beachten, was hinter ihrem Rücken geschieht, wo der Bruder in Tücher eingewickelt aus der Grabeshöhle hervortritt. Neben Lazarus hält ein Jude die Rechte vor die Nase, weil er den Geruch der Leiche fürchtet, ein zweiter weicht erschreckt zurück. Im Gegensatze zu ihnen betrachten die hinter dem Herrn versammelten Apostel den Auferweckten voll Verwunderung mit erhobenen und ausgebreiteten Händen. Den Hintergrund schließt die Stadtmauer von Bethanien ab und ein Tor, aus dem der Herr mit seinen Jüngern eben heraustrat. Durch die Weissagung: „Ich will euch herausführen aus den Gräbern, mein Volk“ (Ez 37, 37), ist angedeutet, daß diese Erweckung des Lazarus ein Vorbild unserer Auferstehung sei. Io 11, 43: „Jesus rief mit lauter Stimme: Lazarus, komm heraus. Und sogleich trat er hervor, der verstorben war.“

14. Jesus reitet auf einem Esel [2] und erhebt die Rechte zum Segensgestus. Die Apostel folgen mit kleinen Zweigen. Fünf Juden schreiten mit ähnlichen Zweigen langsam vor dem Herrn einher; ein sechster breitet seinen Mantel auf der Erde aus. Die Komposition ist so zusammengefaßt, daß das Ganze an die Prozession des Palmsonntages erinnert. Das Stadttor von Jerusalem, welches man sonst auf Bildern dieser Art sieht, fehlt hier wegen Raummangels. Der Prophet Zacharias sagt (9, 9): „Siehe, dein König kommt zu dir, sitzend auf einer Eselin und dem Füllen einer Eselin.“ Mt 21, 9: „Hosanna dem Sohne Davids. Gebenedeit sei, der da kommt im Namen des Herrn.“

15. Einer der Hohenpriester zahlt dem Judas, der einen Nimbus trägt, Silberlinge in die dargebotene Hand. Der zweite Hohepriester und fünf Juden schauen voll Verwunderung oder Schrecken zu. In dem vortrefflichen, mit großem Geschick angeordneten Bilde ist alles darauf berechnet, gegen den Verräter Abscheu zu erwecken, den selbst mehrere der zuschauenden Juden klar ausdrücken. „Judas sprach: Was wollt ihr mir geben und ich will ihn euch verraten? Sie aber bestimmten ihm dreißig Silberlinge“ (Mt 26, 5). Der Prophet Zacharias aber weissagte (11, 12): „Sie wogen mir als meinen Lohn ab dreißig Silberlinge.“

16. Beim Abendmahl sitzt der Heiland mit zehn Aposteln um einen langen Tisch. Zwei jüngere warten auf [3]. Einer der letzteren bringt eine Schüssel. Johannes ruht tief gebeugt an Jesu Brust. Der Herr hat eben gesagt: „Einer von euch wird mich verraten.“ Petrus, der zur Rechten des Meisters sitzt, hat gefragt: „Bin

[1] Douglas 109 f. Vasari, ed. Milanesi II 591, A. 1 und 599, A. 1. — [2] Hinter dem Esel, auf dem der Herr sitzt, läuft das kleine Füllen einher in der Größe eines Hundes. Nach Mk 11, 2 f setzten die Jünger den Herrn nicht auf die Eselin, sondern eben auf deren Füllen. Fra Angelico hat das übersehen, obgleich manche heiligen Väter darin eine tiefe Symbolik finden. — [3] Ein Apostel, welcher beim letzten Abendmahle Speisen bringt und die übrigen bedient, findet sich auch auf den Tabernakelsäulen von San Marco zu Venedig. Garrucci, Storia dell' arte cristiana Tafel 496. H. v. d. Gabelentz, Mittelalterliche Plastik in Venedig, Leipzig 1903, Hirsemann, 45.

ich es?" und dabei den Daumen der rechten Hand erhoben. Der Heiland antwortete ihm leise: „Wer mit mir Brot in eine Schüssel tunkt, der ist es." Judas, welcher dem Herrn gegenübersitzt an letzter Stelle und wie die übrigen einen Nimbus hat, taucht nun ein Stück Brot in eine auf dem Tische stehende runde Schüssel. Doch achtet kein Apostel auf dessen Tun. Fünf auf der rechten Seite befindliche scheinen nur die allgemeine Voraussagung des Verrates vernommen zu haben und schauen mit Petrus fragend auf den Meister hin. Vier zur Linken versammelte Apostel bilden eine Gruppe und unterhalten sich über das eben Vernommene. Die Szene vollzieht sich in einem gewölbten Saale, vor dessen hinterer Wand ein Teppich hängt, in den sehr naturalistisch gezeichnete Bäume eingewirkt sind. Obgleich die Vorhersagung des Verrates geschildert ist, beziehen sich die Inschriften auf das Essen des Osterlammes; denn die obere bringt aus Ezechiel (46, 13) die Worte: „Ein fehlerloses Lamm vom selben Jahre opfere er"; die andere lautet: „Sie bereiteten das Ostermahl, und als die Stunde gekommen war, setzte Jesus sich mit den zwölf Aposteln zu Tische" (Lk 22, 13).

17. Die Fußwaschung. In dem sehr bewegten Bilde sitzen elf Apostel im Kreise; der zwölfte bringt Wasser. In der Mitte kniet Jesus vor Petrus, der beide Hände abwehrend erhebt. Ein im Vordergrunde sitzender Apostel löst seine Schuhriemen, ein anderer zieht einen Strumpf aus, obwohl auch Fra Angelico die Apostel meist, der älteren Ikonographie entsprechend, mit bloßen Füßen darstellt. Die Mehrzahl der Versammelten betrachtet staunend den Meister. „Waschet, reiniget euch, entfernt die Bosheit eurer Gedanken" (Is 1, 16). „Jesus goß Wasser in ein Becken und begann die Füße seiner Jünger zu waschen und sie mit dem Leintuche abzutrocknen" (Io 13, 5).

18. Die Spendung der heiligen Kommunion. Im Hintergrunde des tiefen, gewölbten, auf zwei Säulen ruhenden Cönaculums sitzen sechs Apostel hinter einem langen Tisch. Die übrigen sind aufgestanden von ihren teilweise noch vor dem Tisch stehenden Schemeln. Drei knien zur Linken des Beschauers vor der Wand, drei zur Rechten. Vor den letzteren steht der Heiland, um dem hl. Johannes die konsekrierte Hostie zu reichen. Seine Gestalt ist durch die Gewänder breit und schwer. „Ich schlachte euch ein Opfer auf dem Berge, damit ihr Fleisch esset und Blut trinket" (Ez 39, 17). „Wer mein Fleisch ißt und mein Blut trinkt, hat das ewige Leben" (Io 6, 55).

Die Auffassung und Anordnung ist im wesentlichen dieselbe wie im Bilde des Abendmahls in der 35. Zelle von San Marco (vgl. S. 36), aber nicht so klar und einfach. Jene beiden Säulen schneiden Gruppen auseinander. Warum sind sie derartig in den Vordergrund gestellt? Ist ihre Verwendung hier richtig? Sie waren nötig, um dem Bilde Tiefe zu geben, diese Tiefe aber wurde gefordert durch die folgenden Szenen. Die Tafeln 17, 18, 19 und 20 bilden eine Reihe auf der Flügeltüre (vgl. S. 76); in der 19. erschien beim Gebet am Ölberg ein tiefer Hintergrund wünschenswert, damit die drei Apostel im Vordergrunde, einen Steinwurf vom Herrn entfernt, Platz fänden. War beim Ölgarten ein tiefer Hintergrund gegeben, so mußte ein solcher auch im 20. Bilde vorhanden sein. Enge Innenräume im 17. und 18. hätten dann aber im Gegensatz zu 19 und 20 unharmonisch gewirkt. Wie in der zweiten Reihe (17—20) Tiefe angestrebt ist, so finden wir in der ersten (13—16) den Hintergrund nach hinten hin abgeschnitten: in 13 durch den Felsen des Grabes und die Stadtmauer, in 14 durch ein kulissenartiges Gebirge, in 15 durch ein den ganzen Grund füllendes Gebäude, das hervortritt und die Gruppe in den Vordergrund bringt, in 16 durch die Wände des Saales, deren drei Flächen in einer Weise angeordnet sind, daß sie den drei Seiten jenes Gebäudes entsprechen. Ist doch das Gebäude in 15, eben um die Gruppen der Personen hervortreten zu lassen, unperspektivisch, ja unrichtig gezeichnet; denn man erblickt nicht nur dessen Fassade, sondern auch beide Seiten, was nur möglich wäre, wenn sein Grundriß die Form eines Trapezes hätte.

19. Tief im Hintergrunde des Gemäldes betet Christus. Ein Engel naht sich. Die drei Apostel schlafen im Vordergrunde, treten darum weit mehr hervor als ihr Herr. Bemerkenswert ist der umzäunte, mit einem Tor versehene Garten, in dem vielerlei Bäume wachsen, der nach hinten hin aufsteigt und den Blick zuletzt hinüberschweifen läßt zu Bergen, auf denen Burgen gebaut sind. Das Ganze zeugt für die Liebe, womit der Frate die Natur beobachtete. Die Inschriften sagen: „Es erschien ihm aber ein Engel vom Himmel, um ihn zu trösten" (Lk 22, 43). „Fürchte dich nicht, weil ich mit dir bin. Ich, der Herr, stärkte dich" (Is 41, 10).

20. Judas naht zum Verrat und küßt Jesum, zu dessen Linken drei Apostel stehen (Bild S. 82). Petrus will sein Schwert aus der Scheide ziehen, Johannes und Jakobus falten erschreckt die Hände und schauen hin auf den Verräter. Die auf dem Boden liegenden Pharisäer und Soldaten sind nach hinten hin auf den Rücken gefallen und etwas steif gezeichnet, weil Fra Angelico der schweren Aufgabe, ihr Hinstürzen zu schildern, noch nicht gewachsen war. Die Sprüche passen wiederum nicht genau zur Darstellung, worin die bestraften Häscher eine so bedeutende Stelle einnehmen; denn Matthäus

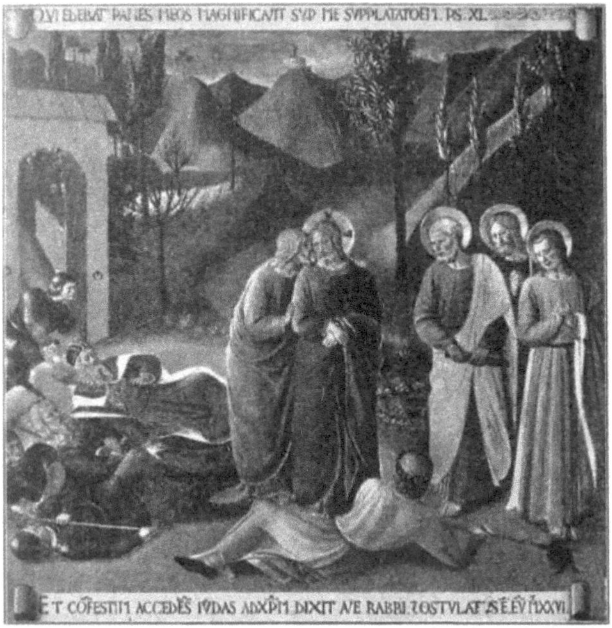

VERRAT DES JUDAS FLORENZ, AKADEMIE

(26, 49) sagt: „Und sogleich trat Judas zu Jesus hin und sprach: Sei gegrüßet, Meister. Und er küßte ihn." Ps 40, 10: „Der mit mir mein Brot aß, übte Hinterlist gegen mich." Wie im vorhergehenden Bilde steht auch hier ein verdorrter Baum fast in der Mitte. Ist er ein Sinnbild des Judas?

21. Die Gefangennahme vollzieht sich ruhig, ohne dramatische Aufregung. Die Soldaten ergreifen den Herrn. Zur Rechten und Linken schließt je ein Pharisäer die Gruppe ab. Im Vordergrunde hat aber Petrus sich zornmütig auf Malchus gestürzt, ihn zu Boden geworfen und schneidet ihm eben mit einem Messer das rechte Ohr ab. „Sie aber ergriffen Jesus und führten ihn gebunden zu Kaiphas, dem Hohenpriester der Juden" (Mt 26, 57). „Man wird dir Stricke anlegen und dich damit binden" (Ez 3, 25).

22. In ruhiger Würde steht der Herr vor Kaiphas, der auf einem Thron Platz nahm. Zur Linken des Richters sieht man einen Pharisäer, zur Rechten einen Schriftgelehrten mit einer Rolle, wohl den ersten Ankläger, der falsches Zeugnis ablegt, und einen zweiten, älteren Mann, der seine Rede mit dem Gestus der Hände begleitet, wohl den zweiten Ankläger. Beide erschienen auch in den vorhergehenden Bildern 20 und 21 als Begleiter der Soldaten. Einer der Soldaten hält hier einen um Jesu Hals gelegten Strick, drei andere Soldaten stehen hinter dem Heilande. Der Maler hat sich nicht entschließen können, den beiden Inschriften entsprechend zu zeigen, wie ein Knecht dem Herrn ins Angesicht schlägt. „Sie werden die Backe des Richters Israels schlagen" (Mich 5, 1). „Einer der neben ihm stehenden Knechte gab Jesus einen Backenstreich, indem er sagte: So antwortest du dem Hohenpriester?" (Jo 18, 22.)

23. Die Verspottung des Herrn, der voll ruhiger Würde auf einem Throne in der Mitte des Bildes sitzt. Er hält in der Rechten den Rohrstab, in der Linken eine Kugel. Die vor seine Augen gelegte Binde ist durchsichtig und läßt erkennen, wie sein Blick voll Milde und Geduld auf vier Henker sich richtet, welche ihn bei den Haaren raufen und anspeien. Drei junge Männer stehen teilnahmslos zur Seite. Einer schaut zu, zwei unterhalten sich. Im Hintergrunde sieht man zur Seite durch eine geöffnete Pforte, wie Petrus bei der Türhüterin den Meister verleugnet. „Sie verspotteten und schlugen ihn und verhüllten sein Angesicht" (Lk 22, 63). „Mein Angesicht wendete ich nicht ab von denen, welche mich schalten und anspien" (Is 50, 6). Offenbar hat die Gestalt des Herrn in der 7. Zelle von San Marco (vgl. Bild S. 38) dem Gehilfen, der diese Tafel malte, als Vorbild gedient. Er hat die Henker, deren Tun dort nur angedeutet war, ganz ausgeführt und an die Stelle Marias und des hl. Dominikus, welche das Geheimnis dort sinnend und trauernd betrachten, drei junge Männer gestellt, um den Raum auszufüllen, aber nicht daran gedacht, sie in wirksamer Weise als Freunde oder Feinde auftreten zu lassen. Sie sind nur Statisten, ohne Teilnahme für den Vorgang, müßige Zuschauer.

24. Die Geißelung Christi (Bild S. 83) wird durch zwei Knechte vollzogen in einem Gemach, dessen Decke von einer Säule getragen wird, an die der Herr gebunden ist [1].

[1] Die Grundzüge dieser Szene hat bereits Duccio im großen Dombilde zu Siena gegeben; denn auch dort ist der Herr an eine Säule, welche die Decke des Raumes trägt, gebunden und wird er von zwei rechts und links stehenden Henkern gegeißelt. Die Knechte schlagen nicht, sondern erheben nur ihre Ruten.

Beachtung verdient, wie die Szene dadurch zusammengefaßt wird, daß die Männer die Stricke halten, womit sie den Herrn an jene Säule banden, und keinerlei Zuschauer zugegen sind. Alles ist zur größten Einheit und zu einem ergreifenden Eindruck gestimmt. Wunderbar ist der Blick, dessen der Herr mit schöner Wendung des Hauptes als sanften Vorwurfs und als Mahnung einen der Henker würdigt. „Ich bin bereit für die Geißelhiebe, und mein Schmerz ist immer vor meinem Angesicht" (Ps 37, 18). „Dann nahm Pilatus Jesum und geißelte ihn" (Jo 19, 1).

25. Die gefesselten Schächer gehen vor Jesus, der sein Kreuz trägt und nach Maria umschaut. Sie weint, wird aber von einem Soldaten gewaltsam zurückgestoßen und gehindert, sich zu nahen. Eine ihrer drei Begleiterinnen wendet sich um zum Hauptmanne, um ihn zu bitten, Mitleid zu zeigen. Die Soldaten sind einerseits durch die Inschrift der Schilde und der Fahne (S. P. Q. R.) als Römer, anderseits durch Skorpione, die sich auf ihren Waffenröcken zeigen, als grausame Feinde des Gottessohnes gekennzeichnet [1]. Das Kreuz hat hier, wie in andern Bildern, die einfache Form eines T und wird vom Herrn so getragen, daß der längere Balken vor ihm liegt. „Jesus trug sein Kreuz und ging hinaus zum Orte, der Kalvaria genannt wird" (Io 19, 17). „Wie ein Lamm wird er zur Schlachtbank geführt" (Is 53, 7).

26. Von zwölf Soldaten und einem Hauptmanne umgeben, zieht Christus sein Untergewand aus, welches von einem Soldaten ihm abgenommen wird. Zwei andere verlosen seinen Rock. Man sieht keine Schächer, kein Kreuz, keine der heiligen Frauen. Nur die Geduld des Herrn bei seiner Entkleidung und seine freiwillige Hingabe sollen betont werden. Die Inschriften sprechen nur von der Verteilung der Gewänder. „Die Soldaten teilten sich seine Kleider, indem sie das Los warfen" (Mt 27, 25). „Sie teilten sich meine Kleider und warfen das Los über meinen Rock" (Ps 21, 19).

27. Jesus ist am Kreuze verschieden. Aus seiner Seite flossen Blut und Wasser. Zur Rechten stützt Johannes, wie im großen Kreuzigungsbilde des Kapitelsaales von San Marco, die ohnmächtige Gottesmutter, welche von drei heiligen Frauen begleitet ist. Drei Soldaten beten den Herrn kniend an, während fünf Pharisäer und Soldaten, unter ihnen auch jener, welcher den Schwamm auf einer Stange befestigt trägt, voll Teilnahme zuschauen. Die Schächer leben noch. Der jüngere blickt voll Reue und Vertrauen den verstorbenen Herrn an, der andere, ein alter, verstockter Bösewicht, bleibt voll Herzenshärtigkeit. Der kniende Hauptmann schlägt an seine Brust und betet, wie jener vornehme Mann in der großen Kreuzabnahme (vgl. S. 55 und Bild dazu). Kein Spötter, kein Feind ist zu sehen. Tiefer, wehmutsvoller Friede herrscht. „Es ist vollbracht." „Als sie an den Ort, welcher Kalvarienberg genannt wird, gekommen waren, kreuzigten sie ihn" (Lk 23, 33). „Er aber ist verwundet worden wegen unserer Missetaten, zerschlagen

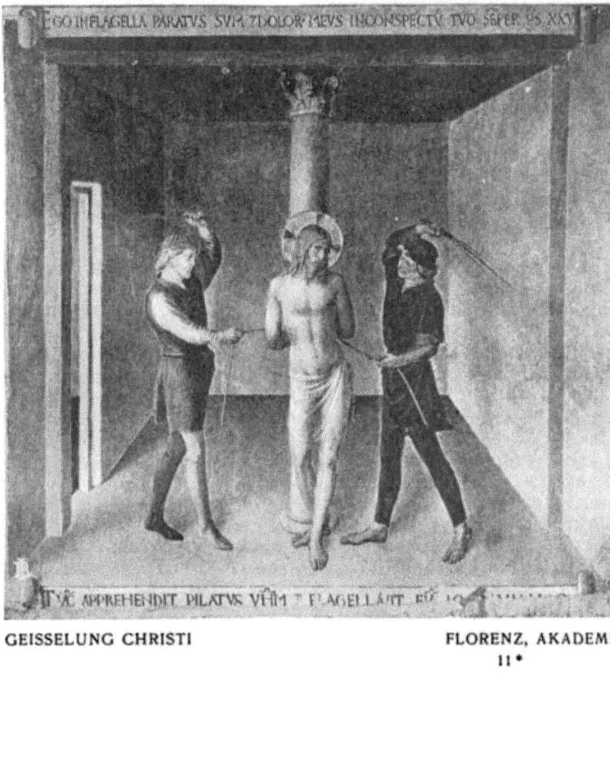

GEISSELUNG CHRISTI FLORENZ, AKADEMIE

[1] Skorpione brachte Fra Giovanni oft in den Fahnen und auf den Gewändern der Verfolger an, so z. B. in der Geschichte des hl. Nikolaus zu Perugia und in der Predella der Madonna der Flachshändler beim Begräbnis des hl. Markus. Sie finden sich auch in vielen Malereien Deutschlands um das Jahr 1500. Trotzdem hat ein Kunstgelehrter sich bewogen gefühlt, ein Bild, worin er ein solches Tier fand, als Werk des „Meisters mit dem Skorpion" zu bezeichnen. Vgl. Münzenberger-Beissel, Zur Kenntnis und Würdigung der mittelalterlichen Altäre Deutschlands II 67, Anm., 226.

wegen unserer Sünden" (Is 53, 5). Hinter den dreizehn[1] um die drei Kreuze versammelten Personen sieht man eine weite Landschaft, über deren Gebirge die Gestalten der Gekreuzigten aufragen. Die Landschaft wird wiederum als genaue Kopie der Gegend von Cortona angesehen, in der Fra Angelico die ersten glücklichen Jahre seines Ordenslebens verbrachte. Man erblickt zwischen den Bergen sogar einen Teil des Trasimenischen Sees mit einer Insel[2].

28. Jesus schwebt auf einer Wolke in die Vorhölle (Bild S. 85). Unter der eingestürzten Türe liegt der Fürst der Finsternis. Adam und Eva treten bekleidet heran. Abel und Abraham, Noe, eine Lade tragend, David und andere folgen ihnen. Alle haben Nimben. In dem neben der Vorhölle sichtbaren Teil der Hölle herrscht im Gegensatz zur Ruhe der Vorhölle Streit und Verzweiflung. Zwei Teufel kämpfen gegeneinander und ein dritter hindert eine unglückliche Frau, zu entfliehen. Die Gerechten preisen den Herrn: „Du hast uns erlöst, o Gott, durch dein Blut aus allen Geschlechtern, Sprachen und Völkern" (Offb 5, 9). „Er hat sie herausgeführt aus der Finsternis und aus dem Schatten des Todes und zerbrochen ihre Banden" (Ps 106, 14). Dies Bild ist besser als jenes der Höllenfahrt in der 31. Zelle von San Marco (Bild S. 40). Es erinnert an die Gruppe der Altväter und Propheten in einem der Gewölbezwickel des Domes von Orvieto (vgl. 9. Kapitel). Seine Anlage ist aber dieselbe wie in der Simone Martini zugeschriebenen Freske in Santa Maria Novella (Bild S. 45).

29. Die vor der geöffneten Grabeshöhle auf dem Boden liegende Leiche Christi ist von sieben Frauen und drei Männern umgeben, welche alle durch Nimben ausgezeichnet sind. Maria und Johannes standen neben dem Kreuze, hier knien sie anbetend neben Christi Haupt. Magdalena küßt kniend nicht die Füße, sondern die rechte Hand des Herrn. Sie hat die Dornenkrone und die Nägel auf ein Tuch im Vordergrunde so hingelegt, daß die Nägel ein Monogramm des Namens Jesu Christi bilden. Zu Häupten und Füßen des Herrn beschäftigen sich Joseph und Nikodemus mit Ordnen der Grabtücher. Drei im Hintergrunde sitzende Frauen klagen. Die Szene vollzieht sich in einem schönen Garten. „Joseph wickelte den Leib Jesu, welchen er vom Kreuze abgenommen hatte, in ein Leintuch und legte ihn ins Grab" (Lk 23, 53). „Die Völker werden ihn anbeten, und sein Grab wird glorreich sein" (Is 11, 10).

30. Fünf Frauen nahen sich dem Grabe des Erstandenen. Zwei schauen vorsichtig forschend hinein und sehen, wie ein Engel darin sitzt, der spricht: „Ihr suchet Jesus von Nazareth. Er ist auferstanden, ist nicht hier" (Mt 28, 5 f). „Ich erstand und bin noch bei dir" (Ps 138, 18). Hinter jenen beiden Frauen steht Magdalena mit zwei Begleiterinnen. Die Gruppierung ist in geschickter Art so angeordnet, daß der Blick auf dem in der Mitte im Hintergrunde und im Grabe sitzenden Engel ruhen muß, der als Bote der Auferstehung die Hauptperson ist.

31. Oben in den Wolken sieht man noch den Saum des Kleides Christi, der in den Himmel auffährt. Unten knien Maria und die elf Apostel in einem Kreise, aus dem der Herr sich erhob. Zwei Engel stehen zur Seite. Einer zeigt auf den zum Himmel aufsteigenden Herrn und redet zu einem der Apostel, welcher sich zu ihm umwendet. Die Landschaft dehnt sich hinter den Aposteln in die Ferne aus und über ihr bildet die Luft einen weiten Gesichtskreis, aus dem sich der Herr emporhebt. Rechts und links grenzen Palmbäume das Bild ab, indem sie jedoch mit ihren hoch emporstrebenden leichten Zweigen den Blick nach oben hinauflenken. Die Inschriften sagen: „Der Herr Jesus wurde, nachdem er zu ihnen geredet hatte, aufgenommen in den Himmel" (Mk 28, 19). „Er stieg auf über die Himmel und flog auf den Flügeln der Winde" (Ps 17, 11).

32. Das Pfingstfest. Im oberen Stockwerk eines Hauses sind zwölf Apostel und vierzehn Jünger versammelt, die in drei Reihen zur Rechten und Linken Marias (vgl. Bild S. 87) sitzen. Petrus nimmt die erste Stelle ein zur Rechten in der obersten Reihe. Alle tragen Nimben, haben auf dem Haupte ein Flämmchen, sind aber höchstens in Brustbild sichtbar. Vor der Türe des Hauses stehen fünf Männer in verschiedenen jüdischen oder morgenländischen Trachten und in lebhafter Unterredung. „Alle wurden erfüllt vom Heiligen Geiste und fingen an zu sprechen in verschiedenen Sprachen" (Apg 2, 4). „Ich werde aussenden meinen Geist über alles Fleisch, und eure Söhne werden weissagen" (Joel 2, 28).

33. Oben in der Mitte der Tafel reicht Christus seiner Mutter eine Krone, die er auf ihr Haupt setzen will. Viele der den Vordergrund füllenden Engel, Heiligen und Seligen schauen aus dem Bilde heraus. Nicht alle haben Nimben. Oben sind zuerst Engel mit Aposteln, dann Würdenträger der Kirche (ein Papst und ein Bischof) und Vertreter verschiedener Orden, endlich unten Laien dargestellt. Das Ganze ist gedrängt, schematisch und ohne Wechsel. Die mittlere Gruppe der Krönung ist vortrefflich und von Strahlen eingefaßt, welche wiederum aus einem Mittelpunkte her-

[1] Ist es nur Zufall, daß im 26. wie im 27. Bilde (wenn man die Schächer nicht mitzählt) je dreizehn Personen um den Herrn versammelt sind? — [2] Douglas 108. Vgl. oben S. 5.

vorquellen [1]. Die Inschriften besagen: „Ich erblickte den Herrn sitzend auf einem hohen und erhabenen Throne, und die Stätte war voll seiner Herrlichkeit" (Is 6, 1 f). „Siehe, die Wohnung Gottes mit den Menschen, und sie werden sein Volk, er wird ihr Gott sein" (Offb 21, 3). Demnach soll das Bild den Himmel darstellen, den Schauplatz der Krönung Marias. Fra Giovanni hat wohl nur die Gruppe des Herrn und seiner Mutter gemalt.

34. Die Tafel, worauf das *Jüngste Gericht* dargestellt wurde, ist doppelt so breit als die übrigen. Sie wird im letzten Kapitel zu beschreiben sein.

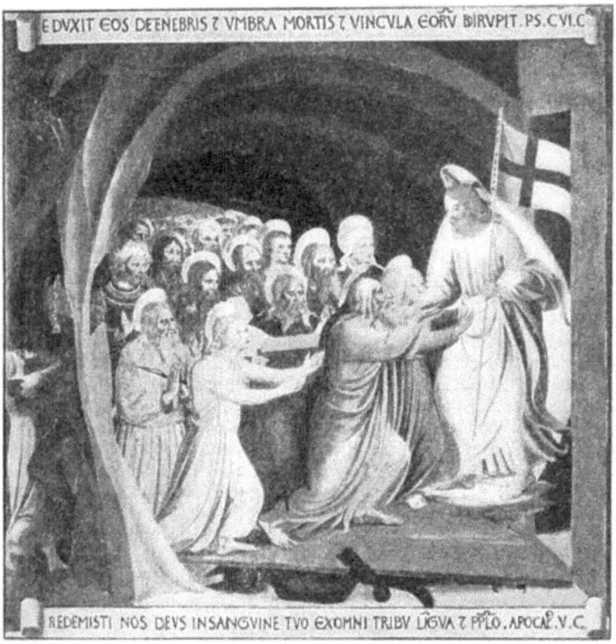

CHRISTUS IN DER VORHÖLLE — FLORENZ, AKADEMIE

35. Ein Bild, das dem ersten entspricht, dient als Schluß. War dort auf das Verhältnis des Alten Bundes zum Neuen hingewiesen und auf die vom *Heiligen Geiste* geleiteten Verfasser der *Heiligen Schrift*, so handelt es sich hier um den Inhalt der kirchlichen *Überlieferung*. Unten erhebt sich aus einem blumigen Wiesengrunde der *siebenarmige Leuchter* des Alten Bundes, vor dem sieben Schriftbänder entfaltet sind. In jedem steht der Name eines Sakramentes zwischen zwei sich auf dasselbe beziehenden Stellen des Alten oder des Neuen Bundes.

Bei der Taufe lesen wir: „Alle sind getauft worden durch Moses in der Wolke und im Meere" (1 Kor 10, 2). „Gehet und lehret alle Völker" (Mt 28, 19). Bei der Firmung steht: „Suchet den Herrn und seid gestärkt" (Ps 104, 4). „Wenn du bekehrt bist, dann stärke deine Brüder" (Lk 22, 32). Bei der Priesterweihe: „Die Priester standen in ihrer Ordnung" (2 Par 30, 16). „Du bist ein Priester nach der Ordnung Melchisedechs" (Hebr 5, 6). Bei dem heiligsten Altarssakramente: „Melchisedech opferte Brot und Wein" (Gn 14, 18). „Dieses ist mein Leib. Tuet dieses zu meinem Andenken" (Lk 22, 19). Bei der Buße: „Wenn eine Seele sündigte, so tue sie Buße für ihre Sünde" (Lv 5, 1 5). „Wenn ihr nicht Buße tut, werdet ihr alle zu Grunde gehen" (Lk 13, 3). Bei der Ehe lauten die Texte: „Der Mensch soll nicht trennen, was Gott vereint hat" (Mk 10, 9). „Dieses ist ein großes Sakrament, ich sage jedoch in Christus und in der Kirche" (Eph 5, 32). Bei der Ölung lesen wir: „Man vollziehe die Salbung zur Heilung" (Prd 38, 7). „Ist jemand krank unter euch, so rufe er die Priester und sie sollen über ihn beten und ihn salben mit Öl. Und das Gebet des Glaubens wird dem Kranken Heil bringen, und wenn er in Sünde ist, wird sie ihm nachgelassen" (Jak 5, 14 f). — Zur Linken des siebenarmigen Leuchters zeigt eine Frau ein geöffnetes Buch und ein Schild, auf dem die Worte stehen: „Das Gesetz der Liebe." Sie personifiziert die Kirche. Über jenen Schriftbändern ist aus dem Leuchter ein Kreuz in die Mitte der Tafel aufgewachsen, um das sich ein Inschriftband mit zwölf auf die Glaubensartikel bezüglichen Stichworten schlingt. Sie weisen hin auf den Hauptinhalt der Glaubenslehren und lauten: I. Gott der Vater. II. Jesus Christus. III. Geburt. IV. Leiden. V. Auferstehung. VI. Himmelfahrt. VII. Ankunft in

[1] Vgl. oben S. 70 und 72.

die Welt zum Gericht. VIII. Der Heilige Geist. IX. Die katholische Kirche. X. Nachlaß der Sünden. XI. Auferweckung der Menschen. XII. Das ewige Leben.

Zur Linken jenes Kreuzes halten die Apostel Schriftbänder mit je einem Artikel ihres Credo, zur Rechten zwölf Propheten ähnliche Schriftbänder mit Texten, welche jenen Artikeln entsprechen. Die Prophetenstellen lauten: I. „Du wirst mich Vater nennen und nicht aufhören, mir zu folgen“ (Jr 3, 19). II. „Der Herr sprach zu mir: Mein Sohn bist du“ (Ps 2, 7). III. „Siehe, eine Jungfrau wird empfangen und einen Sohn gebären“ (Is 7, 14). IV. „Alle werden aufschauen zu mir, denn sie haben mich durchbohrt“ (Zach 12, 10). V. „O Tod, ich werde dein Tod sein, dein Biß sein, o Hölle“ (Os 13, 14). VI. „Er erbaut im Himmel seinen Aufstieg“ (Am 9, 6). VII. „Ich will zu euch kommen zum Gerichte und ein schneller Zeuge sein“ (Mal 3, 5). VIII. „Ich werde ausgießen von meinem Geiste über die ganze Erde“ (Joel 2, 28). IX. „Die Weisheit wird mir mitteilen von (ihren) Gütern“ (Weish 8, 9). X. „Der Herr wird alle unsere Missetaten tilgen“ (Mal [Mich][1] 7, 19). XI. „Herausführen will ich euch aus euren Gräbern, mein Volk“ (Dn [Ez][1] 37, 12). XII. „Alle werden erwachen, zum Leben die einen, zum Tode die andern“ (Ez [Dn][1] 12, 2).

Während jene Stichworte zu den Sprüchen der Propheten passen und ihre Reihenfolge mit der heutigen Verteilung der Artikel des Apostolischen Glaubensbekenntnisses übereinstimmt, hält auf der andern Seite der fünfte Apostel ein Spruchband mit den Worten „Abgestiegen zur Hölle“ (V.). Dann sagt der sechste: „Am dritten Tage wieder auferstanden von den Toten“, der siebte: „Aufgefahren gegen Himmel, sitzet er zur Rechten Gottes, des allmächtigen Vaters“ (VI.), der achte: „Von dannen er kommen wird zu richten die Lebendigen und die Toten“ (VII.), der neunte: „Ich glaube an den Heiligen Geist“ (VIII.), der zehnte: „Eine heilige katholische Kirche, Gemeinschaft der Heiligen“ (IX.), der elfte: „Ablaß der Sünden“ (X.), der zwölfte: „Auferstehung (des Fleisches und) ein ewiges Leben“ (XI. u. XII.)[2].

Der hl. Thomas von Aquin kennt eine doppelte Zählung der Glaubensartikel. Bei der ersten unterscheidet er vierzehn Abschnitte, indem er sowohl den dritten in zwei zerlegt (worin Christi Empfängnis und Geburt genannt werden) als auch den fünften (worin von der Höllenfahrt und von der Auferstehung Christi geredet wird). Der große Lehrer fügt aber bei, viele hätten nur zwölf Artikel, und zwar jene, welche unsere Tafel auf den Spruchbändern der Apostel gibt. Durandus, Bischof von Mende, hat dagegen jene Einteilung des Glaubensbekenntnisses in zwölf Artikel, welche für die oben gegebenen Sprüche der Propheten zu Grunde gelegt ist[3]. Der Maler unserer Tafel folgte also auf der ersten Seite, bei den Propheten, der Einteilung jenes Dominikanerbischofs, auf der andern Seite dagegen, bei den Aposteln, teilweise derjenigen des großen Lehrers des Ordens.

Blicken wir zurück auf die einzelnen Bilder der ganzen Reihe, so sind die Darstellungen der Kommunion der Apostel, des Gebetes im Ölgarten und des Verrates (18 bis 20), der Kreuzigung und Höllenfahrt (27 und 28), der Krönung Marias und des Jüngsten Gerichtes (33 und 34) freie Wiederholungen früherer Arbeiten.

Mehr oder weniger neu sind die Anbetung der Könige (5), die Flucht und die Ermordung der unschuldigen Kinder (7 und 8), die Auferweckung des Lazarus (13), die Geißelung (24) und der Besuch der Frauen am Grabe (30).

Ganz außerhalb des Kreises der übrigen Schöpfungen des Fra Angelico liegen das erste und das letzte Bild.

Die besten Bilder sind die einleitende Tafel (1), die Geburt, die Beschneidung und Anbetung der Könige (3 bis 5), die Flucht nach Ägypten und der Kindermord (7 und 8), die Auferweckung des Lazarus, der Einzug in Jerusalem und der Handel des Judas mit den Pharisäern (13 bis 15), das Gebet im Ölgarten (19), die Gefangennehmung und das Verhör (21 und 22), die Geißelung, Kreuztragung, Verlosung der Kleider, Kreuzigung, Vorhölle und Grablegung (24 bis 29), endlich die Himmelfahrt (31).

Da die Inschriften nicht immer genau zu den Bildern passen, dürften sie dartun, der Plan des Ganzen mit seiner Einleitung (1) und mit dem Schlusse (35) sei von irgend einem scholastisch gebildeten Geistlichen entworfen worden, Fra Angelico aber habe die Ausführung übernommen, ohne auf Freiheit in der Komposition zu verzichten. Ob er durch seine Abreise nach Rom an der Vollendung gehindert wurde und wieviel seine Gehilfen leisteten, wird mit Sicherheit um so weniger zu bestimmen sein, als die Tafeln in den 450 Jahren ihres Bestehens an manchen Stellen litten und durch Erneuerungen ihren ursprünglichen Zustand

[1] Auf der Tafel ist durch Irrtum der erstere Name geschrieben. Der eingeklammerte ist der richtige. — [2] Der fünfte Apostel teilt sich mit dem sechsten in den V. Glaubensartikel („Abgestiegen zu der Hölle. Auferstanden von den Toten“). Dadurch erhält der siebte den VI., der achte den VII., der neunte den VIII., der zehnte den IX., der elfte den X., der zwölfte aber den XI. und XII. Glaubensartikel („Auferstehung des Fleisches und ein ewiges Leben“). [3] S. Thom., S. th. 2, 2, q. 1, a. 8. Durandus, Rationale divinorum officiorum IV, c. 25: De Symbolo. — Illustrierte Bücher, an die sich die 35. Tafel anschließt, waren im 15. Jahrhundert nicht selten. Ein aus Echternach stammendes soll im Staatsarchiv zu Luxemburg ruhen. Über ähnliche Darstellungen des Credo mit Sprüchen der Propheten vgl. Münzenberger-Beissel a. a. O. I 49 98 158; II 31 162 168 187, Anm., 199 201 f 222.

verloren haben. Dem Maler war es als vielbeschäftigtem und gesuchtem Künstler schwerlich angenehm, so viele und so verschiedene Szenen in gleichem Maßstab nebeneinander zu bilden. War er doch damals gewohnt, Fresken und größere Altartafeln auszuführen und sich in seinen Werken höheren Aufgaben zu widmen. Da er überdies bereits an sechzig Jahre alt war, hat er vieles seinen Schülern und Gehilfen überlassen, die er leitete und beaufsichtigte, deren Arbeit er mehr oder weniger vorbereitete und verbesserte.

Wichtig ist der Zyklus für die Geschichte der Armenbibel. Bereits der hl. Ambrosius soll in einer Kirche Mailands Szenen des Alten und Neuen Bundes einander gegenübergestellt haben. Der hl. Paulinus von Nola tat es in der dem hl. Felix gewidmeten Basilika. Prudentius und Rusticus Helpidius (um das Jahr 520) dichteten Verse für Wandmalereien, in welchen man Ereignisse des Alten Bundes als Vorbilder für Tatsachen des Neuen Bundes darstellte. Abt Benedikt Biscop brachte im Jahre 684 Vorbilder aus Italien nach England, die er benutzte, um seine Klosterkirche mit Gemälden aus beiden Testamenten ausstatten zu lassen. Anderseits bietet schon um das Jahr 600 die Handschrift von Rossano bei Szenen des Neuen Bundes Propheten mit entsprechenden Weissagungen. Die Armenbibeln des Mittelalters vereinten alle jene früheren Versuche zu einem Ganzen, indem sie Darstellungen aus Christi Leben sowohl durch analoge Ereignisse des Alten Bundes als durch prophetische Aussprüche erläuterten. Fra Angelico hat freilich in den Bildern dieses Zyklus Gestalten von Propheten nur auf der ersten und letzten Tafel angebracht, auch auf bildliche Darstellung alttestamentlicher Vorbilder verzichtet, aber doch immerhin durch die bei jeder Tafel angebrachten Schriftstellen auf den Zusammenhang der Offenbarung des Alten und Neuen Bundes deutlich hingewiesen.

In den Malereien der Zellen von San Marco herrscht die Zeichnung weit mehr vor, ist alles in größerem Maßstab, in einfacheren Farben und meist mit weniger Figuren und geringerer Füllung der Hintergründe ausgeführt. Dort arbeitete Fra Giovanni für stille, nachdenkende Ordensbrüder, hier für das Volk der Arnostadt. Dort leitete mehr das fromme Gefühl seine Hand, während er hier mehr die Mittel seiner Kunst und die Pracht seiner Farben entfaltete. Die Zellenbilder wirken von ihrem ursprünglichen Bestimmungsorte aus auf Beschauer, welche durch die Umgebung doch wenigstens in etwa in die Stimmung eines Klosters versetzt werden, während die Tafeln des Zyklus auseinandergeschnitten und im grellen Licht einer Galerie zwischen allerlei aufdringlichen Werken aufgehängt sind. Trotzdem bleibt bei den besseren Tafeln, besonders bei jenen, die wenige Figuren zeigen, der Gesamteindruck derselbe wie jener der Zellenbilder. Der Beschauer freut sich des seligen Friedens, der ihn anspricht und der nicht einmal in den Szenen des Leidens verloren geht.

AUS DEM PFINGSTBILD

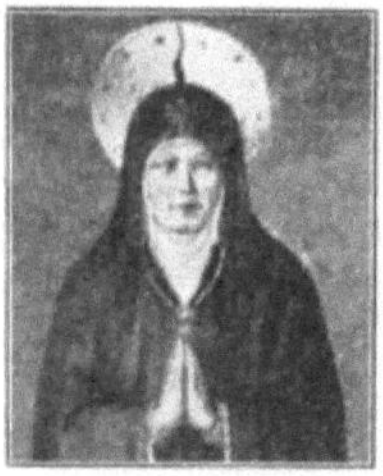

FLORENZ, AKADEMIE

MARIA

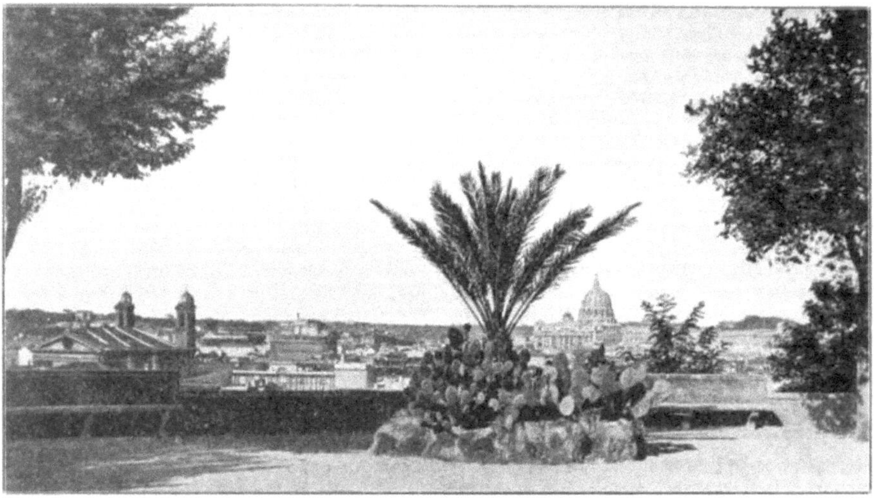

ROM VOM MONTE PINCIO AUS GESEHEN

VII. BERUFUNG NACH ROM
ARBEITEN IM VATIKAN

IM Kloster San Marco liest man in der 38. Zelle die Inschrift: „Papst Eugen IV. hat im Jahre des Herrn 1442 nach Einweihung unserer Kirche des hl. Markus eine Nacht hier gewohnt, wo der großmütige Kosmas von Medici, der Erbauer dieser Zellen, oft weilte, um sich der Unterredung mit dem hl. Antonin zu erfreuen.“ Über der Türe der folgenden Zelle aber ist die Inschrift angebracht: „Kosmas von Medici, der Erbauer dieses Klosters, hat sich diese (beiden) Zellen eingerichtet, um zuweilen in größerer Muße mit Gott sich zu beschäftigen. In ihnen hat Papst Eugen IV. in der Nacht geruht, welche der Weihe unserer Kirche folgte, nämlich am 7. Januar 1442.“

Der genannte Papst war 1434 aus Rom geflohen, nach Florenz gekommen und im Dominikanerkloster Maria Novella eingekehrt, wo er seinen ständigen Aufenthalt nahm. Obwohl dieses Haus der strengeren Richtung Dominicis fernstand, waren seine Mönche, wie die von Fra Angelico für sie ausgeführten Arbeiten beweisen, mit ihren Ordensgenossen zu Fiesole und San Marco befreundet. So traten der hl. Antonin als Prior von San Marco und Fra Angelicos Bruder Benedetto als Subprior zum Papste in Beziehungen. Nach Vollendung ihrer Kirche (1442) baten sie ihn, dieselbe persönlich weihen und zwei Tage bei ihnen als Gast weilen zu wollen. Er willfahrte ihrer Bitte, wohnte in den beiden für Cosimo eingerichteten und ausgemalten Zellen und sah die von Fra Angelico vollendeten Werke: die Fresken der Kreuzgänge, des Kapitelsaales und der Zellen sowie das Altarbild der Kirche. Schon seit langem hatte er großes Gefallen gewonnen an den Arbeiten der Florentiner Künstler. Von Ghiberti hatte er sich 1439 eine prachtvolle Tiara anfertigen lassen, deren Edelsteine und Perlen auf 38000 Golddukaten geschätzt wurden und die er während des Konzils von Florenz bei der Feier der Wiedervereinigung der Griechen mit den Lateinern trug.

Bald nach der Weihe der Kirche des hl. Markus, im Frühjahr 1442, wurde die Kirchenversammlung nach Rom verlegt, und am 28. September zog der Papst nach fast zehnjähriger Abwesenheit wiederum in seine Stadt ein. Bereits 1439 hatte er den Florentiner Baumeister und Bildhauer Antonio Filarete beauftragt, die Bronzetüre anzufertigen, welche noch heute den Eingang zur Peterskirche schließt. Im Jahre 1445 fand sie am alten Petersdom ihren Platz. Die Nebentüren ließ er durch den Dominikaner

Fra Antonio von Viterbo aus Holz schnitzen. Der Dominikaner Fra Giovanni von Neapel stickte ihm eine Mitra und andere kostbare Paramente.

Unter solchen Umständen kann es nicht auffallen, daß Eugen den Fra Angelico bestimmte, Florenz zu verlassen, nach Rom überzusiedeln, um in seine Dienste zu treten. Wann dies geschah, ist unbekannt, doch war der Künstler beim Tode des Papstes (23. Februar 1447) im Vatikan schon an der Arbeit, da die Rechnungen am 13. März 1447 von seiner Besoldung reden. Damals weilte auch der hl. Antonin zu Rom; denn Eugen IV. hatte denselben dahin berufen, damit er ihm im Tode beistehe.

Der am 6. März dieses Jahres neu erwählte Papst Nikolaus V. war den Dominikanern noch mehr gewogen, war er doch jener Thomas von Sarzana, welcher ihnen im Auftrage Cosimos die Bibliothek in San Marco eingerichtet und ausgestattet hatte [1]. Wenn aber erzählt wird, Nikolaus habe nach dem Tode des Erzbischofs Bartolommeo Zabarella (†21. Dezember 1445) beabsichtigt, den Maler zu dessen Nachfolger zu ernennen, jedoch auf seine Bitten hin dem am 10. Januar 1448 erwählten Prior Antonin diese Würde zugewandt, so wird eine solche Nachricht jetzt allgemein als unglaublich abgewiesen [2].

Zu Rom war die erste Aufgabe des Frate die Vollendung der unter Eugen IV. begonnenen Malereien der „Sakramentskapelle“. Sie wird in den päpstlichen Rechnungen von 1447 bis 1449 als „Chapella di santo Pietro“ (Kapelle der Peterskirche) bezeichnet und muß zwischen der Kirche und dem Palaste des Vatikan so gelegen haben, daß sie von beiden aus zugänglich war. Paul III. ließ sie abbrechen, um an ihrer Stelle eine großartig angelegte Treppe zu bauen. So sind alle ihre Gemälde verschwunden. Es fanden sich in ihr Szenen aus dem Leben Christi und wohl auch eine Abnahme vom Kreuze.

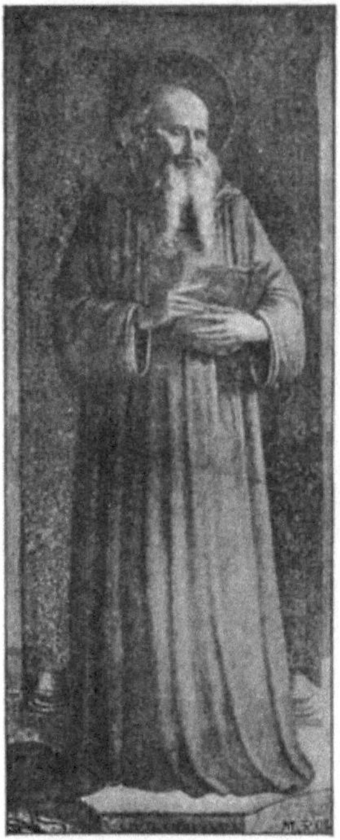

DER HL. BONAVENTURA
ROM, KAPELLE NIKOLAUS' V.

Bereits im Jahre 1448 war Fra Giovanni mit seinen Gefährten beschäftigt, die bis heute gut erhaltenen Gemälde der Kapelle der hll. Stephanus und Laurentius im Vatikan [3] auszuführen. Am 15. Februar 1448 übergab man ihm zwei Pfund Ultramarin, die 55 Florini 10 Solidi römischer Währung kosteten und die wohl zur Vollendung der Gewölbemalereien dienten [4].

Fra Angelicos Namen erscheint nach 1449 nicht mehr in den Rechnungen des vatikanischen Palastes. Ob die Malereien damals vollendet gewesen seien, ist unbekannt. Doch wurde am 28. Januar 1450 geschlagenes Gold aus Siena für die Gesimse (chornici), am 19. März Gold für die Kapitäle, am 30. März Firnis bezahlt. Der Dominikaner Fra Giovanni von Rom erhielt am 16. März für die Ausführung der beiden Fenster der damals „Studio“ genannten Kapelle 10 Dukaten. In dem ersten hatte er auf weißem Glas die hll. Laurentius und Stephanus, im andern die Gottesmutter gemalt. Erst 1454 wurden die von Meister Nikolaus von Florenz gefertigten Wandbekleidungen aus eingelegtem Holze (di tarsio) bezahlt.

Der von Angelico ausgemalte Raum liegt im zweiten Stockwerk des Palastes. Er ist im Grundriß viereckig, nur 6,65 *m* lang und 4,20 *m* breit. Drei seiner unter dem Kreuzgewölbe in Rundbogen endenden Wände sind durch ein breites Gesimse in eine untere viereckige und eine obere halbkreisförmige Fläche geteilt. Die erste Wand hat unten nur eine Szene, die andern Wände tragen je zwei Szenen. In den oberen Abteilungen finden sich sechs von drei

[1] Pastor, Geschichte der Päpste I [4] 367. Vgl. oben S. 21. — [2] Vasari, ed. Milanesi II 236 516 f 529 f. Marchese I 320 f. Über die Stellung des Fra Angelico zur römischen Renaissance vgl. Müntz, Les arts à la cour des papes I 36 53 91. Delaborde, Études sur les beaux-arts en France et en Italie I 120. Kinkel, Kunst und Künstler am päpstlichen Hofe in der Zeit der Frührenaissance: Augsburger Allgem. Zeitung 1879, Beilage Nr 262. — [3] Abbildungen der Gemälde dieser Kapelle: Le Pitture della Cappella di Nicolò V, opere del Beato Giovanni Angelico da Fiesole esistenti nel Vaticano. Disegnate ed incise a contorni da Francesco Giangiacomo Romano in 16 rami. Roma 1810. Sieben Szenen und die Bilder der hll. Matthäus, Bonaventura und Thomas von Aquin sind von der Arundel-Gesellschaft reproduziert worden. Zwei Bilder bei Ottley, Écoles florentines Taf. 40 f. Gute Phototypien bei Supino, Douglas und Nieuwbarn; andere Abbildungen im Klassischen Bilderschatz II 205; III 415; IV 493 u. a. Goethes Erzählung, der Architekt Hirt, sein Freund, habe diese Kapelle wieder aufgespürt, wird widerlegt durch zwei frühere italienische Nachrichten über dieselbe: Toja, Descrizione del Palazzo Vaticano, Roma 1750, 119, und Chattard, Nuova Descrizione del Palazzo Vaticano II, Roma 1766, 303. Vgl. Seroux d'Agincourt, Malerei 129. — [4] Im Jahre 1449 hatte Fra Giovanni 4 Pfund Azur-Ultramarin aus Venedig erhalten zur Bemalung der Sakramentskapelle. Dieselben hatten 98 Florini 27 Bolendini gekostet.

Rundbogen umrahmte Szenen aus dem Leben des hl. Stephanus, in den unteren fünf Darstellungen aus der Legende des hl. Laurentius.

Zwei Wandflächen sind von Bogen eingefaßt, welche Nischen bilden und in deren Wandungen auf jeder Seite je zwei heilige Kirchenlehrer unter gotischen Baldachinen übereinander stehen: unten Bonaventura und Thomas von Aquin, Athanasius und Chrysostomus; oben Augustinus und Ambrosius, Leo und Gregorius. Im Buche des hl. Thomas steht: „Veritatem meditabitur guttur meum, et labia mea detestabuntur impium“ (Wahrheit wird mein Gaumen verkosten, und meine Lippen werden den Gottlosen verabscheuen: Spr 8, 7.) Die Inschrift im Buche des hl. Chrysostomus lautet: „Attende tibi ipsi, ne forte fiat in corde tuo occulta impiave cogitatio“ (Achte auf dich selbst, damit nicht in deinem Herzen entstehe ein geheimer und böser Gedanke). In den Stickereien seines Gewandes steht: „Christus Nazarenus Rex Iudeorum · A · mal.“, dann: „Ihesus Maria“, weiterhin: „De peccatoribus · et · se nostra advocata“.

Sehr schön ist die Gestalt des hl. Bonaventura mit ihrem weißen wallenden Barte und ihrem sinnenden Blick (Bild S. 89). „Seine Mienen zeigen eine entzückende, mit Würde gepaarte Gemütstiefe. Wo wird man mehr Richtigkeit der Verhältnisse finden bei solcher Kraft des Aufbaues, Feinheit und Größe der Zeichnung, bei so viel Charakteristik und Ausdruck? Der Heilige wendet seine Augen nachdenkend nach links. Seine wunderbar gezeichneten Hände halten ein geöffnetes Buch, dessen unteren Rand er auf seine Seite stützt. Der Mund öffnet sich zu leisem Lächeln, oder besser, er verklärt sich durch den sanften Ausdruck der Güte.“ [1] So ungefähr wird Fra Angelico, der damals mehr als sechzig Jahre zählte, sich gezeigt haben. Er hatte in diesem Alter noch so viel Schaffenskraft und frischen Erfindungsgeist, solche Beherrschung des Zeichenstiftes und des Farbenpinsels! Statt abzunehmen, stieg er immer höher in freier Entfaltung seiner Kunst.

In jedem der vier Felder des Gewölbes sitzt ein Evangelist —, begleitet von seinem Symbol. Die Bilder der hll. Markus [2] und Johannes sind stark beschädigt, jene der heiligen Athanasius, Chrysostomus und Leo ganz erneuert. Inschriften der Kapelle berichten:

„Papst Gregor XIII. († 1585) befahl diese trefflichen, von Frater Johannes Angelicus von Fiesole aus dem Orden der Prediger hergestellten, durch Alter fast vernichteten Malereien zu erneuern. †“

„Die durch Papst Nikolaus V. erbaute, von Frater Johannes von Fiesole, einem berühmten Maler jener Zeit, mit heiligen Bildern gezierte Kapelle hat Papst Klemens XI., nachdem sie durch die Unbill der Zeit entstellt und veraltet war, zum ehemaligen Glanze und Gebrauche wiederhergestellt im Jahre des Heiles 1712. †“

„Benedikt XIII. aus dem Predigerorden hat diesen Altar errichtet und geweiht am 11. April 1725.“ — Auf Benedikts Befehl wurde auch der Fußboden gelegt, in dem die Sonne inmitten der Monate und Planeten dargestellt ist.

„Im Jahre 1815 hat Papst Pius VII. die Gemälde des seligen Johannes Angelicus von Fiesole, welche herrliche Geschichtsbilder zeigen, aber durch lange Vernachlässigung Schaden litten und in der Stadt (Rom) die einzigen Zeugen der Kunst des hochbegabten Meisters sind, vom Schmutze reinigen und durch Hinzuführung von mehr Licht anschaulicher machen lassen, um einem allgemeinen Verlangen und Wunsche nachzukommen.“

Die bereits genannten Einzelfiguren werden übertroffen durch die tiefsinnige Schilderung der Geschichte der beiden großen Diakone. Die Anordnung der Szenen ist analog. Bezeichnet man die auf den hl. Stephanus bezüglichen Fresken mit I—VI, die den hl. Laurentius betreffenden mit 1—5, die Weihe dieser Heiligen mit a, deren Almosenverteilung mit b, ihr Verhör vor dem Richter mit c, ihr Martyrium mit d, so ist deren Ordnung diese:

Ia	IIb	III	IVc	V	VId
1a		2	3b	4c	5d

Gleichartige Vorgänge wurden, soviel als möglich, voneinander entfernt, damit sie sich nicht störten, überdies auch verschiedenartig behandelt. Die unteren Bilder sind später gemalt als die oberen, darum von römischen Vorbildern und Künstlern mehr beeinflußt und vollkommener. Sie verlangten überdies mehr Sorgfalt, weil sie dem Auge näher stehen.

Die Gewänder zeigen oben in der Geschichte des hl. Stephanus altchristliche Formen. Der Erzmärtyrer trägt meistens ein Mantelpallium über einer Tunika. Dieselbe Tracht hat der ihn weihende hl. Petrus. Dagegen erscheint der hl. Laurentius in der Dalmatik der Diakonen des 15. Jahrhunderts, der ihn weihende Sixtus in der päpstlichen Kleidung derselben Zeit. Auch die Nebenpersonen folgen unten mehr der Mode des 15. Jahrhunderts als oben; ebenso sind die architektonischen Hintergründe geschlossener, um einen Unterbau zu

[1] Supino 173 f. [2] Über Handzeichnungen des Fra Angelico zu den Bildern der hll. Matthäus und Markus vgl. Cartier 103.

bilden für die oberen Szenen, in denen weitere Aussichten, sogar Landschaften erscheinen.

Oben (I a) hat der Apostelfürst sich am Altar umgewendet. Er trägt einen kurzen abgerundeten Bart, hat jedoch keinen kahlen Kopf und keine Stirnlocke, sondern dichtes gekräuseltes Haar. Voll herablassender Güte neigt er sich zu dem vor der Stufe knienden hl. Stephanus und reicht ihm Kelch und Patene. Letzterer ist jugendlich, mit einer Dalmatik bekleidet. Er hat eine so große Tonsur, daß nur ein Haarkranz übrig bleibt. Sechs in zwei Reihen (3 und 3) nebeneinander stehende Apostel schauen voll Teilnahme herab auf den zu Weihenden. Die Ehrenstelle am Anfange der ersten Reihe nimmt Jakobus der Jüngere als Bischof von Jerusalem ein. Er ist hier, wie auch sonst, im Gegensatz zu Jakobus dem Älteren, ohne Bart. Ihm folgt Andreas, der Bruder des hl. Petrus, mit langem, zweiteiligem Barte, dann Johannes mit jugendlichem Angesicht. Er wendet sich zum letzten der zweiten Reihe, dem hl. Matthäus, dessen langer Vollbart prachtvoll herabwallt. Jakobus der Ältere und Philippus beschließen die zweite Reihe. Die Architektur der Kirche, worin sich die Handlung vollzieht, faßt die Gruppe jener sechs assistierenden Apostel zu einer Einheit zusammen, indem ein reich verzierter Architrav über sie hergeht und dessen vier Stützen sich der Gruppe eng anschließen. Das im rechten Winkel einschneidende, zum Altar geöffnete Querschiff isoliert die Figur des Petrus, die durch ihre Handlung wiederum zu Stephanus, dem Zentrum des Ganzen, in enge Beziehung gesetzt wird.

Unten (1 a) sitzt dagegen Papst Sixtus im Pontifikalanzug vor dem Altar. Laurentius erhebt in lebhafter Bewegung beide Hände, um den dargereichten Kelch, das Symbol der Diakonatswürde, in Empfang zu nehmen. Hier bildet nicht der Diakon allein den Mittelpunkt, sondern die aus dem Papste und dem Diakon gebildete Gruppe. Hinter dem Papst stehen drei Priester in Chorcappen um Laurentius, ein Diakon, ein Subdiakon und drei erwachsene Ministranten. Alle diese zehn Personen sind bartlos und charaktervolle Typen des römischen Klerus im 15. Jahrhundert[1]. Die Architektur umsäumt die Gruppe der Personen; denn hinter ihnen endet die Kirche in einer Apsis, zur Rechten und Linken aber verjüngt sich eine Säulenreihe perspektivisch nach jener Apsis hin. In letzterer aber ist dargestellt, wie Christus dem Petrus die Gewalt erteilt, seine Schafe und Lämmer zu weiden.

Das zweite Bild der unteren Reihe (2) ist zweiteilig (Bild S. 92). Zur Linken sieht der Beschauer eine Straße, worin zwei Soldaten an einer Türe anklopfen; zur Rechten das Innere eines Klosterhofes mit Säulengängen, worin Sixtus II., mit Tiara und Chorcappe bekleidet (Bild S. 97), dem in einer reich verzierten Albe vor ihm knienden hl. Laurentius einen gefüllten Beutel überreicht. Ein Diener hat eben silberne und goldene Gefäße und andere Schätze der Kirche herbeigebracht. Hinter dem Papste wendet ein Priester sich mit erschreckter Miene um und schaut hin, ob jene beiden Häscher nicht die Türe erbrechen und zu früh eindringen.

Reiche Erfindungsgabe bezeugen die Szenen der A l m o s e n v e r t e i l u n g. In der ersteren (3b) ist L a u r e n t i u s durch sorgsam behandelte Diakonentracht hervorgehoben (Bild S. 93). Wie bei der Weihe (in 1), wird auch hier seine Figur betont durch eine hinter ihr, in der Mitte des Grundes sich wölbende Apsis. Zwei lange zur Apsis hin gehende Säulenreihen steigern die Wirkung der in der Mitte des Vordergrundes vor der geöffneten Kirchentüre stehenden Gestalt des Leviten. In der Linken hält er jenen Beutel, den er von Sixtus empfing. Arme sind um ihn in der Vorhalle versammelt. Einem auf der Erde sitzenden Krüppel reicht er ein Geldstück. Ein Lahmer hat sich mittels seiner Krücke genaht und streckt bettelnd die geöffnete Hand aus. Neben diesem stehen zwei arme Frauen. Die ältere führt ihr Kind an der Hand, die jüngere trägt voll sorgsamer Liebe ihren Sprößling an der Brust. Auf der andern Seite gehen zwei dürftig gekleidete Kinder nach Empfang eines Almosens weg. Das Schwesterchen wünscht zu sehen, was sein Bruder erhalten hat, er aber fürchtet seine Gabe zu verlieren, will der Schwester Hand zurückstoßen und schaut sie verdrießlich an. Ein tiefgebeugter Greis mit schönem langen Barte hält die offene Hand hin. Er ist gewöhnt, Almosen zu nehmen; neben ihm aber macht ein krank aussehender jüngerer Mann nur mit verschämtem Zögern dieselbe Bewegung, während ein vortrefflich charakterisierter Blinder mit einem langen Stabe tastend den Weg zum Almosenverteiler sucht. Eine zwischen diesen drei Männern stehende bejahrte Frau faltet die Hände zum Gebet und blickt voll ehrfurchtsvoller Bewunderung auf den freigebigen Heiligen, der in liebevoller Würde sein Amt versieht.

Moderne fragen, ob d i e s e r m ö n c h i s c h e M a l e r z u z e i c h n e n v e r s t a n d. Wirft ihm Mantz doch vor: „Linkische Einzelheiten finden sich häufig; Unerfahrenheit zeigt sich klar.

[1] Melozzo da Forli benutzte dieses Bild als Vorlage für sein später auf Leinwand übertragenes Fresko: Sixtus IV. ernennt Platina zum Präfekten der vatikanischen Bibliothek. Vgl. C r o w e III 330 f. Abbildung bei K r a u s, Geschichte II 1. Abt., S. 261, Fig. 121.

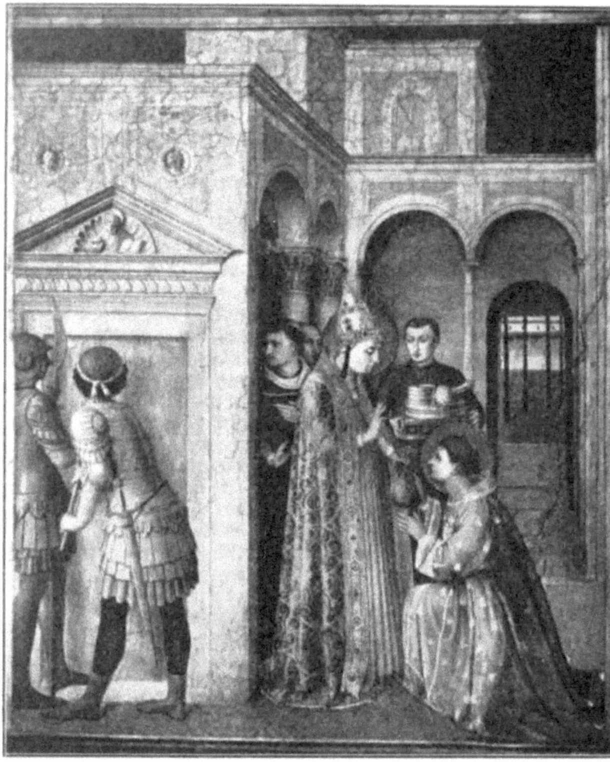

LAURENTIUS EMPFÄNGT DIE SCHÄTZE DER KIRCHE
ROM, KAPELLE NIKOLAUS' V.

strecken. Sie sind immer lang, schmächtig und keusch. Aber diese Hände falten sich so gut zum Gebete, beim Almosengeben und Beten sind sie so voll Salbung, daß ich nicht mehr an die Anatomie denke, nicht mehr an das Hervortreten der Sehnen, an die Aufgabe der Wurzel oder der Mitte der Hand. Wem wird es in den Sinn kommen, von den Figuren dieses ‚Seligen' zu verlangen, daß die Form der Glieder sich noch geltend mache unter den wallenden Gewändern, die sie umhüllen gleich einer zum Himmel aufsteigenden Flamme?"

Die Almosenverteilung des hl. Stephanus (IIb) ist anders komponiert als jene des hl. Laurentius, weil Stephanus vor der Haustüre steht, die Szene also in eine Straße verlegt ist, ein Begleiter neben ihm steht, der die Liste der Hilfsbedürftigen liest, und das Weggehen der Armen eingehender geschildert wird. Ein vom Lande gekommener Mann beeilt sich, die günstige Gelegenheit zu benutzen. Eine Frau und ein Kind stehen vor Stephanus und halten die offene Hand hin. Auch hier findet sich eine Person mit

Viele Einzelheiten, z. B. Hände und Füße, verraten einen fast barbarischen Pinsel. In dem Gemälde des Kindermordes (zu Florenz) sehen die von den Soldaten des Herodes hingeschlachteten Kleinen aus wie Figürchen, welche das naive Messer eines Ignoranten grob aus Holz schnitzte. Andere Bilder bringen ähnliche unverantwortliche Fehler." [1] Helbig antwortet darauf [2]: „Ich versichere, er hat keine Anatomie studiert. Betrachten Sie die Hände seiner Figuren, seiner heiligen Männer und Frauen, seiner Engel, auch diejenigen der von ihm dargestellten Schergen. Alle sind sich gleich, ohne Alter, ohne Geschlecht, ohne eigentümlichen Charakter. Ich sehe darin nichts von den Muskeln, die zusammenziehen oder aus-

gefalteten Händen im Hintergrunde: wie es scheint, ein verarmter Edelmann oder Gelehrter, also auch eine für das 15. Jahrhundert charakteristische Gestalt. Ein Mann und zwei Frauen, welche miteinander reden und von denen die vordere einen gefüllten Korb trägt, haben sich schon umgewandt und gehen befriedigt heim [3]. Die Figuren sind wegen des geringeren Raumes mehr zusammengedrängt, erscheinen wegen der Höhe, in der das Fresko steht, kleiner, sind wegen der Zeit der Handlung altertümlicher und einfacher kostümiert. Eine Ähnlichkeit in der Haltung des hl. Petrus, welcher dem hl. Stephanus die Zeichen seines Amtes, Kelch und Patene, reicht, und der Stellung des Erzdiakons, welcher Geld in die Hand einer Be-

[1] Mantz, Les chefs-d'œuvre de la peinture italienne 78. Er beachtet bei Beurteilung der Bilder Angelicos viel zu wenig die vielen Restaurationen, von denen oben die Rede war. Sie müßten alle Kritiker im Tadel ebenso wie im Zuschreiben dieser oder jener Teile an den Meister oder an dessen Gehilfen vorsichtiger machen. Über das von Mantz getadelte Bild des Kindermordes vgl. oben S. 79. — [2] Revue de l'art chrétien XXXVII (1894) 375. — [3] Die Frauengestalten dieses und des folgenden Bildes (III) erinnern sehr an diejenigen, welche im Zyklus der Annunziata dargestellt sind beim Kreuzweg (Nr 25) und bei der Beweinung (Nr 29). Vgl. oben S. 83 f.

drängten legt, ist unverkennbar und wohl beabsichtigt. Hier wie dort bilden die Hände des Darreichenden wie des Empfängers einen Mittelpunkt, um den man Kreise schlagen könnte, welche die Anordnung der Figuren bestimmen.

Fra Giovanni scheint bei den beiden Bildern der Almosenverteilung sich an Masaccios Fresko in der Brancacci-Kapelle zu Florenz angeschlossen zu haben[1]; denn auch dort finden wir vor dem Almosenverteiler eine Mutter, die ihr Kind trägt, einen auf eine Krücke gestützten Mann und dieselbe Haltung der gebenden und nehmenden Hände. In Angelicos Bild sind aber die einzelnen Gestalten lebensvoller und feiner charakterisiert. Die Armen sind bei beiden Meistern keine abschreckenden Vertreter des physischen und moralischen Elendes, das sie abstoßend macht, sondern würdige Ziele der christlichen Liebe; Leute, die ihren Mangel in gläubiger Ergebung tragen und gewohnt sind, bei der christlichen Mildtätigkeit Hilfe zu finden. Fra Angelico war selbst ein Mitglied des zweiten großen Bettelordens, hatte um Almosen gebeten und Tag um Tag an den Pforten der Häuser seines Ordens und anderer Klöster sowie in zahlreichen Kirchen gesehen, wie die von den hll. Stephanus und Laurentius geübte Barmherzigkeit nicht ausgestorben war, sondern der Weisung des Herrn entsprechend stets geübt wurde als Tugendakt.

Dem leiblichen Almosen folgt das geistige (III; Bild S. 95). Stephanus steht in einer Straße auf einer Stufe und e r k l ä r t d a s E v a n g e l i u m, indem er seine Rede durch lebendige Bewegung der Hände begleitet. Vor ihm sitzen auf der Erde vierzehn Frauen, eine derselben mit einem Kinde; hinter ihnen stehen sechs Männer. Die gespannte Aufmerksamkeit der Zuhörenden, die gefühlvolle Andacht und Bewunderung der Frauen, die Zustimmung der Männer sind durch die Mienen und besonders durch die Handbewegungen trefflich angedeutet. Gelungen ist besonders eine Mutter, die eifrig zuhört, während sie den vor ihr sitzenden Knaben eben noch mit der Rechten festhält, damit er ruhig bleibe. Ein Jüngling lehnt sich, halb in einer Seitenstraße stehend, an die Ecke eines Hauses, um verstohlen zu vernehmen, was da gesagt werde, wird aber dann durch den Vortrag des Redners gefesselt[2].

Dreimal hatte unser Maler schon eine Predigt dargestellt: zuerst in der Predella des Altarbildes von Perugia, worin er schilderte, wie der hl. Nikolaus durch eine solche bewogen wird, all sein Hab und Gut hinzugeben an die Armen; dann in der Predella der berühmten Madonna der Flachshändler zu Florenz, worin er zeigt, wie der hl. Markus die Predigt des Apostelfürsten aufzeichnet. In beiden Bildern sitzt eine Gruppe von Frauen vor dem Redenden und stehen Männer hinter den Frauen. In Perugia wenden die Zuhörerinnen

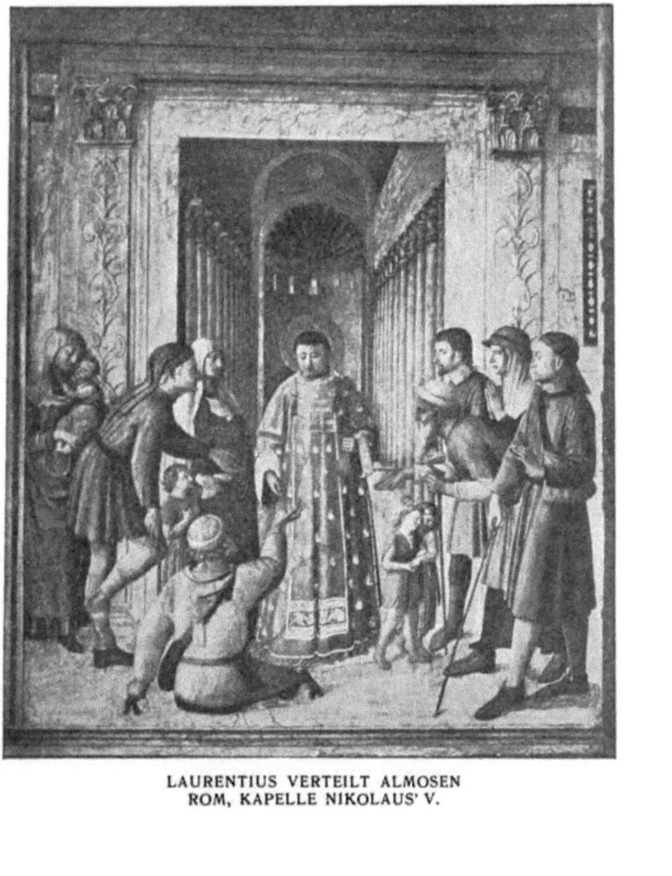

LAURENTIUS VERTEILT ALMOSEN
ROM, KAPELLE NIKOLAUS' V.

[1] Abb. bei F ö r s t e r, Denkmale II Taf. 30. — [2] Sein Gestus erinnert an jenen, den in Cortona die lauschende Magd der hl. Elisabeth bei der Heimsuchung und im Zyklus der Annunziata zwei Frauen am Grabe (Nr 30) machen. Vgl. S. 84.

dem Beschauer den Rücken, in Florenz zeigen sich die meisten mehr oder weniger im Profil. Erst in Rom erblickt man alle von der Seite her und sieht man aus fast aller Mienen, wie die Rede wirkt. Der Prediger ist im Bilde von Perugia noch klein, bedeutender in der Tafel zu Florenz, aber erst in Rom wird er zur alles beherrschenden Figur. Freilich liegt hier der Nachdruck auf ihm, während in den früheren Bildern die Aufmerksamkeit auf Nikolaus und Markus, also auf die Zuhörer, zu lenken war.

Ein wesentlicher Fortschritt ist bei der Schilderung der Predigt des hl. Stephanus in der Komposition der Gruppe und der Gebäude auf den ersten Blick unverkennbar. Er erlaubt nicht, die Entstehung des Bildes von Perugia spät anzusetzen [1]; denn dort ist alles noch wenig vollkommen. Nur einmal hat Fra Angelico ein Bild entworfen, aber freilich nur von seinem Schüler ausführen lassen, worin er die Predigt des hl. Stephanus fast übertroffen hätte, nämlich in der 30. Zelle von San Marco, worin er die Bergpredigt schildert.

Parallelszenen sind wiederum die Darstellungen, worin Stephanus vor dem Hohen Rat und Laurentius vor dem römischen Kaiser steht.

Die erstere (IV; Bild) ist in ein enges Gemach verlegt. Der Vorsitzende, ein kräftiger Mann, legte seinen Mantel um den Kopf wie eine Kapuze, welche sein bärtiges Gesicht einfaßt. Er befragt mit eindrucksvoller Miene und mit bezeichnender Bewegung der Rechten den jugendlichen Heiligen, gegen den zwei falsche Zeugen reden und hinter dem sechs von Haß erfüllte Pharisäer stehen. Stephanus beginnt daraufhin seine ergreifende Bußpredigt (Apg 7, 1 f). Der Gegensatz zwischen dem begeisterten Glaubenszeugen und den böswilligen Juden ist scharf hervorgehoben. Wie in andern Bildern ist die Einheit der Zeit nicht genau eingehalten; denn die Zeugen reden noch, wie ihre lebhaften, echt italienischen Handbewegungen dartun, der Vorsitzende fragt und Stephanus antwortet durch seine Predigt.

In der entsprechenden Szene (4) steht der hl. Laurentius in einem von vornehmen Architekturformen abgeschlossenen Hofraume vor seinem Richter. Über des letzteren Haupte steht die Inschrift: „Decius imperator", auf der Stufe unter dessen Füßen die Jahreszahl A. D. CCLIII. Sie soll vielleicht daran erinnern, daß dieses Gemälde 1200 Jahre später ausgeführt wurde. Decius, eine vornehme und majestätische Figur, mit runder altrömischer Form des Hauptes, in reiche antike Kleidung gehüllt, thront in einer Nische und weist mit ernster Miene auf die vor ihm liegenden Marterwerkzeuge hin. Vier angesehene Männer stehen neben ihm, begleiten seine Handbewegung mit entsprechendem Gestus und schauen auf Laurentius hin. Soldaten und Zuschauer erwarten die Antwort des standhaften Diakons. Aber alle nehmen Partei für den Vorsitzenden, mit Ausnahme eines jungen Mannes, der tiefbetrübt sein Antlitz abwendet. Es ist der hl. Romanus [2], den Laurentius in einer Nebenszene im Kerker tauft. Charakteristisch ist in diesem Bilde die Vermischung des Alten und Neuen. Für die Figur des Richters hat ein antikes Kaiserbild als Vorlage gedient. Auf seinem Zepter ist ein Götzenbild angebracht. Dagegen hat der Maler den übrigen Personen die Tracht gegeben, welche zu seiner Zeit in Rom Mode war, den Laien lange Ärmel und eng geschürzte Gewänder. So wird sein Bild auch in dieser Hinsicht zum Echo der damaligen Bestrebungen. Man wollte die Antike nachahmen und kam doch nicht heraus aus dem 15. christlichen Jahrhundert.

Die Szene des Martyriums des hl. Laurentius (5) ist leider verdorben. Das Leiden des hl. Stephanus wird in zwei Szenen geschildert. In der ersteren (V) stoßen von Haß erfüllte Juden ihn aus der Stadt; in der andern (VI) steinigen sie ihn. Die blinde Wut der Juden, welche den Heiligen vorwärtstreiben, die Kraftanstrengung, womit sie ihre Steine schleudern, die kaltblütige Ruhe, womit Saulus die Kleider bewahrt, und die Geduld des leidenden Heiligen sind mit großer Lebenswahrheit gegeben.

Die letzten Darstellungen aus der Geschichte der beiden Heiligen sind so ähnlich, daß ein Pleonasmus zu entstehen scheint. Warum hat der Maler denselben nicht vermieden? Was bewog ihn überhaupt, die hll. Stephanus und Laurentius so darzustellen? Pastor [3] hat schon darauf hingewiesen, daß die in jenem Arbeitszimmer (Studio) Nikolaus' V. dargestellten Kirchenväter die von diesem Papst bevorzugten seien. Besaß er doch 60 Bände der Werke des hl. Augustinus, seines Lieblingsschriftstellers, 15 des hl. Ambrosius, 40 griechische des hl. Chrysostomus und 49 des hl. Thomas von Aquin. Mit Thomas, dessen Namen der Papst vor seiner Erhebung getragen hatte, dem großen Lehrer der Dominikaner, vertrat Bonaventura als Franziskaner die Theologie des Mittelalters, Augustinus mit Ambrosius die Patristik der lateinischen, Athanasius mit Chrysostomus jene der

[1] Vgl. Douglas 125 f, Taf. 19 25 und 65. Supino 49 169. Ein Vergleich der Predigt des hl. Stephanus mit jener des hl. Petrus, die Masaccio in der Brancacci-Kapelle malte (oben S. 14), bei Tumiati 242. Über die Darstellung der Bergpredigt vgl. oben S. 34. [2] Eine Fra Angelico zugeschriebene Studie zu der Figur des Romanus bei Douglas Taf. 70. Ebendaselbst auch Zeichnungen für eine Mutter aus dem Bilde der Almosenverteilung des hl. Laurentius und die Figur des Almosenverteilers selbst. Über die schöne Figur jener Mutter vgl. Douglas 129 f. — [3] Geschichte der Päpste I [4] 517 548.

griechischen Kirche. Die Päpste Leo und Gregor wurden dargestellt als gelehrte und hochberühmte Vorgänger des regierenden Oberhauptes der Kirche. Wie Nikolaus griechische Väter neben die lateinischen stellen ließ, so sollte wohl Stephanus als Diakon der griechischen, Laurentius als Diakon der lateinischen Kirche geehrt werden. War doch der spätere Papst auf dem zur Vereinigung der Griechen mit den Lateinern berufenen Konzil zu Florenz so tätig gewesen, daß er die Augen Eugens IV. auf sich gezogen hatte.

Die Fresken bieten noch tiefere Beziehungen zu den Lebensschicksalen Nikolaus' V. In seinem ersten Regierungsjahre, also gerade zur Zeit, als Angelico seine Arbeit begann, hatte Kardinal Capranica in einem Reformentwurf dargelegt, der Papst müsse als Nachfolger des hl. Petrus die Sakramente spenden, die Menschen belehren und zum Empfange der heiligen Sakramente vorbereiten. In den Malereien des Studio sehen wir nun, wie Petrus und sein Nachfolger die Diakonatsweihe erteilen und wie der hl. Stephanus predigt. Die Almosenverteilung sowohl von seiten des ersten als des zweiten Diakons spielt an auf die große Güte und Freigebigkeit Nikolaus' V., der ein großes Almosenhaus stiftete, in welchem jeden Freitag 900 Bedürftige Brot und Wein, alle Tage aber 13 Arme ein Mittagsmahl erhielten. Überdies unterstützte er verarmte Adelige reichlich und versah, wie sein Namenspatron, bedürftige Jungfrauen mit Heiratsaussteuer[1].

Crowe und Cavalcaselle vergleichen die Malereien dieses Studio mit Masaccios Fresken in der Brancacci-Kapelle von Santa Maria del Carmine zu Florenz, am linken Ufer des Arno: „Armut ohne das Widerwärtige und zurückhaltende Verschämtheit darzustellen, war Angelico wie kein anderer begabt, denn er schöpfte dabei rein aus der eigenen Seele. Zwar hat auch Masaccio in seinem Bilde der um Petrus versammelten Armen den Anstand des Künstlers streng bewahrt; aber was bei ihm als Takt erscheint, ist hier wahrhaftiges Bekenntnis eines Mannes, der in einziger Weise auf den Höhen himmlischer Ideale gelebt hat, wie sie nur ihm erreichbar waren. In demselben Gegensatz zu Masaccios Petruspredigt in der Karmeliterkirche zu Florenz steht der Stephanus Angelicos, wie er, zum Volke redend, seine Worte ebenfalls mit den Bewegungen der Hand begleitet, ganz ähnlich der Katharina in San Clemente (zu Rom). Bewunderungswürdig ist der Kreis der Hörer, die im tiefsten Innern ergriffen scheinen; die Mittel sind die einfachsten, die Wirkung immer schön."

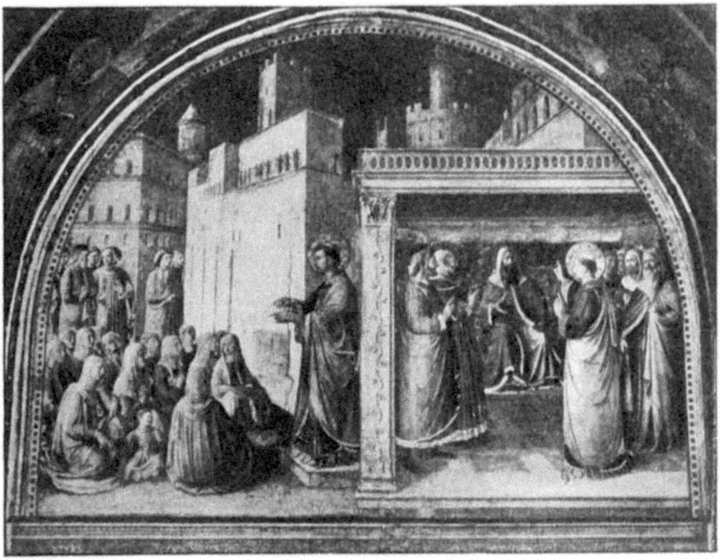

STEPHANUS PREDIGT DEM VOLKE UND DEM HOHEN RAT
ROM, KAPELLE NIKOLAUS' V.

Kaum irgend jemand hat diese Fresken des Fra Angelico eingehend behandelt, ohne sie mit Raffaels Stanzen und Loggien, mit Michelangelos Gerichtsbild in der Sixtinischen Kapelle zu vergleichen. Wer könnte sich diesem Vergleiche entziehen? Finden sich doch Raffaels Meisterwerke dicht nebenan in demselben Stockwerk, unter letzteren aber die prachtvollen Säle des Appartamento Borgia, nahe bei diesen,

[1] Pastor a. a. O. 262 366 394 f 521.

in derselben Flucht, die Gemälde der Sixtinischen Kapelle.

Nach Raffaels schönen und gedankenreichen Schöpfungen erscheinen Angelicos Werke freilich primitiv in Zeichnung und Farbengebung, aber der Geist, welcher in diesen einfacheren Malereien liegt, ist reiner, anspruchsloser und christlicher. Gewiß, wer Raffael und Michelangelo nicht hoch, sehr hoch stellt, kennt und versteht ihre Werke nicht. Raffaels erste Arbeiten stehen denen des Fra Angelico nicht zu fern. Aber im „Brand des Borgo" sind doch die nackten Figuren, die Angst der dem Feuer entfliehenden Gestalten trotz ihrer Vorzüge, oder gerade wegen derselben, etwas zu sehr zur Hauptsache geworden. Auch in den großartigen Schilderungen der Geschichte — man braucht Heliodors Bestrafung und die Konstantinschlacht nicht auszunehmen — tritt uns die höhere Idee, deretwegen sie hier gemalt wurden, nicht eben sehr klar entgegen. Um sich mit dem „Parnaß" als einem Bild zur Ausstattung eines im Vatikan liegenden Zimmers zu befreunden, muß man ziemlich viel historische Auffassung zu Hilfe nehmen.

Raffaels Galatea, seine Fabel der Psyche in der Farnesina und Michelangelos Christus in der Minerva einfachhin als Erzeugnisse einer „heidnischen" Kunst zu erklären, ist unzutreffend. Aber daß in ihnen der Quell der katholischen, der sog. mittelalterlichen Weltauffassung rein und ungetrübt hervortrete, wird man auch nicht behaupten können. Vergleicht man Michelangelo, der weit mehr als Raffael die Kunstentwicklung beeinflußt hat, mit Fra Angelico, so tritt bei ersterem der Leib in den Vordergrund, beim andern die begnadete Seele, dort übermenschliche Kraft, hier göttliche Liebe, dort Sinnenfälliges, hier mystische Gedankentiefe. Dort herrscht mehr die natürliche, hier mehr die übernatürliche Lebensauffassung. Michelangelo erschreckt durch die titanischen Gestalten in seinem Gerichte, durch die gewaltsame Verstoßung und Besiegung der Verworfenen. Fra Giovanni erfreut durch das liebliche Auftreten seiner Engel und Heiligen, das farbenreiche Licht und den festlichen Einzug zu den Gefilden der Seligen. Bei Michelangelo erdrückt uns die Wucht der Größe des Richters (Bild), bei Angelico zieht uns die Liebe des Erlösers auf zum höchsten Vertrauen.

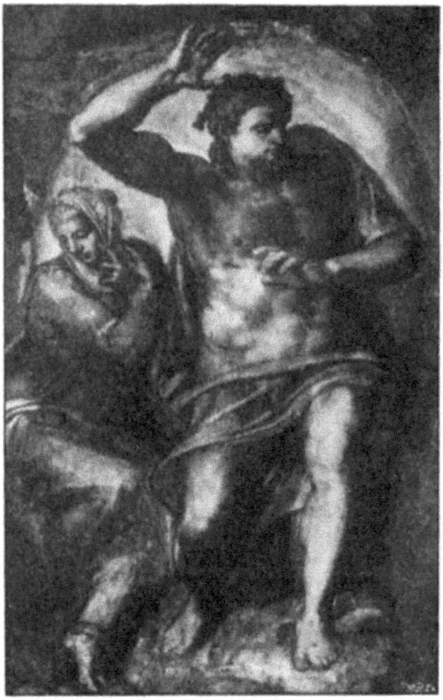

MICHELANGELO: DER WELTRICHTER. SISTINA

Richtig betonen darum Crowe und Cavalcaselle [1], daß die Sixtinische Kapelle und die von Fra Angelico ausgemalte Nikolauskapelle „zwei entgegengesetzte Pole der Kunst bezeichnen", daß „im Kontrast zu Michelangelo und Raffael Angelico recht zur Geltung kommt: neben der schrankenlosen Energie und der schönheiterfüllten Form die Weihe reiner Religiosität".

Zweifelsohne blieb dem ernsten, charaktervollen Maler des großartigen Gerichtes der Sistina der Glaube. Begeisterung für die Wahrheiten der Offenbarung beherrschte ihn. Die Verehrung des Gekreuzigten kam ihm von Herzen: seine Malereien, Skulpturen und Bauten, noch mehr seine Gedichte beweisen es. Mit Raffael hat er trotzdem die alten Dämme durchbrochen und die Kunst des Mittelalters zu Grabe getragen. Für Fra Angelico, einen ihrer letzten Vertreter, gab es nur einen Maßstab, eine Idee beherrschte ihn ganz und voll bei allen seinen Schöpfungen: der Glaube an den Wert übernatürlicher Heiligkeit. Aus dem Glauben stammt die Triebkraft, die in seinen Gestalten pulsiert; ihm verdankt er „die Einfalt, den holden Frieden und die Gefühlswärme", welche allgemein ansprechen [2]. Ohne Bedenken hat er die Formen der Renaissance verwertet. Warum sollte er ihnen gegenüber sich spröde zeigen? Aber der Zwiespalt zwischen christlicher und heidnischer, sagen wir besser antiker, Weltauffassung ist nicht in seine Bilder gekommen. Große, angesehene Künstler sind stets Vertreter bestimmter Zeitströmungen,

[1] Geschichte der ital. Malerei II 171. Vgl. oben S. 45 f. — [2] Woltmann und Woermann, Geschichte der Malerei II 158.

welche in ihrem Volke herrschen. Angelico vertritt jene Richtung, welche etwa ein Jahrhundert später wieder die Oberhand gewann und der Kirche so viele Heilige brachte.

„Er hielt die Absicht vor Augen, dem Dienste des Himmels seine ihm von oben verliehenen Talente zurückzugeben; keine irdische Angelegenheit war stark genug, den unwandelbaren Frieden seiner Seele zu stören. Gefestigt in heiliger Ruhe, erhaben über die Bestrebungen und Leidenschaften eines irdischen Lebens, war er auch weniger geeignet, diese in seinen Gemälden zu schildern. Darum mangelte ihm Kraft und Stärke, war er unfähig, das Böse (in entsprechender Art) wiederzugeben. Das zeigt sich in seiner Behandlung des unbußfertigen, am Kreuze sterbenden Schächers und der Verdammten in dem oft von ihm gemalten Jüngsten Gericht. In dem Frieden des Paradieses fand er einen Vorwurf, der besser paßte zu seinem edeln und lieblichen Pinsel. Darum bevölkert er dies glückliche Land mit Heiligen und Engeln von überirdischer Schönheit; dieses zierte er mit den feinsten Blumen und Farben, deren nie welkende Pracht seit mehr denn vierhundert Jahren Zeugnis ablegt für die Wahrheit ‚eines Lebens der zukünftigen Welt', zu dem hin die Seele dieses Künstlers mit hoffnungsvoller Überzeugungstreue hinstrebte während seiner irdischen Laufbahn." [1]

Von seinem „erhabenen Standpunkte aus scheinen die Dinge der Erde gemildert in freundlichem Glanze und ohne die Härten der Körperlichkeit. In den lichten Höhen (seiner mystischen Theologie) ist alles Harmonie und Wonne geworden, und das Geräusch der Welt dringt hinauf nur wie das ferne Brausen des Meeres, das die Stille droben noch tiefer und wonnevoller macht" [2].

Nicht die schöne oder die naturwahre Form, sondern der lebendige Geist bleibt die Seele des Kunstwerkes. Studiert Akte und Gewandmotive, Kunstgeschichte und Kostümkunde, die einzelnen Momente im Laufe der Rosse und im Schlage der rollenden Wellen; lernet die verwickeltsten Gruppen in einem Moment fixieren und die Ergebnisse staunenswerten künstlerischen Könnens malerisch verwerten; sucht zu erkennen, wie das Licht einfällt und zurückstrahlt, Wechsel bringt und Stimmung: habt ihr das alles gesammelt, so entsteht trotz allen Könnens kein Kunstwerk, solange die Seele fehlt, aus der heraus diese einzelnen Glieder sich harmonisch und lebenskräftig zusammenfügen zu einem Ganzen.

„Fra Angelico malte nur religiöse Bilder und legte in sie jene frommen Gefühle, welche er mit Giotto und dessen Schule teilt und denen die Werke jener frühen italienischen Meister dauernden Reiz verdanken. Ihr Gehalt befähigt sie, bis heute einen ehrenvollen Platz in der Kunstgeschichte zu behaupten trotz vieler Mängel der Ausführung. Bilder, die nur technische Vorzüge besitzen, vermögen nicht mit ihnen den Vergleich aufzunehmen. Das besondere Bestreben Fra Angelicos ging eben während seines ganzen Lebens dahin, seinen innersten Gefühlen in den Gemälden Ausdruck zu verleihen." [3]

„Je weiter wir sowohl in der Kunst der Alten als der Neueren zurückgehen, desto mehr finden wir sie ausschließlich dem Gottesdienst gewidmet und durch Religionsbegriffe bestimmt. Mit dem Fortgange der Zeiten ist die Kunst immer weltlicher geworden, und dieses pflegt eigentlich ihr Ende zu sein. In unserem Zeitalter hat man die Kunst bloß durch weltliche Antriebe und Ansichten zu heben gesucht, welches aber nimmermehr gelingen kann. Alle Wissenschaft, alle Beobachtung der wirklichen Dinge reicht nicht hin, um sich zu eigentümlichen und wahrhaften Schöpfungen zu erheben. Der Künstler muß eine höhere Weihung empfangen. Die Kunst als ein Widerschein des Göttlichen in der sichtbaren Welt ist eine Angelegenheit und ein Bedürfnis der Menschheit, an welche Himmel und Erde Hand anlegen müssen, wenn sie gedeihen soll." [4]

[1] Phillimore, Fra Angelico, Schluß. — [2] Frantz, Fra Bartolommeo 24. — [3] Phillimore 25. — [4] Schlegel, Fiesole 30.

PAPST SIXTUS II.

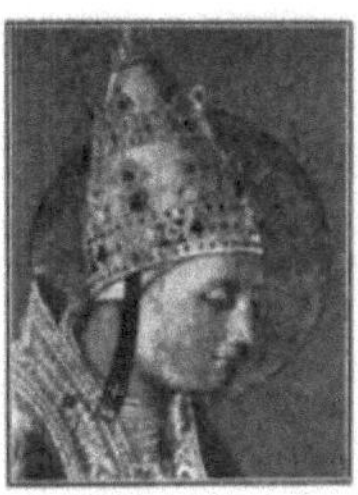

KAPELLE NIKOLAUS' V.

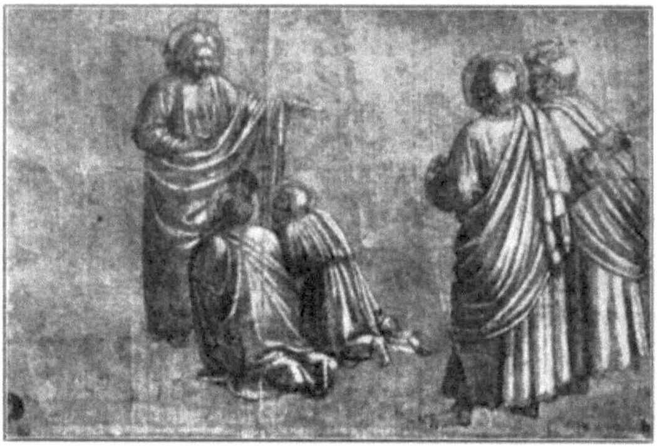

BERUFUNG DER APOSTEL (HANDZEICHNUNG). PARIS, LOUVRE

VIII. ANGELICOS KÜNSTLERISCHE ENTWICKLUNG

Viele Kunstforscher verteidigen die Ansicht, Fra Angelico sei anfangs Miniaturmaler gewesen und von der Kleinmalerei zur Tafelmalerei, dann zum Fresko aufgestiegen. Manche fügen die weitere Behauptung bei, sein Bruder Fra Benedetto, welcher entweder jünger war als er, oder später als er ins Kloster eintrat und deshalb in dem Verzeichnis der Gelübdeablegungen nach ihm genannt wird [1], sei zuerst Miniaturmaler gewesen, habe Fra Giovanni in diese Kunst eingeführt und ihm später bei seinen größeren Bildern geholfen [2]. Milanesi führt dagegen aus, Benedetto sei nur Schönschreiber gewesen, habe von 1443 bis zu seinem Tode, der 1448 eintrat, bei Herstellung der Chorbücher von San Marco tatsächlich geholfen, aber keine Bilder gemalt, weder in Büchern noch auf Tafeln oder Wänden [3]. Seine Ansicht paßt gut zu den übrigen Nachrichten, welche melden, der hl. Antonin habe die Söhne des Pietro del Mugello: Giovanni und Benedetto, mit sich nach San Marco genommen und bei sich behalten, Benedetto aber als Subprior walten lassen. Die ältesten und besten Quellen rühmen dem Fra Benedetto nur nach, er habe Chorbücher schön geschrieben und mit Noten versehen. Erst die 1505 begonnenen Annalen des Klosters von San Marco nennen ihn „Schreiber und Miniator“.

Die Verteidiger der Ansicht, Fra Giovanni habe sich zuerst als Miniaturmaler ausgezeichnet und sei dann später zu größeren Werken übergegangen, weisen hin auf die feine und sorgfältige Ausführung seiner Bilder, besonders auf die miniaturartigen Schilderungen seiner Predellen. Sie behaupten, wer die kleinsten Einzelheiten mit solchem Fleiße behandle, müsse zuerst Sachen gemacht haben, die bestimmt gewesen seien, dem Auge so nahe gebracht zu werden wie die Bilder einer kostbaren Handschrift. Solche Folgerungen gehen aber von Erfahrungen aus, welche an Gemälden der letzten Jahrhunderte gesammelt sind, vergessen, daß die guten Meister des Mittelalters ihre Werke bis ins einzelnste vervollkommneten und häufig Tafeln vom kleinsten Maßstabe lieferten. Wenn man Fra Giovanni wegen seiner zierlichen Predellenbilder zum Miniaturisten machen will, müßte man das gleiche bei Duccio tun, welcher auf der Rückseite seiner Majestas und in ihrer Predella zu einem Maßstabe herabstieg, der im Verhältnis zu den Figuren der vorderen Seite sehr klein ist. Ja man käme dazu, fast alle italienischen Maler des 14. und 15. Jahrhunderts als Miniaturisten anzusehen.

Weiterhin wird bemerkt, gleichwie manche Miniaturisten in voller Würdigung des weichen, lebenswahren Tones ihres feinen Pergamentes dieses durchschimmern lassen, so gebe Fra Angelico der weißen Farbe oder seinem hellen Grunde oft eine derartige Wirkung, daß man an jene Illuminatoren erinnert werde. Trotzdem ist doch sicherlich die Technik der Malerei auf

[1] Cartier 65, A. 1, gegen Marchese, Memorie I 187. — [2] Lanzi I 53. Vasari, ed. Milanesi II 506; vgl. III 213 f 237. Vasari, ed. Lemonnier VI 159 f. Marchese, Memorie I 184 187 f 224; I 212 215 f 259. Ders., San Marco 78 f. Rio II 344 347. Cartier 97 f; vgl. 73 274. Crowe II 171, A. 97; vgl. 131 f. Frantz, Malerei II 282. Bradley, A Dictionary of Miniaturists I, London 1887, Quaritcht, 39 f. Wingenroth, Repertorium XXI 343 f. — [3] Vasari, ed. Milanesi II 508, A. 2.

Pergament eine andere als die auf Holz und Kalk. Überdies bildeten die Miniaturisten ebenso wie die Schönschreiber eine eigene, von den Malern gesonderte Klasse.

Da man an Baldinuccis Angabe festhalten darf, Fra Angelico habe bereits vor seinem Eintritt in den Orden (1407), also vor seinem 20. Jahre, die eigentliche Malerei erlernt, ebenso Vasari betont, Angelico habe schon als junger Mann seine Kunst wohl verstanden, und Antonio Billi, der zwischen 1516 und 1530 schrieb, dies bestätigt [1], muß er anfangs nicht Miniaturist, sondern eigentlicher Maler gewesen sein. Daß er als solcher auch hie und da zu Chorbüchern herabgestiegen sei, um sie auf Wunsch seiner Obern oder hoher Gönner mit Werken seiner Hand zu zieren, ist an und für sich nicht unmöglich. Es fragt sich, ob es geschah und ob sich Miniaturen von seiner Hand nachweisen lassen oder sogar erhalten haben. Wenn dieses der Fall ist, müssen sie sich zuerst in der reichen, jetzt in den Pulten der Bibliothek von San Marco ausgelegten Sammlung von Chorbüchern finden. Von diesen zweiundachtzig Büchern stammen fünfundzwanzig aus der Sakristei von San Marco, die übrigen aus andern Klöstern und Kirchen der Stadt und Umgegend [2].

Nach Ausweis der Rechnungen schrieb Fra Benedetto 1443 bis zu seinem Tode (1448) an den Büchern von San Marco. Seine Arbeit wurde von Fra Giovanni di Guido aus dem Franziskanerkloster Santa Croce zu Florenz fortgesetzt. Manche Miniaturen der von Benedetto, Giovanni u. a. geschriebenen Büchern malte Zanobi di Benedetto Strozzi 1446–1450, vielerlei Verzierungen und Rankenwerk Filippo di Matteo Torelli [3].

In vielen dieser Bücher findet sich das Wappen der Medici oder das Emblem des Cosimo. In Nr 1 wird auf Blatt 9 bei der Initiale I, worin der hl. Johannes, der Patron des Vaters des Cosimo, dargestellt ist, ausdrücklich bezeugt, letzterer habe das Buch herstellen lassen [4]. Ähnliche Angaben bieten die Bücher 2 10 21 22 23 usw. Alle sind nach 1443 entstanden. Genauere Datierung ist meistens leicht. Ein Irrtum könnte platzgreifen bei jenen, worin der hl. Antonin als Erzbischof von Florenz und sogar mit einem Nimbus erscheint, z. B. im Antiphonar I (Nr 8). Doch ward Blatt 140 und 145, auf denen Officium und Bild Antonins gegeben werden, später eingefügt, wie ja auch im großen Gemälde des Kapitelsaales von San Marco das Brustbild desselben Heiligen nachträglich zu denen der übrigen Heiligen und Seligen des Ordens hinzukam [5].

In den Initialen des Graduale Nr 1 sind folgende Szenen geschildert: die Berufung der beiden Apostel Petrus und Andreas (30. November), die Steinigung des hl. Stephanus, in einer schönen Landschaft (26. Dezember), der Evangelist Johannes, doch ist das Bild verdorben (27. Dezember), der Mord der Unschuldigen Kinder (28. Dezember), die hl. Agnes, welche inmitten von Flammen ihr Lamm und ihre Palme trägt (21. Januar), die Bekehrung des hl. Paulus, in einer hübschen Landschaft (25. Januar), die Opferung Christi im Tempel (2. Februar) und die Verkündigung (25. März). Beim Commune Apostolorum sieht man Christus inmitten der Apostel. Es folgt eine Erscheinung des Herrn vor einer Heiligen. Dann sieht man, wie Christus die Märtyrer und wie er einen Bischof segnet. Beim Commune Virginum sind viele Jungfrauen um ein Buch versammelt, aus dem sie singen: „Gaudeamus omnes“ (Laßt uns alle freudig sein) [6]. Beim Officium des heiligen Kreuzes erhebt sich in der Initiale ein Bild des Gekreuzigten, das den Arbeiten des Fra Angelico sehr nahe kommt. In der letzten Initiale sind unter dem Schutzmantel der Gottesmutter viele Dominikaner versammelt. Die Ornamente dieses Buches sind wunderbar fein. In den Ranken fliegen Schmetterlinge und spielen unbekleidete Putten. Vielfach dienen weiße Punkte, um die lichten Stellen hervorzuheben.

Im Graduale Nr 2 finden sich in den Initialen folgende Malereien: eine schöne Verkündigung (25. März), der hl. Petrus Martyr erhält die drei Kronen des Lehramtes, der Jungfräulichkeit und des Martyriums (29. April), ein Engel führt den hl. Johannes den Täufer in die Wüste (24. Juni), Petrus öffnet den Himmel (29. Juni), die hl. Magdalena wird durch Engel zum Himmel emporgetragen (22. Juli), der hl. Dominikus erhält durch den hl. Petrus seine Sendung (4. August), Maria thront zwischen zwei Engeln auf Wolken (15. August), Mariä Geburt (8. September), der hl. Michael (29. September), Heilige, die singen: „Cantate Domino“ (Lobsinget dem Herrn) (1. November), Jesus zwischen den Aposteln (Commune Apostolorum). In einem Bilde legt Christus seine Hand auf das Haupt eines Glaubenszeugen und weist mit der andern hin auf den Lohn des Himmels. Weiterhin segnet er zwei Märtyrer (Commune Martyrum), reicht er einem Bischofe einen Hirtenstab (Commune Confessorum). Nun folgen wieder singende Jungfrauen und ein Bild, worin Christus Jungfrauen segnet [7].

In vielen dieser Miniaturen erinnern Farben, Falten und Stil sehr an Fra Angelicos Arbeiten. So ist z. B. der hl. Stephanus beim Bilde der Steinigung im ersten Graduale gekleidet in eine blaue Dalmatica mit roten Säumen am Halse und an den Ärmeln und mit einem roten Besatzstück auf der Brust. Neben ihm steht zur Rechten und Linken je ein Mann, der ihn steinigt. Der erstere trägt ein grünes Kleid und rote Beinkleider, der zweite ein rotes Gewand über grünen Beinkleidern. Im Hintergrunde zeigt sich rechts und links je ein Mann in gelbem Kleide. Weil aber links das Grün der Beinkleider weniger wirkt als rechts das Grün des Kleides, hat der Mann im Hintergrund zur Linken eine grüne Mütze. Grüne Zweige treten dort hinzu, denen auf der andern Seite ein grüner Berg entspricht. Oben in der Mitte schließt sich das Blau eines andern Berges der Farbe der Dalmatica des Erzmärtyrers an.

Im Antiphonarium Nr 3 sitzt auf der ersten Seite unten im Buchstaben E der König David mit der Harfe auf einem königlichen Sessel. Er schaut nach oben, wo

[1] Baldinucci, Opere V 158. Vgl. oben S. 6. Vasari, ed. Milanesi II 505. „Il libro di Antonio Billi“, in Archivio Storico Ital. 1891, 326 f. Vgl. Douglas 14, Anm. — [2] F. Rondoni, Guida del Museo Fiorentino di San Marco. Nach Marchese (San Marco 78) sind zwei von Fra Benedetto geschriebene Psalterien verloren gegangen, dafür aber die drei mit den Nummern 15 bis 17 bezeichneten hinzugekommen. Ehedem hatte das Kloster 20 Chorbücher, von denen aber mehrere in kleinere Bände geteilt wurden, wodurch die Zahl auf 25 stieg. — [3] Vasari, ed. Milanesi II 521, A. 1 u. 528, A. 1. — [4] „Hos libros suis pecuniis illustrissimus civis (fecit fieri, contulit) multa et magna beneficia et hoc templum exstruxit Cosmus Medic.“ Marchese, Memorie I 193. Rondoni, Guida 32. In Nr 21 liest man: „Istud Missale est conventus S. Marci de Florentia ord. Praedic. et fecit fieri Cosmas Ioannis Medicis.“ In Nr 2 kniet beim Officium des Festes S. Petri in vinculis vor dem Apostelfürsten ein vornehmer Mann. Die Umschrift nennt ihn: „Illustrissimus vir ac magna progenie civis Cosmus.“ — [5] Vgl. Marchese, Memorie I 208. Auch im Psalterium II (Nr 16) steht im Anhange das Fest des hl. Antonin. — [6] Marchese, Memorie I 193; I[4] 221 f. Cartier 275 425. Die Miniaturen der hl. Agnes und der singenden Jungfrauen sind abgebildet bei Marchese, San Marco Taf. 6 und 8. — [7] Die letzte Miniatur abgebildet bei Marchese, San Marco Taf. 7.

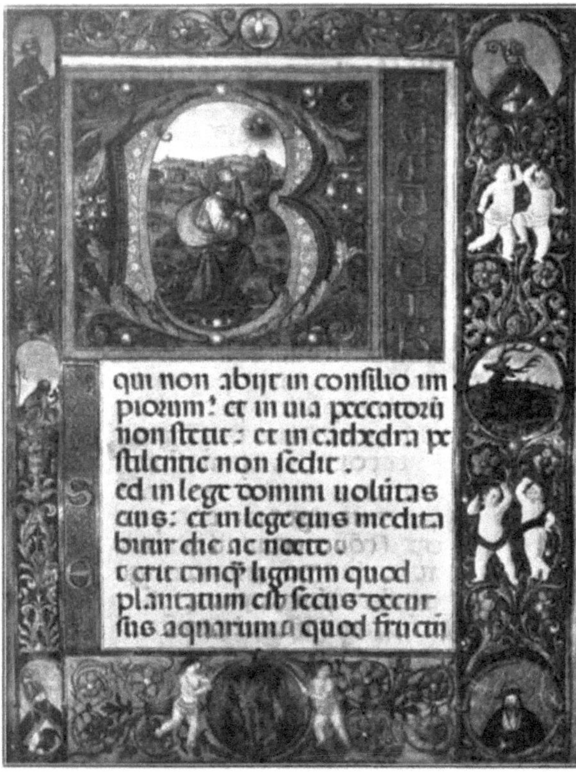

BLATT EINES PSALTERS FLORENZ, SAN MARCO

Gott der Vater in halber Figur in Wolken thront und ein Buch hält, in dem Alpha und Omega stehen. Ringsumher singen viele Vögel. Der Humor fehlt nicht; denn neben David rennen zwei als Karikaturen behandelte Ritter aufeinander los, und unter ihnen sind zwei Musiker halb als Menschen, halb als Tiere gebildet. Weiter folgt dann auf Blatt 129 ein Weihnachtsbild.

Das Antiphonarium Nr 4 hat nur in der ersten Initiale ein Bild Davids, welcher kniend zu Gott fleht: „Memineris Domine" (Gedenke meiner, o Herr).

Sehr schön sind im Graduale Nr 10 in den Initialen eine kniende Figur des zu Gott aufschauenden Königs David, ein Weihnachtsbild und besonders eine Anbetung der Könige, die durch ihre Figuren und Farben an das in der Zelle des Mediceers gemalte Bild der Anbetung der Könige erinnert. Das auf dem ersten Blatt gegebene Wappen der Mediceer zeigt, warum auf dies Buch besondere Sorgfalt verwendet wurde[1].

In den Psalterien von San Marco (Nr 15 16 17 und 24) finden sich die vier damals in allen Psalmenbüchern wiederholten, aus älteren Darstellungen hervorgegangenen Bilder: David, der Verfasser des Psalmenbuches, lobt Gott, der ihm am Himmel erscheint (vgl. Bild); der Sänger fleht um Hilfe, weil er im Wasser der Trübsale zu versinken fürchtet; der Tor tritt voll Übermut auf und spricht: „Es gibt keinen Gott" (Ps 13, 1); Ordensleute singen, vor einem Pulte stehend, Psalmen[2].

Auf dem Titel des Missale Nr 19 ist bei der Initiale E zum ersten Adventsonntage unten im Rande Christus gemalt, der im Grabe steht. Neben ihm erblickt man den Speer und den Rohrstengel mit einem Schwamme. In der Mitte beten in der unteren Hälfte acht kniende Heilige den Heiland an: die hll. Dominikus, Petrus Martyr, Thomas von Aquin, Franzsikus usw. Oben erscheint Gott Vater in Brustbild in der Glorie, segnend und mit einem Buche, worin Alpha und Omega geschrieben stehen. Alles erinnert an den Stil des Fra Angelico[3]. Weitere Anfangsbuchstaben enthalten die Geburt, Kreuzigung, Auferstehung und Himmelfahrt Christi, die Sendung des Heiligen

[1] Cartier 277. Marchese, Memorie I 195; I[1] 223 f. Rondoni 37. — [2] Das Psalterium Nr 15 (vgl. Marchese, Memorie I 201 f; San Marco Taf. 9 Abbildung der Initiale B, in der David zu Gott betet (vgl. Bild). Vasari, ed. Lemonnier V 72. Rio II 328. Cartier 379. Rondoni 39 f) ist eine wunderbare Leistung. Nackte Putten fast ohne Verhüllung sind in ihm häufig. Perlen hängen gleich Früchten in goldenen Ranken auf blauem oder purpurnem Hintergrunde. Zu ihnen gesellen sich sehr naturalistisch dargestellte Affen und, wie in einem Buche der Laurenziana und einem der Nationalbibliothek zu Florenz, in einem Medaillon ein schöner ruhender Hirsch. Auch die Initialen sind mit Perlen umsäumt. Sehr ansprechend ist beim Anfang des 13. Psalms der Knappe, welcher mit stolzem Gestus die Worte illustriert: „Der Tor spricht: ‚Es gibt keinen Gott!'" In der Initiale eines Blattes liest man: AN. DNI. MVV (1505). Unser Bild gibt das erste Blatt. Das Buch ist wohl eine Arbeit des Dominikaners Fra Eustachio, der 1555 im Alter von 83 Jahren starb und nach Ausweis der Annalen von San Marco ein großes, im Chor der Kirche liegendes Psalterium mit vortrefflichen Miniaturen verziert hatte. Er malte 1502 für die Dominikaner zu Siena ein Antiphonar, für den Dom zu Florenz ein Graduale, das vom vierten Sonntag der Fastenzeit bis zum Gründonnerstag reicht, und ein Antiphonar für den Advent bis zum Tage vor Weihnachten. Andere Bücher für den Dom malte er 1520 bis 1525. Er liebte es, Silber zu verwenden, um durch dasselbe Abwechslung zu erreichen. — Das Psalterium Nr 24 wurde Ende des 15. Jahrhunderts von dem Dominikaner Fra Benedetto di Paolo (Bettuccio), einem der ersten Anhänger des Savonarola, mit acht herrlichen figurierten Initialen, in denen David sechsmal dargestellt ist, geziert. Vgl. Marchese, Memorie II 199. In den Säumen der Kleider sind weiße Punkte eingetragen wie in der Handschrift der Laurenziana Conv. suppr. 235. Der Faltenwurf ist noch strenge. Das Graduale Nr 25 schmückte der Franziskaner Fra Jacopo di Filippo Torelli um dieselbe Zeit durch vier Initialen mit Malereien, doch ist seine Arbeit mittelgut. Er ist vielleicht der oben erwähnte Filippo di Matteo Torelli, welcher bei Vasari, ed. Milanesi III 213, A. 1, Matteo di Filippo Torelli genannt ist. — [3] Marchese, Memorie I 185. Kraus, Gesch. der christlichen Kunst II, Abt. 1, 240. Bradley, Dictionary I 41 bezeichnet dies Bild als beste Miniatur des Fra Angelico, sieht sie aber als übermalt an. Mit ihr wird auch die auf Fol. 147 befindliche Initiale S, worin die Herabkunft des Heiligen Geistes geschildert ist, von Wingenroth (Repertor. XXI 343 f) dem Fra Angelico zugeschrieben. Rondoni, welcher die Chorbücher von San Marco gründlich studiert hat, bezeichnet dagegen die Malereien dieses

Geistes, die Geburt Mariä und die Bilder des hl. Petrus Martyr und Johannes des Täufers.

Für San Domenico zu Fiesole schrieb der oben genannte Franziskaner Giovanni di Guido Chorbücher, deren Miniaturen Ser Benedetto, ein Priester des Bischofes von Fiesole, ausmalte. Eines, dessen Malereien als Werke des Fra Angelico galten, kaufte die Großherzogin von Toskana im Beginn des 19. Jahrhunderts von den Erben des Priors Ricasoli. Es gelangte dann in die Biblioteca Nazionale, aus ihr nach San Marco (Nr 44). Seine Miniaturen sind nach Milanesi „ohne Zweifel“ von der Hand des Zanobi Strozzi [1]. Es hat in den Verzierungen sehr dünne Ranken und viele naturalistische Nachahmungen blauer Kornblumen. Manche seiner Bilder gleichen den Gemälden des Fra Giovanni, dessen Geist in ihnen herrscht. Die leichten Farben werden auf dem durchscheinenden, feinen Pergament noch luftiger. Fol. 9 bietet in der Initiale D die Berufung des hl. Andreas, Fol. 11 in der Initiale S den hl. Stephanus, Fol. 13 in der Initiale I, einer der besten der Reihe, den heiligen Evangelisten Johannes, weiterhin in der Initiale M die hl. Agnes, in der Initiale L die Bekehrung des hl. Paulus, in der Initiale R die Verkündigung, dann Fol. 41 den hl. Petrus Martyr, Fol. 43 die Apostel Philippus und Jakobus usw. Vorzüglich ist Fol. 67 der hl. Dominikus in der Glorie (Bild) von acht musizierenden Engeln umgeben, welche jenen Himmelsgeistern sehr ähnlich sind, die in der Krönung Mariens zu Paris und Florenz erscheinen. Ihre Flügel sind hier in der Farbe ihrer Kleider gehalten. Zwei dieser Engel spielen auf Saiteninstrumenten, der dritte hat eine Trompete, der vierte eine Handorgel, die vier der vorderen Reihe schweben und scheinen einen Reigentanz aber doch zu beginnen. Sie sind schwerer und unsicherer gezeichnet als die sicher beglaubigten Gebilde des Fra Angelico. Unter der Figur des hl. Dominikus umschließen die Ranken des Buchstabens I die Brustbilder des heiligen Apostels Petrus und des hl. Petrus Martyr, des hl. Thomas von Aquin, des hl. Ludwig von Toulouse und eines heiligen Bischofs, überdies die Gestalten der hll. Dominikus und Franziskus, die sich umarmen. Auf Fol. 93 erblickt man in der Initiale M den segnenden Heiland, in den Medaillons der Umrahmung die Brustbilder der Apostel. Fol. 124 bietet die Bilder Christi und eines Bischofs. Auch die Miniatur zum Feste des hl. Michael erinnert an Angelicos Malereien. Das weiße Gewand des Erzengels hat rechts rote, links grüne Schatten.

Das in der Bibliothek von San Marco mit der Nummer 73 bezeichnete Graduale stammt aus dem Kloster des hl. Bonaventura al Bosco in der Landschaft Mugello, für das Fra Angelico die schöne Altartafel malte, welche jetzt in der Akademie zu Florenz hängt (vgl. oben S. 52). Die trefflichen Miniaturen dieses Buches werden von mehreren Forschern dem Fra Angelico zugewiesen [2]. Es zeigt Fol. 1 neben dem Wappen der Mediceer einen das Weihwasser vor der Messe ausspendenden Priester mit seinem Begleiter, dann Christus zwischen den Aposteln, Fol. 73 seine Erscheinung vor Magdalena in Gestalt eines Gärtners, Fol. 98 die Krönung Marias. Eigenartig ist Fol. 56 ein Bild des Todes in Gestalt eines Gerippes. Alle Bilder sind klein; das beste ist das der Krönung der Jungfrau.

Zwei dem Fra Angelico zugeschriebene, von Marchese vergeblich gesuchte Chorbücher des Domes von Florenz sind wohl die beiden in die Biblioteca Laurenziana übertragenen Antiphonarien, welche nach neueren Untersuchungen 1463 von Zanobi Strozzi und Francesco d'Antonio del Cherico mit Miniaturen versehen wurden [3]. Die von Fra Angelico nach Vasaris Bericht in Rom ausgemalten Bücher sind verschollen. Vielleicht befindet sich eines derselben in der Bibliothek des Kapitels der Peterskirche [4].

In den mit 1, 3 und 4 bezeichneten Büchern von San Marco sind die Miniaturen trefflich und wohl von derselben Hand ausgeführt. Ihnen kommen die Psalterien 16 und 17 und die Missalien 19 und 22 nahe. Nicht allzu fern stehen ihnen das Antiphonarium 10 und das Missale 23. Weicher sind die Malereien in den Initialen der 2., 7. und 13. Handschrift. In der zuletzt genannten verdient eine schöne Darstellung der allerheiligsten Dreifaltigkeit Beachtung (Bild S. 103). Gott Vater hält das Kreuz, woran der Herr hängt und über dem die Taube des Heiligen Geistes schwebt. Eine schwache Leistung ist im Antiphonarium Nr 5 die Predigt des hl. Paulus vor den Areopagiten. Die kleinen Figuren haben große Köpfe. Schwach ist auch im Graduale Nr 14 ein Bild der Gottesmutter, deren Mantel von zwei Engeln ausgebreitet wird, unter dem Mönche und Nonnen des Dominikanerordens Platz fanden. Durch strenge Zeichnung heben sich aus der Reihe der übrigen Bücher Nr 6, 9 und 12 heraus. Im 6. ist Johannes der Täufer, im 9. die Auferstehung Christi, im 12. die Heilung eines Besessenen geschildert.

Im vorstehenden sind die Nachrichten über die Chorbücher von San Marco und andere angeblich von Fra Angelico und seinem Bruder Benedetto mit Miniaturen versehene Handschriften zusammengestellt, um in dieser Frage Klarheit und einheitliche Beurteilung anzubah-

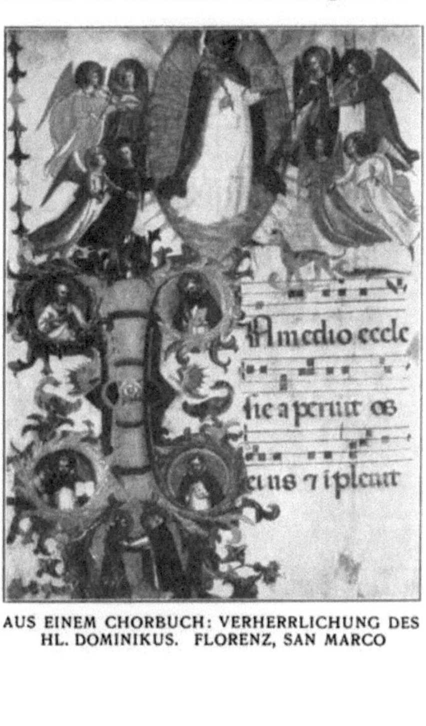

AUS EINEM CHORBUCH: VERHERRLICHUNG DES HL. DOMINIKUS. FLORENZ, SAN MARCO

19. Buches als Arbeiten eines „ignoto miniatore fiorentino del secolo XV“, nicht einmal als Arbeiten des Fra Benedetto, dem er die Miniaturen vieler dieser Chorbücher zuweist. — [1] Vasari, ed. Milanesi II 521, A. 1, u. 528, A. 1. Alle Initialen und Malereien dieser Handschrift sind genannt bei Rondoni, Guida 61 f. Die Miniatur Fol. 67, der hl. Dominikus in der Glorie, nebenstehend abgebildet. — [2] Tumiati 46, Anm. Wingenroth, Repertorium XXI 343 f. — Rondoni bezeichnet es in der Guida 73 ebenfalls als Werk eines „ignoto miniatore del secolo XV“. — [3] Vasari, ed. Milanesi II 522, A. 3. Marchese, Memorie I 183 f; I [1] 211 f. Cartier 278. Frantz, Geschichte der christlichen Malerei I 279. — [4] Vasari a. a. O. 516. Frantz 281.

nen. Tatsache ist, daß keine einzige Miniatur durch eine Inschrift oder eine zuverlässige Nachricht als Angelicos Werk beglaubigt wird, Tatsache auch, daß die Kunstkritiker bald diese bald jene figurierte Initiale ihm zuschreiben, aber für keine derselben das Zeugnis einer entscheidenden Reihe von Kennern angeführt werden kann. Rondoni schreibt die Bücher 1—14 und 16—17 von San Marco dem Fra Benedetto del Mugello, Angelicos Bruder, zu, sagt, Nr 44 sei ausgemalt in der „Manier des seligen Giovanni Angelico da Fiesole", Nr 73 aber von einem „unbekannten Miniator des 15. Jahrhunderts" mit Bildern versehen worden, sieht jedoch keine Miniatur von San Marco als Werk unseres Malers an. Kraus erklärt, in den Büchern 19, 22, 23 und besonders in 44 seien „die nächsten Verwandten Fiesoles". Wingenroth weist hin auf Nr 16, 17, 19, 44 und 73. Marchese betrachtet die Bücher 1—10 als sicher, 16 und 17 als wahrscheinlich von Fra Benedetto ausgemalt. Cartier wagt nicht, dem Angelico irgend eine Miniatur der Bibliothek von San Marco zuzuschreiben, meint aber, in den Büchern 1, 2, 7, 8 und 10 erinnerten mehrere Malereien sehr an ihn. Milanesi zeigt dagegen, daß Benedetto überhaupt kein Maler war. Neuestens hat Douglas sich unserer Ansicht angeschlossen, die Behauptung, Fra Angelico habe in San Marco zu Florenz oder in San Domenico zu Fiesole Miniaturen gemalt, sei unbeweisbar und unwahrscheinlich [1].

Es ist wahr, daß manche Bildchen in den oben behandelten Chorbüchern den Werken des Angelico nahekommen, sowohl in der Zeichnung als in der Farbengebung. Das läßt sich aber genügend erklären durch die Annahme, andere Meister hätten die Werke des damals zu Florenz hochangesehenen Malers benutzt und nachgeahmt, besonders in Büchern, die für dessen Ordensbrüder und für dessen Kloster bestimmt waren.

Läßt sich nicht erweisen, daß Fra Giovanni nach seiner Rückkehr aus der Verbannung zu Fiesole, Florenz oder Rom in den letzten vierzig Jahren seines Lebens Miniaturen geschaffen hat, ja scheint es fast sicher, daß er es nicht tat, dann müßte man doch sehr gute Beweise haben, um behaupten zu dürfen, er habe es in der Jugend getan und sei von der Miniaturmalerei zur Tafelmalerei emporgestiegen. Sie fehlen! Fra Angelico war also nie berufsmäßig Miniaturmaler.

Wenden wir uns zu einer zweiten Frage: **Wie stellte Angelico sich den Architekten gegenüber**, welche damals in Italien eine so wichtige Rolle spielten? Hat auch er mit ihnen sich von den gotischen Formen immer mehr abgewandt und mit immer größerer Begeisterung diejenigen der Antike und der Renaissance bevorzugt? Die Antwort muß unbedingt bejahend ausfallen.

Der Rahmen der Altartafel von Cortona, worin vier Heilige neben der thronenden Gottesmutter stehen, hält noch entschieden fest an den Formen der mittelalterlichen Baukunst; erheben sich doch über den Bildern der dargestellten Personen fünf Spitzbogen und darüber drei aus Kreisteilen gebildete Giebel. Ähnlich war wohl die Altartafel zu Perugia ursprünglich gestaltet. Drei der zu Fiesole für Santa Maria Novella gemalten Reliquiare (vgl. Bild S. 17) sind hinsichtlich ihrer Gestalt, ihrer Säulen und Ornamente im Geschmack der um das Jahr 1420 zu Florenz beliebten Gotik ausgeführt. Im gleichen Stile ist im Gemälde der aus Fiesole nach Paris überführten Krönung der Gottesmutter der Baldachin des Thrones gebildet, auf dem Christus sitzt (vgl. Bild S. 52, a, und 68).

Spitzbogige Gewölbe und Fenster gab er noch dem Innern des Tempels in dem Zyklus der Annunziata bei der Beschneidung, Opferung und Wiederfindung des Knaben Jesus im Tempel, ja selbst zu Rom im Studio Nikolaus' V. dem Querschiffe der Basilika, worin der hl. Petrus den Erzdiakon weiht. Doch sind diese Innenansichten nicht ganz im gotischen Stile durchgeführt, sondern mit Pfeilern und Kapitälen ausgestattet welche dem Geschmack der Renaissance entsprechen. Ein nur mit Rundbogen versehenes, im Stile der neueren Kunst ausgeführtes Kircheninneres bietet bereits das Bild der Opferung im Tempel in der Predella von Cortona, also in der ersten uns bekannten Altartafel des Malers. Die Verkündigung vollzieht sich in jenem Altargemälde in einer Halle, welche die Formen der Frührenaissance hat (Bild S. 4). Ihre Säulen sind freilich zu schlank, fast zwölfmal so hoch als breit. Fester ist die Halle aufgebaut in dem Verkündigungsbilde zu Madrid; erst im oberen Gange von San Marco hat sie jedoch die zur Standfestigkeit erforderlichen, vom geschulten Auge geforderten Verhältnisse (Bild S. 30). Dort verhält sich die Höhe des Schaftes zum Durchmesser wie 7 : 1. Die architektonischen Formen der Halle passen sich überdies immer mehr den Hauptpersonen an, umrahmen sie gleichsam. Auch die von einem außerhalb der Stadt stehenden Beschauer gesehenen Stadtmauern in den Bildern der Erweckung des Lazarus und der Kreuz-

[1] Kraus, Geschichte der christl. Kunst II, 1. Abt., 240 f. Wingenroth, Repertorium XXI 343. Marchese, Memorie I 191 f; I [4] 221 f; San Marco 78. Cartier 275 f 425. Vasari, ed. Milanesi II 506 528. Douglas 20 160. Dem Verfasser, der auf einer sechsmonatlichen Reise in allen größeren Bibliotheken Italiens wohl alle bedeutenderen Miniaturen gesehen und eingehend studiert hat, ist keine einzige begegnet, die er dem Fra Angelico mit Sicherheit zuschreiben möchte.

tragung im Zyklus der Annunziata, bei der Kreuzabnahme (Bild S. 54) und Beweinung, zuletzt bei der Steinigung des hl. Stephanus sprechen für das Bestreben des Malers, sich zu vervollkommnen.

Der einfachste in Renaissanceformen gebildete Baldachin findet sich, wie bereits oben ausgeführt wurde, hier aber des Zusammenhanges wegen noch einmal zu wiederholen ist, bei der Krönung Marias in einem der vier Reliquiare (Bild S. 52, b). In den Gemälden der thronenden Gottesmutter zu Perugia und Cortona ist der Baldachin reicher und mit einer halbrunden Nische verbunden (Bild S. 9 und S. 52, c). Im Altarbild von San Marco gleicht die architektonische Anlage derjenigen der beiden eben genannten Bilder, aber die reiche Nische ist von Bäumen umgeben und durch Vorhänge verziert (Bild S. 53, f). In dem Fresko des oberen Ganges von San Marco wird die Nische rechts und links von je zwei Pfeilern mit aufgelegtem Gebälk eingefaßt (Bild S. 53, e). In der Tafel von Bosco treten neben die große Nische vier Säulen mit ebensovielen kleinen Nischen, in der Altartafel von Annalena vier Bogen (Bild S. 53, d). Alles ist in dem zuletzt genannten Bilde breiter, freier und formschöner. Noch feiner, vielleicht etwas zu reich verziert ist endlich die Nische, worin Decius vor dem hl. Laurentius thront. Daß der Maler am Ende seiner Laufbahn zu Rom mit Rücksicht auf die Architektur Fortschritte machte, ist klar. Man vergleiche z. B. das Bild, worin einerseits der hl. Stephanus vor der Türe eines Hauses predigt, die Zuhörer eine Straße füllen, anderseits im Hause der Heilige vor dem Hohen Rate steht (Bild S. 95), mit dem Bilde der Predella zu Perugia, worin der hl. Nikolaus in einer Straße predigt und nebenan das Innere eines Hauses dargestellt ist.

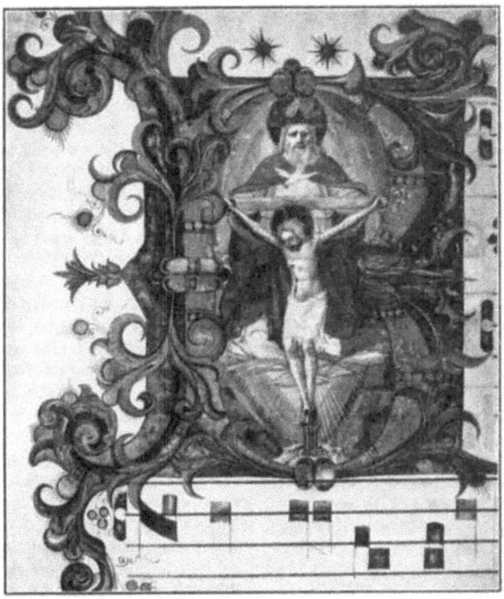

DIE HEIL. DREIFALTIGKEIT FLORENZ, SAN MARCO

Wie Fra Angelico sich zu Rom vervollkommnete, zeigt auch ein Vergleich des Gemäldes der Nunziata, worin der Mord der Unschuldigen Kinder geschildert ist und Herodes von einer Altane aus zusieht, mit dem Fresko des Martyriums des hl. Laurentius. In letzterem erscheint Decius oben als Zuschauer, von sechs rechts und links neben ihm sitzenden vornehmen Männern seines Hofstaates begleitet. Beide Herrscher überwachen die Ausführung ihres blutigen Befehles; Herodes, indem er mit der Hand hinweist auf die Mütter und die Kinder, Decius in der vornehmen Haltung eines Mannes, der weiß, daß man seine Anordnungen ausführt. Die Altane des Herodes ruht auf vier Säulen mit ionischen Kapitälen, die des Decius auf sechs, enger aneinander gerückten Pfeilern mit edeln Blattkapitälen; zwischen den Pfeilern sieht man fünf Nischen, in denen Standbilder aufgestellt sind.

Eine feine architektonische Leistung ist die von einem Giebeldreieck überragte Türe, an dem die beiden Soldaten anklopfen, während Papst Sixtus II. dem hl. Laurentius die Kirchenschätze zur Verteilung (Bild 92) übergibt. Das große Tor der Kirche, in deren Vorhof, alter römischer Sitte entsprechend, Laurentius das Almosen verteilt, ist nicht so harmonisch, aber doch beachtenswert (Bild 93). Dagegen ist der Thron, von dem aus Decius das Urteil sprechen will, ein Meisterwerk.

Allgemein wird lobend hervorgehoben, daß das Verhältnis der Gebäude und Landschaften zu den Personen und die Perspektive in der Kapelle des Vatikans viel richtiger wiedergegeben sind als in früheren Bildern des Meisters. Fehler sind freilich auch hier nicht selten. Der Baldachin des Altars, vor dem Petrus den hl. Stephanus weiht, ist beispielsweise so niedrig, daß er dem Apostel nur bis zur Schulter reicht. Die Formen der Architektur haben in dieser Kapelle, mit Ausnahme der Baldachine der acht Heiligen, in denen, wohl wegen der Anforderungen des Raumes, die Gotik wieder zugelassen ist, durchgängig den Stil der edelsten

Frührenaissance und ahmen alte Denkmäler nach. Im Bilde worin Stephanus aus Jerusalem weggeführt wird (V), ist zur Darstellung der Stadtmauer die Ummauerung Roms als Vorbild benutzt.

Ein für die Baukunst so begeisterter Gönner wie Nikolaus V., welcher zu Florenz mit Michelozzo in regem Verkehr stand und Alberti nach Rom berief, hätte es dem Maler verübelt, wenn er nicht bestrebt gewesen wäre, auch in seinen Gebäuden der damaligen Mode zu huldigen. Darum sind die Darstellungen der Paläste und Kirchen, der Straßen und Städte, welche Angelico zu Rom malte, von einem ganz andern Geschmack beherrscht als in den älteren Bildern Giottos und seiner Schule, aus welcher er hervorgegangen war und an die er sich in früheren Arbeiten viel enger angelehnt hatte. Während er im Vatikan malte, schrieb Biondo ein Buch über die alten und neuen Baudenkmale in Rom und in ganz Italien, das er Eugen IV. widmete und wodurch er auch in Fra Angelico die Liebe zu den Denkmalen des Altertums stärkte [1].

Wie in der Darstellung der Paläste, Kirchen und Städte, so ist in der Schilderung der Landschaften ein Fortschritt unverkennbar. Freilich hat Fra Giovanni noch zu Florenz viele Bilder abgeschlossen durch kulissenartige Hintergründe, in denen immerhin eine gewisse Naturwahrheit zu finden ist, wenn man an die Kreidefelsen Mittelitaliens und an die waldlosen Zacken und Bergrücken des Apennin sich erinnert. Beispiele dieser Art bieten die Anbetung der Könige, die Flucht, die Auferweckung des Lazarus und die Kreuztragung (Bild S. 49, 78 und 79). Die auf- und absteigenden Bergesrücken sind mit Geschick verwertet, um den Blick auf die Hauptpersonen zu lenken. So hat Angelico die Stadtmauern Jerusalems schräg hingestellt, um den Blick in die Ferne zu lenken, dadurch aber wiederum die Szene des Vordergrundes zu höherem Werte zu erheben. In der Kapelle der hll. Stephanus und Laurentius hat der Meister sich sichtlich bestrebt, jedem einzelnen Gemälde tiefen Hintergrund zu geben und dadurch den sehr beschränkten Raum für das Auge zu erweitern.

Die Landschaft hilft unserem Maler sogar, mehrere Bilder enger zu vereinen. So ist im Zyklus der Nunziata bei der Kreuztragung der Hintergrund durch die Stadtmauer und durch einen hohen Berg abgeschlossen, in der folgenden Szene der Entkleidung fällt dieser Bergrücken ab und eröffnet sich die Aussicht in ein weites Hügelland mit Bäumen und Burgen, während man dann weiterhin bei der Kreuzigung die unendliche Ferne mit dem schwach betonten, flachen Horizont sieht. Der dunkle Vordergrund geht nach hinten in hellere, weite Täler und in Höhen über. Die leicht bewegte Horizontlinie eilt über die Köpfe der um den Gekreuzigten Versammelten hinweg, so daß die drei Kreuze einsam in die Luft ragen. Wie in diesem Bilde hat Angelico, was bereits gesagt wurde, in einem Bilde der Heimsuchung „die Landschaft von Cortona, das weite Tal der Chiana mit dem Trasimenischen See“ geschildert und dadurch als einer der ersten versucht, wirkliche Landschaften wiederzugeben. Im Altarbilde von San Marco hat er den Thronhimmel mit Bäumen umgeben, „unter deren Kronen der Blick ins Freie eilt, wo ein schmaler Streifen eine weite Landschaft zeigt, deren Berge in Wellenlinien zu beiden Seiten nach hinten ziehen, schön in dem Rhythmus ihrer Umrisse und fein ausgeführt, bis sie unter dem Saume des Vorhanges (der das Bild abschließt) entschwinden. Angelico ist (dadurch) für Florenz der Schöpfer des Typus der Madonnen in einer Landschaft geworden“ [2].

Wie er die weite Ferne der Landschaften mit Sorgfalt studierte und mit einer für seine Zeit hervorragenden Kunst wiedergab, so hat er es nicht verschmäht, auf kunstvolle Gartenanlagen sein Augenmerk zu richten. In den Bildern der Verkündigung zu Cortona, Florenz und Madrid sieht man vor der Halle, worin Maria den Besuch des Engels empfängt, nur eine blumenreiche Wiese; im Bilde der Verkündigung, das zum Zyklus der Nunziata gehört, dagegen Baumreihen, welche einen Weg einfassen, der zu einem Brunnen führt, also einen Teil jener reichen Gartenanlagen, welche die Vornehmen der Zeit bei ihren Palästen einrichteten.

In den Marienbildern von Cortona und Perugia bieten jugendliche Engelgestalten taufrische Rosen dar und hält das Jesuskind eine Blume. In späteren Gemälden, z. B. in der Predella der Madonna der Flachshändler, in den Bildern der Verkündigung und des Kindermordes im Zyklus der Nunziata und im Bilde des Verhörs des hl. Laurentius vor Decius stellt

[1] Tumiati 234 240. Douglas 75 143. Pastor I [4] 505 511. — [2] Guthmann, Landschaftsmalerei 181 f 186. Douglas 41 108. Vgl. S. 5 und 84. Es wurde behauptet, in dem Bilde der Begegnung der hll. Franziskus und Dominikus zu Berlin sei die Gegend von Cortona von Fra Angelico wiedergegeben worden. Das Bild gibt aber nur eine schematische Ansicht irgend einer Ebene, in der Städte und Burgen liegen. Ob es von Fra Giovanni gemalt sei, bleibt doch sehr zweifelhaft. In ihm wie im Gegenstück (die Erscheinung des hl. Franziskus vor fünf seiner Ordensbrüder) sind die Gestalten kleiner und breiter und ganz anders geartet als auf seinen sicher beglaubigten Gemälden. Vielleicht gehört jene aus einer Predella stammende Tafel, worauf die Stigmatisation des hl. Franziskus und der Tod des hl. Petrus Martyr dargestellt sind und die Bischof Stroßmayer zu Rom kaufte und dem Museum von Agram als Werk Fiesoles überwies, zur Serie der Berliner Bilder, die übrigens stark übermalt sind. Brunner, Fra Angelico 176.

er auf fein gebildete Architrave oder auf Mauern große mit Pflanzen und Blumen gefüllte Schüsseln.

Für die Anatomie der Figuren stand Fra Angelico nicht auf der Höhe. Bis zum Ende des 15. Jahrhunderts errang unausgesetztes Studium hervorragender Talente eine Summe von Kenntnissen, welche dann Raffael und Michelangelo zur Verfügung standen und ihnen dienten, so großen Ruhm zu erlangen. Selbst viele Zeitgenossen sind dem Angelico in der Behandlung der Anatomie, Perspektive und Lichterscheinungen überlegen gewesen. Er war eben kein Ordensmann von der Art des Filippo Lippi. Darum fehlten ihm mancherlei Erfahrungen und Beobachtungen, die andern bekannt waren. Um solchen Mangel zu ersetzen, drang er tiefer ein in den Geist. Ist dieser denn nicht eine Hauptsache? Rumohr hat wohl etwas zu viel behauptet, wenn er schrieb: „Die Gestalt blieb ihm stets fremd, weshalb er überall (?), wo er in der Handhabung des Leibes über den einfachen Zuschnitt der giottesken Manier hinausging, wohl noch die Bewegung des Oberleibes beherrschte, doch selten das Untergestelle, welches (er) in seinen Gemälden meist sehr unbelebt und hölzern läßt. Auch lag es außer seinem Absehen, die malerische Anordnung, gleich dem Masaccio, durch schärfere Beleuchtung und massive Schattengebung zu unterstützen, obwohl er den Gang des Gefältes, dessen Anteil an dem Reize malerischer Darstellung größer ist, als ich es zu erklären weiß, mit ungemeiner Feinheit für seine Zwecke zu benutzen wußte. Fra Angelico da Fiesole, Benozzo Gozzoli, Domenico Ghirlandajo und ähnliche Maler ihrer Zeit und Richtung entbehrten ohne Zweifel der Kenntnis allgemeiner Bildungsgesetze der menschlichen Gestalt; dagegen können die besten unter den Zeitgenossen der Carracci im ganzen für einsichtsvolle Zeichner gelten. Aber die ersten sind ebenso reich an einzelnen Wahrnehmungen anmutender und bedeutender Züge der Natur, als jene andern beschränkt auf wenige und gleichförmige Durchschnittsvorstellungen. Daher hoben sich, seitdem man in Bezug auf gewisse Äußerlichkeiten der Kunst seine Ansprüche herabgestimmt, in Bezug auf das geistige Interesse sie gesteigert hatte, die einen in der Meinung und selbst im Handelswerte, während die andern ebenso tief unter ihre frühere Schätzung herabsanken." [1]

Broussolle betont mit Eifer, Fra Angelico habe sich zur Darstellung der Physiognomien seiner Gestalten auf sorgfältige Beobachtung des Aussehens seiner Bekannten, der mit ihm lebenden Dominikaner, der Chorknaben und anderer Leute gestützt. Die so gut gezeichneten Bilder des Gekreuzigten seien ohne Naturstudien nicht herzustellen gewesen. Im allgemeinen sei, wenigstens bei ruhigeren Handlungen, die Stellung der Glieder der Figuren eine richtige und wohlabgewogene. Der Maler habe sich zu seinen Schilderungen lebenswahrer Vorgänge nicht in Ekstasen, nicht nur durch Gebete, nicht in der armen Einsamkeit seiner Zelle, sondern, wie andere Künstler, durch mühsames und langwieriges, durch geduldiges und beharrliches Aufmerken auf tatsächliche Lebensvorgänge vorbereitet. Weil er ständig weiter studiert habe, seien spätere Arbeiten lebenswahrer und richtiger als frühere. Wer die Gestalten Gabriels und Marias in den Verkündigungsbildern von Cortona, Madrid, Fiesole (Reliquiar) und Florenz (im oberen Gange von San Marco und im Zyklus der Annunziata) miteinander vergleicht, kann den zeichnerischen Fortschritt nicht verkennen. Noch auf dem Bilde der Flachshändler, also im Jahre 1433, und in Fiesole war die Darstellung der größeren Figuren für den Maler eine schwer lösbare Aufgabe. Er gewöhnte sich aber mehr und mehr daran und gelangte auch darin zu einer für seine Zeit achtenswerten Fertigkeit [2].

Wie fein beobachtet und wie gut gegeben sind die Frauen bei der Predigt des hl. Stephanus und in den beiden Bildern der Almosenverteilung! [3] Diese Gruppen von Frauen hat man ihm absprechen wollen, vielleicht weil man

[1] Forschungen I 65 f; II 254 f. — [2] Broussolle, La critique 97. Supino 11 f 16 178. Über das Studium nackter Figuren vgl. Douglas S. 144 sowie Taf. 44 und 73. — [3] Douglas 125 f 138. Broussolle, La critique 139, Anm., weist hin auf Ausführungen Clérissacs, welcher schreibt: „Zu Neapel zeigt eine antike Bronze, wie Merkur, der durch die Luft hineilende Bote der Götter, einen Augenblick rastet. Übermüdet hat er sich nicht, denn er ist ja einer der Götter; er schöpft jedoch einen Augenblick Atem und wird dann rüstig weitereilen. Man glaubt zu sehen, wie seine Brust sich hebt und wie er sich aufschwingen wird zu neuem Fluge. Wie wenig bedeutet dieser Augenblick des Lebens, wie erhaben ist aber die Kunst durch die Wahrheit, worin sie denselben festhielt! Auch Fra Angelico hat solche hineilende Bewegungen festgebannt. Wir haben gesehen, wie er in der Almosenverteilung des hl. Laurentius (Bild S. 93) den Widerstreit der Gefühle zweier Kinder geschildert, die zusammen nur ein Geldstück erhielten. Bewunderung verdienen die Hände der beiden als Emmausjünger dargestellten Mönche, welche den geheimnisvollen Fremden so dringend einladen (vgl. S. 22), — die göttliche Wendung, womit Jesus nach der Auferstehung auf dem blumigen Gartengrunde hinschwebt vor Magdalena, welche sehnsuchtsvoll die Arme ausbreitet, ohne sich ihm zu nähern, — dann in der rechten Ecke des Abendmahles der letzte hinter dem Tische befindliche Jünger, welcher von höchster Ehrfurcht ergriffen sich soeben erhob, um die heilige Hostie zu empfangen, aber doch in einer instinktiven Bewegung seinen niedersinkenden Mantel festhält (Bild S. 36), — weiterhin beim Morde der unschuldigen Kinder jene Mutter, welche ihre Hand auf den Mund des Soldaten legt und dessen Gesicht verkratzt, weil eines Weibes Schwäche ihrer Verzweiflung keine andere Waffe bietet, — in dem Fresko, worin die frommen Frauen zum Grabe kommen, die über die Augen gehaltene Hand, welche

meinte, er habe als „weltscheuer Mönch" nicht die Beobachtungen angestellt, welche eine so schöne Szene voraussetzt. Schon der Umstand, daß in der Freskenreihe des Studio Frauengestalten dreimal in hervorragender Weise auftreten, mußte gegen eine solche Behauptung mißtrauisch machen. Schaute man aber auf die Folge der Werke dieses Dominikaners, so sind vor allem seine zahlreichen Madonnenbilder ebensosehr lebenswahre Darstellungen jungfräulicher Eingezogenheit und Liebenswürdigkeit als mütterlicher Liebe und Zärtlichkeit. Schöne Gruppen von Frauen bieten seine Schilderung der Heimsuchung in der Predella von Cortona, diejenige der Zuhörerinnen bei der Predigt vor dem hl. Nikolaus im Bild von Perugia und vor dem hl. Markus in der Predella der Flachshändler, dann im Zyklus der Nunziata die Mütter bei der Ermordung der Kinder, die fünf Frauen vor dem Grabe des Herrn, die Begleiterinnen der Jungfrau bei der Vermählung in Cortona sowie in den Uffizien usw. Vor allem ist jedoch hinzuweisen auf die Tafel der „Geburt des Vorläufers" in den Uffizien, worin sechs Frauen den alten Zacharias umgeben, welcher den zukünftigen Namen seines Sohnes aufschreibt. Eine hält ihm sorgsam das Tintenfaß hin, eine zweite trägt das zu benennende Kind, mit dem sie spielt, eine dritte redet mit Zacharias, indem sie ihre Worte durch den Gestus der Finger begleitet, zwei achten voll neugieriger Erwartung auf den Entscheid des Vaters, die sechste schaut sich um, scheint zerstreut und wenig bekümmert um den Ausgang der Sache. Wer ein so feines Bildchen zu malen vermochte für eine Predella, konnte auch in einer groß angelegten Freske eines päpstlichen Gönners für dessen Arbeitszimmer die Frauengruppen zeichnen, welche zur Darstellung der in Auftrag gegebenen Vorgänge unerläßlich waren [1].

Man hat darüber gestritten, ob Fra Giovanni auch Porträte der Zeitgenossen in seinen Bildern gegeben habe. Vasari schreibt über die untergegangenen Fresken der Sakramentskapelle im Vatikan: „Bei diesem in seiner Art herrlichen Werk hatte Angelico einige Begebenheiten aus dem Leben Jesu in Fresko gemalt und viele merkwürdige Personen jener Zeit nach der Natur dargestellt. Diese Bildnisse würden heutigen Tages verloren sein, wenn nicht (Paul) Jovius die folgenden für sein Museum hätte abzeichnen lassen: Papst Nikolaus V., Kaiser Friedrich, der zu jener Zeit nach Italien kam, den Mönch Antonin, der nachmals Bischof von Florenz wurde, den Biondo aus Forlì und Ferrante von Aragonien." Dieser Nachricht gegenüber steht nun aber fest, daß Friedrich III. erst am 19. März 1452 in Rom zum Kaiser gekrönt wurde, Fra Giovanni ihn vorher nie gesehen hat, die Malereien der Sakramentskapelle aber 1452 sicher schon vollendet waren. Der hl. Antonin regierte 1452 bereits über vier Jahre als Erzbischof, wäre also von einem ehemaligen Untergebenen nicht mehr als „Mönch" dargestellt worden. Ferrante, ein natürlicher Sohn des Königs Alfons von Neapel, wurde 1458 dessen Thronfolger und starb 1494, 70 Jahre alt. Biondo war mit Eugen IV. in Florenz gewesen, 1434 zu dessen Sekretär ernannt worden und starb 1463 im Alter von 75 Jahren. Broussolle [2] meint, Vasari habe sich vielleicht hinsichtlich der Namen der porträtierten Personen geirrt, nicht aber darin, daß Angelico Bildnisse der Zeitgenossen in jene Gemälde eingefügt habe.

Masaccio stellte um 1422 in einem Tafelgemälde für Santa Maria Maggiore zu Rom den Papst Liberius, welcher den Grundriß dieser Basilika zeichnet, mit den Zügen seines Gönners Martin V. dar [3]. Wurde die Sitte, Bildnisse lebender Personen in historische Bilder hineinzubringen, bereits damals allgemein, so konnten leicht Vorgesetzte oder angesehene Ordensmitglieder den Fra Angelico dazu bringen, auch seinerseits durch Einfügung von Porträten hochstehenden Personen einen Gefallen zu erweisen und dadurch deren Gunst zu belohnen, zu erhalten und zu vermehren.

Man ist noch weiter gegangen und hat behauptet, unser Maler habe nicht nur Bildnisse in seinen Gemälden geliefert, sondern in denselben eine so genaue Ähnlichkeit angestrebt und erreicht, daß dadurch ein wichtiges Hilfsmittel zur Datierung seiner Werke geboten werde. Man wies dabei hin auf den Zyklus der

gegen den Glanz des Engels schützen (einen ähnlichen Gestus machte bei der Anbetung der Könige einer der Reiter, um den Stern besser erkennen zu können, Bild S. 49), dabei aber den Blick in die Dunkelheit des leeren Grabes schärfen soll. Zeigen nicht auch viele musizierende Engel unseres Malers in der Äußerung ihrer Freude und bei ihrem Gesang denselben Ausdruck der vollen Hingabe an ihre Sache und jenen kindlichen Ernst, den man auf den ehemaligen Schranken der Orgelbühne des Domes von Florenz, jetzt in dessen Schatzkammer, bei den jugendlichen Sängern bemerkt?" —

[1] Marchese, Memorie I 306. Cartier 238. In einer Handzeichnung des Fra Giovanni findet man jene Mutter, welche bei der Almosenverteilung des hl. Stephanus zu seiner Rechten in der Ecke steht mit ihrem Säugling (Abb. bei Douglas Taf. 70). Über andere Handzeichnungen vgl. Marchese, Memorie I^4 354, Anm.; Douglas 178 f Taf. 15 39 und 73; Cartier 441, Anm. 104 f. Lermolieff, Die Werke italienischer Meister 102 255, über Handzeichnungen zu München, Dresden und Florenz. Abbildungen solcher Handzeichnungen oben S. 98 und unten S. 108. — Vielleicht gehört ein kleines Bild des Louvre zu Paris, worauf das Gastmahl des Herodes dargestellt ist, zu einem Zyklus des Lebens des Vorläufers, aus dem wohl die im Text erwähnte Tafel stammt (Zeitschrift für bild. Kunst XIII [1878], Beiblatt 469). —

[2] La critique 102 f 160 f. Vgl. Douglas 119 f.

[3] Pastor, Geschichte der Päpste I^4 219.

Nunziata. In ihm trägt bei der Geburt und Opferung Christi sowie bei der Flucht nach Ägypten der hl. Joseph eine Mütze, die nach hinten hin bis auf die Schultern herabfällt. Er hat einen kurzen Bart, lange Haare und einen rundlich geformten Kopf. Ähnlich sind ihm bei der großen Abnahme vom Kreuze jener Mann, welcher zur Rechten des Herrn steht und eine gleiche Kopfbedeckung trägt, dann bei der Grablegung der Bruderschaft des Tempels ein Mann ohne Kopfbedeckung, welcher bei Christi Füßen neben Magdalena und vor dem hl. Dominikus kniet. Am jüngsten soll der in den genannten Bildern Porträtierte erscheinen in der Grablegung, älter in der Kreuzabnahme und in dem Gemälde der Flucht. Ein ähnlich aussehender Mann tritt auch in der Altartafel von San Marco als hl. Johannes auf, bei der Anbetung der Könige in der Zelle von San Marco wiederum als hl. Joseph, bei der Grablegung jenes Zyklus als Joseph von Arimathäa usw. [1]

Man wird nicht leicht in Abrede stellen können, daß alle die genannten Figuren nach dem Leben gezeichnet zu sein scheinen. Ob jedoch in ihnen, wie behauptet wurde, Bildnisse Michelozzos, des Erbauers von San Marco und des Freundes unseres Malers, gegeben sind, die denselben in verschiedenem Alter zeigen?

Vasari behauptet, Michelozzo sei in jener Abnahme von Angelico porträtiert. Selbst Rio, der doch Fra Angelico als einen Hauptvertreter der mystischen Malerschule behandelt, behauptet ohne Bedenken, derselbe habe seinen Freund Michelozzo im Bilde der Kreuzabnahme zu Florenz abgebildet. Dagegen ist darauf hinzuweisen, daß der hl. Joseph im Zyklus der Nunziata in vielen Bildern stets so erscheint, daß er an jenes Modell erinnert, aber doch immer etwas anders. Im Bilde der Geburt und der Opferung hat er zum Beispiel, abgesehen von den wechselnden Gesichtszügen, eine Stirnlocke, die ihm im folgenden Bilde der Beschneidung des Herrn, wo sein Haupt kahl ist, fehlt. Bei der Anbetung der Könige ist er nicht kahl, sondern mit reichem Haar dargestellt. Der Maler hielt sich also selbst bei den Bildern desselben Zyklus für die Gestalt des hl. Joseph nicht streng an einen Typus, sondern veränderte sein Modell. Die Darstellungen wurden bald nacheinander ausgeführt, doch blieb freilich seinen Schülern viel Freiheit. Man wird demnach daraus, daß dieses Modell in einem Bilde älter aussieht als in einem andern, kaum mit Sicherheit schließen dürfen, jenes Bild sei später gemalt. Der Versuch, aus dem jugendlichen oder alternden Aussehen auf die chronologische Folge der Gemälde zu schließen, setzt voraus, daß der Maler sich sklavisch an sein Modell hielt und ein möglichst getreues Bild geben wollte. Wie ist dies aber zu beweisen?

Wenn in einem der Werke des Fra Angelico Porträte angebracht sind, dann wird es im Bilde der Weihe des hl. Laurentius der Fall sein, indem der weihende Papst Sixtus II. ein Bild Nikolaus' V. (Bild S. 97) und die ihn umgebenden Gestalten Porträte von Herren seines Hofstaates bieten würden. In der Tat stimmen die Gesichtszüge des Weihenden mit andern beglaubigten Bildnissen dieses Papstes überein. Ja noch mehr, auch die Tiara, welche Sixtus trägt, ist wohl das Abbild einer auf Befehl Nikolaus' V. verschönerten und von ihm benutzten [2].

Bei der Darstellung der Personen spielt der Gestus der Hände eine große Rolle. Er ist in der Verkündigung von Cortona noch etwas naiv, wird aber immer ruhiger und edler. Wie fein und bedeutsam er bei den Bildern der Almosenverteilung sei, ist bereits gesagt. Auch in den vier erwähnten Darstellungen einer Predigt spielt die Bewegung der Hände eine wichtige Rolle. Sehr schön ist die Haltung der Hände bei den Teilnehmern im Bilde der großen Kreuzabnahme. Nie, nicht einmal in den Bildern der Grablegung erheben die Personen, wie in älteren italienischen Darstellungen ihre Arme klagend und verzweifelnd zum Himmel. Fra Giovanni hält fest an den Regeln der Bescheidenheit seines Ordens. Diese Regeln halten das ganze äußere Benehmen in Zucht und Ordnung, fast wie die Rubriken das Auftreten des Priesters für alle Zeremonien bestimmen. Das ausdrucksvolle Mienenspiel der Gesichter ersetzt in seinen Bildern heftigere Bewegungen der Hände und Arme.

In allem zeigt sich bei unserem Maler ein Fortschritt: in den Landschaften, Bauten und Bewegungen, im Gesichtsausdruck, in der Behandlung der Gewänder und der Komposition, alles wird immer klarer, einfacher, sachgemäßer, kommt der Wahrheit der Dinge und Ereignisse dieser Welt immer näher.

Er begann als Novize oder junger Ordensmann mit einem Bilde der Jungfrau, welche die Botschaft des Engels empfängt. Dann ließ er Bilder der Gottesmutter folgen, welche von Engeln umgeben ist, thront oder gekrönt wird. Zu Florenz waren in San Marco die Bilder aus der Leidensgeschichte des Erlösers seine besten Leistungen. Zu Rom wird die Geschichte der beiden großen Diakone mit ihrer weiten kirchen-

[1] Vgl. Bild S. 49, Bild zu S. 54, dann S. 78 f Nr 3, 6 und 7. Rio II 368 374. Vasari, ed. Milanesi II 450, Anm. 3. Supino 134 f. Douglas 81 f. — [2] Douglas 128 und 146 f. Pastor I[5] 525, A. 5, 364 und die dort Anm. 1 angegebene Literatur; vgl. 374, A. 2.

geschichtlichen Bedeutung sein Hauptwerk. Die Engel treten mehr und mehr zurück, heilige Menschen gewinnen den Vorrang. Der Mystizismus jugendlicher Begeisterung macht tieferem Erfassen geschichtlicher Personen und Ereignisse Platz, das Himmelreich naht sich immer mehr den Sterblichen, welche ihren Fuß fester aufsetzen und stützen auf den Boden dieser Erde. In den Bildern seiner ersten Zeit opfern Engel der Madonna Rosen, auf denen der letzten verteilt Laurentius Almosen und unterrichtet Stephanus Unwissende.

Der Kreis der von Angelico behandelten Vorwürfe war nicht groß und hat sich nie bedeutend erweitert. Nie schweifte er aus dem religiösen Gebiete hinüber ins profane. Nur Stoffe, die in Klöster, Kirchen und Kapellen paßten, hat er behandelt. Häufig malte er die Verkündigung und die Krönung Marias, deren Thronen als Gottesmutter, den Gekreuzigten und den Weltenrichter. Gerne stellte er die Heiligen und Seligen seines Ordens dar, vor allem Dominikus, Petrus Martyr und Thomas von Aquin; dann die Patrone der Mediceer, damals die Lieblingsheiligen von Florenz: Kosmas, Damian, Laurentius und den Patron seines Klosters, St Markus; weiterhin als Begleiter des Weltenrichters Johannes den Täufer, die Apostel und Propheten, endlich Romuald, Gualbertus und Franziskus als Vertreter befreundeter Orden, Nikolaus und Stephanus, weil diese damals in Italien hoch verehrt wurden. Andere zu jener Zeit beliebte Heilige, Männer und Frauen, treten uns in den Bildern der Krönung Marias entgegen.

Aber selbst auf dem religiösen Gebiete hat Fra Angelico sich feste Grenzen gesteckt. Der herzerhebende Jubel des *Magnificat* und die gemütvollen Klagen des *Stabat Mater* passen besser zu seinen Bildern als die Schrecken des *Dies irae* und die bittern Reuetränen des *Miserere*. Seine Werke gefielen. Farbengebung, Komposition und Stoff entsprachen den Wünschen der Auftraggeber, dem Zwecke religiöser Bilder und seinem Charakter. Warum sollte er eine andere Manier gesucht, die Realisten seiner Zeit mit Aufgebung seiner Eigenart eifriger nachgeahmt haben?

Die Freunde des Fortschrittes und diejenigen, welche zäher festhalten am Althergebrachten, stehen sich immer und überall gegenüber, wo reges Leben herrscht. Beide waren mächtig in Florenz und stießen wenig später unter Savonarolas Führung viel zu hart aufeinander. Angelico blieb in dem vom reformierten Zweige des Dominikanerordens unter Dominicis Führung eingeschlagenen Ideengange und in der von Giotto siegreich vertretenen Kunstrichtung, ohne Fortschritte abzulehnen, ohne leidenschaftlichen Eiferern nachzugeben. So zeigte er sich als Vertreter des Mittelalters mitten im Getriebe seines noch frommen, aber von den neuen Strömungen weiter getriebenen florentinischen Volkes. Das Berechtigte, welches im Streben der Neuerer lag, hat er willig anerkannt, dankbar angenommen. Sezessionist ist er nicht gewesen, ebensowenig aber ein scheuer Kopfhänger. Er hat die Welt mit offenen Augen angesehen.

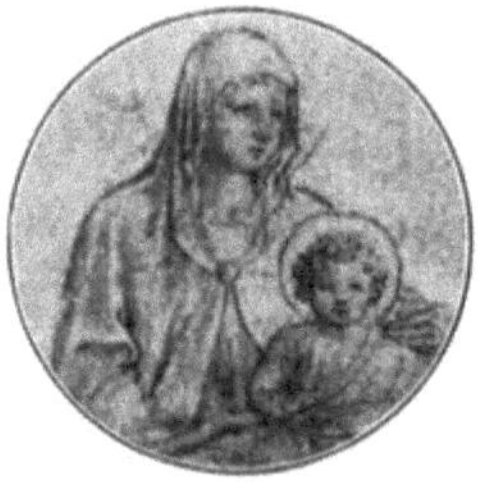

HANDZEICHNUNG ANGELICOS IN DEN UFFIZIEN, FLORENZ

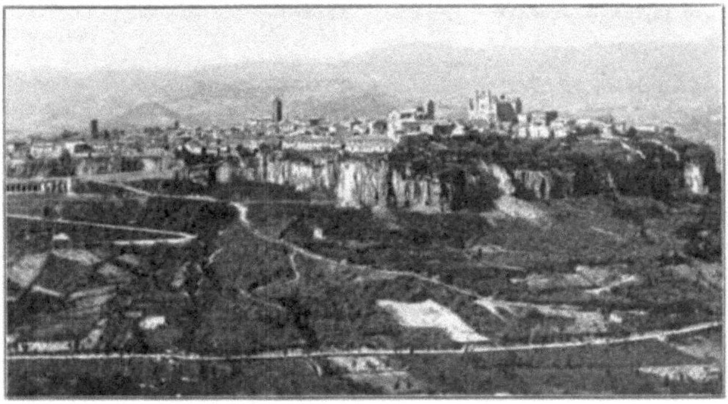

ORVIETO

IX. MALEREIEN IN ORVIETO
MITARBEITER ANGELICOS

IM Beginn des Jahres 1447, als Papst Nikolaus V. gewählt wurde (6. März), machte der Benediktiner Dom Francesco di Barone, ein geschickter Glasmaler, den Fabrikmeister des Domes von Orvieto auf Fra Angelico, „den berühmtesten aller Maler in Italien“ [1], aufmerksam. Angelico wurde darum eingeladen, während der heißen Jahreszeit, wann der Aufenthalt in Rom ungesund ist, nach Orvieto zu kommen und im Dome die Cappella Nuova auszumalen, worin man das berühmte Gnadenbild der Madonna di San Brizio verehrte. Am 14. Juni unterzeichnete der Frate den Kontrakt. Bereits am folgenden Tage begann er seine Arbeit. Gemalt hat Fra Angelico in Orvieto nur in dem genannten Jahre 1447 bis zum 28. September, und zwar an den Kappen des Gewölbes des Kreuzarmes der Epistelseite [2]. Sie zeigen den von neunzehn und sechzehn Engeln umgebenen Weltenrichter; in der Kappe zur Rechten des Richters die Gottesmutter mit den Aposteln; in der Kappe zur Linken Johannes den Täufer, den gewöhnlichen Begleiter des Richters, mit „dem lobreichen Chor der Propheten“, d. h. sechzehn Gerechten des Alten Bundes; dem Richter gegenüber zehn Engel, von denen zwei Posaunen halten, die übrigen das Kreuz und die Leidenswerkzeuge tragen.

Nur die Malereien der ersten und dritten Kappe stammen ganz von ihm, die Figuren der beiden andern wurden erst fünfzig Jahre später von Luca Signorelli vollendet, der sich vielleicht in etwa nach Zeichnungen seines Vorgängers richtete.

In der ersten Kappe, dem Mittelpunkt des Ganzen, thront der Heiland als Richter. Sein Kleid ist auf der Brust etwas geöffnet, um die Seitenwunde sichtbar zu machen. Seine verwundete Rechte erhebt er zum majestätischen Gestus der Verwerfung; mit der Linken hält er eine übergroße, auf seinem Knie ruhende Weltkugel. Die Figur, eine Weiterentwicklung der im Gerichtsbilde der Annunziata gegebenen, soll von Michelangelo für sein berühmtes Bild der Sistina benutzt worden sein (vgl. Bild S. 96) [3]. Die beiden am Ende der Gruppe rechts und links stehenden Engel blasen in lange Posaunen; die übrigen beten, auf Wolken kniend, den Richter an und bewundern dessen Majestät.

Eigenartig ist die Zusammenstellung der Heiligen in der dritten Kappe (Bild S. 111). Unten sitzt ein Altvater in der Mitte, über ihm aber sind dreimal je fünf so angeordnet, daß deren Köpfe fast in den Linien dreier übereinander stehender Winkel liegen, wie das nachstehende Schema zeigt.

[1] „Famosus ultra omnes alios pictores Ytalicos“: Urkunde des Domes von Orvieto vom 11. Mai 1447. — [2] Luzi 433. Fumi, Il duomo d'Orvieto 152 f. Della Valle, Storia 306 f. Benois, Resanoff et Krakau, Monographie 13. Vasari, ed. Milanesi II 514 530 f. Marchese, Memorie I 331 f 446 f. Cartier 327 f. Müntz, Les arts I 91 f u. a. Die Anordnung der Malerei zeigt Klassischer Bilderschatz IX 1255. — [3] Marchese a. a. O. I 334.

16
14 15
12 11 13
9 10
8 6 7
4 5
2 1 3

Nach Tumiati bezeichnen die Ziffern dieses Schemas folgende Propheten: 1 Jakob[1], 2 Johannes den Täufer, 3 Moses, 4 David, 5 Isaias, 6 Jeremias, 7 Ezechiel, 8 Osee, 9 Abdias, 10 Joel, 11 Amos, 12 Habakuk, 13 Zacharias, 14 Malachias, 15 Jonas, 16 Daniel.

Mit Fra Giovanni arbeiteten zu Orvieto der Florentiner Benozzo, Sohn des Lese Gozzoli, Johannes, Sohn des Anton della Checha, und Jacobus, Sohn des Anton von Poli. Zwei Leute aus Orvieto, Peter, Sohn des Nikolaus, und Johannes, Sohn des Petrus, halfen ihnen. Der Meister erhielt als Jahresgehalt 200 Goldgulden, also nach Ablauf von $3^1/_2$ Monaten $58^1/_3$; Benozzo monatlich 7, Johannes 2, Jacobus nur 1 Goldgulden, diese drei erhielten also zusammen für $3^1/_2$ Monate 35 Goldgulden. Da der Fabrikmeister aber insgesamt $103^1/_2$ Goldgulden zahlte[2], waren 10 Goldgulden bestimmt, um die Ausgaben in der Herberge zu bestreiten, für die er aufkommen mußte. Er hatte die Errichtung der Gerüste und alles Material, Farben u. dgl. zu besorgen und überdies den Malern eine bestimmte Menge Wein und Getreide zu liefern.

Zu Rom hatten dem Meister außer den Genannten auch Peter Jakob von Forli und Karl, Sohn des Herrn Lazarus von Narni, geholfen. Angelico erhielt dort im Jahre 1447 ebenfalls als Jahresgehalt 200 Florin[3], also $16^2/_3$ für jeden Monat, Benozzo Gozzoli jeden Monat 7. Johannes, Karl und Jakob, Sohn des Anton von Poli, empfingen je 1 Florin. Andere verdienten 7—8 Florin im Monat, einige 4 als Lohn und 3 für die Kost. Bei einem Lohn von 7—8 Florini kamen auf den Tag etwa 20 Bolendini. Gewöhnliche Handwerker waren mit 14—17 Bolendini den Tag, Handlanger mit 14—15 zufrieden.

Angelico war zu Orvieto nicht vom Glück begünstigt. Gleich im Anfange fiel Antonio, ein junger Mann, welcher die Gerüste unter dem Gewölbe aufschlug, aus der Höhe herab und starb. Kurze Zeit nach Vollendung eines Teiles der Arbeit stellte sich heraus, daß das Dach der Kirche nicht dicht war; denn der Regen war in die Gewölbe eingedrungen und hatte die Malereien beschädigt. Ein im Gewölbe entstandener Riß ging durch Mund und Bart der Figur des Richters.

Die Vorsteher der Kirche von Orvieto bemühten sich in den folgenden Jahren, Fra Angelico zur Weiterführung der Arbeit zu veranlassen. Er schlug ihr Anerbieten aus, sandte aber 1449 den Benozzo Gozzoli, welcher im Juli dort wieder arbeitete. Seine Leistungen genügten jedoch nicht. Man entließ ihn und wartete fünfzig Jahre, bis 1499 Luca Signorelli die Arbeit wieder aufnahm und vollendete. Vielleicht hat letzterer die schon von Gozzoli erneuerten Malereien Angelicos überarbeitet. 1845 sind sie durch zwei Deutsche, Both und Pfannenschmidt, sorgsam restauriert worden[4]. Wieviel also von der ursprünglichen Arbeit unverändert geblieben ist, läßt sich nicht bestimmen. Eine stilkritische Untersuchung arbeitet darum mit sehr unzuverlässigem Material.

Rosini und Wingenroth gingen so weit, selbst die Hauptfigur, die Gestalt des Richters, als Arbeit des Gozzoli auszugeben. Wingenroth hat weiterhin in den Fresken des Studio Nikolaus' V. im Vatikan eine Menge gerade der besten Einzelheiten demselben Schüler Angelicos zugeschrieben, z. B. die schöne Gruppe der auf die Predigt des hl. Stephanus lauschenden Frauen, den größten Teil des Bildes der Weihe des Erzdiakons, die schönsten Gestalten in der Verteilung der Almosen durch den hl. Laurentius, die treffliche Gestalt des Kaisers Decius im Verhör des hl. Laurentius.

Sein Beweisgang ist dieser: In den Fresken des Vatikans finde ich Vorzüge und treffliche Einzelheiten in Wiedergabe der Landschaft, Zeichnung der Gebäude und Darstellung der Personen, die ich in früheren Arbeiten des Angelico zu Florenz nicht bemerkte.

Nun aber zeigen mir die späteren selbständigen Arbeiten des Benozzo ähnliche treffliche Leistungen.

Also sind jene Teile, welche in Angelicos Werken zu Rom besonders gut sind und bedeutende Fortschritte aufweisen, von Benozzo gemalt.

Ich behaupte, Angelico habe im Vatikan die Evangelisten der Decke gemalt, auch das meiste

[1] Jakob ist dargestellt als Stammvater der zwölf Stämme Israels. Er hält einen Stab mit Rücksicht auf Gn 32, 10. — [2] Marchese, Memorie I 446 f. Fumi a. a. O. 394, Nr 76 und 77. Gezahlt wurden $58^1/_3 + 35 + 10^1/_6 = 103^1/_2$ Goldgulden. — [3] Müntz a. a. O. 101; vgl. 126 f. Gentile da Fabriano hatte unter Martin V. 1427 jährlich 300 Goldflorin empfangen, „25 flor. aur. de camera" jeden Monat (a. a. O. 15 f). Es ist wohl ein Versehen, wenn Müntz (S. 101) für Johann von Florenz 2 Dukaten den Monat ansetzt (vgl. S. 127). Der päpstliche Architekt Antonio di Francesco erhielt damals monatlich 10, der Bildhauer Bernardo Gamberelli Rossellino 15, der Architekt Fioravante nur 6—7 Goldgulden. Die Reise des Abtes von Michaelbeuern nach Rom kostete 52 Goldgulden. Vgl. Pastor I^4 428, A. 4, und 511. Über den Wert des Geldes vgl. oben S. 58, A. 2. — [4] Benois, Monographie 8.

in den Szenen der Geschichte des hl. Stephanus. Im unteren Streifen, worin die Geschichte des hl. Laurentius geschildert wird, und der am besten ausgeführt ist, muß ich die Hauptsache für Benozzo Gozzoli in Anspruch nehmen. Er hat, weil Angelico gealtert war, zwischen 1452 und 1456 „die Legende des hl. Laurentius fast allein gemalt, indem er sich in der Komposition streng an die herrlichen Entwürfe seines Meisters hielt, sich dagegen im Beiwerk immer mehr Freiheit nahm“[1].

In diesem Beweisgange und den an ihn angeschlossenen Folgerungen ist zuvörderst vorausgesetzt, daß die Schilderung des Lebens des hl. Laurentius nicht schon um 1449 gemalt wurde, als Benozzo etwa 29 Jahre alt war[2]. Fernerhin wird ohne weiteres angenommen, Benozzo sei im stande gewesen, so gute Leistungen zu vollenden, wie diejenigen in der Kapelle der hll. Stephanus und Laurentius sind. Behauptet wird, Fra Angelico, der wegen seines hohen Ruhmes nach Rom und von dort nach Orvieto berufen wurde, habe bei den ehrenvollen Arbeiten für den Papst und den Kirchenvorstand von Orvieto die Hauptsachen einem Schüler überlassen.

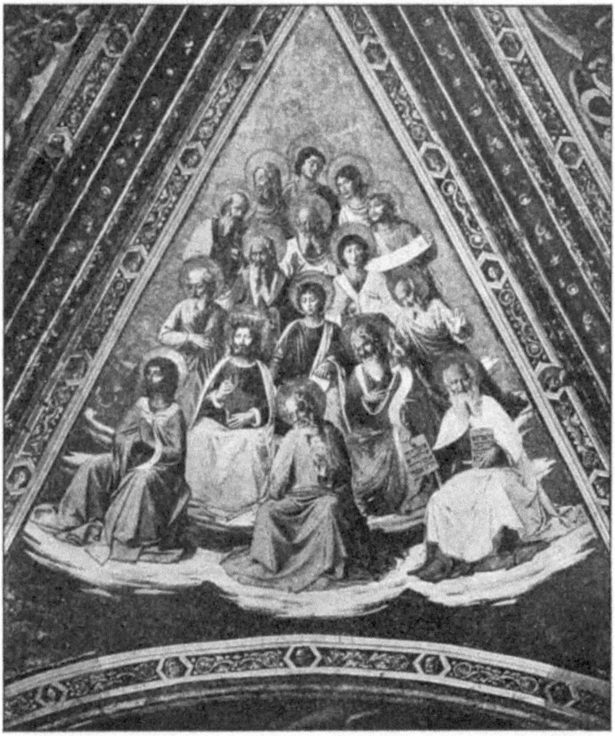

CHOR DER PROPHETEN ORVIETO, DOM

Diese Kritik erscheint um so auffallender, wenn man beachtet, daß Benozzo sich verpflichtet hatte, 1444 bis 1447 als Gehilfe des Goldschmiedes und Erzgießers Ghiberti an der dritten Türe des Baptisteriums zu Florenz zu arbeiten. Erst 1447 finden wir ihn als Gehilfen Angelicos in der berufsmäßigen Ausübung der Malerei. Freilich zeigt sein Gehalt, das weit höher war als dasjenige seiner Mitgenossen, ja fast die Hälfte des Lohnes seines Meisters betrug, daß er eine gute Kraft war. Dafür zeugt auch der Umstand, daß er sich 1449 anbieten durfte, in Orvieto allein das Werk seines Lehrers zu vollenden

Wie stellte sich Fra Giovanni seinen Schülern und Gehilfen gegenüber? Er war nicht eifersüchtig, gestattete ihnen Freiheit und ließ ihnen Selbständigkeit. Bereits in Fiesole hatte er bei Vollendung der vier Reliquiare für Santa Maria Novella Mitarbeiter zugelassen. In San Marco standen ihm bei Ausmalung der Zellen jüngere Maler zur Seite. Im Zyklus der Nunziata sind viele Tafeln nicht von seiner Hand. Er hat dementsprechend bereits in Fiesole, mehr noch in Florenz auch bei Herstellung der Altartafeln auf fremde Hilfe nicht verzichtet. Nicht nur da, wo es sich um handwerkliche Leistungen handelte, wie die Bereitung der Farben, die Herstellung des Goldgrundes oder der Nimben, nicht nur bei Ausführung mancher Einzelheiten, sondern auch da, wo wichtigere Figuren zu malen waren, bediente er sich solcher Gehilfen.

Leider sind wir über die Persönlichkeit und das Können dieser Mitarbeiter sehr wenig unter-

[1] Repertorium XXI 406. Wingenroth, Die Jugendwerke des Benozzo Gozzoli 67 71 f 80. — [2] Er wurde wohl schon 1420, nicht erst 1424 geboren. Vasari, ed. Milanesi III 46, Anm.

richtet. Daß sein Bruder Fra Benedetto, dem man bis in die neueste Zeit besonders eine Reihe Zellenbilder in San Marco zuschrieb, nicht in Betracht zu ziehen ist, wurde bereits gezeigt.

Ebenso ist oben dargetan, Douglas habe gezeigt, daß Baldovinetti drei Tafeln des Zyklus der Nunziata in ziemlicher Selbständigkeit entwarf und vollendete. Nach Tumiati halfen bei jenem Zyklus auch Zanobi Strozzi, Andrea da Firenze und Domenico di Francesco di Michelino. Strozzi scheint dem Fra Giovanni seit 1437 zur Seite gestanden zu haben, also auch bei Ausmalung der Zellen von San Marco. Er verzierte überdies manche Chorbücher des genannten Klosters mit Miniaturen[1].

Daß diese Schüler sich an die Art des Meisters anschlossen, ist selbstverständlich (Bild S. 112 u. 113). Wie sehr sie ihm oft nahe kamen, erhellt aus dem Vertrage der Bruderschaft von San Marco zu Florenz, welche bei Benozzo Gozzoli ein Altarbild bestellte, worin die Art, die Form und selbst die Verzierungen des von Fra Angelico für den Hochaltar von San Marco gemalten Bildes genau nachgeahmt werden sollten. Trotzdem blieb Benozzo immer weit zurück hinter seinem Meister. Bei ihm sind die Typen gewöhnlicher, die Anatomie unrichtiger, die Verhältnisse der Personen mangelhafter, die Linien härter, die Farben greller, das Halbdunkel kraftloser, die Technik weniger dauerhaft. „Er folgte der Art seines Meisters so weit, als der geringere Grad seines Talentes ihm erlaubte.“[2] Er hat in den Malereien der Kapelle der hll. Laurentius und Stephanus wohl viele der feinen Verzierungen gemalt, welche das Auge erfreuen, Kränze und Medaillons, worin die Tiara und die Schlüssel des Papstes glänzen. Man mag so weit gehen, ihm „eine Menge entzückender Einzelheiten, ungezwungene Gestalten kleiner Kinder und fein beobachtete Stellungen junger Frauen“ zuzuschreiben[3]. Daß er aber in den Darstellungen aus dem Leben des heiligen Laurentius die Hauptfiguren ausgeführt und bei dem Entwurf eine maßgebende Stellung eingenommen habe, wird sich nicht beweisen lassen.

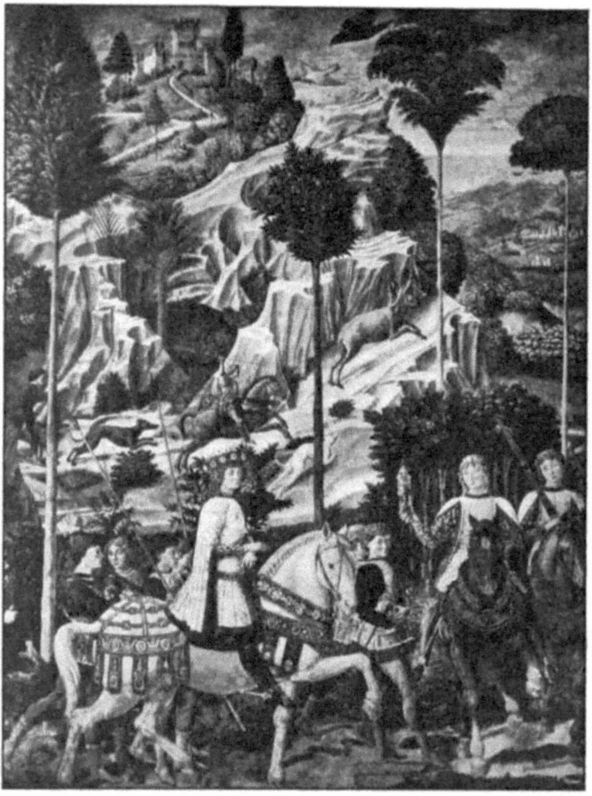

GOZZOLI: GEFOLGE DER DREI KÖNIGE. FLORENZ, PALAZZO RICCARDI

Supino erklärt darum[4]: „Nicht gesonnen, auf unsicher bleibende, von der Phantasie beeinflußte Kritik uns zu stützen, halten wir es für unannehmbar, daß Fra Angelico, wenn er auch alterte, dem Gozzoli das Zepter seiner Kunst in so wichtigen Arbeiten überlassen habe.“

Douglas fügt bei[5]: „Ich muß gestehen, daß ich schwer verstehen kann, wie ein zuverläs-

[1] Vgl. oben S. 58 f 80 101. Tumiati 190. Douglas 157. Vasari, ed. Milanesi II 528, Anm. Vasari (a. a. O. 521 f) nennt außer Domenico di Michelino auch Gentile da Fabriano als Schüler des Fra Angelico, doch findet bereits Cartier 359 f dieses unglaublich. Strozzi begutachtete 1466 mit Baldovinetti ein Werk des Lorenzo di Ricci. Vasari II 60, A. 1. — [2] Supino 176 f. Crowe und Cavalcaselle III 262. Vgl. auch Lermolieff, Die Werke italienischer Meister 296 f. — [3] Pératé, Les papes et les arts, Paris 1895, Didot, 72. Supino 175. Müntz, Histoire I 664. L'Art XXXV (1883) 141 f. — [4] Supino 177, vgl. 161 f. — [5] Douglas 123 mit Hinweis auf seine Taf. 63 und 64, 137 f, vgl. 5.

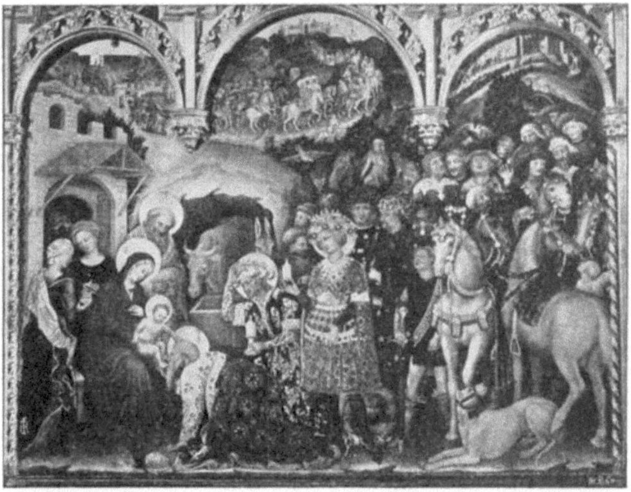
GENTILE DA FABRIANO: ANBETUNG DER KÖNIGE. FLORENZ, AKADEMIE

siger Beurteiler, welcher Gozzolis Fresken in Montefalco genau kennt, die nur wenige Jahre nach der mit Kraft und Anmut gezeichneten Gestalt des Weltenrichters zu Orvieto ausgeführt wurden, auch nur für einen Augenblick annehmen konnte, jene Gestalt stamme von dem jüngeren Künstler. Freilich ist zu Montefalco in jenem Fresko, das darstellt, wie der hl. Franziskus die Wundmale erhält, Christus in einer Stellung gezeichnet, welche der ihm in Orvieto gegebenen ähnelt. Aber wie in der Erfindung, so steht das betreffende Freskobild auch in der Ausführung unermeßlich tiefer. Besonders ist die Gewandung schlecht gezeichnet und die Haltung der linken Hand und ihres Armes unter aller Beschreibung schwach." Nachdem Douglas die einzelnen Teile der Fresken der Kapelle des Vatikans besprochen hat, welche Wingenroth dem Fra Giovanni abzusprechen und dem Gozzoli zuzuweisen sucht, und nachdem er dargelegt hat, daß sie durchaus in den Entwicklungsgang unseres Malers passen, schließt er: „Fra Angelico hat stets mit Vorliebe den Hintergrund seiner Bilder durch sorgsam behandelte Bauten gefüllt, die wesentlichen Eigentümlichkeiten der Mutterschaft und Kindesliebe darzustellen gesucht, die Natur hochgehalten und mit Hingebung Bäume und Blumen und weite Strecken hügeliger Landschaften gemalt. In der Liebe zu diesen Dingen sowie in manchen andern Stileigentümlichkeiten ist Benozzo ihm gefolgt, hat er Giovannis Art zuweilen zum Zerrbild verdorben. Kurz, er hat, um Vasaris Worte zu gebrauchen, seines Meisters Weise insoweit nachgeahmt, als die Minderwertigkeit seines Talentes ihm erlaubte. Wir finden in den Fresken des Vatikan gerade jene Eigenschaften, deren schrittweise Entfaltung wir von Anfang an in Fra Angelicos Laufbahn nachwiesen."

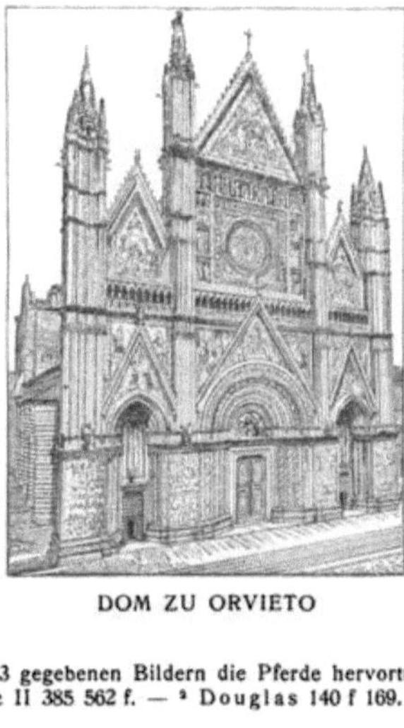
DOM ZU ORVIETO

Nach dem Jahre 1449 wird Fra Angelico als Prior von Fiesole bezeichnet. Im März des Jahres 1452 kamen Abgesandte der Kirche von Prato nach Florenz und ersuchten den hl. Antonin, der damals als Erzbischof regierte, den Fra Giovanni von Fiesole ihnen zu senden, damit er ihr Chor ausmale. Angelico verzichtete jedoch darauf, der Einladung nach Prato zu folgen. Sie wurde dann an Fra Filippo Lippi gerichtet und von diesem mit Freuden angenommen [1].

Um das Jahr 1450 weilte Fra Giovanni einige Monate in Cortona, wo er an vierzig Jahre vorher sein Ordensleben begonnen und die erste uns erhaltene Arbeit vollendet hatte. Jetzt malte er dort beim Eingang von San Domenico über dem Tore der Fassade in Fresko eine Madonna mit dem Kinde zwischen den hll. Dominikus und Petrus Martyr, in dem Gewölbe aber die vier Evangelisten. Das Bild der Gottesmutter erinnert sehr an dasjenige der Altartafel von Bosco, die Evangelisten aber gleichen den im Gewölbe der Kapelle des Vatikans angebrachten [2].

Man beachte, wie in den S. 112 und 113 gegebenen Bildern die Pferde hervortreten, während sie bei Fra Angelico sehr zurückstehen. — [1] Marchese, Memorie II 385 562 f. — [2] Douglas 140 f 169.

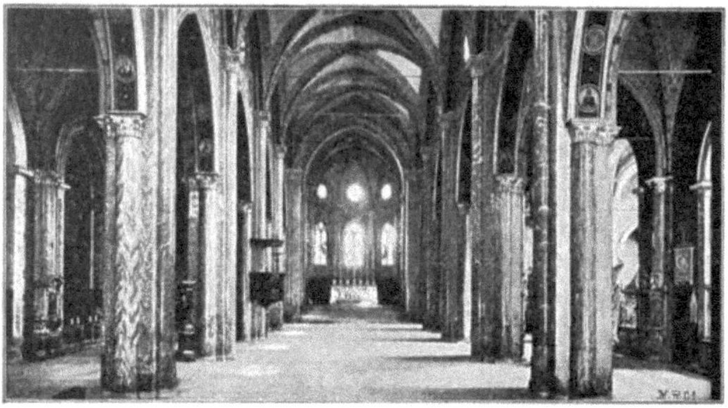

SANTA MARIA SOPRA MINERVA ZU ROM

X. BILDER DES JÜNGSTEN GERICHTES
ANGELICOS ENDE

TAG des Zornes, Tag der Fülle
Deckt die Welt mit Aschenhülle,
David zeugt es und Sibylle.

Welch ein Graun wird sein und Beben,
Wird der Richter niederschweben,
Strenge Prüfung zu erheben.

Die Posaun' im Wundertone,
Aus den Gräbern jeder Zone,
Sammelt alle her zum Throne.

Wann Verworfnen ohne Schonen
Du mit Flammenpein wirst lohnen,
Laß mich mit den Sel'gen wohnen.

Diese ernsten Klänge des von dem Franziskaner Thomas von Celano in der ersten Hälfte des 13. Jahrhunderts verfaßten *Dies irae* hörte Fra Giovanni immer von neuem beim feierlichen Trauergottesdienst in den Kirchen von Florenz [1]. Wie sein Ohr durch diesen erschütternden Gesang an die Schrecken des Jüngsten Tages erinnert wurde, so sahen seine Augen die Schilderung desselben in der Ordenskirche Santa Maria Novella; denn dort hatte Orcagna im linken Kreuzschiff, in der Kapelle Strozzi auf die mittlere Wand das Urteil des Weltrichters, auf die rechte das Paradies, auf die linke aber die Hölle gemalt, alles in engem Anschlusse an Dantes Dichtung.

Angelico schilderte dann selbst die Freuden und Schrecken des Jüngsten Tages, zuerst zu Fiesole kurz nach seiner Rückkehr aus der Verbannung, und zwar in einer Tafel für das Kamaldulenserkloster Santa Maria degli Angeli zu Florenz. Sie hängt heute in der Galerie der Akademie. Im Mittelstück (Bild) ladet der Richter mit einer Hand die Guten ein und weist er zugleich mit der andern die Bösen ab. Den ersteren zeigt er die geöffnete und gnadenreiche Rechte, den Verworfenen die Rückseite der leeren Linken. Verschiedenartig gestaltete Engel umgeben ihn in drei Reihen. Unter seinen Füßen erhebt einer derselben das Kreuz; zwei andere begleiten mit Posaunen den Kreuzträger, obgleich die Auferstehung vollendet ist. Mit den Engeln füllt der Richter einen Kreis aus, dem sich der obere Abschluß des Mittelstücks in halbrunder Form anpaßt. Neben dem Richter thronen zur Rechten und Linken zunächst Maria und Johannes, dann in zwei Reihen die zwölf Apostel mit vierzehn Patriarchen, Propheten und Heiligen, welche der Verheißung gemäß zu dessen Beisitzern erhoben sind. Die erste Reihe beginnt rechts mit Petrus und links mit Paulus; sie schließt zur Rechten mit Benedikt und Dominikus, zur Linken mit Romuald, dem Stifter des Ordens, für den die Tafel gemalt ist, und Franziskus. Der ehrwürdige Greis, welcher beim Anfang der zweiten Reihe hinter Maria die Hände faltet, ist wohl ihr jungfräulicher Gemahl. Neben

[1] Kirchenlexikon III [2] 1733: „In Italien hatte das *Dies irae* nachweislich schon im 14. Jahrhundert seinen Platz in der Requiem-Messe."

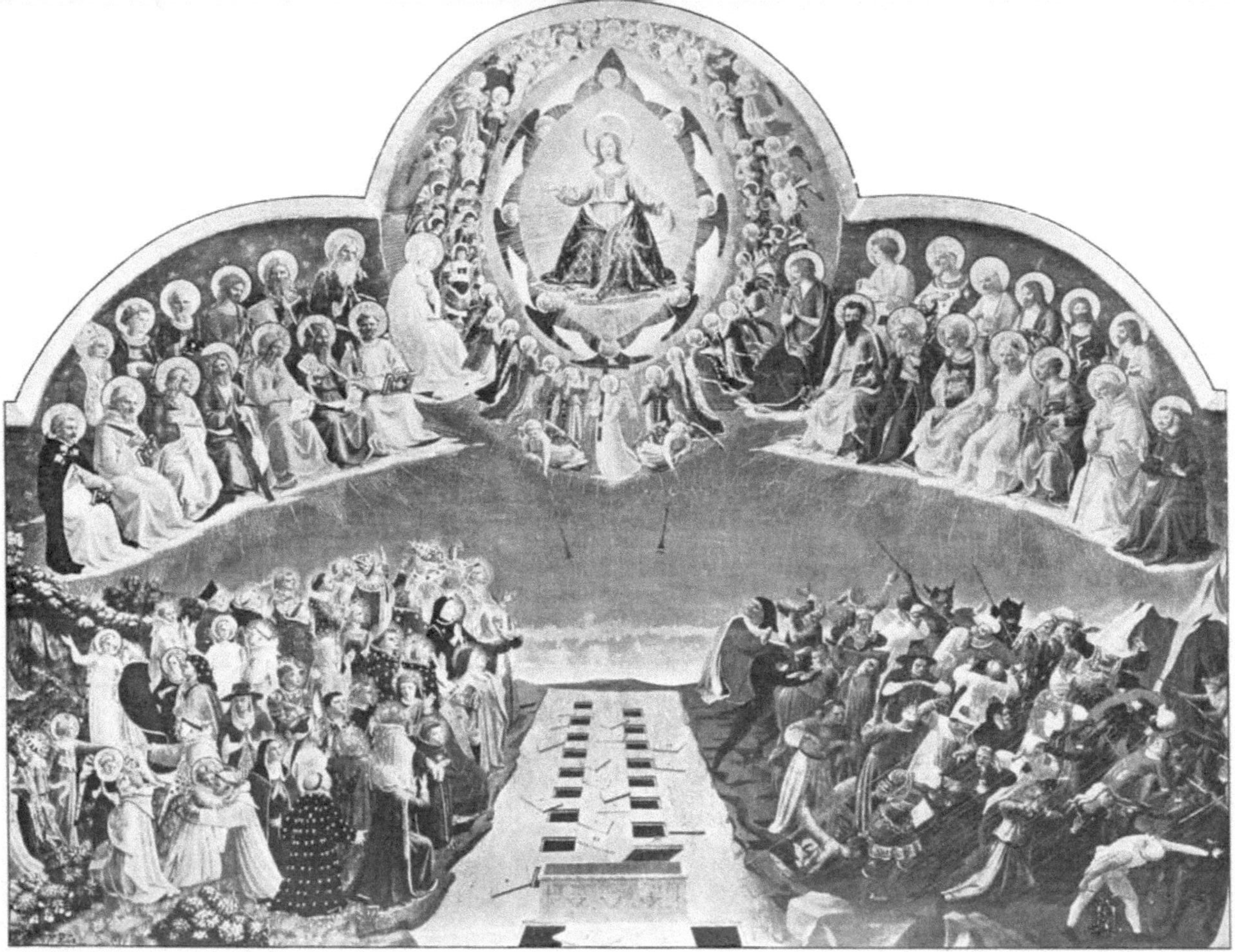

DAS JÜNGSTE GERICHT

FLORENZ, AKADEMIE

Johannes dem Täufer folgen hinter dem hl. Paulus Abel mit einem Lamme und David mit der Harfe. Bemerkenswert ist, daß Andreas mit einem großen Kreuze in der ersten Reihe thront, hinter ihm Laurentius sitzt und außer der Gottesmutter nur männliche Heilige diese Ehrenplätze füllen.

Die untere Hälfte der Tafel ist fünfteilig. Die Mitte zeigt, wie der „Tag des Zornes, Tag der Fülle, Deckt die Welt mit Aschenhülle“ und wie der Richter „aus den Gräbern jeder Zone sammelt alle her zum Throne“. Zur Rechten der geöffneten Gräber dankt in der ersten Gruppe ein Teil der Auserwählten dafür, daß der Richter sie als „Gesegnete“ preist, während der andere Teil sich anschickt, seiner Einladung: „Kommet“, zu folgen. Die zweite Gruppe sammelt sich für einen zu den Toren des himmlischen Jerusalem führenden Reigentanz, denn dort beginnt der „Besitz des Reiches, das diesen Gesegneten bereitet ist von Anbeginn der Welt“ (Bild S. 65)[1].

Auf der linken Seite erfüllt sich der Spruch: „Weichet von mir, ihr Verfluchten“. Die Verworfenen fliehen vor dem Zorne des Sohnes Gottes gegen ein ödes Gebirge, in dem eine weite Öffnung klafft. Sie führt in eine Höhle, worin in dem „ewigen Feuer, das dem Teufel und seinen Engeln bereitet ist“, und in sieben den Hauptsünden entsprechenden Kreisen die Verworfenen gequält werden. Unten verschlingt der Teufel des Stolzes (Luzifer) drei Verdammte, er hält überdies in jeder Hand einen Menschen.

Das Verständnis dieser eigentümlichen Gestalt gewinnt man aus Dante. Sein Kult hatte damals zu Florenz einen so hohen Grad erreicht, daß der berühmte Hellenist Francesco Filelfo dessen Gedichte im Dome an Sonn- und Feiertagen vorlas und erklärte. Fra Eustachio, einer der Brüder von San Marco, ein vortrefflicher Miniaturmaler, welcher 1555 im Alter von 83 Jahren starb, war einer der am meisten begeisterten Verehrer des Dichters. Er wußte große Stücke aus dessen Gesängen auswendig und sagte oft Verse aus ihnen her[2]. Domenico di Michelino, Fra Angelicos Schüler, malte das im Dome von Florenz noch heute vorhandene Bild des Dichters.

Dante sagt nun (Hölle XXXIV, 37 ff):

> O welch ein großes Wunder es mich deuchte,
> Als drei Gesichter ich an einem Kopf sah!
>
> Ein mächt'ges Flügelpaar ragt' unter jedem
> Hervor, wie's so gewalt'gem Vogel ziemte!
>
> Gefiedert nicht, nein, wie von Fledermäusen.
>
> In jedem Mund zermalmt er mit den Zähnen
> Gleichwie mit einer Breche einen Sünder.

Im vorderen Mund, „das Haupt drin und heraus die Beine streckend“, sah Dante Judas, in jedem Mund zur Seite hing einer von der „schwarzen Schnauze herab mit dem Haupt zu unterst“: Brutus und Cassius. Angelico zeigt uns dafür Menschen, welche durch Stolz fehlten, der nach dem hl. Thomas die Quelle der sieben Hauptsünden ist.

Dante beschreibt im „Fegfeuer“ sieben Kreise, worin die Stolzen, Neidischen, Zornigen, Trägen, Geizigen, Unmäßigen und Unkeuschen gepeinigt werden. Die Stolzen werden durch Felsblöcke niedergebeugt,

> Wie man, sei's einem Dach, sei's einer Decke
> Zur Stütze, manchmal wohl als Kragstein eine
> Gestalt erblicket mit dem Knie am Busen.

Die Trägen müssen laufen und sich ermuntern:

> Schnell, schnell, daß nicht die Zeit verloren gehe[3].

Die Unmäßigen sind abgemagert, dulden ruhig Hunger und Durst, um dadurch zur Seligkeit zu gelangen. Diejenigen, welche durch Sinnenlust sündigten, sah Dante in den Flammen.

Der Dichter kennt auch sieben Kreise in der Hölle, deren Strafen andere sind als die in unserer Tafel geschilderten. Teufel, welche jeden der Leidenden quälen, fehlen bei Dante.

Fra Angelico hat also die Göttliche Komödie berücksichtigt, aber neben ihr andere mittelalterliche Quellen ausgiebig verwertet. Richtig hat darum bereits Don Caravita[4] in seiner schönen Beschreibung der Kunstwerke von Monte Cassino bei Besprechung des im 11. Jahrhundert entstandenen Bildes des Jüngsten Gerichtes in der Kirche Sant' Angelo in Formis bei Capua bemerkt, die Schilderung der jenseitigen Welt sei nicht die Erfindung dieses oder jenes Künstlers, nicht die malerische Darstellung der Angaben dieses oder jenes Gedichtes. Maler und Dichter, Dante nicht aus-

[1] Das Bild S. 65 zeigt am Rande noch einige Figuren aus dem Hauptbilde. Es ist dessen seitliche Fortsetzung. Cartier 217 macht darauf aufmerksam, daß der untere Teil der Tafel weniger gut ausgeführt ist als der obere. Er schreibt ihn einem Gehilfen zu. — [2] Vgl. oben S. 100, A. 2. Fra Eustachio war wohl der Hauptzeuge, von dem Vasari seine Nachrichten über Fra Angelico erhielt. Vgl. Cartier 378. Rio II 326 f. Gaye, Carteggio inedito I 5. Dominicis Ansicht über Dante bespricht Rösler, Kard. Joh. Dominici 92 f 95 101, These 3, 104 107, These 7 f, 116, A. 1 und 2. — [3] Fegfeuer X 130 ff; XVIII 103. — [4] I codici e le arti a Monte Cassino I, Monte Cassino 1869, 251 f. Vgl. über ältere volkstümliche Schilderungen der Hölle Hettinger, Die Göttliche Komödie [2], Freiburg 1889, Herder, 79 f. Vgl. auch bei Rösler (Dominici) die strengen Ansichten des Vaters der reformierten Dominikaner über das Lesen heidnischer und weltlicher Schriften S. 92 f 101 f 107, besonders 116, A. 1 und 2. Frantz (Malerei II 89) sieht nach Dobbert (Beiträge 156 f) Orcagnas Hölle in Santa Maria Novella an als „Illustration zum Inferno der Commedia“. Über die dogmatisierende Richtung derjenigen Kunstwerke, welche von Dominikanern beeinflußt wurden, vgl. „Katholik“ 3. F. XIII (1896) 35 f und Hettner, Italienische Studien 99 f.

geschlossen, hätten im Flusse weit verbreiteter Volkstraditionen gestanden, die von ihnen, je nach ihrer Begabung mehr oder weniger glücklich, weiter entwickelt und plastisch ausgebildet worden seien. Dante hat an dieser Entwicklung einen hervorragenden Anteil; aber nach ihm ist die Fortbildung des Gegebenen nicht stehen geblieben. Oft erschien die Hölle in den Dramen des Mittelalters; vielfach entstanden in Italien während des 14. und 15. Jahrhunderts figurenreiche Bilder der Hölle, die mit denen des Fra Angelico eine ikonographische Klasse bilden. Der Maler hat jedenfalls neben Dante Orcagnas Fresken in Santa Maria Novella zu Rate gezogen [1]. Auch dort thront der Teufel als Herrscher der Unterwelt in der Mitte; in sieben Abgründen werden diejenigen entsprechend gequält, welche durch eine der Hauptsünden ihr Unglück verschuldeten. Malerisch wird dort geschildert, was Thomas von Kempen 1, 24 sagt: „Worin der Mensch mehr gesündigt hat, darin wird er auch schwerer gestraft. Dort werden die Trägen angetrieben mit glühenden Stacheln und die Schlemmer gequält mit Hunger und Durst. Dort werden die Ausschweifenden und Wollüstigen überschüttet mit siedendem Pech und stinkendem Schwefel, die Neidischen aber heulen vor Schmerz wie wütende Hunde."

Man muß zur Beurteilung der Gerichtsbilder die Gepflogenheit der mittelalterlichen Maler nie aus dem Auge verlieren. Sie suchten ihren Ruhm nicht in Erfindung neuer Szenen, sondern in besserer Darstellung des Althergebrachten. Kleine Züge fügten sie bei, alte Härten schliffen sie ab; aber bei Schilderung großer, allbekannter, sehr häufig im Bilde geschauter Ereignisse der Offenbarung blieben sie im Flusse der Tradition. Dadurch ersparten sie sich die gefährliche Arbeit einer neuen Komposition, blieben sie volkstümlich und behielten sie Zeit, auf sicher gebahnten, durch die Erfahrung gewährleisteten Pfaden der Vollkommenheit sich zu nähern.

Alle Bewohner der Hölle sind in dieser Tafel Angelicos nackt, die noch nicht in sie Eingetretenen bekleidet. Beachtenswert ist die Verschiedenartigkeit der Bewegung [2]. Christus bewegt nur die Hände; die um ihn thronenden Apostel und Patriarchen sitzen zwar ruhig, aber nicht leblos; die Engel und Auserwählten wandeln, schweben, tanzen; die Verworfenen fliehen, stürzen, sind zuletzt gefesselt und eingekerkert. Rechts bleibt unten viel Platz zur Bewegung, links wird der Raum viel mehr beschränkt.

Zart und reizend ist die Schilderung der Begegnung der Schutzengel mit ihren Pflegbefohlenen, ihrer Einführung in die Seligkeit, der innigen, trauten Umarmung der Engel und der Auserwählten (Bild S. 124). Die hier zu Grunde liegende Idee ist jedoch alt und war schon ausgesprochen in den aszetischen Schriften des Mittelalters und besonders in denen der Mystiker des Dominikanerordens. Ja auch in Bildern ward sie schon früher geschildert, besonders in reicheren Portalskulpturen des 14. Jahrhunderts. In Siena hat Giovanni di Paolo sie in seinem Gerichtsbilde der dortigen Galerie (Nr 128) wohl von Fra Angelico entlehnt [3].

Zehn bis zwanzig Jahre nach dem eben beschriebenen Bilde von Santa Maria degli Angeli entstand, wohl noch in San Marco zu Florenz, jenes Gerichtsbild, welches den Zyklus des Lebens Christi in der Kirche der Annunziata zu Florenz abschließt (vgl. S. 85).

Christus erhebt in ihm die Rechte, um die Bösen zu verwerfen, und verstärkt den Gestus durch eine abwehrende Haltung der geöffneten Linken, wodurch seine Figur einheitlicher wird. Neben ihm sitzen rechts und links Maria, Johannes und weiterhin in drei gedrängten Reihen zweimal drei Apostel mit drei Heiligen. Durch Inschriften in den Säumen der Kleider hat der Maler Petrus, Jakobus und Johannes, welche nebeneinander zur Rechten des Richters thronen, kenntlich gemacht. Die Inschrift des Jüngers der Liebe lautet: „Amo" (Ich liebe). In der zweiten Reihe thronen Dominikus, Petrus Martyr und Laurentius. Dreizehn Auserwählte knien unten in einer Gruppe, um für die Beseligung zu danken; in der ersten Reihe sieht man einen Fürsten und eine gekrönte Frau, vielleicht die Stifter in verklärter Jugendkraft. Neben und hinter ihnen empfangen und umarmen vier Engel ihre vier Schutzbefohlenen. In der Mitte sieht man zwei Erstehende und einen Engel, der einen Jüngling von der rechten Seite auf die linke verweist, wo ein Haufe Verdammter vom Teufel fortgezerrt wird. Der Gegensatz zwischen beiden Seiten tritt scharf hervor: dort herrschen Ruhe, Friede und Ordnung, hier ist Gewühl, Verzweiflung und Hast. Jeder wird zugestehen, daß Fra Angelico auf dieser linken Seite nicht „ohne Kraft und ohne Energie" malte, ist doch das Entsetzen des Mannes, welcher von jenem Engel von der Rechten zur Linken gezerrt wird, mit tragischer Gewalt geschildert. Auf der linken Seite sind die meisten Figuren nackt, nur eine Frau im Vordergrunde ist ganz bekleidet.

Auf dem Rahmen stehen folgende Sprüche [4]: „Alle Völker sollen kommen zum Tale Josa-

[1] Daß Fra Giovanni in Pisa war und das Bild des Gerichtes des dortigen Campo Santo benutzt hat, wie Supino 81 f behauptet, ist wahrscheinlich. — [2] Revue de l'art chrétien XXVII (1884) 418 f. — [3] Cartier 100 f 363. Douglas 158. — [4] „Ascendant gentes in vallem Iosaphat, quia ibi sedebo, ut iudicem omnes gentes" (Joel 3, 12). „Sedebit super sedem maiestatis suae et iudicabit bonos et malos." „Venite, benedicti Patris mei, percipite regnum." „Ite, maledicti, in ignem aeternum" (Mt 25, 31 ff).

phat, weil ich dort thronen werde, um alle Völker zu richten." „Sitzen wird er auf dem Throne der Majestät und richten die Guten und Bösen." „Kommet, ihr Gesegnete meines Vaters, und besitzet das Reich." „Gehet, ihr Verfluchten, in das ewige Feuer." Der letzte Satz erinnert an die Worte, welche auf dem goldenen Rahmen des Gerichtsbildes der Kamaldulenser eingeritzt sind: „Aus der Hölle gibt es keine Erlösung."

Schon Giotto hatte in seinem Gerichtsbilde in der Arena zu Padua die Bewegung von rechts nach links gelenkt, indem er einen Strom des Zornes und Verderbens vom Richter ausgehen ließ, der die Verworfenen in die Hölle herabzieht. Fra Giovanni hielt diese Bewegungslinie fest. So geht auch in dem Bilde der Annunziata der Fluch aus vom Richter, um die Verworfenen zu treffen und in den Abgrund zu stoßen. Sie fliehen in denselben. Dieser Zug nach links wird verstärkt durch die Haltung der beiden Hände des Richters, durch die Augen und den Gestus der zur Rechten Thronenden, durch die Gruppe der Auserwählten, welche zum Richter emporsehen und durch den Engel, welcher den Mann von der Rechten zur Linken hinzieht.

Er ist auch in dem wohl zu Rom von Angelico um 1450 gemalten Gerichtsbilde festgehalten, einem Triptychon mit mehr als dreihundert Köpfen, das man dort im Jahre 1811 im Besitz eines Bäckermeisters fand. Aus welcher Kirche es stamme, ließ sich nicht ermitteln. Nach 1816 von Kardinal Fesch, Oheim Napoleons I., Erzbischof von Lyon, angekauft, gelangte es nach dessen Tod (13. Mai 1839) in den Besitz des Lucien Bonaparte, dann nach London in die Galerie des Lord Ward (Dudley House). Im Jahre 1884 wurde es von der Berliner Galerie für 10000 Guineen (214 500 *M*) erworben[1]. Eine Kopie befindet

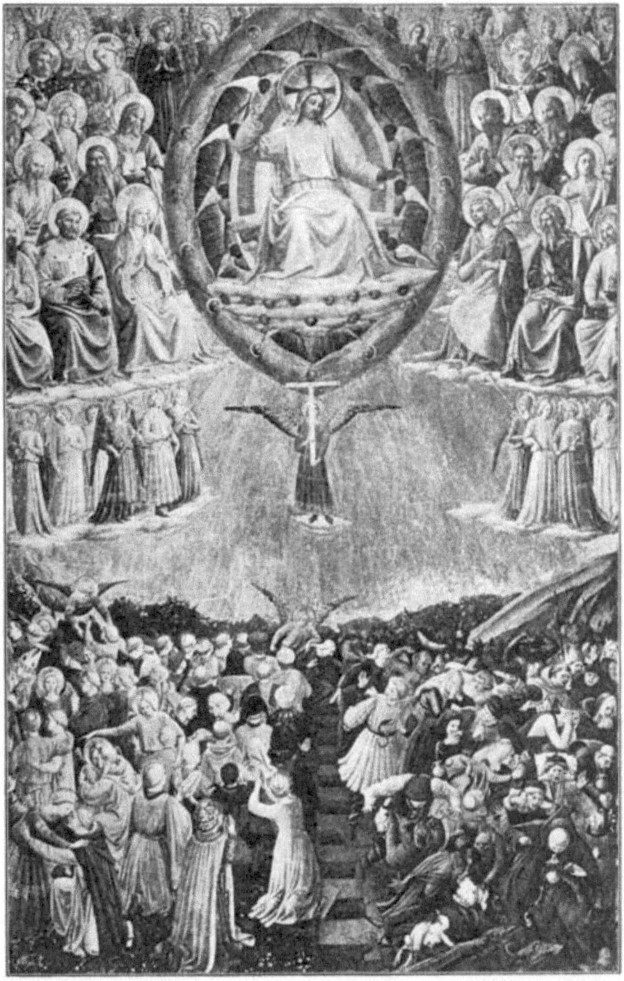

DAS JÜNGSTE GERICHT BERLIN, MUSEUM

[1] Über Angelicos Bilder zu Berlin vgl. Verzeichnis der Gemäldegalerie des königlichen Museum, Berlin 1832, Nr 143 152 154 und 156. Förster, Leben Taf. 16–21; Denkmale II Taf. 21–24. Zeitschrift für bild. Kunst, Kunstchronik XX (1885) 213 f. Muther, Der Cicerone in der kgl. Gemäldegalerie in Berlin, Leipzig 1889, Hirth, 17 f. Jessen, Die Darstellung des Weltgerichts, Berlin 1883, Weidmann, 51. Detzel, Ikonographie I 554 f. Jameson, The History of Our Lord II, London 1864, 414. Nachtrag zum beschreibenden Verzeichnis der Gemälde der königlichen Museen zu

sich in der Galerie zu Turin. Das Schema des Bildes ist dieses:

5	8	9	7	6
4	3	A	1	2

Im Mittelstück, das fünf Gruppen hat (Bild S. 117), sieht man unten links (1) die eben aus den Gräbern (A) erstandenen Bösen, rechts die Guten (3). In der oberen Hälfte thronen bevorzugte Diener Christi (7 u. 8) um den Richter (9). Der linke Flügel enthält unten die Hölle (2); der rechte unten einen Reigentanz der Auserwählten (4), oben (5) eine in den Himmel einziehende Prozession der Seligen (Bild S. 119); die obere Gruppe des linken Flügels (6) zeigt die in die Seligkeit eingegangenen Heiligen. Das Ganze gibt sowohl in den beiden Gruppen der Sünder (1 u. 2) als in den Gruppen der Guten (3—8) eine naturgemäße Steigerung, reicht von der Tiefe der Hölle bis ins Zentrum des Himmels, endet in der linken Ecke bei Luzifer und steigt in der Mitte auf zu Christus.

Der göttliche Richter ist durch einen doppelten Kreis kleiner Engel (Seraphim) von den Heiligen getrennt. In großer Gestalt sitzt er auf Wolken, aus denen Köpfe zahlreicher Engel hervorschauen. Seine erhobene Rechte begleitet das Urteil der Verwerfung. Durch die abwehrend nach unten gehaltene Linke sagt er: „Ich kenne euch nicht." Die Haltung seiner Hände ist also dieselbe wie im Gerichtsbilde der Annunziata. Sein Antlitz ist voll Trauer, Strenge und Entschiedenheit.

Durch den Gestus der Hauptfigur ist für das Bild wiederum jene Linie gegeben, welche von der erhobenen rechten Hand hinabgeht zu den Bösen auf der linken Seite des Mittelstückes; sie endet in der sich daran anschließenden Hölle unten im linken Flügel. Neben dem Engel, welcher in der Mitte das siegreiche Kreuz trägt [1], stehen zur Linken nur sechs andere Engel dicht nebeneinander, während zur Rechten acht sich finden, die überdies zwischen sich Raum lassen. Links soll eben ein Weg bleiben, auf dem der vom Richter ausgehende Bannfluch gleichsam herabsteigt und die Bösen in hastigem Gewühl der Hölle zutreibt. Sieben Teufel stoßen vom Hintergrunde aus die Menge voran, vorne ziehen andere sie in den Abgrund. Alle Stände sind vertreten: Frauen, Männer, Bürger, Soldaten, verschiedene Mönchsorden, Fürsten und Bischöfe. Unrichtig ist die Behauptung, Fra Angelico habe im Paradiese nur Dominikaner dargestellt, die Hölle dagegen mit Franziskanern gefüllt [2].

Die Laster, welchen die verschiedenen Verdammten dienten, sind genau gekennzeichnet. So haben sich Schlangen wie ein Gürtel um die Lenden des Unkeuschen gelegt. Drei Mönche, welche das Gelübde der Armut brachen oder durch Geiz sündigten, haben Beutel, und einen derselben zieht der Teufel am Beutel hinab in den Abgrund. Ein Soldat ist als Feigling dadurch charakterisiert, daß Schlangen sich um seine Beine winden und ein Teufel mit dem Gesichte eines Hasen ihn voranzerrt. Zungensünden haben jene begangen, an deren Mund Schlangen beißen. Bei einem Stolzen bildet eine Schlange eine Krone. In der Mitte der Gruppe sind ein Mann und eine Frau (ein Ehepaar?) handgemein geworden; sie reißen sich bei den Haaren und beißen einander [3].

Fra Angelico zeigt in diesem Bilde alle Erstandenen bekleidet. Dadurch schonte er das Schamgefühl und gewann er reiche Mittel, die einzelnen Personen zu charakterisieren, darzutun, warum sie erwählt oder verworfen seien. Er stellte im Anschlusse an die Lehre der Theologen alle Auferstandenen in jugendlichem Alter, bartlos dar, die Auserwählten verklärt in hellen Gewändern.

Michelangelo verlor durch die vollkommene Nacktheit aller Gestalten mehr, als er gewann. Zuccheri hat in der Kuppel des Domes zu Florenz, Signorelli in Orvieto die Sache geteilt, indem sie die Auserwählten in reiche Gewänder hüllten, die Verdammten ohne Bekleidung ließen.

Dicht neben den Verurteilten befindet sich unten im Flügel die Hölle. Wie der Gestus des Richters, so zieht auch die vorangetriebene Menge der Verworfenen den Blick dorthin. Er sieht in vier Reihen jene sieben den Hauptsünden entsprechenden Abteilungen. Oben sind die Ehrgeizigen in einem feurigen Kessel meist bis zur Brust versenkt. In der folgenden Reihe sind die Trägen angebunden, um widerstandslos von Teufeln gepeinigt zu werden. Neben ihnen sitzen die Unmäßigen im Feuer an einem Tisch, der mit Schlangen bedeckt ist, welche ihre Lippen verwunden. Einem gießt ein Teufel mit Gewalt einen Becher Wermut in den Mund. In der dritten Reihe beißen die Zornigen sich und ihre Genossen, während die Neidischen, in einem Feuerpfuhl eingeschlossen, von Teufeln mißhandelt werden. Unten in der vierten und letzten Reihe gießt rechts ein Teufel einer

Berlin [2] (1885) 2 f. Vasari, ed. Milanesi II 515, A. 1. Marchese I 349. Rio II 345. Cartier 218 f. Fortual, De l'art en Allemagne II 248. Douglas 116 u. a. — [1] Nicht ohne tieferen Grund erhebt dieser Engel seine Flügel so, daß sie mit seinem Körper eine Form bilden, welche an diejenige des Kreuzes erinnert. — [2] Bode, La Renaissance au Musée de Berlin IV, Les peintres florentins du 15e siècle: Gazette des beaux-arts 1888, 473. Supino 86. — [3] Die von Förster in seinen beiden Werken gegebene Erläuterung, die Teufel seien in diesem Bilde „nicht ohne einen Anflug von Humor" geschildert, es biete bestialisch rohe, schadenfrohe, jähzornige, neidische, „sogar einen lustigen und einen dummen Teufel", überträgt Breughelsche und Kaulbachsche Versuche in das gläubige Italien des 15. Jahrhunderts, ja sogar in die Klosterzelle eines Fra Angelico.

Geizigen glühendes Gold in den Mund; links überbieten sich die Teufel in Grausamkeiten gegen die Unzüchtigen. Zwischen den vier letzten Gruppen sitzt in großer Gestalt auf einem Schemel der Fürst der Hölle. Er hat auch hier drei Gesichter, und mit jedem Munde verschlingt er einen Verdammten, ungefähr so, wie Dante es beschreibt.

Wir sind ausgegangen von der Person des Richters, welcher die Rechte zur Verwerfung der Verdammten erhebt (9) und dessen Urteil sich unten zur Linken vollzieht (1 u. 2). Dem Gericht über die Bösen ging die Einladung an die Guten voraus. Um die Einheit des Bildes festzuhalten, müssen wir uns also denken, während der Gottessohn die Verdammten verwerfe, werde auf der andern Seite sein Segensspruch bereits verwirklicht.

Unten beim Ende der verlassenen Gräberreihe, welche in geistreicher Weise die Erstandenen in zwei Lager teilt, streitet ein Engel mit einem Teufel um das Schicksal eines Weibes. Der Engel wird sich wohl als Stärkerer erweisen. Während Böse zur Linken voll Schrecken zum Richter aufschauen, dann sich abwenden und fliehen, erheben ihnen gegenüber kniende und stehende Auserwählte die Hände, um Christus Dank zu sagen (3). Ihre Hauptvertreter sind drei im Vordergrunde kniende Personen: ein König, ein Jüngling und ein Weib. Nach Abstattung ihres Dankes haben andere sich erhoben und nach rechts gewendet, wo sie voll Freude ihren Schutzengel finden. In weiteren

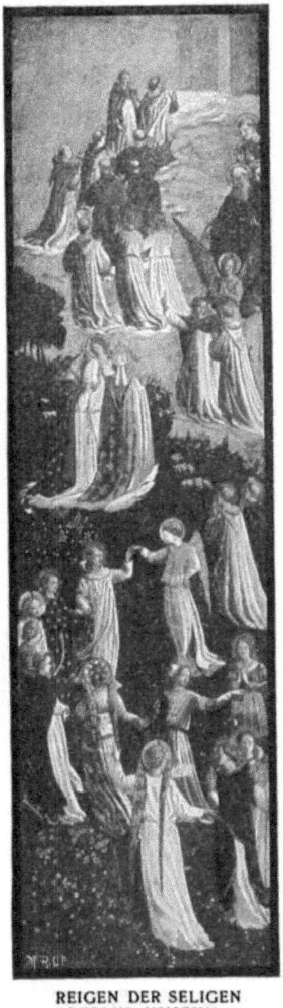

REIGEN DER SELIGEN
BERLIN, MUSEUM

Gruppen wird ein Auserwählter von seinem Engel bewillkommnet, ein zweiter umarmt, ein dritter eingeladen, zu folgen hinauf in die Höhen des Himmels; ein anderer hat sich bereits angeschickt, dieser Aufforderung nachzukommen. Rührend schön ist die Gruppe, worin ein Engel einen schlichten Bauernjungen umfaßt und ihn ermahnt, aufzustehen und mit ihm aufzusteigen zum Reiche des gemeinsamen Herrn. Das naive Erstaunen des einfach gekleideten Jünglings steht in lieblichem Gegensatz zur herablassenden Güte des mächtigen Himmelsfürsten. Einige Personen begrüßen ihre Freunde und Verwandten [1]. Weiterhin, am Rande der Tafel, sind Auserwählte nach rechts gewendet und im Begriff, der Einladung des Richters zu folgen, also zu kommen, um das ihnen bereitete Reich in Besitz zu nehmen. Besonders schön ist dort eine Gruppe, worin zwei Freunde sich umarmen und gemeinsam zu den Gefilden der Seligen hinwallen.

In der folgenden Szene (4), unten im Flügel zur Rechten (Bild), sind eben ein Mönch, ein Jüngling und eine Jungfrau angelangt. Sie werden von einem Engel eingeladen, in einen Reigen einzutreten, der in einer gefälligen Bogenlinie aufsteigt und worin je einem Engel zwei Menschen folgen. Die Freude der vom Richter zum himmlischen Lohn Berufenen äußert sich in Liebe und Leben, die nach außen im rhythmischen Tanze der in Freundschaft Geeinten ausklingen.

[1] Auch hier muß man die Erklärung einer Szene ablehnen, die Förster „Leben“ 5 und „Geschichte der italienischen Kunst“ III 212 kurz andeutet, aber in „Denkmale“ II 43 breit ausführt: „Unter den ersten, die einer andern Regung folgen (als der der Danksagung für die Auferstehung), sehen wir zwei Liebende, die einst der Tod getrennt und die sich unverhofft in der Auferstehung wiederfinden. Die Braut war dem Geliebten durch den Tod entrissen worden; Trost und Ruhe hatte er im Kloster und bald im Grabe gefunden. Und wie nun zur himmlischen Seligkeit das Glück der Wiederkehr der Erdenliebe sich zu fügen scheint, zieht keine Ungewißheit durch seine Seele, ob ihm sein Mönchsgelübde gestatte, dem Zuge des Herzens zu folgen, und ob überhaupt im Himmel neben der Liebe zu Gott eine andere noch Platz habe, — ein Zweifel, der vielmehr die Freude der Geliebten zu mäßigen scheint. Die Gruppe ist um so rührender, wenn man denkt, daß sie in der Phantasie eines Klosterbruders sich gebildet, dem — nach allem, was wir von seinem Leben wissen, — die Beziehungen zum weiblichen Geschlecht stets in weiter Ferne geblieben.“ — Was hat Fra Angelico in Wirklichkeit geschildert? Einen Mönch, welcher einer weiblichen Person entgegenkommt und deren gefaltete Hände freudig in die seinen schließt. Anscheinend ist er früher in die Seligkeit eingegangen, weil sie eben vom Grabe herantritt, er aber ihr von der andern Seite entgegenkommt. Wo liegt ein Grund vor, hier an eine „dem Geliebten durch den Tod entrissene Braut“ zu denken und so eine Ursache für seinen Eintritt ins Kloster zu erklügeln? Warum kann jene Person nicht die Mutter oder die Schwester sein, welche „der Kloster-

Zwei Mönche sind dem Reigenführer zuvorgekommen und leiten über zur 5. Szene, worin eine Prozession zum Himmel hinanschwebt. Mehrere Personen, welche sich ihr anschließen wollen, ein Papst, ein Kardinal und Mönche, unterhalten sich mit ihren Schutzengeln oder miteinander. Eine Steigerung liegt darin, daß im Reigen nur einfache Mönche und Laien, hier auch Würdenträger der Kirche erscheinen, daß dort alle sich auf dem festen Boden einer blumigen Au bewegen, während sie hier auf leichten Wolken hinansteigen [1]. Die 3. Szene zeigt also noch die Erde, die 4. einen Paradiesesgarten, die 5. aber führt hinan zu den lichten Höhen des himmlischen Jerusalem, dem die Auserwählten staunend und wonnevoll nahen.

Die 6. Szene, oben im linken Flügel, zeigt die in der Stadt Gottes versammelten Heiligen mit Nimben. In ihrer Mitte steht der hl. Thomas von Aquin mit dem hl. Franziskus bei vier heiligen Mönchen, drei heiligen Klerikern (Stephanus und Laurentius?) sowie einer heiligen Jungfrau (Katharina von Siena oder von Alexandrien, Patronin der scholastischen Philosophie). Sechzehn Engel umgeben jene Heiligen, um sie gleich einer Mauer von der unten befindlichen Hölle zu scheiden. Zwei der Engel falten die Hände, zwei halten Stäbe, einer eine Trompete, aber keiner derselben musiziert; denn der Richter redet.

Auch die beiden höchsten und letzten Gruppen (7 u. 8), gebildet aus zwanzig Heiligen, welche nicht nur eingingen in die Freude ihres Herrn, sondern thronen und mit Jesus richten, sind umgeben von dem Kranze der Engel, der aus der oberen Hälfte des linken Flügels weiter geht in die Mitte des Bildes. Die thronenden Heiligen sitzen zur Rechten und Linken in vier Reihen, welche an den in Orvieto dargestellten Chor der Propheten erinnern (Bild S. 111). In der untersten Reihe haben Maria und Johannes der Täufer, Petrus und Paulus, Andreas und Johannes der Evangelist Platz genommen; in der zweiten Abraham mit dem Messer der Beschneidung, Moses mit den Gesetzestafeln, Matthäus und einer der Verfasser der apostolischen Briefe (Judas?); in der dritten die übrigen sechs Apostel. Unter ihnen ist Jakobus durch einen Pilgerstab, Philippus durch ein Kreuz und einer durch ein geöffnetes Buch charakterisiert; Johannes der Täufer ist als Jüngling, bartlos und ohne das aus einem Tierfell zugeschnittene Kleid dargestellt, weil er verklärt ist, Petrus mit dem Pallium und mit einem Schlüssel. In der vierten Reihe folgen Dominikus, ein Papst (Gregor d. Gr.?) und ein Mönch (Benedikt?).

Auch hier ist die Abweichung von Dante beachtenswert. Denn im „Paradies" (XXXII 119 ff und 4 ff) zeigt er die Heiligen in konzentrisch aufsteigenden Kreisen. Oben sieht der Dichter zur Linken Marias Adam, zur Rechten Petrus. Ihnen gegenüber Lucia und Anna neben Johannes dem Täufer. Zu Füßen Marias erblickt er Eva, Franziskus, Benediktus und Augustinus, tiefer im dritten Kreise Rachel, Sara und andere Frauen des Alten Testamentes. Wie in Dantes Gedicht hat im Berliner Gemälde der große Teufel drei Gesichter, aber die Flügel fehlen; freilich verschlingt er auch in dem Bilde mit jedem Munde einen Sünder, aber der vordere hängt heraus mit dem Haupte, während zur Seite nur die Beine der beiden andern sichtbar bleiben. Diese Unglücklichen sind offenbar nicht jene, die Dante nennt. Über das Haupt des Teufels setzte überdies Fra Giovanni die Inschrift: „Superbia" (Stolz).

Das Triptychon der Nationalgalerie zu Rom (Corsini) dürfte nach dem Berliner Gerichtsbilde im Kloster Sopra Minerva um 1450 gemalt worden sein [2]. In seinem rechten Flügel ist Christi Himmelfahrt dargestellt. Unten knien da Maria und die Apostel, von denen nur zehn sichtbar sind, in einem Kreise um die Felsenspitze des Ölberges. Oben steht der Herr in großer Figur, in einen weiten Mantel gehüllt, mit ausgebreiteten Armen auf Wolken. Dies Bild gleicht sehr der 31. Tafel der Annunziata. Im Flügel zur Linken sieht man oben das Haus und den Saal, worin der Heilige Geist über die Apostel und Maria herabsteigt. Wie in der 32. Tafel der Annunziata zu Florenz sind sie auf einer Estrade versammelt, von der aus Petrus

bruder" um Christi willen verließ und nun wiederfindet? Es ist jedenfalls keine Braut; denn ein jugendliches Mädchen, das im Vordergrund des Bildes kniet, hat keinen Schleier, wie die in Rede stehende Frau ihn trägt, welche durch ihre Kleidung als Matrone gekennzeichnet ist. Es gibt Leute, die sich kein Kloster denken können, ohne ihre Romanerinnerungen hineinzutragen. Man muß gegen ihre willkürlichen Deutungen Verwahrung einlegen, weil diese sich sonst noch mehr einbürgern. Ist doch Försters Auslegung sogar im Organ für christliche Kunst XX, Köln 1870, 56 einfachhin angenommen worden. Ähnliche Gruppen, in denen zwei Menschen sich nach der beseligenden Auferstehung wiederfinden, sind auch in den gotischen Portalskulpturen nicht selten. Vgl. Moriz-Eichborn, Der Skulpturenzyklus in der Vorhalle des Freiburger Münsters, Straßburg 1899, Heitz, 19, Nr 2, 35 361, A. 49. — [1] Neben der Prozession steht ein durch seinen Nimbus als Heiliger gekennzeichneter Mönch. Man könnte darin eine Anspielung auf die 6. Lektion des römischen Breviers für den 7. Februar sehen: (Romualdus) „scalam a terra coelum pertingentem, in similitudinem Iacob patriarchae, per quam homines in veste candida ascendebant et descendebant per visum conspexit: eoque Camaldulenses monachos, quorum instituti auctor fuit, designari mirabiliter agnovit." Der Kardinal ist nach Bode der Besteller des Bildes, nach Pastor (I [4] 513, A. 4) Dominici, der Reformator des Dominikanerordens, in Wahrheit vielleicht nur mit dem Papste, den er begleitet, ein Vertreter der Hierarchie. — [2] Supino 83 f. Venturi, Le Callerie italiane II: La Galleria Nazionale di Roma 89 f.

zu zwei Männern redet, die vor der Haustüre stehen und eintreten möchten (vgl. S. 84).

Sind diese Flügel abgekürzte, aber auch bedeutend verbesserte Wiederholungen der genannten Tafeln des Zyklus der Annunziata, so gibt das Mittelstück in abgekürzter Form die Mitte des Berliner Gerichtsbildes wieder. Der Heiland thront in einer Mandorla zwischen zehn Heiligen, welche in drei Reihen neben ihm sitzen: vier Apostel, ein Papst, ein Bischof, ein Diakon (Laurentius?) und drei Ordensheilige; hinter diesen stehen dann in zwei Reihen viele Engel. Unter Christus, am Ende der Mandorla, in der keine Seraphim dargestellt sind, hält ein Engel zwischen zwei andern ein großes Kreuz. Der zu seiner Linken stehende zeigt die Dornenkrone. Der Richter erhebt seine Rechte, um die Bösen zu verwerfen, und zeigt ihnen mit der Linken das geöffnete Buch der Allwissenheit Gottes, welches im *Dies irae* so sehr hervorgehoben ist.

Unten trennt wiederum eine Reihe geöffneter leerer Gräber die Guten von den Bösen. Die Grausamkeit der Teufel, welche die Verworfenen schlagen und in den Abgrund treiben, ist mit solcher Kraft geschildert, daß man doch nicht behaupten darf, Fra Giovanni habe solche Szenen des Unglücks nicht zu schildern vermocht. Es ist ja wahr, daß jedes Kunstwerk ein Spiegelbild der Seele ihres Urhebers bleibt und daß Fra Angelicos reiner, friedlicher Geist für die Darstellung der Leidenschaften und aller Schattenseiten des menschlichen Lebens weniger geeignet war. Er hat aber besonders auf dem Berliner Gerichtsbilde und auch hier die Schrecken des Gerichtes und die Verzweiflung der Hölle anschaulich versinnlicht. Bei den Auserwählten ist das Verhältnis der Engel zu ihren geretteten Schutzbefohlenen wiederum bei vier Paaren außerordentlich schön geschildert; denn wir sehen, wie ein Engel einem Ordensmanne entgegeneilt, einen zweiten bewillkommnet, einen Auserwählten umarmt und zuletzt einen küßt.

In wenigen Bildern hat Fra Angelico die Gruppen und Figuren so sehr in Beziehung gesetzt zu einer gewaltigen Grundidee und doch dabei so reich ausgestattet mit Wechsel und Verschiedenheit wie in denen des Gerichtes. Auch in dem früher Orcagna zugeschriebenen, vielleicht von Lorenzetti gemalten Gericht des Campo Santo zu Pisa ist die Verwerfung der Bösen Hauptmotiv. Die auf der rechten Seite Stehenden beten in fünf Reihen geordnet den Richter voll Dankbarkeit an. Die Verdammten sind erschreckt und beginnen wegzugehen. Aber ein Aufsteigen der Auserwählten ist noch nicht angedeutet. Michelangelo hat die einheitliche Idee am entschiedensten betont, aber durch anatomische Schaustellung und Hervorheben physischer Kraftäußerung das ideale Element geschädigt. Memlings Bild in Danzig kommt der Arbeit des Angelico in mancher Hinsicht nahe; aber bei den ärmlichen Raumverhältnissen ist alles zu sehr zusammengedrängt; auch stören die vielen langen, nackten Gestalten mit ihren mageren, stark in die Augen fallenden Armen und Beinen.

In einem vortrefflichen Gerichtsbilde des Kölner Museums wird die Begegnung der Seligen mit ihren Schutzengeln fast in derselben Weise geschildert wie in manchen Bildern Angelicos [1]. Man erkennt daraus, wie tief die Verehrung der Schutzengel, welche auch in den Sterbebüchlein stark betont wird, im Volksbewußtsein des 15. Jahrhunderts diesseits wie jenseits der Alpen gegründet war. Beide Meister lassen in ihren Gerichtsbildern die Seligen zu den Toren des himmlischen Jerusalem einziehen. Der Kölner Meister läßt aber die Auserwählten erst an der Pforte des Himmels durch den hl. Petrus bekleiden; er stellt die Kontraste näher nebeneinander, schildert naiver, drastischer als der feinfühlende, gebildetere Dominikaner. Er ist ein biederer deutscher Bürger, Giovanni ein heiligmäßiger italienischer Ordenspriester.

Meister Stephan, welcher 1450 oder anfangs 1451 zu Köln starb, fünf Jahre bevor Fra Giovanni zu Rom verschied, stammte aus Meersburg bei Konstanz. Im Jahre 1442 erscheint er zum erstenmal in einer Kölner Urkunde. Hat er jenes Kölner Bild gemalt, dann ist die Frage doppelt berechtigt, ob er, bevor er in Köln sich dauernd niederließ, von Konstanz aus eine Reise nach Italien gemacht und Fra Angelicos Werke gesehen, vielleicht ihn selbst, der ja 1418—1436 in Fiesole, 1436—1445 in Florenz malte, gesprochen habe. War der Maler ein anderer, so bleibt die Ähnlichkeit und somit die Wahrscheinlichkeit der Abhängigkeit doch bestehen. Jedenfalls ist Angelico dem Maler jenes Gerichtsbildes zu Köln verwandt, dem manche auch das herrliche Dombild mit der Anbetung der heiligen drei Könige zuschreiben.

Angelico und Meister Stephan sind mit Recht als Vertreter der mystischen Richtung bezeichnet worden; beide gehören jedenfalls diesseits und jenseits der Alpen zu den letzten und höchsten Trägern der echten und ungemischten Kunst des christlichen Mittelalters. Trotzdem liegt ein ganz anderer Geist in den italienischen Bildern als in den deutschen. Man wird bei den alten deutschen Malereien doch immer erinnert an die Figuren der Kirchen, an Statuen aus Holz und Stein, welche für die Stilentwicklung des

[1] Karl Aldenhoven, Geschichte der Kölner Malerschule, Lübeck 1902, Nöhring, 397 A. 268.

15. Jahrhunderts vielfach maßgebend blieben. Bei den Italienern tritt das Naturstudium energischer in den Vordergrund. Ihr Leben spielte sich mehr ab im Freien, ihre Gefühle äußerten sich rascher in schöner äußerer Form, ihre Kleidung war leichter, ihr Affekt lebhafter. Rascher folgt dort der Frage die Antwort, früher entwickelt sich die Liebe, die Zuneigung wird leidenschaftlicher, die Mütter sind jünger, die Männer altern eher, bald werden ihre Züge scharf und sorgenvoll. Die Italiener haben nie die strengen Linien einer konsequenten Gotik mit Liebe und Verständnis erfaßt; noch weit weniger ihre Bilder so der Architektur untergeordnet, wie die deutschen Malereien es noch im 15. Jahrhundert taten. Alles ist bei ihnen freier, leichter, lebhafter. Die leuchtende Sonne, der azurblaue Himmel, die Farbenpracht ihrer Blumen und Früchte, der Glanz ihrer Seide und ihrer feinen Geschmeide spiegelt sich wieder in ihren Malereien. Fra Giovanni da Fiesole ist ein echter Italiener; fast alle guten Eigenschaften seines Volkes besaß er. Weil er sie zähmte und zügelte in strenger Selbstbeherrschung, weil er sie adelte und verklärte in begeisterter Liebe, darum wurde er zum Angelico, und er bleibt Angelico selbst in den Bildern des Gerichtes und in der Schilderung der Bösen.

Das Gerichtsbild der Kapuzinerkirche zu Leonforte in Sizilien wurde den Ordensleuten von der Familie Branciforti-Trabbia geschenkt, ist aber so entstellt, daß sich nicht mehr entscheiden läßt, ob es nicht, wie das Bild zu Turin, eine alte Kopie des jetzt in Berlin befindlichen Bildes ist. Das Louvre besitzt ein Stück eines an Fra Angelico erinnernden Gerichtsbildes, worin Christus inmitten der Apostel auf Wolken thront; doch wird es von Kennern jetzt dem Fra Angelico abgesprochen [1].

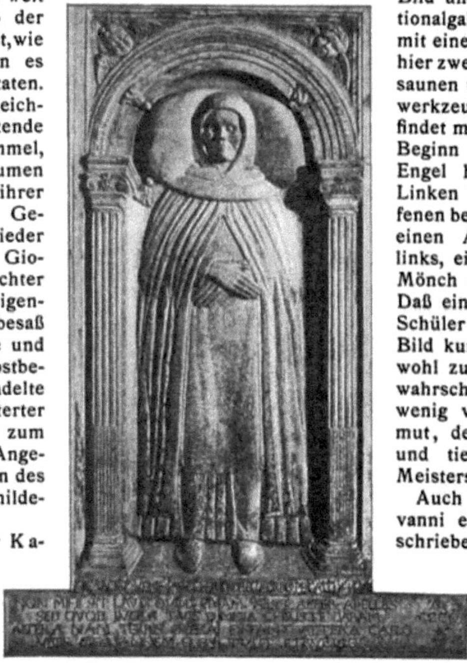

ANGELICOS GRABMAL ROM, MINERVA

Eine eigene Stellung nimmt ein zweites, 1456 datiertes Gerichtsbild des Berliner Museums ein, weil es mit Benutzung verschiedener Werke unseres Malers komponiert ist. Die Figur des Richters gleicht derjenigen des oben beschriebenen Berliner Bildes, schaut aber, obwohl der Gestus beider Hände den Bösen gilt, nach rechts zu den Guten herab. Die unter zwei Bogen thronenden Beisitzer des Richters, Apostel und Heilige, erinnern stark an die Gruppe der Propheten in Orvieto. Unter den Füßen des Weltrichters steht wie in dem ersten Berliner Bild und demjenigen der Nationalgalerie zu Rom ein Engel mit einem großen Kreuze, den hier zwei andere Engel mit Posaunen und zwei mit Leidenswerkzeugen begleiten. Unten findet man bei den Seligen den Beginn eines Reigentanzes. Engel haben sich aber zur Linken bis unter die Verworfenen begeben: ein Engel zerrt einen Auferstehenden nach links, ein anderer stößt einen Mönch dem Teufel entgegen. Daß ein Nachahmer oder ein Schüler des Fra Giovanni dies Bild kurz nach seinem Tode, wohl zu Rom, vollendete, ist wahrscheinlich. Er hat aber wenig von der leichten Anmut, der vornehmen Würde und tiefen Auffassung des Meisters.

Auch zwei dem Fra Giovanni ehedem oftmals zugeschriebene Bilder der römischen Dominikanerkirche Santa Maria sopra Minerva (Bild S. 114) sind erst nach seinem Tode entstanden. Das erste, eine Verkündigung in der Kapelle der Rosenkranzbruderschaft, wo die von Kardinal Johannes von Turrecremata gegründete Bruderschaft der Annunziata ihre Versammlungen hielt, ist von Antoniasso Romano gemalt. Darin empfiehlt der Kardinal der Gottesmutter drei arme Mädchen, welche aus der von ihm 1460 gemachten Stiftung eine Aussteuer erhielten [2]. Das zweite

[1] Reiset, Notice des tableaux du Musée Napoléon III, Paris 1868, 40. Rio II 345. Cartier 219 437 u. a. Über Handzeichnungen von Fra Angelico zu Bildern des Gerichtes und zu andern Gemälden vgl. Vasari, ed. Milanesi 515, A. 1. Phillimore, Fra Angelico 36. Marchese 314, Anm. Cartier 102 221 442. Douglas Taf. 15. Vgl. oben S. 90 A. 2, 94 A. 2, Bild S. 98 und 108. — [2] Marchese, Memorie I[4] 383 f. Pastor I[4] 325, A. 4. Ein Bildchen zu Antwerpen, das dem Fra Angelico zugeschrieben wird, stellt nicht dar, wie der hl. Ambrosius dem Kaiser Theodosius den Eingang in die Kirche verwehrt, sondern wie der hl. Romuald Kaiser Otto III. wegen der Ermordung des Crescentius tadelt. Crowe II 165. Phillimore 53.

Bild zeigt den Triumph des hl. Thomas und ist wohl von Filippino Lippi.

Besitzt die römische Kirche der Dominikaner auch kein Gemälde Angelicos, so umschließt sie doch seine Überreste. Reich an stolzen Denkmälern, enthält sie die Gräber der mediceischen Päpste Leo X. und Klemens VII., diejenigen Urbans VII. und Benedikts XIII., jene des Kardinals Johann von Turrecremata, des Wilhelm Durandus und anderer großen Männer. Ihre Denkmäler sind Meisterwerke der Cosmaten, Minos da Fiesole, Raffaelinos del Garbo und anderer. Vor dem Hochaltar steht Michelangelos Christus als letzter Ausspruch einer naturalistischen Auffassung des Heiligsten, über den ein Künstler wohl nicht mehr hinausgehen kann. Im Hochaltar ruhen die Gebeine der hl. Katharina von Siena. Nicht weit davon, im nördlichen Seitenschiff, ist Fra Angelico, der ihr Bild so oft gemalt hat und ihr ähnlich war, begraben. Sein einfacher, in der Wand eingemauerter Grabstein zeigt die Gestalt eines mit geschlossenen Augen und gekreuzten Händen im Todesschlafe ruhenden Dominikaners (Bild S. 122). Das Haupt ruht auf einem Kissen; ein auf kannelierten ionisierenden Pilastern stehender profilierter Rundbogen umkreist es; neben dem Bogen füllen oben zwei geflügelte Engelsköpfe die Ecken. Die Inschrift lautet:

Hic iacet vene(rabi)lis pictor Fr(ater) Io(annes) de
Flo(-rentia) ordi(ni)s praedicatorum 14LV.
Non mihi sit laudi quod eram velut alter Apelles M
Sed quod lucra tuis omnia Christe dabam CCCC
Altera nam terris opera extant altera caelo. L
Urbs me Ioannem flos tulit Etruriae. V

Hier liegt der ehrwürdige Maler Fra Giovanni von Florenz
aus dem Orden der Predigerbrüder. (Er starb) 1455.
Nicht sei's mir zum Ruhm, daß ich war wie ein andrer Apelles,
Sondern daß ich allen Gewinn, Christe, den Deinigen gab.
Denn andere Werke gelten der Erde, andre dem Himmel.
Heimat war mir Etruriens Blume: Florenz[1].

Eine zweite Inschrift sagt:

Gloria pictorum speculum decusque Iohannes
Vir florentinus clauditur hocce loco.
Religiosus erat frater sacri ordinis almi
Dominici at verus servulus ipse Dei.
Discipuli plorent tanto doctore carentes
Penneli[2] similem quis reperire queat?
Patria et ordo fleant summum perisse magistrum
Pingendi cui par non erat arte sua.

Allhier ruht in der Gruft Johannes, Florentias Sprößling.
Zierde der Maler und Ruhm, würdiges Vorbild der Kunst.
Vollkommnem Leben sich weihend, befolgt' er Dominikus' Regel,
Sohn eines Heiligen, doch selbst noch ein Diener des Herrn.
Weinet, ihr Schüler, die ihr solch trefflichen Lehrer verloret!
Wo wird finden sich je eine so kundige Hand?
Heimat und Orden, betrauert den Tod des vorzüglichsten Meisters,
Dessen erhabene Kunst niemals ein Maler erreicht'.

Welch ein Unterschied zeigt sich dem gläubigen Christen, wenn er einen modernen Maler sich hindenkt neben eines seiner Bilder und sich dann auch Fra Angelico vorstellt bei einem seiner Gemälde! Das Werk ist ein Spiegelbild des Meisters, die Seele des Meisters die Quelle seiner Erzeugnisse. Das Herz macht zum Redner; es bildet auch den Künstler. Wendet der erstere sich durch die Stimme an die Seele seiner Mitmenschen, dann benutzt der Maler die Farbe, um durch die Augen auf das Innere zu wirken.

Angelicos reines und reiches Herz war ein Spiegel der Gottheit, jedes seiner Werke gleichsam ein Echo, das in gleichgesinnten Herzen ein Gefühl der Nähe Gottes und seiner Heiligen wachruft. Männer seiner Art finden sich nur da, wo die glücklichsten Vorbedingungen zusammentreffen: eine edle Seele und für alles Schöne empfängliche Sinne, tüchtige Schulung in Frömmigkeit, Kunst und Wissenschaft, dazu ausreichende Mittel, aufmunternde Anregung zur Arbeit und Muße zu deren Vollendung. Das alles hat ihm Gottes Vorsehung geschenkt. Sie entfaltete ihn zur Größe in Florenz, das eben damals als schönster Garten der Kunstblüte am meisten geeignet war, einen solchen Maler zu bilden und an Rom abzugeben, damit er eine der höchsten Stufen erreiche, die damals zu erklimmen waren. An der Grenzscheide zweier Perioden steht er als Künstler, welcher aus der alten Zeit das Beste übernahm, von der neuen aber sich freigebig beschenken ließ, weil er nicht einseitig war. Als Erbe des frömmeren, gläubigeren Mittelalters und zugleich als Genosse der Bahnbrecher einer neuen Zeit bildet er einen bedeutsamen Merkstein der Kulturgeschichte, gibt er einen Inbegriff der religiösen Kunst und Frömmigkeit seines Landes und seiner Zeit[3].

[1] Die bei Leander Alberti gegebene Nachricht, Nikolaus V. habe diese Inschrift verfaßt, ist unrichtig. Vgl. Pastor I[4] 523, A. 3. In das durch diese Inschrift gespendete Lob stimmten die Zeitgenossen und Nachkommen ein. Dominikus Corella, Prior von Santa Maria Novella zu Florenz († 1483), stellt seinen Ordensbruder an die Seite Giottos und Cimabues denn er schreibt im Gedichte „De origine urbis Florentiae“: „Angelicus pictor, quam finxerat ante Iohannes | Nomine non Iotto, non Cimabove minor.“ Die Verse, womit Raffaels Vater den Fra Giovanni preist, sind oben S. 45 angeführt worden. Vgl. S. 63 und 109. Die Annalen des Klosters von Fiesole bezeichnen ihn bereits im 15. Jahrhundert als einen „vorzüglichen Maler“, jene von San Marco etwas später als „bewunderungswerten Schilderer“ und als „ersten Meister der Malerkunst in Italien“. — [2] Sic! — [3] Burckhardt schreibt in seinem Cicerone III[7] 619: „Eine ganze große ideale Seite des Mittelalters blüht in seinen Werken voll und herrlich auf und wird belebt durch einen frischen Hauch der neuen Zeit; wie das Reich des Himmels, der Engel, Heiligen und Seligen im frommen Gemüte der damaligen Menschheit sich spiegelte, wissen wir am genauesten durch ihn, so daß seinen Gemälden schon der Wert religionsgeschichtlicher Urkunden ersten Ranges gesichert ist. Wen Fiesole anwidert, der möchte auch zur antiken Kunst kein wahres Verhältnis haben; man kann sich die fromme Befangenheit des Mönches gestehen und doch in der himmlischen Schönheit des einzelnen und in der stets frischen und beglückenden Überzeugung, die ihm zur Seite stand, eine Erscheinung der höchsten Art anerkennen, die im ganzen Gebiete der Kunstgeschichte nicht mehr ihresgleichen hat.“

In seiner Jugend hat er die edelsten künstlerischen Pläne gehütet, gepflegt und verfolgt. Immer höher wurde er durch seinen Beruf emporgeführt in die reinsten Sphären der lebensvollsten Ideale. Was er malte, war ihm sympathisch, würdig der ganzen Liebe seines edeln Herzens. Ihm war jede Arbeit an einem Gemälde ein Gottesdienst, ein Schritt zur Seligkeit eines besseren Lebens, eine Förderung eigener sittlicher Vollkommenheit, eine Betätigung der Liebe zu Gott, zu den Heiligen und zum Nächsten. Wenn er so viele Freunde und Bewunderer fand und findet, so liegt der tiefste Grund darin, daß seine mit dem Geiste des Evangeliums gefüllten Werke ihr Echo finden in der Seele der Gläubigen.

Stolz schauen gefeierte Künstler unseres Jahrhunderts herab auf andere, die nicht ihren Ideen huldigen. Mancher möchte sich, wie ein anderer Raffael, umgeben sehen von einer Schar begeisterter Schüler und nur für die freigebigsten Bewunderer arbeiten. Die Kunst soll ihm zwar Selbstzweck sein, aber aus Dankbarkeit muß sie unbedingt ihren bevorzugten Vertreter erheben über die niedrigen Sphären der gewöhnlichen Lebensanforderungen. Das sinnlich „Schöne“, wo und wie immer es sich findet, darf für ihn keine Schranken kennen, keinen Schleier, damit er sich ungestört sättige an dessen Anschauung und an dessen Genuß. Ruinen stehen neben dem Wege solcher Führer. Nur mit dem Verluste eines reinen Herzens waren meist die reizenden Formen und Gestalten ihrer Werke zu erkaufen.

Unter ihren Schülern ist kein Mangel an gebrochenen Existenzen. Mit hoher Begeisterung widmete mancher hoffnungsvolle Jüngling sich dem Berufe des Künstlers. Hinan wollte er zum reinsten Quell des Lichtes. Er suchte die klarsten Linien, die edelsten Formen, den sprechendsten Ausdruck, die vornehmsten Gefühle. Aber die süßesten, farbenreichsten Blüten bargen das schlimmste Gift; die Vorbilder wurden zu Gefahren, die Ideale zu Irrlichtern.

Wenn ein Jünger der Kunst die ersten Klippen der Lehrzeit glücklich überstand, ohne Schiffbruch zu leiden am Glauben, ohne in Unsittlichkeit und niedrige Genußsucht zu fallen, dann erwarten ernste Sorgen im Kampfe des Lebens den Meister. Was gibt es Herberes und Bedauernswerteres als eine edle Kraft, verurteilt zu Untätigkeit wegen Mangel an Arbeit und Lebensunterhalt!

An dem Orte, wo Fra Angelico malte, im schönen Fiesole, arbeitete bis vor kurzem Böcklin. Böcklins und Makarts Leben und Ende verhalten sich zu Angelicos Wirken und Grabesinschrift wie Ablehnung zur Annahme des Christentums. Auf welcher Seite stehen Wahrheit und dauernder Wert? Wenn der gläubige Christ hingestellt ist zwischen Böcklins phantastische Gestalten, Makarts verführerische Figuren und Angelicos himmlische Gebilde, was wird ihn bewegen, sich Angelico zuzuwenden? Liebe zur Wahrheit, zum Lichte, das nicht die Phantasie und die Sinnlichkeit, sondern den Verstand erhellt, zur Schönheit, die das Herz nicht herabzieht, sondern emporhebt zum Höchsten. Was werden Böcklins und Makarts Werke sein und gelten nach Jahrhunderten? Fra Angelicos Gemälde haben fast ein halbes Jahrtausend überdauert und sind bleibender Wertschätzung sicher.

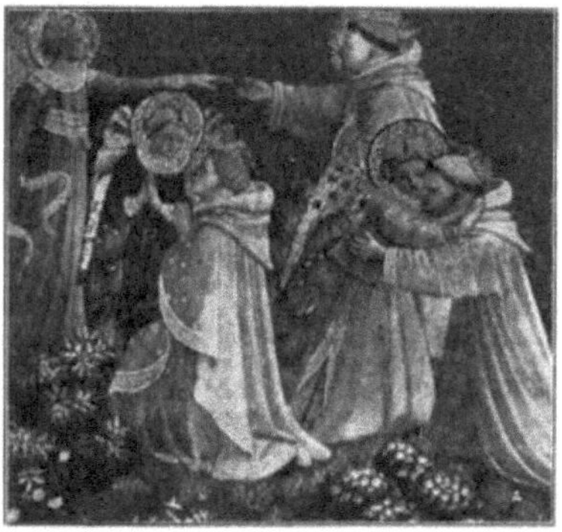

ENGEL UND SELIGE — FLORENZ, AKADEMIE

ZEITTAFEL

1302 † Cimabue 6.
1310 Duccios Altartafel zu Siena 7.
1315 Simone Martinis Fresko zu Siena 7.
1348 † Lorenzetti 7.
1368 † Orcagna 7.
1370—1425 Lorenzo Monaco 6, vgl. 54.
1387 Fra Angelico geboren 1.
1399 Dominici predigt in Florenz 1.
1404 Ottaviano Nellis Madonna 8.
1405 Dominikanerkloster zu Fiesole gegründet 1.
1406 Antonin wird Dominikaner 1.
1407 oder 1408 † Gherardo Starnina 6.
1407 Angelico wird Dominikaner 1.
1408 Gelübdeablegung Angelicos 3.
1409 Die Dominikaner verlassen ihr Kloster zu Fiesole 3 f.
Angelico in Cortona 3 6.
1411 Angelico in Foligno 3 6.
Angelico malt in Cortona eine Verkündigung 3 f, vgl. 59.
1412 Or San Michele vollendet 13.
1413 Krönung Mariä von Lorenzo Monaco 60.
1414 Taddeo Bartoli malt Tod, Begräbnis und Himmelfahrt Mariä 8.
1414—1418 Konzil von Konstanz, Johann XXIII., Benedikt XIII., Gregor XII., Martin V. 12.
Angelico malt Altartafeln für Perugia und Cortona 9 f 27 60.
1417—1431 Martin V. 12.
1418—1436 Angelico zu Fiesole 13 f.
1419 † Dominici 2.
1421 Bau der Domkuppel zu Florenz 13.
1422 Santa Maria del Carmine zu Florenz geweiht 14.
1425 Ghiberti arbeitet an der dritten Türe des Baptisteriums von Florenz 13.
(?) † Lorenzo Monaco 15 60.
1429 † Gerson 3.
1430 † Giovanni Masi, welchem Angelico vier Reliquiare malte 16 66.
1431—1447 Eugen IV. 88.
1432 Gemälde der Verkündigung für Brescia 19.
Michelozzo erbaut zu Florenz den Hof des Palazzo Vecchio 13.
1432 Genter Altar der Van Eyck vollendet.
1433 Madonna der Flachshändler begonnen 20 27 59.
(?) Donatellos Verkündigung 32 54 Anm.
1434 Eugen IV. kommt nach Florenz 88.
1436 Weihe des Domes von Florenz 13.
Die Dominikaner ziehen in San Marco ein 48.
1436—1445 Angelico in San Marco zu Florenz 21 ff.
1437 Benozzo Gozzoli wird Angelicos Gehilfe 110.
1437—1441 San Marco umgebaut 20.
1438 Altartafel von San Marco 50.
Angelico viel beschäftigt 58.
1439 Vereinigung der Griechen mit den Lateinern 13 50.
1440 Kreuzigung im Kapitelsaal von San Marco 27.
† Jan van Eyck.
1441 Angelico malt in San Marco die Anbetung der Könige 49.
Krönung Mariä von Filippo Lippi 72.
1442 Kirche von S. Marco geweiht 49 88.
Meister Stephan in Kölner Urkunden 121.
1443—1445 Malereien der Zellen von San Marco 21.
1443—1450 Ältere Chorbücher von San Marco 98 ff.
1444 † Ottaviano Nelli 8.
Madonna im oberen Gange von San Marco 52.
Madonna von Bosco 52.
Malereien für die Nunziata 76.
Kreuzabnahme 54 f 57.
1445 Sano di Pietro malt eine Krönung Mariä 8 42.
1445—1455 Angelico zu Rom 88.
1447 Angelico malt in der Sakramentskapelle im Vatikan 89.
Angelico nach Orvieto berufen 109.
1447—1455 Nikolaus V. 88.
1448—1450 Angelico malt in der Kapelle der hll. Stephanus und Laurentius im Vatikan 89.
1448 Antonin wird Erzbischof von Florenz 89.
1450 Angelico in Florenz, Fiesole und Cortona 113.
1450 oder 1451 † Meister Stephan zu Köln 121.
Bild des Gerichtes von Angelico zu Rom gemalt 120.
1451 Arbeiten in San Marco vollendet 21.
1452 Friedrich III. zu Florenz und Rom 72 106.
Angelico nach Prato eingeladen 113.
1455 † Fra Angelico 123.
Vincenz Ferrer heiliggesprochen 27.
1456 Gerichtsbild zu Berlin 122.
1459 † Antonin 27.
1462 Katharina von Siena heiliggesprochen 33 A. 3.
1464 † Kosmas von Medici 58.
1498 † Savanorola 46.
1501 Lorenzo di Credi restauriert die Altartafel zu Fiesole 16.
1508 Raffael beginnt die Gemälde der Stanzen, Michelangelo das Jüngste Gericht 95 f.
1516—1530 Antonio Billis Nachrichten über Angelico 29.
1517 † Bartolommeo della Porta 22.
1523 Antonin heiliggesprochen 27.
1555 † Fra Eustachio 115.
1568 Vasari beendet sein Werk über die Künstler 115 A. 2.
1580 (?) Gregor XIII. läßt die Kapelle der hll. Stephanus und Laurentius restaurieren 90.
1681 Baldinuccis Berichte über Fra Angelico 6 99.
1712 Restauration der Kapelle der hll. Stephanus und Laurentius durch Klemens XI. 90.
1725 Restauration der Kapelle der hll. Stephanus und Laurentius durch Benedikt XIII. 90.
1814 Angelicos Krönung Mariä in Paris zurückgelassen als minderwertig 67.
1841 Francesco Acciai restauriert Angelicos Kreuzabnahme 55.
1845 Angelicos Gemälde zu Orvieto restauriert 110.

REGISTER